DEUTSCHE AKADEMIE DER WISSENSCHAFTEN ZU BERLIN

Schriften des Instituts für Wirtschaftswissenschaften

Nr. 29

Wirkungsmechanismus des ökonomischen Wachs

Wirkungsmechanismus des ökonomischen Wachstums

Theoretische Probleme des ökonomischen Wachstums
im Sozialismus und Kapitalismus

Band II

Herausgeber
Prof. Dr. habil. Karl Bichtler

AKADEMIE-VERLAG · BERLIN
1968

Erschienen im Akademie-Verlag GmbH, 108 Berlin, Leipziger Straße 3—4

Lizenznummer: 202 · 100/204/68
Offsetdruck und buchbinderische Weiterverarbeitung: VEB Druckerei „Thomas Müntzer", 582 Bad Langensalza
Bestellnummer: 2071/29 · ES 5 B 2
14,—

INHALTSVERZEICHNIS

VORWORT DES HERAUSGEBERS

Aus Anlaß des 100. Jahrestages des Erscheinens von Karl Marx' Werk "Das Kapital", I. Band, fand vom 17. bis 19. Oktober 1967 eine internationale Konferenz, veranstaltet vom Institut für Wirtschaftswissenschaften der Deutschen Akademie der Wissenschaften zu Berlin, statt.

Im vorliegenden Band sind 15 Beiträge zusammengefaßt, die zum Thema "Probleme der Steuerung und Regulierung ökonomischer Prozesse im Kapitalismus und Sozialismus" eingereicht worden sind. Darin wird der Versuch unternommen, eine Reihe von Problemen des Wirkungsmechanismus, über den die Wachstumsfaktoren im modernen Kapitalismus und im Sozialismus zur Geltung gelangen, aufzuwerfen und zur Diskussion zu stellen.

Der Konferenz war eine einheitliche und weitgespannte Aufgabenstellung gegeben. Im Mittelpunkt der Konferenzdiskussionen stand als Generalthema: Ziele, Triebkräfte und Faktoren des wirtschaftlichen Wachstums und der Mechanismus seiner Durchsetzung im staatsmonopolistischen Kapitalismus und im Sozialismus.

Die Arbeit der Konferenz wurde in drei Konferenzgruppen mit folgenden Themen durchgeführt:

- "Die Marxsche Reproduktions- und Wachstumstheorie in ihrer Anwendung auf gegenwärtige Probleme des Kapitalismus und des Sozialismus" (Konferenzgruppe 1);
- "Probleme der Steuerung und Regulierung ökonomischer Prozesse im Kapitalismus und Sozialismus" (Konferenzgruppe 2);
- "Außenwirtschaft und Wachstum" (Konferenzgruppe 3).

Die Beiträge des vorliegenden Bandes sind als Teil der insgesamt auf der Konferenz diskutierten Arbeiten zu sehen.[1]

Der weitgespannte Bogen der drei Konferenzbände scheint uns ganz im Sinne von Marx zu sein. Die aufgeworfene Problematik zielt auf den zentralen Punkt der gegenwärtigen weltweiten Auseinandersetzung zwischen dem sozialistischen und dem kapitalistischen Gesellschaftssystem. Der Ausgang des Wettstreits zwischen diesen beiden Systemen hängt weitgehend vom Tempo und von der Effektivität des ökonomischen Wachstums ab. Untersuchungen über Ziel, Triebkräfte, Faktoren und Mechanismus des Wirtschaftswachstums im Kapitalismus und Sozialismus dienen der theoretischen Auseinandersetzung zwischen Kapitalismus und Sozialismus, sie vermögen beizutragen, die Kraft zum Sturz der überlebten kapitalistischen Gesellschaft zu formieren, und sie vermögen die Mittel und Kräfte zur weiteren Entwicklung der sozialistischen Gesellschaft aufzudecken, um all ihre Potenzen voll auszuschöpfen und die Vorzüge des sozialistischen Systems weithin sichtbar zu machen.

Die Autoren der Konferenzbeiträge haben im Geiste von Marx' "Kapital", unter Ausnutzung seiner Erkenntnisse und seiner Methoden versucht, neue Fragen anzupacken und einer theoretischen Klärung zuzuführen.

Es gibt gegenwärtig nur wenige wachstumstheoretische Arbeiten in der marxistischen wirtschaftswissenschaftlichen Literatur. Eine geschlossene marxistische Wachstumstheorie ist noch nicht ausgearbeitet, über ihren Gegenstand gibt es unterschiedliche Auffassungen; von einigen marxistischen Ökonomen wird die Existenz einer solchen Theorie als eigenständiger Bestandteil der marxistischen Ökonomie sogar verneint. Es versteht sich deshalb von selbst, daß die generell anzutreffenden unterschiedlichen Auffassungen sich auch in den Konferenzmaterialien niedergeschlagen haben. Die Autoren vertreten durchaus keinen einheitlichen Standpunkt zu der aufgeworfenen Problematik. Direkte und indirekte Polemik ist vielmehr der vorherrschende Zug der einzelnen Darstellungen. Das scheint uns kein Nachteil, sondern ein Vorteil zu sein. Die Konfrontation der Meinungen und die kameradschaftliche Diskussion der verschiedenen Standpunkte von einer gemeinsamen theoretischen und weltanschaulichen Basis aus sind eine wichtige Voraussetzung und Bedingung, um auf einem theoretischen Neuland - wie es die Wachstumsforschung darstellt - erfolgreich und rasch voranzukommen.

Der Leser wird Verständnis dafür haben, daß es beim Stand der Forschungsarbeiten und der weitgespannten Problematik nicht möglich war, alle mit den Wachstumsprozessen und dem Mechanismus seiner Realisierung anstehenden Probleme abzuhandeln. Die Veranstalter der Marx-Konferenz waren sich im klaren, daß ganz wesentliche Fragestellungen wie beispielsweise Strukturprobleme oder wie auch der Finanz- und Kreditmechanismus und vieles andere nicht behandelt sind.

Sollte der Leser erwarten, mit den drei vorgelegten Konferenzbänden ein in sich geschlossenes theoretisches System vorzufinden oder gar in vorliegendem Band das System des Mechanismus der Realisierung der ökonomischen Wachstumsfaktoren umfassend dargelegt zu finden, so wird er enttäuscht sein.

Das Anliegen der vorgelegten Materialien ist es, an der aufgeworfenen Problematik Interessierte mit Meinungen zu einigen Grundfragen des Gegenstandes bekannt zu machen und durch deren Diskussion die weitere Forschung anzuregen.

Es soll deshalb im folgenden auf einige divergierende Meinungen aufmerksam gemacht werden, die in diesem Band ihren Niederschlag gefunden haben.

Untersucht man den Wirkungsmechanismus der Realisierung der Wachstumsfaktoren, so läßt sich das nur sinnvoll im Hinblick auf das Ziel ökonomischen Handelns tun. Aber hier finden sich schon die ersten sich widersprechenden Auffassungen.[2] In einigen Beiträgen wird die Meinung vertreten, daß es ein objektives Ziel gibt, auf das der ökonomische Wachstumsprozeß - über einen längeren Zeitraum gesehen - zustrebt. Als Fortschrittskriterium wird die Durchsetzung der ökonomischen Rationalität im produktiven Lebensprozeß betrachtet, wobei Durchsetzung der ökonomischen Rationalität als synonym mit dem Gesetz der Ökonomie der Zeit aufgefaßt wird.

Ganz anders geht H. Lehmann in seinem Beitrag das Problem an. Er wendet sich ausdrücklich gegen eine Identifizierung des Rationalitätsbegriffs mit dem Gesetz der Ökonomie der Zeit und will den Begriff der ökonomischen Rationalität nur für das rationelle Handeln der einzelnen Individuen resp. Wirtschaftssubjekte hinsichtlich einer gegebenen Zielstellung angewendet wissen. Für H. Lehmann ist ökonomische Rationalität ein Problem der Verhaltensstrategie, nach der das Wirtschaftssubjekt bei jeder einzelnen Handlung in Abhängigkeit von der gegebenen Situation eine eindeutige Entscheidung zu treffen imstande ist.

In der Diskussion der 2. Konferenzgruppe wurde die Meinung vertreten, daß die von H. Maier einerseits und von H. Lehmann andererseits aufgeworfenen Problemstellungen zur Rationalität auf unterschiedlichen Abstraktionsebenen liegen bzw. unterschiedliche Fragestellungen beinhalten. Bei H. Lehmann ginge es um das subjektive Handeln, um die Frage, auf welche Art und Weise man im Rahmen der Determiniertheit des Handelns und, ausgehend von den Gesetzmäßigkeiten, Mitteln und Zielen des Handelns, eine solche Kombination dieser Faktoren erreichen kann, daß eine vernünftige Konzeption für das Handeln entsteht. Diese Fragestellung sei durchaus nicht identisch mit der von H. Maier aufgeworfenen nach der gesellschaftlichen Rationalität, wo gezeigt werden soll, daß es ein großes theoretisches Verdienst von Marx bei der Analyse der kapitalistischen Gesellschaftsformation war, daß er den Zusammenhang zwischen dem relativ zielgerichteten rationalen Verhalten des einzelnen Kapitalisten zu der sich im Gesamtsystem spontan über den Konkurrenzmechanismus durchsetzenden Rationalität dargestellt hat.

Zu welchen Widersprüchen und Konflikten eine solche Art der Durchsetzung der Rationalität im modernen Kapitalismus führt, ist im vorliegenden Band besonders in den Beiträgen von K. Zieschang, H. Riedel, P. Danek, A. Bönisch und H. Schilling dargestellt. Dabei werden - anhand sich gegenwärtig in Westdeutschland vollziehender Prozesse - wesentliche Seiten des Mechanismus der Durchsetzung der ökonomischen Gesetze im staatsmonopolistischen Kapitalismus aufgedeckt und die objektive Notwendigkeit, die Bedingungen und Formen, aber auch die Grenzen der staatsmonopolistischen Regulierung gezeigt. Es werden solche Fragen untersucht wie: Welche Veränderungen sind im staatsmonopolistischen System auf Grund der Erfordernisse der wissenschaftlich-technischen Revolution, der Zuspitzung der sozialen Widersprüche etc. im kapitalistischen Regulierungsmechanismus eingetreten ? Wie verhält es sich mit der Effektivität der Planung im staatsmonopolistischen Kapitalismus?

In den Beiträgen - besonders in dem von K. Zieschang - wird nachdrücklich darauf hingewiesen, daß man auch den staatsmonopolistischen Kapitalismus als ein dynamisches System begreifen muß, daß auch dieses System durch die wissenschaftlich-technische Revolution und den Verlauf des Klassenkampfes und anderer Faktoren Veränderungen unterworfen ist. Das zwingt dazu, ständig das Gesamtsystem erneut zu untersuchen, um zu richtigen Schlußfolgerungen für den Kampf der Werktätigen zu gelangen und die demokratische Alternative in konkreten Entwicklungsetappen des staatsmonopolistischen Kapitalismus und des Klassenkampfes - insbesondere in Westdeutschland - aufzuzeigen.

Bei der Diskussion dieser Probleme wurde die Frage nach dem Globalziel und der Zielfunktion im staatsmonopolistischen Kapitalismus aufgeworfen. Hervorgerufen durch die Existenz sozialistischer Länder und die Klassensituation in den kapitalistischen Ländern, habe das staatsmonopolistische System, über die unmittelbaren Verwertungsbedürfnisse des Monopolkapitals hinausgehend (neben diese tretend oder sie überlagernd), auch die "Überlebensfunktion". Deshalb könne man nicht alle staatsmonopolistischen Maßnahmen (Strukturregelungen, Verhalten gegenüber den Entwicklungsländern etc.) unter dem Gesichtspunkt allein der Sicherung von Monopolprofiten betrachten. Dagegen wurde geltend gemacht, daß unter den heutigen Existenzbedingungen des Kapitalismus eine höchstmögliche Verwertung des Kapitals nur möglich ist, wenn alle Faktoren, darunter auch die Strukturregelungen, Maßnahmen gegenüber den Entwicklungsländern etc. der Sicherung von Monopolprofiten untergeordnet werden.

Im Vergleich zum kapitalistischen System wird das ökonomische System des Sozialismus als höher organisiertes System mit einer neuen Stufe der Rationalität des ökonomischen Handelns dargestellt. Die Erfahrungen des sozialistischen Aufbaus in der DDR und in den sozialistischen Bruderländern haben gezeigt, "daß der Sozialismus nicht eine kurzfristige Übergangsphase in der Entwicklung der Gesellschaft ist, sondern eine relativ selbständige sozialökonomische Formation in der historischen Epoche des Übergangs vom Kapitalismus zum Kommunismus im Weltmaßstab".[3]

Die sozialistische Produktionsweise ist demzufolge als eigenständige Produktionsweise zu fassen mit einem ihr adäquaten System ökonomischer Kategorien und Gesetze. Der Sieg der sozialistischen Produktionsverhältnisse bedeutet nicht den Abschluß des sozialistischen

Aufbaus: "Mit dem Sieg der sozialistischen Produktionsverhältnisse beginnen alle Elemente des gesellschaftlichen Systems des Sozialismus, darunter auch die Produktionsverhältnisse selbst, sich auf der eigenen Grundlage des Sozialismus zu entwickeln."[4]

Im Prozeß der Ausarbeitung des entwickelten gesellschaftlichen Systems des Sozialismus, insbesondere des ökonomischen Systems, steht vor der marxistisch-leninistischen Theorie als eine wesentliche Aufgabe die Bestimmung der wirtschaftlichen Zielfunktion dieses Systems, des zusammenfassenden Nutzenskriteriums, in dem alle Faktoren des ökonomischen Wachstums ihren Niederschlag finden. Das Ziel der sozialistischen Produktion sind "die ständig bessere Befriedigung der materiellen und geistigen Bedürfnisse der Mitglieder der Gesellschaft, die Entfaltung der sozialistischen gesellschaftlichen Beziehungen und der Persönlichkeit der Menschen, ihrer schöpferischen Fähigkeiten und die Stärkung ihrer politischen Organisation, des Staates und der Gesellschaft".[5]

Auf der Grundlage des sozialistischen Eigentums an den Produktionsmitteln existiert im Sozialismus ein planwirtschaftlicher Mechanismus. Dieser planwirtschaftliche Mechanismus ist - wie G. Kohlmey furmuliert - ein sozialer Mechanismus; er ist ein System gesellschaftlicher Beziehungen,und seine Kategorien sind Sachausdrücke menschlicher Beziehungen und Verhältnisse; sie sind sozialistischer Natur.

Bei diesem planwirtschaftlichen Mechanismus handelt es sich um einen Ware-Geld-Mechanismus, der auf seiner eigenen sozialistischen Grundlage beruht. Die sozialistische Warenproduktion ist eine Warenproduktion sui generis, also durchaus verschieden von der auf dem Privateigentum an den Produktionsmitteln beruhenden Warenproduktion.

Die sozialistische Planwirtschaft ist undenkbar ohne die ständige Sicherung der Einheit von Zielen und Mitteln. Das allgemeine Ziel sozialistischen Produzierens besteht, abgeleitet vom dargestellten Ziel des gesellschaftlichen Gesamtsystems, in der Maximierung der disponiblen Zeit für die Entwicklung aller Individuen, um die Entfaltung ihrer schöpferischen Anlagen und Fähigkeiten zu ermöglichen - das schließt die Minimierung des Arbeitsaufwandes pro Erzeugniseinheit sowie die Weckung neuer Bedürfnisse - materieller wie geistiger - und deren Deckung in sich ein. Dieses Ziel setzt sich selbst keine Schranken, es ist schrankenlos.

Das allgemeine Ziel des ökonomischen Handeln im Sozialismus erfordert seine Umsetzung in allen Bereichen des volkswirtschaftlichen Reproduktionsprozesses; es ist gewissermaßen aufzuschlüsseln. Es existiert ein hierarchisches System von Zielen, wobei die Durchsetzung der Ziele zweiter Ordnung der Verwirklichung des Zieles erster Ordnung zu dienen hat. Die Notwendigkeit dieser "Aufschlüsselung" resultiert daraus, daß die Volkswirtschaft - das Gesamtsystem - kein riesiges Kombinat ist, sondern aus vielen relativ selbständigen Teilsystemen besteht, zwischen denen Widersprüche auftreten. Das Verhältnis von Gesamt- und Teilsystem, die Integration der Teilsysteme in das Gesamtsystem, der Charakter der Widersprüche als nichtantagonistischer Widersprüche und der Weg ihrer ständigen Lösung werden in den verschiedensten Beiträgen des vorliegenden Bandes - so bei G. Kohlmey, H. Schilar, W. Schmidt und K. Bichtler - behandelt. Interessante Überlegungen stellt dabei beispielsweise H. Schilar an. Er sieht die objektive Ursache für die Dialektik zwischen Gesamt- und Teilsystem in der Dialektik der gesellschaftlichen Arbeit als unmittelbar gesellschaftlicher und als warenproduzierender Arbeit.

Bei der Darstellung des Zuwachses an verfügbarem Nationaleinkommen als dem volkswirtschaftlichen Kriterium für ein effektives ökonomisches Handeln und dem Nettogewinn als betrieblichem Zielkriterium wirft G. Richter eine bisher in der Literatur noch nicht anzutreffende Fragestellung auf. Er untersucht das Verhältnis von Nationaleinkommensentwicklung und Produktivitätsentwicklung und kommt zu dem Schluß, daß "die Zielfunktion Nationaleinkommen und Steigerung der Arbeitsproduktivität bei gegebenem Arbeitsvolumen identisch" seien.

In der Diskussion der Konferenzgruppe wurde dem die - wohl mehr rhetorische - Frage entgegengestellt, warum dann nicht die Arbeitsproduktivität, sondern ausdrücklich der verfügbare Zuwachs an Nationaleinkommen als volkswirtschaftliche Zielfunktion formuliert ist, um dann zu zeigen, daß durch eine Identifizierung von Nationaleinkommens- und Produktivitätsentwicklung unzulässig die Realisierungsbedingungen aus der Betrachtung ausgeklammert sind. Um das Ziel bzw. die Ziele des ökonomischen Handelns zu erreichen, bedarf es des komplexen Einsatzes der vielfältigsten Mittel und Instrumente durch die Wirtschaftspolitik. Dazu gehören die Prognosen auf den verschiedenen Ebenen der Volkswirtschaft, die Pläne - lang- wie kurzfristige, Gesamt- und Teilpläne -, die Bilanzen und die Entwicklung einer Bilanzpyramide. Dazu gehört ein dem Planungsmechanismus adäquates Informationssystem, ein Problem, dem speziell der Beitrag von W. Gellrich im vorliegenden Band gewidmet ist. Es gehört weiter dazu das System der materiellen und moralischen Stimuli. Diese Fragestellung ist von den theoretischen Grundlagen her in den Beiträgen von H. Meyer und A. Tomm angegangen. Schließlich gehören natürlich dazu das Geld- und Kreditsystem, das Preissystem, die Gestaltung des Verhältnisses von Produktion - Markt - Konsumtion u. a.

Hier haben wir Problemkreise, die in verschiedenen Beiträgen des Bandes untersucht und zum Teil sehr unterschiedlich behandelt werden. Das gilt beispielsweise für das Preisproblem, wo die Standpunkte von W. Schmidt, G. Kohlmey und R. A. Beloussow sich keineswegs decken.

Das theoretische wie praktische Grundproblem besteht jedoch darin, wie diese Mittel und Instrumente aufzubauen, zu ordnen, aufeinander abzustimmen und einzusetzen sind.

Hierüber gibt es in der Literatur divergierende Auffassungen. G. Kohlmey spricht in seinem Beitrag direkt von zwei Konzeptionen für ein planwirtschaftliches System, die sich gegenüberstünden. Er widmet in seinem Beitrag längere Passagen der Polemik gegen ein - wie er sagt - überwiegend zentralistisches System.[6] Ausdrücklich formuliert er: "Es stehen sich in der Tat zwei Konzeptionen von der Planwirtschaft gegenüber. Die eine ist überwiegend zentralistisch und naturalwirtschaftlich; sie löst gesellschaftliche Beziehungen in erster Linie durch Berechnungen des gesellschaftlich notwendigen Arbeitsaufwandes der einzelnen Produkte. Die andere Konzeption begreift die Planwirtschaft voll als Waren- und Geldwirtschaft, mit Selbstregulierung, mit Rückkopplungen über den Markt." Und an anderer Stelle heißt es bei ihm: "Planung funktioniert nur als Einheit von zentraler und dezentraler Planung. Nur so wird auch die Einheit von Planwirtschaft und Demokratie effektiv. Der perfektionistische Plan führt zur Überzentralisation bzw. will sie beibehalten. Man kann die Gesellschaft nicht in den Mechanismus der zentralen elektronischen Datenverarbeitung und Planausrechnung stopfen." Auch in anderen Beiträgen wird diese Problematik diskutiert.

Ein wesensbestimmender Grundzug der sozialistischen Planwirtschaft besteht in der eigenverantwortlichen Planung und Wirtschaftsführung der sozialistischen Warenproduzenten auf der Grundlage des Volkswirtschaftsplanes und der wirtschaftlichen Rechnungsführung. Die objektive Dialektik zwischen Gesamt- und Teilsystem erfordert einen solchen planwirtschaftlichen Mechanismus, der die zentrale staatliche Planung und Leitung der Grundfragen des gesellschaftlichen Gesamtprozesses organisch verbindet mit der eigenverantwortlichen Planungs- und Leitungtätigkeit der sozialistischen Warenproduzenten einerseits und mit der eigenverantwortlichen Regelung des gesellschaftlichen Lebens im Territorium durch die örtlichen Organe der Staatsmacht andererseits. Dementsprechend besteht die objektive Notwendigkeit, dem Betrieb die Verantwortung für den betrieblichen Reproduktionsprozeß zu übertragen, die VVB für die zweiglichen Reproduktionsbeziehungen, die örtlichen Organe für territoriale Reproduktionsbeziehungen und den Ministerrat für den Gesamtprozeß verantwortlich zu machen.

Die Auffassung, über die Messung des Arbeitsaufwandes oder gar des Wertes der einzelnen Produkte zu einem optimalen Plan zu kommen, mit dem alle Bereiche der Volkswirtschaft zentral zu steuern sind, widerspricht dem objektiven Systemaufbau des gesellschaftlichen Reproduktionsprozesses. Eine solche Auffassung negiert den für die sozialistische Produktionsweise typischen, nichtantagonistischen Widerspruch, daß das gesellschaftliche Eigentum an den Produktionsmitteln einerseits die Produzenten unmittelbar miteinander verbindet, daß das gesellschaftliche Eigentum objektiv die gesamtgesellschaftliche Planung und Leitung erfordert, andererseits aber die sozialistischen Betriebe relativ selbständige ökonomische Einheiten sind, d. h. eigenverantwortliche kollektive Warenproduzenten, die ihre Tätigkeiten nicht unmittelbar als Arbeitsprodukte aufeinander beziehen, sondern ihre aufgewandten Arbeiten gegeneinander als Werte austauschen.

Zudem - und das wird in einigen Beiträgen zu zeigen versucht - ist die Berechnung des gesellschaftlich notwendigen Arbeitsaufwandes im Sinne der Werttheorie kein so einfaches Problem, wie das in der Literatur mitunter dargestellt ist.

Zu diesem Problemkreis entwickelte A. G. Aganbegjan in der Diskussion der Konferenzgruppe vom Standpunkt mathematischer Lösungsmöglichkeiten unterschiedlicher Plankonzeptionen einen interessanten Standpunkt. Ausgehend von der Möglichkeit, ein einheitliches ökonomisches Ziel der sozialistischen Produktionsweise mathematisch zu formulieren, entwickelte er Optimierungsmodelle, die auf unterschiedlichen theoretischen Annahmen fußen.

1. Im Modell werden sowohl die begrenzenden Bedingungen der Volkswirtschaft als auch die begrenzten Ressourcen der Betriebe erfaßt. Die mathematische Lösung würde die maximale Größe des Globalzieles bei maximaler Ausnutzung der begrenzten Ressourcen sowie die notwendige Verteilung der begrenzten Ressourcen ergeben. Die gewonnenen Werte müßten den Teilsystemen (Betrieben) vorgegeben werden. Es müßten exakte Direktiven durch die Zentrale vorgegeben werden, was zu produzieren ist. Es wäre dies ein geschlossenes zentrales Direktivsystem. Jedoch widerspricht ein solches System dem Charakter des planwirtschaftlichen Systems des Sozialismus.

2. Es werden den Betrieben keinerlei zentrale Direktiven vorgegeben, sondern es wird der Versuch unternommen, mittels solcher Hebel wie Preis, Zins etc. zur maximalen Zielrealisierung zu kommen. Aganbegjan zeigte, daß mathematisch bewiesen ist, daß es keine Möglichkeiten zur Realisierung eines solchen Modells gibt und man auf diese Weise nicht zu einem optimalen Plan gelangen kann. Ohne zentrale Direktiven kann man keinen optimalen Plan erhalten, ja nicht einmal einen zulässigen Plan.

Daraus zog er die Schlußfolgerung, daß die Steuerung der Wirtschaft nicht nur über ökonomische Hebel möglich ist, sondern zusätzlich durch zentrale Direktiven erfolgen muß.

Untersucht man die verschiedenen in der Literatur vertretenen planwirtschaftlichen Konzeptionen, so ist eine unterschiedliche Betrachtungsweise des - wie allgemein formuliert wird - "Verhältnisses von Plan und Markt" nicht zu übersehen. Die unterschiedlichen Auffassungen darüber wurden in der Diskussion der Konferenzgruppe sichtbar. So wurde u. a. die These vertreten, daß das Problem im Sozialismus darin bestehe, zu untersuchen, inwieweit mit planwirtschaftlichen und inwieweit mit marktwirtschaftlichen Methoden zu arbeiten sei. Man müsse die Wirtschaftspolitik so orientieren, daß im Plan die entscheidenden Entwicklungstendenzen der Volkswirtschaft z. B. durch Planung der Investitionen festzulegen seien, daß aber die meisten Beziehungen zwischen den Betrieben sowie zwischen den Betrieben und der Bevölkerung nicht geplant werden können, sondern marktwirtschaftlichen Prinzipien zu unterwerfen seien. Dagegen wurde eingewendet, daß im Sozialismus Plan und Markt keine einander ausschließenden Alternativen darstellen. Die Formen der Warenproduktion und der Austauschbeziehungen im Sozialismus stellen einen neuen historischen Typ dar, der sich prinzipiell von den kapitalistischen Formen unterscheidet. Mit vollem Recht muß man von der sozialistischen Warenproduktion als einer Warenproduktion sui generis sprechen, demzufolge von sozialistischen Ware-Geld-Beziehungen, vom sozialistischen Preissystem, vom sozialistischen Handel, vom sozialistischen Markt usw.

Das Problem besteht im Sozialismus deshalb nicht darin, zu untersuchen, inwieweit Planung und inwieweit Regelung der ökonomischen Prozesse durch marktwirtschaftliche Prinzipien notwendig sind, sondern vielmehr in der organischen Verbindung der Planung mit der eigenverantwortlichen Tätigkeit der sozialistischen Warenproduzenten. Es besteht in der Einbeziehung der Kategorien der sozialistischen Warenproduktion und damit auch der Marktbeziehungen in das planwirtschaftliche System, zur Verbesserung und Vervollkommnung des planwirtschaftlichen Mechanismus.

Aus diesem Grunde auch halten wir es für ungenau und verwirrend, ein bestimmtes Verhältnis von Plan und Markt zu definieren. Die Begriffe Plan und Markt sind auf unterschiedlichen Ebenen angesiedelt. Die Austauschbeziehungen stellen eine Phase in einem gesellschaftlichen Reproduktionsprozeß dar, der insgesamt geplant ist. Der Markt hat Vermittlerfunktion zwischen den Produzenten der verschiedensten Bereiche, zwischen Produktion und Konsumtion (produktiver wie individueller). Deshalb auch besteht nicht die Beziehung Plan - Markt, sondern Produktion - Markt - Konsumtion, wobei sowohl die Produktion, der Markt selbst als auch die Konsumtion der Planung unterliegen.

Die Verlagerung von Entscheidungen auf untere Ebenen der Volkswirtschaft und die Durchsetzung des Prinzips einer gewissen Selbstregulierung im Teilsystem bedeuten keineswegs, daß es in der sozialistischen Ökonomik Bereiche gibt, die durch den Plan zu regulieren seien (zentrale, strukturentscheidende Maßnahmen) und andere (Detailprozesse), die man über die Marktbeziehungen, d. h. über die Wirkung des Wertgesetzes, sich einregulieren lassen müsse. Hier wäre die Selbstregulierung im Teilsystem als Selbsttätigkeit, als Selbstlauf, wo sich das gesellschaftlich Notwendige gewissermaßen automatisch einreguliert, aufgefaßt und nicht als Planmäßigkeit im Rahmen des Teilsystems in Abhängigkeit von der Planung im Gesamtsystem.

Da die Warenproduktion im Sozialismus objektiv existiert - die sozialistische Gesellschaft ist eine warenproduzierende Gesellschaft -, gelten die Kategorien und Gesetze der Warenproduktion in allen Bereichen der Volkswirtschaft; sie liegen den ökonomischen Prozessen sowohl im Gesamt- als auch in den Teilsystemen zugrunde.

Die in den sozialistischen Betrieben von den sozialistischen kollektiven Warenproduzenten geleistete Arbeit wird als warenproduzierende Arbeit geleistet. Sie tauscht sich nicht direkt aus, sondern ihr Austausch ist durch den Wert vermittelt. Das schließt ein, daß die betrieblich verausgabte Arbeit nicht im vorhinein als aliquoter Teil der gesellschaftlich notwendigen Arbeit gilt. Erst im Prozeß der Realisierung der produzierten Waren, d. h. im Austauschprozeß auf dem Markt, zeigt sich, ob die betriebsindividuell aufgewandte Arbeit als gesellschaftlich notwendige anerkannt wird.

Der sozialistische Markt ist hierbei jedoch keineswegs als sich selbst regulierender objeitver Mechanismus der Anerkennung der tatsächlich verausgabten Arbeit (als aliquoter Teil der gesellschaftlich notwendigen Arbeit) aufzufassen. Im Gegensatz zum Kapitalismus tritt im Sozialismus an die Stelle der Ex-post-Koordinierung der gesellschaftlich disponiblen Arbeit über den spontanen Marktmechanismus die bewußte Ex-ante-Verteilung der Arbeit über die Pläne des Gesamtsystems und die der Teilsysteme.

Das Kernproblem der sozialistischen Planung und Leitung des gesellschaftlichen Reproduktionsprozesses besteht u. a. darin, zu sichern, daß die tatsächlich, d. h. die effektiv verausgabte Arbeit in den einzelnen Produktionssphären, den gesellschaftlich notwendigen Arbeitsaufwendungen, d. h. der Wertgröße soweit wie möglich nahe kommt. Es gilt, die Differenz zwischen der tatsächlich verausgabten Arbeit und der gesellschaftlich notwendigen zu minimieren. Die zentralen Pläne zur Entwicklung der Volkswirtschaft (Perspektiv- wie Jahrespläne) sowie die Pläne der Teilsysteme (der VVB und VEB) müssen deshalb eine solche Verteilung der gesellschaftlich disponiblen Arbeit auf die einzelnen Bereiche der Volkswirtschaft konzipieren, daß die Realisierung der Planaufgaben zu einer weitgehenden Annäherung der tatsächlich verausgabten Arbeit an das gesellschaftlich notwendige Maß, die Wertgröße, führt.

Um eine solche Verteilung der Arbeit im vorhinein konzipieren zu können, bedarf es eines ganzen Systems von Indikatoren und Instrumenten, die uns Aufschluß darüber zu geben vermögen, was als gesellschaftlich notwendige Arbeit im Sinne der Werttheorie gilt. Dabei spielen die Marktbedingungen eine wichtige, wenn auch keineswegs ausschließliche Rolle. Die Erfordernisse des Marktes vermögen unsere Informationen über das gesellschaftlich Notwendige zu erhöhen. Diese Möglichkeiten gilt es voll auszuschöpfen.

Darüber hinaus sind die Kategorien und Gesetze der Warenproduktion in der sozialistischen Produktionsweise Instrumente, die Rationalität auf allen Stufen des gesellschaftlichen Reproduktionsprozesses, d. h. sowohl im Gesamtsystem als auch in den Teilsystemen, durchzusetzen. Sie spielen eine aktive Rolle bei der Durchsetzung des "Vernünftigen und Naturnotwendigen".

Der Herausgeber dieses Bandes dankt Professor F. Oelßner und Professor P. Heß für die allseitige Unterstützung, die sie der Konferenzgruppe in jeder Phase ihrer Tätigkeit zuteil werden ließen.

Diplomwirtschaftler G. Kalok sei für die redaktonelle Bearbeitung der Beiträge gedankt.

Karl Bichtler

FUSSNOTEN

1 Die Beiträge der beiden anderen Konferenzgruppen finden sich: H. Maier (Hrsg.), Ziele, Faktoren und Rationalität des Wirtschaftswachstums, Akademie-Verlag, Berlin 1968; G. Kohlmey (Hrsg.), Außenwirtschaft und Wachstum, Akademie-Verlag, Berlin 1968

2 Eine ausführliche Darstellung dieser unterschiedlichen Meinungen findet sich im Vorwort des Konferenzbandes "Ziel, Faktoren und Rationalität des Wirtschaftswachstums"

3 Walter Ulbricht, 100 Jahre "Das Kapital". Die Bedeutung des Werkes "Das Kapital" von Karl Marx für die Schaffung des entwickelten gesellschaftlichen Systems des Sozialismus in der DDR und den Kampf gegen das staatsmonopolistische Herrschaftssystem in Westdeutschland, Berlin 1967, S. 22

4 Ebenda, S. 22

5 Ebenda, S. 24

6 Der im vorliegenden Band aufgenommene Beitrag von G. Kohlmey ist gekürzt. Die vollständige Fassung findet sich in: Probleme der Politischen Ökonomie, Jahrbuch des Instituts für Wirtschaftswissenschaften, Bd. XI, Akademie-Verlag, Berlin 1968

KARL BICHTLER

Probleme der Durchsetzung des Gesetzes der Ökonomie der Zeit in der sozialistischen Produktionsweise

Die Erfahrung des sozialistischen Aufbaus in der DDR und den sozialistischen Bruderländern haben zu der theoretischen Erkenntnis geführt, daß der Sozialismus keine relativ kurze, rasch zu durchschreitende Übergangsphase in der Entwicklung der menschlichen Gesellschaft, sondern eine relativ selbständige sozialökonomische Formation in der historischen Epoche des Übergangs vom Kapitalismus zum Kommunismus im Weltmaßstab ist. Die sozialistische Produktionsweise ist als eigenständige Gesellschaftsformation zu fassen mit einem ihr adäquaten System ökonomischer Kategorien und Gesetze. Wenn der VII. Parteitag der SED die Aufgabe stellt, das entwickelte gesellschaftliche System des Sozialismus aufzubauen, so geht es gerade darum, diese eigenständige sozialistische Gesellschaft mit der ihr eigenen, typischen sozialistischen Ökonomik voll auszubilden. Mit dieser neuen Fragestellung steht die wirtschaftswissenschaftliche Forschung vor vielfältigen Aufgaben. Es gilt, die inneren Gesetzmäßigkeiten dieser eigenständigen Produktionsweise zu untersuchen und das ihr innewohnende System der ökonomischen Gesetze und dessen Wirkungsmechanismus aufzudecken.

Im folgenden soll versucht werden, ausgehend vom Ziel der sozialistischen Produktion, einige Probleme der Durchsetzung des Gesetzes der Ökonomie der Zeit darzustellen.

In seinem Referat auf dem VII. Parteitag der SED ging Walter Ulbricht davon aus, daß das "Gesetz der Ökonomie der Zeit ... im entwickelten Sozialismus einheitlich auf den Gesamtprozeß der erweiterten Reproduktion zur Durchsetzung des ökonomischen Grundgesetzes des Sozialismus" wirkt.[1]

Das Ziel des ökonomischen Handelns hat im entwickelten Gesellschaftssystem des Sozialismus zwei wesentliche Seiten:

1. Minimierung des Arbeitsaufwandes pro Erzeugniseinheit, um die Produktion zur Befriedigung der materiellen Bedürfnisse der Mitglieder der sozialistischen Gesellschaft erweitern zu können. Das heißt, mit den Worten von Marx gesprochen, die "assoziierten Produzenten" müssen "ihren Stoffwechsel mit der Natur rationell regeln, unter ihre gemeinschaftliche Kontrolle bringen..., ihn mit dem geringsten Kraftaufwand und unter den, ihrer menschlichen Natur würdigsten und adäquatesten Bedingungen vollziehn".[2]

2. Maximierung der disponiblen Zeit für die Entwicklung der Individuen, um die Entfaltung all ihrer schöpferischen Anlagen und Fähigkeiten zu ermöglichen: ein Ziel also, das nur auf der Grundlage der Minimierung des Arbeitsaufwandes pro Erzeugniseinheit realisierbar ist, dessen Realisierung "selbst wieder als die größte Produktivkraft zurückwirkt auf die Produktivkraft der Arbeit" [3]

Damit ist das Gesetz der Ökonomie der Zeit unmittelbar mit dem Ziel sozialistischen Produzierens verknüpft, die Wirkungsweise dieses Gesetzes direkt auf die Realisierung des ökonomischen Grundgesetzes des Sozialismus gerichtet. Das Problem so gestellt, ist die Frage zu untersuchen: Wie realisiert sich das Gesetz der Ökonomie der Zeit, d. h., in welcher Art und Weise setzt sich dieses Gesetz durch?

I.

Bei der Interpretation des Gesetzes der Ökonomie der Zeit und dessen Wirken in der sozialistischen Produktionsweise findet sich in der theoretischen Literatur im allgemeinen die Berufung auf die bekannte, klassische Formulierung von Marx aus den Grundrissen der Kritik der politischen Ökonomie, die da lautet:

"Ökonomie der Zeit, sowohl wie planmäßige Verteilung der Arbeitszeit auf die verschiednen Zweige der Produktion, bleibt also erstes ökonomisches Gesetz auf Grundlage der gemeinschaftlichen Produktion. Es wird (gemeinschaftliche Produktion vorausgesetzt - K. B.) sogar in viel höherem Grade Gesetz."[4]

Die grundlegenden Bemerkungen von Marx über das Gesetz der Ökonomie der Zeit und seine Rolle in der sozialistischen Produktionsweise sind jedoch in einem bestimmten Zusammenhang gemacht, der für die Interpretation der Art und Weise seiner Durchsetzung nicht ohne Belang ist. Marx trifft seine Aussagen über das Gesetz der Ökonomie der Zeit und sein Wirken in der sozialistischen Produktionsweise im Zusammenhang mit einer Darlegung der wesentlichen Unterschiede im Charakter der Arbeit und der Produktion auf der Grundlage von Privateigentum an den Produktionsmitteln, wo "der gesellschaftliche Charakter der Produktion erst durch die Erhebung der Produkte zu Tauschwerten und den Tausch dieser Tauschwerte post festum <u>gesetzt</u>" wird,[5] sowie auf der Grundlage gesellschaftlichen Eigentums an den Produktionsmitteln, wo "der <u>gesellschaftliche Charakter der Produktion</u> vorausgesetzt und die Teilnahme an der Produktenwelt, an der Konsumtion, ... nicht durch den Austausch voneinander unabhängiger Arbeiten oder Arbeitsprodukte vermittelt"[6] wird. Deshalb formuliert Marx auch nach dem Satz: "Es wird sogar in viel höherem Grade Gesetz" eindeutig:

"Dies ist jedoch wesentlich verschieden vom Messen der Tauschwerte (Arbeiten oder Arbeitsprodukte) durch die Arbeitszeit. Die Arbeiten der Einzelnen in demselben Arbeitszweig, und die verschiednen Arten der Arbeit, sind nicht nur quantitativ, sondern qualitativ verschieden. Was setzt der nur quantitative Unterschied von Dingen voraus? Die Dieselbigkeit ihrer Qualität. Also das quantitative Messen der Arbeiten die Ebenbürtigkeit, die Dieselbigkeit ihrer Qualität."[7]

Marx charakterisiert also unzweideutig die Rolle des Gesetzes der Ökonomie der Zeit in der auf Gemeineigentum beruhenden Produktionsweise in direktem Gegensatz zu einer Produktionsweise, wo die Produkte die Form von Waren annehmen, die Arbeiten der Produzenten über den Austausch vermittelt werden. Das Gesetz und seine Rolle sind unter der Annahme formuliert, daß nach der Vergesellschaftung der Produktionsmittel die Arbeitsprodukte der sozialistischen Produzenten keine Tauschwerte darstellen. Das Gesetz der Ökonomie der Zeit ist von der Position aus formuliert, daß gemeinschaftliche Produktion auf der Grundlage vergesellschafteter Produktionsmittel sowie eine Gesellschaft mit Warenproduktion sich ausschließende Alternativen sind.[8] Für Marx und Engels galt, daß der gemeinschaftliche Charakter der Produktion von vornherein das Produkt zu einem gemeinschaftlichen, allgemeinen macht, die verschiedenen Arbeiten nicht nur quantitativ, sondern auch qualitativ gleich sind und der ursprünglich in der Produktion stattfindende Austausch - der kein Austausch von Tauschwerten wäre, sondern von Tätigkeiten, die durch gemeinschaftliche Bedürfnisse bestimmt wären, durch gemeinschaftliche Zwecke - von vornherein die Teilnahme des einzelnen an der gemeinschaftlichen Produktenwelt einschließt.[9]

Aus der historisch bedingten Auffassung über das Verschwinden der Waren- und Wertform der Produkte nach der Vergesellschaftung der Produktionsmittel resultiert, daß sich bei der Formulierung des Gesetzes der Ökonomie der Zeit durch Marx als sich ausschließende Alternativen gegenüberstehen:

a. die direkte Durchsetzung dieses Gesetzes durch die direkte Verteilung der gesellschaftlich disponiblen Arbeitszeit (Messung und Verteilung in Arbeitszeit) und

b. seiner indirekten Durchsetzung über den Austausch der Produkte als Waren, über die Darstellung der Arbeitsresultate als Tauschwerte.

Marx' Aussage für das Wirken des Gesetzes der Ökonomie der Zeit im Sozialismus geht also von der Voraussetzung einer Nichtexistenz der Arbeit als warenproduzierende Arbeit aus.

Die spezifischen historischen Bedingungen des Aufbaus, der Entwicklung und Vervollkommnung der sozialistischen Produktionsweise haben jedoch praktisch und theoretisch gezeigt, daß auch nach der Vergesellschaftung der Produktionsmittel die Arbeitsresultate der sozialistischen Produzenten objektiv die Form von Waren annehmen, sich als Tauschwerte gegenüberstehen. Die Arbeitszeit vermag noch nicht das Maß der Arbeit und des Verbrauchs zu sein. Meßbar und damit vergleichbar sind auch im Sozialismus die Arbeitsresultate nur als Werte, wobei das innere Maß des Wertes sich in einem äußeren Maß darstellen muß.

Durch diesen Umstand erfolgt die Durchsetzung des Gesetzes der Ökonomie der Zeit in der sozialistischen Produktionsweise anders als von Marx und Engels vorausgesehen. Es verwirklicht sich auch im Sozialismus nicht direkt in Zeitform, ohne Dazwischentreten des Werts, sondern es wird realisiert über die Ware-Geld-Beziehungen. Betrachten wir das Gesetz in seiner allgemeinen Form, so besteht der Unterschied seiner Verwirklichung im Sozialismus gegenüber der im Kapitalismus nicht darin, daß es sich im Sozialismus direkt in Zeitform, ohne die Warenform der Produkte, verwirklicht und im Kapitalismus über die Ware-Wert-Beziehungen; der Unterschied besteht vielmehr darin, daß im Sozialismus seine Realisierung über die planmäßige und bewußte Ausnutzung des Wertgesetzes erfolgt, daß es planmäßig und bewußt im Rahmen der planmäßigen Warenproduktion und -zirkulation durchgesetzt wird, während es sich im Kapitalismus letztlich im Rahmen des elementaren Mechanismus der Ware-Wert-Geld- und damit Markt-Beziehungen und somit selbst als elementarer Prozeß durchsetzt.

Diese Form der Realisierung des Gesetzes der Ökonomie der Zeit im Sozialismus ergibt sich aus dem Wesen der sozialistischen Produktionsweise. Diese ist vom Typ her eine Planwirtschaft, und zwar eine geplante Wirtschaft sozialistischer Warenproduzenten.

Um diese neue, von Marx und Engels nicht vorausgesehene Art der Warenproduktion genauer zu fassen, muß man den Charakter der im Sozialismus geleisteten Arbeit einer näheren Untersuchung unterziehen.

Marx und Engels gingen bei ihrer Analyse der kapitalistischen Produktionsweise davon aus, daß sich die warenproduzierende Arbeit und die unmittelbar gesellschaftliche Arbeit als einander ausschließende Alternativen gegenüberstehen. Die unter den Bedingungen des kapitalistischen Privateigentums geleistete Arbeit war für sie Arbeit privater, isolierter Produzenten; es war Arbeit, die sich über den Austausch als Teil der gesamtgesellschaftlich notwendigen bewähren muß. Deshalb ist für Marx und Engels auch gesellschaftliche Arbeit im Sinne der unmittelbar für die gesamte Gesellschaft geleisteten Arbeit sowie als Teil der gesamtgesellschaftlich notwendigen Arbeit synonym. Die unter den Bedingungen des gesellschaftlichen Eigentums geleistete Arbeit betrachteten sie als unmittelbar gesellschaftliche Arbeit, wobei der Begriff unmittelbar gesellschaftliche Arbeit einschließt, daß die Arbeit nicht als warenproduzierende Arbeit geleistet wird, daß die Kategorie der gesellschaftlich notwendigen Arbeit keine Existenzgrundlage mehr besitzt und damit selbst nicht existent ist.

Die Erfahrungen des sozialistischen Aufbaus zeigen jedoch, daß das Verhältnis von unmittelbar gesellschaftlicher Arbeit und Teil der gesamtgesellschaftlich notwendigen Arbeit komplizierter ist. Durch die Vergesellschaftung der Produktionsmittel hört die Arbeit auf, Privatarbeit zu sein. Es gibt keine antagonistischen Widersprüche zwischen der Arbeit des einzelnen und der Gesellschaft, der der sozialistischen Kollektive und der gesellschaftlichen Gesamtarbeit. Sie wird freie Arbeit, geleistet für die ganze Gesellschaft, damit wird sie unmittelbar gesellschaftliche Arbeit,und zwar in dem Sinne, daß sie im gesamtstaatlich geplanten Reproduktionsprozeß unmittelbar auf die bestmögliche Befriedigung der materiellen und geistigen Bedürfnisse aller Mitglieder der sozialistischen Gesellschaft gerichtet ist. Sie wird gleichzeitig für alle Mitglieder der Gesellschaft und für jeden einzelnen geleistet.

Das unterscheidet die in der sozialistischen Gesellschaft geleistete Arbeit prinzipiell von der im Kapitalismus geleisteten. Dem Charakter nach ist also die Arbeit im Sozialismus und im Kapitalismus nicht miteinander vergleichbar, wobei sich der prinzipielle Unterschied aus der unterschiedlichen Stellung der Produzenten zu den Produktionsmitteln in den beiden Gesellschaftsformationen ergibt.

Jedoch ist die als gesellschaftliche Arbeit geleistete Arbeit nicht unmittelbar gesellschaftlich in dem Sinne, daß sie von vornherein Teil der gesellschaftlich notwendigen Arbeit wäre. Die Arbeit ist nicht durch den Plan im vorhinein Teil der gesellschaftlichen Gesamtarbeit, sie wird nicht bereits als gesellschaftlich notwendige geleistet; die Arbeit der sozialistischen Produzentenkollektive wird vielmehr als warenproduzierende Arbeit geleistet.

Die sozialistischen Betriebe verkaufen einander ihre Arbeitsprodukte als Waren. Sie setzen damit ihre wirtschaftlichen Tätigkeiten in Beziehung zueinander und tauschen ihre aufgewandten Arbeiten gegeneinander. Dieser Austausch der aufgewandten Arbeiten erfordert, daß die Arbeit die Form des Wertes annimmt, die Arbeitsprodukte müssen Warencharakter annehmen.

So findet sich also in der sozialistischen Produktionsweise die von Marx und Engels nicht vorausgesehene Tatsache, daß die unter Bedingungen des gesellschaftlichen Eigentums in den sozialistischen Betrieben geleistete Arbeit unmittelbar gesellschaftliche Arbeit ist, zugleich aber betriebliche (betriebsindividuelle), die sich als Teil der gesamtgesellschaftlich notwendigen, d. h. als Wert, darzustellen hat. Die Notwendigkeit der Darstellung der betriebsindividuellen Arbeit als Wert schließt die Anerkennung dieser Arbeit als Teil der gesellschaftlichen Gesamtarbeit (als gesellschaftlich notwendige Arbeit) durch den Austausch auf dem Markt ein. Die Anerkennungsfunktion des Austauschprozesses besteht im Sozialismus nicht darin, daß sich private Arbeit als gesellschaftliche darstellen und bewähren muß, sondern darin, daß sich im Austausch zu bestätigen hat, ob die durch die sozialistischen Kollektive geleistete gesellschaftliche Arbeit (betriebsindividuelle Arbeit) gesellschaftlich notwendige Arbeit ist. Im Austausch wird der nichtantagonistische Widerspruch zwischen der betrieblichen Arbeit und der gesellschaftlich notwendigen Arbeit gelöst, indem nur die Arbeit gesellschaftliche Gültigkeit erlangt, die sich in einem nützlichen, realisierbaren Produkt verkörpert.[10]

Wollte man eine allgemeine, für alle Gesellschaftsformationen gültige Formulierung für Wesen und Inhalt der Anerkennungsfunktion finden, so könnte man sagen: Das Wesen der Anerkennungsfunktion besteht darin, daß sich die Arbeit der Warenproduzenten als Teil der gesamtgesellschaftlich notwendigen darstellen muß. Wird die Arbeit unter Bedingungen des Privateigentums an den Produktionsmitteln geleistet, so muß sich Privatarbeit als gesellschaftliche bewähren, was einschließt, daß sie sich als Teil der gesellschaftlich notwendigen darstellen muß - sonst bewährt sie sich nicht als gesellschaftliche. Anders ist es bei der unter Bedingungen des gesellschaftlichen Eigentums an den Produktionsmitteln geleisteten Arbeit. Hier geht es darum, daß sich die betriebsindividuelle gesellschaftliche Arbeit als gesellschaftlich notwendige Arbeit darstellen und bewähren muß.

Mit dieser Feststellung - das sei hier vermerkt - ist keinerlei Aussage über die Art und Weise der Realisierung dieser Anerkennungsfunktion getroffen, darüber, ob sie sich elementar vollzieht oder planmäßig durchgesetzt wird.

Im Prozeß der Durchsetzung des neuen ökonomischen Systems der Planung und Leitung der Volkswirtschaft hat sich die für das Erfassen des Wesens der sozialistischen Warenproduktion bedeutungsvolle Erkenntnis gefestigt und vertieft, daß die Beziehungen zwischen den sozialistischen Betrieben nicht einfach technisch-organisatorischer Natur sind, sondern echten ökonomischen Charakter tragen. Die sozialistischen Betriebe sind nicht nur technisch-organisatorische, sondern ökonomische Einheiten im Rahmen der sozialistischen Volkswirtschaft. Für die gesamte Epoche des Sozialismus gilt es deshalb einen für die sozialistische Produktionsweise wesentlichen, nichtantagonistischen Widerspruch zu lösen, der darin besteht, daß das gesellschaftliche Eigentum an den Produktionsmitteln die Produzenten unmittelbar miteinander verbindet, das gesellschaftliche Eigentum objektiv die gesamtgesellschaftliche Planung, Leitung und Organisation erfordert und andererseits die sozialistischen Betriebe, durch den Entwicklungsstand der Produktivkräfte objektiv bedingt, relativ selbständige ökonomische Einheiten sind mit vollem wirtschaftlichen Kreislauf ihrer Fonds als Grundelemente des volkswirtschaftlichen Reproduktionsprozesses.[11]

Dieser Widerspruch wird gelöst durch die für die sozialistische Produktionsweise typische Verbindung von gesamtgesellschaftlicher Planung und Leitung der Volkswirtschaft mit der planmäßigen selbständigen Regulierung der wirtschaftlichen Tätigkeit der sozialistischen Betriebe als Warenproduzenten. Die Planung der sozialistischen Warenproduktion, das ist der objektiv notwendige Weg der Lösung dieses Widerspruchs. Das setzt voraus:

- höhere Anforderungen an die Qualität der gesamtgesellschaftlichen Planung, Leitung und Regulierung des volkswirtschaftlichen Reproduktionsprozesses sowie
- eine wachsende Rolle der Betriebe als relativ selbständig wirtschaftende und planende Einheiten mit voller Verantwortung für ihren wirtschaftlichen Kreislauf.[12]

Es wäre deshalb völlig verfehlt, die sozialistische Volkswirtschaft, ausgehend von der Existenz des gesellschaftlichen Eigentums an den Produktionsmitteln, gewissermaßen als ein großes Kombinat aufzufassen und die Beziehungen zwischen seinen einzelnen Teilen als von solcher Art anzusehen, wie sie innerhalb einer betrieblichen Arbeitsteilung herrschen. Damit wäre der prinzipielle Unterschied zwischen der betrieblichen Arbeitsteilung und der gesellschaftlichen Arbeitsteilung zwischen Warenproduzenten verwischt. Die Arbeitsteilung zwischen den einzelnen sozialistischen Produzentenkollektiven (Betrieben) ist gesellschaftlicher Natur. Es sind Beziehungen zwischen Warenproduzenten und nicht Beziehungen innerhalb einer warenproduzierenden Einheit, wie bei der betrieblichen Arbeitsteilung. Das ist von wesentlicher Bedeutung für die Organisierung der arbeitsteiligen Beziehungen innerhalb der sozialistischen Produktionsweise.

"Die arbeitsteiligen Beziehungen der sozialistischen Betriebe, die auf der Grundlage der von der zentralen staatlichen Planung vorgegebenen Richtung der volkswirtschaftlichen Entwicklung von den sozialistischen Betrieben als Ware-Geld-Beziehungen selbständig geplant und realisiert werden, entsprechen in ihrem Charakter und ihrer konkreten Gestaltung dieser für den Sozialismus charakteristischen Verbindung von gesellschaftlichem Eigentum an den Produktionsmitteln und gesamtgesellschaftlicher Planung und Leitung der Wirtschaft mit der Existenz und dem Wirken selbständiger Betriebe."[13]

Aus dieser, der sozialistischen Produktionsweise eigenen, objektiv bedingten Verbindung des gesellschaftlichen Eigentums mit der sich daraus ergebenden gesamtgesellschaftlichen Planung und Leitung der Volkswirtschaft und der Existenz und dem Wirken ökonomisch relativ selbständiger Betriebe, die als kollektive sozialistische Warenproduzenten existieren, ergibt sich die gegenüber der kapitalistischen Produktionsweise höhere Rationalität der wirtschaftlichen Tätigkeit im Sozialismus. Diese Verbindung ermöglicht: die Produktion unmittelbar auf das Ziel sozialistischen Wirtschaftens zu richten, einen höheren Grad der Ausnutzung der gesellschaftlichen Arbeit nicht nur in Teilbereichen, sondern im Rahmen der gesamten Volkswirtschaft durch die rationelle Verteilung der disponiblen Arbeit zu erreichen, den sparsamsten Umgang mit Arbeit - sowohl produktiver wie unproduktiver - in allen gesellschaftlichen Sphären zu sichern sowie mit der angewendeten Arbeit einen hohen Nutzeffekt zu erzielen.

Die Ursachen für die höhere Rationalität sozialistischen Wirtschaftens gegenüber der wirtschaftlichen Tätigkeit aller vorhergehenden Gesellschaftsformationen sind zugleich die Ursachen für das in der sozialistischen Produktionsweise im höheren Grade als Gesetz wirkende Gesetz der Ökonomie der Zeit; denn sein Wirken erfordert eine höhere Rationalität bei der Verteilung, Verwendung und Verausgabung an gesellschaftlicher Arbeit (vergangener wie lebendiger, produktiver wie unproduktiver). Diese rationellere Verteilung und Anwendung der gesellschaftlichen Arbeit macht die Überlegenheit des Sozialismus bei der Anwendung des Gesetzes der Ökonomie der Zeit gegenüber allen vorhergehenden Gesellschaftsformationen deutlich.

Wenn auch im Sozialismus das Gesetz der Ökonomie der Zeit nicht in Form einer direkten Verteilung der Arbeitszeit verwirklicht wird, sondern seine Verwirklichung planmäßig über die Kategorien der Warenproduktion vermittelt wird, so ist es trotzdem in höherem Grade Gesetz als im Kapitalismus, wo es sich über den elementar wirkenden Marktmechanismus verwirklicht.

Bürgerliche Ökonomen und in ihrem Troß die bürgerliche Publizistik beurteilen die praktischen Maßnahmen zur Durchsetzung des ökonomischen Systems des Sozialismus und die in diesem Zusammenhang stattfindenden Diskussionen der marxistischen Ökonomen vom Standpunkt der kapitalistischen Marktwirtschaft. Ihr einziger Maßstab für die Beurteilung der sich in den sozialistischen Ländern vollziehenden Veränderungen in der Leitung der Volkswirtschaft ist das kapitalistische System. Von dieser Position aus schätzen sie die Veränderungen ein. Damit ist jedoch das Ergebnis noch vor einer Untersuchung gegeben; es wird durch die Fragestellung bestimmt, inwieweit diese oder jene Maßnahme zur Entwicklung des ökonomischen Systems des Sozialismus, insbesondere die zur Vervollkommnung der sozialistischen Ware-Geld-Beziehungen, als eine Rückkehr zu kapitalistischen Wirtschaftsmethoden gedeutet werden könnten. Die Resultate dieser sogenannten Analysen werden als wissenschaftliche Untersuchungsergebnisse deklariert und als Beweise bzw. Beispiele einer Annäherung von Sozialismus und staatsmonopolistischem Kapitalismus angesehen, wie es beispielsweise G. Kade versucht:

"Somit zeigt sich, daß die beiden wichtigsten Planungskonzepte der sozialistischen Länder, unter deren Einfluß die Bemühungen um eine Verbesserung der Wirtschaftsplanung stehen, sich nicht widersprechen, sondern im Sinne einer effizienten Verbindung von zentraler und dezentralisierter Entscheidung ergänzen - eine Entwicklung, die sich in denjenigen westlichen Ländern, die sich für rationale Wirtschaftspolitik entschlossen haben, im Prinzip genauso nachweisen läßt, nur daß hier Preissteuerung und dezentralisierte Entscheidungen im Vordergrund stehen..."[14]

In der Tat, im Sozialismus geht es u. a. auch darum, zentrale mit dezentralen Entscheidungen zu verbinden und die Kategorien der Warenproduktion besser auszunutzen; denn der Sozialismus ist eine warenproduzierende Gesellschaft. Er ist jedoch eine warenproduzierende Gesellschaft, die sich prinzipiell von allen vorhergehenden Warenproduktionen unterscheidet. W. Schließer hat vollauf recht, wenn er meint:

"Die Formen der Warenproduktion und des Wertes, die im Sozialismus existieren, stellen einen neuen gesellschaftlich-historischen Typ der Warenproduktion dar, der durch die gleiche historische Schranke von der kapitalistischen Warenproduktion getrennt ist, wie die sozialistische Wirtschaft im ganzen von der kapitalistischen Wirtschaft.

Man muß daher mit vollem Recht von der sozialistischen Warenproduktion als von einer Warenproduktion sui generis, von den sozialistischen Ware-Geld-Beziehungen, von der sozialistischen Wertmodifikation, vom sozialistischen Preissystem, vom sozialistischen Handel, vom sozialistischen Markt, vom sozialistischen Finanzsystem usw. sprechen und stets ihren prinzipiellen Unterschied zu den Kategorien im Auge haben, in denen die allgemeinen Gesetzmäßigkeiten der Warenproduktion unter kapitalistischen Bedingungen auftreten."[15]

Es zeugt vom absoluten Unverständnis des Typs der sozialistischen Produktionsweise, wenn die bürgerliche Ökonomie Kategorien der sozialistischen Ökonomik mit denen des kapitalistischen Systems identifiziert. Wir teilen die Auffassung von H. Wolf, wenn er schreibt:

"Die sozialistische Planwirtschaft im entwickelten ökonomischen System ist ihrem Typ nach eine geplante Wirtschaft, die in keinerlei Kategorie der sogenannten Zentralverwaltungswirtschaft hineinpaßt. Ebenso ist die sozialistische Warenproduktion ihrem Typ nach von vornherein keine spontane Warenproduktion, die sich ausschließlich durch das Einwirken von Marktimpulsen auf die einzelnen Unternehmen regulieren würde. Die sozialistische Planwirtschaft, wie sie der vollausgebildeten sozialistischen Ökonomik entspricht, ist vielmehr eine geplante Wirtschaft sozialistischer Warenproduzenten. Sie enthält sowohl die voll ausgebildete und praktisch regulierend wirksame gesellschaftliche Planung und Organisierung der Volkswirtschaft im gesamtstaatlichen Maßstab als auch die volle und konsequente Entfaltung der sozialistischen Warenwirtschaft als <u>organische Einheit</u> unlöslich miteinander verbundener Elemente eines Gesamtsystems. Damit entwickeln wir ein qualitativ neues Gepräge des sozialistischen Systems der Volkswirtschaft, das sich vom Bild einer administrativ geführten Planwirtschaft, aber auch vom Bild einer spontan geregelten Marktwirtschaft <u>prinzipiell</u> unterscheidet."[16]

II.

Immer wieder weist Marx bei der Analyse der ökonomischen Bewegungsgesetze darauf hin, daß allen Gesellschaftsformationen gemein ist, daß "die Gesellschaft ihre Zeit zweckmäßig einteilen (muß), um eine ihren Gesamtbedürfnissen gemäße Produktion zu erzielen; wie der Einzelne seine Zeit richtig einteilen muß, um sich Kenntnisse in angemessnen Proportionen zu erwerben oder um den verschiedenen Anforderungen an seine Tätigkeit Genüge zu leisten".[17] Jedoch ändert sich die Form, in der sich dieses Grunderfordernis gesellschaftlicher Entwicklung in den einzelnen Gesellschaftsformationen durchsetzt. Dieser Gedanke findet sich ausführlich in einem Brief an Kugelmann dargestellt, wo es heißt:

"Daß jede Nation verrecken würde, die, ich will nicht sagen für ein Jahr, sondern für ein paar Wochen die Arbeit einstellte, weiß jedes Kind. Ebenso weiß es, daß die den verschiednen Bedürfnismassen entsprechenden Massen von Produkten verschiedne und quantitativ bestimmte Massen der gesellschaftlichen Gesamtarbeit erheischen. Daß diese Notwendigkeit der Verteilung der gesellschaftlichen Arbeit in bestimmten Proportionen durchaus nicht durch die bestimmte Form der gesellschaftlichen Produktion aufgehoben, sondern nur ihre Erscheinungsweise ändern kann, ist self evident. Naturgesetze können überhaupt nicht aufgehoben werden. Was sich in historisch verschiednen Zuständen ändern kann, ist nur die Form, worin jene Gesetze sich durchsetzen. Und die Form, worin sich diese proportionelle Verteilung der Arbeit durchsetzt in einem Gesellschaftszustand, worin der Zusammenhang der gesellschaftlichen Arbeit sich als Privataustausch der individuellen Arbeitsprodukte geltend macht, ist eben der Tauschwert dieser Produkte."[18]

Die Durchsetzung einer proportionalen Verteilung der gesellschaftlichen Gesamtarbeit entsprechend den gesellschaftlichen Bedürfnissen, das ist der eigentliche Inhalt des Gesetzes der Ökonomie der Zeit. Für die sozialistische Produktionsweise ist zu untersuchen, ob dieses Erfordernis des Gesetzes der Ökonomie der Zeit über das Wertgesetz verwirklicht wird, ob der Wert - kybernetisch gesprochen - die Führungsgröße bei der proportionalen Verteilung der Arbeit auf die einzelnen Zweige und Produktionssphären ist. Im weiteren Verlauf der Arbeit werden wir immer nur vom Wert als der Führungsgröße sprechen. Wir sind uns jedoch dessen bewußt, daß in den einzelnen warenproduzierenden Gesellschaften diese Rolle der Wert nur letztlich spielt. Im Kapitalismus der freien Konkurrenz kommt diese Rolle dem Produktionspreis zu. Es spricht vieles dafür, daß auch in der sozialistischen Produktionsweise objektiv eine dieser Produktionsweise adäquate Form der Wertmodifikation existiert. Führungsgröße muß dieser modifizierte Wert sein.

Rational ist im gesamtgesellschaftlichen Maßstab die gesellschaftliche Arbeit dann verteilt, wenn

a. die Arbeit so auf die einzelnen Produktionssphären verteilt ist, daß sie den kurz- und langfristigen Bedürfnissen der sich entwickelten sozialistischen Gesellschaft optimal entspricht; d. h., wenn sich die gesamtgesellschaftlich disponible Arbeit und der Gebrauchswert auf gesellschaftlicher Potenz im Gleichgewicht befinden;
b. die Produkte mit einem Minimum an Arbeitsaufwand hergestellt werden (Minimierung des Arbeitsaufwandes in der Produktion).

Unter den Bedingungen der Warenproduktion sind jedoch dies die wesentlichen Bestimmungselemente für das, was wir unter dem gesellschaftlich notwendigen Arbeitsaufwand verstehen,[19] wobei wir zwischen dem gesellschaftlich notwendigen Arbeitsaufwand und der Wertgröße quantitativ ein Identitätsverhältnis sehen.

Aber heißt das schon, daß der Wert Führungsgröße im sozialistischen gesellschaftlichen Reproduktionsprozeß ist, daß das Gesetz des Wertes bestimmend für die Verteilung der Arbeit ist? Man könnte doch meinen, daß die Verteilung der Arbeit direkt, ohne den Umweg über den Wert erfolgen könnte. Aber das würde voraussetzen, daß die durch die sozialistischen Produzentenkollektive geleistete Arbeit unmittelbar Teil der gesamtgesellschaftlich notwendigen Arbeit wäre, daß keinerlei Notwendigkeit bestünde, die betriebsindividuelle Arbeit auf die gesamtgesellschaftlich notwendige zu reduzieren, daß die Anerkennungsfunktion des Austauschprozesses nicht existent wäre etc. Das würde jedoch bedeuten, daß die Arbeit nicht als warenproduzierende geleistet würde, daß die Warenproduktion selbst nicht existent wäre und nicht die Notwendigkeit bestünde, daß sich die zur Herstellung eines Produkts notwendige gesellschaftliche Arbeit im Verhältnis zur gewonnenen Arbeit eines anderen Produkts, d. h. als Wert, darstellen müßte.

Hier gilt, angewandt auf die spezifischen Bedingungen der sozialistischen Warenproduktion, was Marx polemisch zu Grays Ansichten über die Arbeitszeit als unmittelbares Maß äußerte:

"Da die Arbeitszeit das immanente Maß der Werte ist", - so fragt Marx - "warum neben ihr ein anderes äußerliches Maß? Warum entwickelt sich der Tauschwert zum Preis? Warum schätzen alle Waren ihren Wert in einer ausschließlichen Ware, die so in das adäquate Dasein des Tauschwerts verwandelt wird, in Geld? Dies war das Problem, das Gray zu lösen hatte. Statt es zu lösen, bildet er sich ein, die Waren könnten sich unmittelbar aufeinander als Produkte der gesellschaftlichen Arbeit beziehen. Sie können sich aber nur aufeinander beziehen als das, was sie sind. Die Waren sind unmittelbar Produkte vereinzelter unabhängiger Privatarbeiten, die sich durch ihre Entäußerung im Prozeß des Privataustausches als allgemeine gesellschaftliche Arbeit bestätigen müssen, oder die Arbeit auf Grundlage der Warenproduktion wird erst gesellschaftliche Arbeit durch die allseitige Entäußerung der individuellen Arbeiten. Unterstellt Gray aber die in den Waren enthaltene Arbeitszeit als unmittelbar gesellschaftliche, so unterstellt er sie als gemeinschaftliche Arbeitszeit oder als Arbeitszeit direkt assoziierter Individuen."[20]

Wir haben gesehen, daß sich im Sozialismus zwar nicht Privatarbeiten als gesellschaftliche bewähren und darstellen müssen, jedoch nach wie vor die objektive Notwendigkeit besteht, daß sich die Arbeiten der sozialistischen Produzentenkollektive als Teil der gesamtgesellschaftlichen Arbeit darstellen und bewähren müssen. Es besteht ein Widerspruch zwischen der betrieblich verausgabten und der gesellschaftlich notwendigen Arbeit, der die Reduktion der betriebsindividuellen Aufwendungen auf die gesellschaftlich notwendigen bedingt und die Darstellung der Produkte als Waren und ihren Austausch als Werte erfordert. Die Bewährung der betriebsindividuellen Aufwendungen als gesellschaftlich notwendige geschieht in der Realisierung der Produkte als Waren, geschieht im Austauschprozeß entsprechend den Erfordernissen des Wertgesetzes.

Wenn wir den gesellschaftlich notwendigen Arbeitsaufwand, den Wert als Führungsgröße zur Durchsetzung des Gesetzes der Ökonomie der Zeit im Sozialismus formuliert haben, so ist damit noch keinerlei Aussage über die Art und Weise seiner Durchsetzung getroffen.

Während im Kapitalismus die Verteilung der Arbeit über den elementaren Marktmechanismus erfolgt, was zwangsläufig zu Disproportionen, Krisen und zu einer ungeheuren Vergeudung von gesellschaftlicher Arbeit führt, treten im Sozialismus an die Stelle der Ex-post-Koordinierung der Arbeitsverteilung die Möglichkeit und die Notwendigkeit der bewußten Ex-ante-Koordinierung durch die Planung.

Die eigentliche Aufgabe der Planung auf allen Ebenen der Volkswirtschaft besteht darin, ausgehend vom Ziel sozialistischen Wirtschaftens, möglichst Gleichgewicht zwischen dem Gebrauchswert auf gesellschaftlicher Potenz und der disponiblen gesellschaftlichen Arbeitszeit zu sichern. Das heißt, durch die Planung ist eine solche Arbeitsverteilung und -verwendung zu sichern, die der gesellschaftlich notwendigen so nahe wie möglich kommt. Wenn Marx davon spricht, daß der Wert "das Vernünftige und Naturnotwendige"[21] ist, das sich im Kapitalismus nur als blindwirkender Durchschnitt durchsetzt, so geht es im Sozialismus darum, durch den Plan dieses Vernünftige und Naturnotwendige bewußt durchzusetzen. Das heißt, im Plan müssen die Erfordernisse des Wertgesetzes im vorhinein konzipiert sein. Im Idealfall müßte bei plangerechter Produktion die tatsächlich verausgabte Arbeit mit der gesellschaftlich notwendigen Arbeit identisch sein. Daß es diesen Idealfall und damit einen solchen idealen oder besser: perfekten Plan nicht geben kann, wird noch zu zeigen sein.

Von verschiedenen Theoretikern wurde der Versuch unternommen, die Wertgröße quantitativ zu erfassen. Wir haben in einem anderen Zusammenhang den Nachweis anzutreten versucht, daß es nicht möglich ist, den Wert mit einem Modell quantitativ in den Griff zu bekommen bzw. ihn in einer Kennziffer zu erfassen.[22] Ginge es bei der Wertgrößenbestimmung nur darum, die effektiv verausgabten Arbeitsaufwendungen zur Produktion einer in der Volkswirtschaft hergestellten Prduktenmenge zu berechnen, so wäre das Problem sicher lösbar. Jedoch wäre das keine Wertgrößenbestimmung, denn bei ihr geht es nicht einfach um die effektiven Arbeitsaufwendungen, sondern um die richtige Proportionierung bei der Verausgabung der gesellschaftlich disponiblen Arbeitszeit im Verhältnis zu den gesellschaftlichen Bedürfnissen. Darin besteht das eigentliche Problem der Wertgrößenbestimmung.

Mit der Forderung der richtigen proportionalen Verteilung der gesellschaftlichen Gesamtarbeit entsprechend dem Gebrauchswert auf gesellschaftlicher Potenz ist ein ganzer Komplex von Bestimmungselementen für die Wertgröße gegeben. Das Besondere an diesem Komplex ist, daß er sich nicht in einzelne Bestimmungselemente aufgliedern läßt, die jeweils isoliert, für sich allein als einzelnes Bestimmungselement erfaßt werden könnten und deren Addition die Wertgröße ergäbe.

Das komplexe Wirken der Elemente des Wertbildungsprozesses würde negiert, wenn man die folgenden Bestimmungselemente jeweils für sich allein der Modellierung unterziehen wollte:

a. die bedarfsgerechte Struktur der Produktion; d. h. die proportionale Verteilung der Arbeit, entsprechend dem gesellschaftlichen Bedürfnis;
b. das notwendige Minimum an Arbeit zur Herstellung der bedarfsgerechten Erzeugnisse;
c. die Reduktion der komplizierten auf einfache Arbeit.

Bei solchen Versuchen wird die Modellierung des zur Produktion notwendigen Minimums an Arbeit als eine erste Näherung an die Wertgröße angesehen, und die Berücksichtigung des Reduktionsproblems soll zu einer weiteren Annäherung führen.

Das Wertbildungsproblem ist nur zu begreifen in bezug auf die gesamte Warenwelt. Die gesellschaftlich disponible Arbeit, die gesellschaftliche Gesamtarbeit sowie der Gebrauchswert auf gesellschaftlicher Potenz[23] stehen in einem bestimmten Verhältnis zueinander. Wird die Arbeit in solchen Proportionen auf die einzelnen Produktionssphären verteilt, daß die Resultate der Produktion den gesellschaftlichen Bedürfnissen proportional sind, dann ist die Arbeit als gesellschaftlich notwendige geleistet. Dabei ist sowohl die kurz- als auch langfristige Bedürfnisstruktur zu beachten. Es ist zu berücksichtigen - oder besser gesagt, in die Wertbestimmung ist eingeschlossen -, daß bei diesem oder jenem Bedarf mehr oder weniger einfache oder komplizierte Arbeit aufzuwenden ist, was wiederum

Auswirkungen auf die Arbeitsverteilung hat, da die qualifizierten Arbeiter selbst "produziert" werden müssen. Zugleich ist natürlich die rationelle Anwendung der Arbeit in der Produktion in die Wertbestimmung eingeschlossen. Alle Elemente zusammengenommen, in ihrem wechselseitigen Aufeinanderwirken, ergeben die gesellschaftlich notwendige Arbeit.

Im praktischen Wertbildungsprozeß wirken also die Bestimmungselemente für die Wertgröße immer im Komplex, und es läßt sich nicht ein Element herausdestillieren und mit ihm eine angenäherte Kennziffer für die Wertgröße bestimmen.

Noch problematischer erscheint ein solcher Versuch der Wertgrößenbestimmung, wenn wir uns vergegenwärtigen, daß es sich bei der Wertgröße nicht um den Produktionswert von einst, sondern um den Reproduktionswert handelt. Die Einbeziehung nicht nur der Produktions-, sondern gerade der Reproduktionsbedingungen macht die Messung des gesellschaftlich notwendigen Arbeitsaufwandes noch komplizierter. Geht man von Produktions- zu Reproduktionsbedingungen über, so verändert sich die Struktur des gesellschaftlichen Bedarfs, und es entstehen neue Probleme für die proportionale Arbeitsverteilung; zugleich wird es aber auch notwendig sein, mehr oder weniger komplizierte Arbeit aufzuwenden, was wiederum zurückwirkt auf die proportionale Arbeitsverteilung; und es entstehen neue Probleme für die rationelle Arbeitsverausgabung im Produktionsprozeß, was selbst wieder zurückwirkt auf die Proportionen der Arbeitsverteilung und die Anwendung von einfacher und komplizierter Arbeit.

Gerade im Sozialismus, unter den Bedingungen der Durchsetzung der wissenschaftlich-technischen Revolution, erhalten diese Prozesse besonderes Gewicht.

Diese bei der Wertbildung mitwirkenden vielschichtigen Prozesse in einem Modell zu erfassen oder auch nur in Annäherung zu modellieren erweist sich als äußerst schwierige und beim gegenwärtigen Stand der Forschungsarbeiten unlösbare Aufgabe.

Hinter den Versuchen, die Wertgröße quantifizieren zu wollen, steht eine verfehlte Auffassung über die Art und Weise, wie die Erfordernisse des Wertgesetzes in den Plänen (kurz- und langfristige Pläne des Gesamtsystems sowie der Teilsysteme) zu berücksichtigen sind. Es wäre eine lebensfremde Konstruktion, wollte man meinen, man könnte die Wertgröße errechnen und sie der Wirtschaftstätigkeit gewissermaßen als ein von außen kommendes Normativ vorgeben. Eine solche Konzeption widerspricht dem Umstand, daß es sich bei der Wertgröße um eine prozessierende Größe handelt und beim Wertgesetz um ein Gesetz, das im allgemeinen gilt und sich in der Tendenz durchsetzt. Eine solche Konzeption widerspräche auch dem objektiv gegebenen dialektischen Wechselverhältnis zwischen den relativ selbständigen sozialistischen Warenproduzenten und der durch das gesamtgesellschaftliche Eigentum (und den daraus resultierenden unmittelbar gesellschaftlichen Charakter der Arbeit) bedingten Notwendigkeit der gesamtgesellschaftlichen Planung und Leitung des gesellschaftlichen Reproduktionsprozesses.

Das Kernproblem der planmäßigen Regelung des gesellschaftlichen Reproduktionsprozesses besteht doch offenbar darin, die tatsächlich verausgabte Arbeit, d. h. die effektiv verausgabten bzw. zu verausgabenden Arbeitsaufwendungen, den gesellschaftlich notwendigen Aufwendungen so weitgehend wie möglich anzunähern, im Idealfall die quantitative Identität zwischen den tatsächlichen und den gesellschaftlich notwendigen Aufwendungen herzustellen. Der zentrale Plan zur Entwicklung der Volkswirtschaft sowie die Pläne der Teilsysteme sind auf dieses Ziel gerichtet. Sie müssen eine solche Arbeitsverteilung auf die einzelnen Sphären der Volkswirtschaft vorsehen, daß bei Realisierung der Planaufgaben die verausgabte Arbeit der gesellschaftlich notwendigen möglichst nahekommt, also möglichst Gleichgewicht zwischen dem Gebrauchswert auf gesellschaftlicher Potenz und der gesellschaftlich disponiblen Gesamtarbeitszeit erzielt wird. Der Plan ist im Sozialismus das entscheidende Instrument, um den Wert als die objektive Kategorie einer rationellen Organisation des gesellschaftlichen Reproduktionsprozesses zu realisieren.

Um die tatsächliche Verausgabung von Arbeit dem gesellschaftlich notwendigen Maß möglichst nahe zu bringen, d. h. im Plan eine solche Arbeitsverteilung zu konzipieren, die der gesellschaftlich notwendigen weitgehend angenähert ist, bedarf es eines ganzen Systems von Kennziffern und Indikatoren. Zu diesem System von Kennziffern und Indikatoren gehören zunächst alle diejenigen, die der Gesellschaft Aufschluß bzw. nähere Informationen darüber zu geben vermögen, wie sich die gegenwärtigen und zukünftigen gesellschaftlichen Bedürfnisse entwickeln, was gegenwärtig und zukünftig unter einer bedarfsgerechten Struktur zu verstehen ist. Die Schwierigkeiten dabei beginnen aber bereits "mit der Bestimmung dessen, was unter bedarfsgerechter Struktur der Produktion zu verstehen ist. Gewöhnlich wird hierunter eine entsprechend den gegenwärtigen Bedürfnissen der Gesellschaft strukturierte Produktion verstanden, wobei vor allem an die Vermeidung von Engpaß- und Überschußsituationen bei der Versorgung der Bevölkerung und im Produktionsverbrauch gedacht wird. Solche Engpaß- und Überschußsituationen sind ohne Zweifel wichtige Indikatoren einer verfehlten Struktur der Produktion... Doch hierin erschöpft sich die Problematik der bedarfsgerechten Struktur der Produktion durchaus nicht. Genauso wichtig ist die Beantwortung der Frage, inwieweit die den gegenwärtigen Bedürfnissen entsprechende Struktur der Produktion mit den künftigen Bedürfnissen der Gesellschaft übereinstimmt. Dies setzt wiederum die Ermittlung einer 'goldenen Regel' für die Feststellung einer optimalen Investitions- und Konsumtionsquote voraus, damit die sozialistische Gesellschaft einen optimalen Wachstumspfad vom Standpunkt eines längeren Zeithorizonts beschreiten kann. Die leicht zu formulierende Forderung nach einer, bedarfsgerechten Struktur der Produktion' enthält die gesamte Problematik des optimalen Wachstums, die von unserer ökonomischen Theorie erst bewältigt werden muß."[24]

Als ein Instrument zum Auffinden der künftig notwendigen Proportionen der Arbeitsverteilung entsprechend den gesellschaftlich notwendigen Gebrauchswerten kann die Prognosetätigkeit auf allen Ebenen der Volkswirtschaft betrachtet werden.

Vom Standpunkt der von uns diskutierten Frage ist die prognostische Tätigkeit nichts anderes als die Suche nach der dem künftigen gesellschaftlichen Bedarf entsprechenden rationellen Verteilung der Arbeit auf die einzelnen Produktionssphären. Bei den Prognosen der gesamtwirtschaftlichen Entwicklung oder der einzelnen Zweige geht es doch darum, ausgehend von den natürlichen Bedingungen der DDR-Wirtschaft, zu untersuchen, wie sich der gesellschaftliche Bedarf und seine Struktur entsprechend der Entwicklung der Produktionsverhältnisse und der Produktivkräfte entwickeln und wie sich dieser Bedarf, ausgehend von der voraussichtlichen Entwicklung der Produktivkräfte mit minimalen Arbeitsaufwendungen befriedigen läßt.

Von diesem Gesichtspunkt aus lassen sich auch die prognostischen Einschätzungen in den Teilbereichen der Volkswirtschaft, selbst die der Betriebe, betrachten. Denn ihr wesentliches Element ist die Untersuchung folgender Frage: Welche Produkte (mit welchen Aufwendungen) werden und können in der Perspektive Anerkennung als Waren finden, d. h., welche Arbeit, in einem Produkt geronnen, wird als gesellschaftlich notwendige Arbeit anerkannt?

Zu den Instrumenten für die Gewinnung von Informationen der gegenwärtig gesellschaftlich notwendigen Arbeitsverteilung zählen das System der Vertragsbeziehungen zwischen den Betrieben mit seinen Festlegungen über Qualität, Termine, Preise etc. der zu liefernden Waren, der Aufbau von Kooperationsverbänden mit ihren Vereinbarungen, der Aufbau einer Bilanzpyramide mit ihrem Ausweis der vielfältigen Verflechtungsbeziehungen zwischen den Produzenten etc.

Informationen über das Verhältnis der tatsächlichen zu den gesellschaftlich notwendigen Aufwendungen und damit den Grad der Annäherung der effektiven Aufwendungen an das notwendige gesellschaftliche Maß liefern nicht zuletzt natürlich die Marktbedingungen selbst. Es ist vor allem das Verhältnis von Angebot und Nachfrage bei einem gegebenen Preisniveau, das Aufschluß über das Verhältnis der proportionalen Arbeitsverteilung zum gesellschaftlichen Bedarf zu geben vermag und wichtige Ansatzpunkte für die Planaufstellung, d. h. für die richtige Proportionierung der Verteilung der Arbeit vom Planansatz her, liefert.

Damit erschöpft sich jedoch die Rolle der sozialistischen Marktbedingungen für die rationelle Gestaltung des gesellschaftlichen Reproduktionsprozesses nicht.

Es sind vor allem zwei Momente, die besonders hervorgehoben werden müssen:

1. Die Richtigkeit einer im Plan festgelegten Arbeitsverteilung läßt sich nicht am Plan selbst ablesen. Erst die Realisierung des Planes gibt Aufschluß darüber, in welchem Maße

der Plan die gesellschaftlich notwendige Arbeitsverteilung, d. h. die Erfordernisse des Wertgesetzes, richtig konzipiert hat. Dabei sind es auch die Marktbedingungen, d. h. die Realisierungsbedingungen der produzierten Waren, die darüber Aufschluß geben. Damit werden die Marktbedingungen zu einem Instrument der Plankorrektur, zu einem Instrument der Annäherung der effektiven Arbeitsverausgabung an die gesellschaftlich notwendige Arbeitsverteilung innerhalb der Volkswirtschaft.

2. Die Wertkategorien, d. h. die Preise, der Zins, die Einkommen, der Kredit etc., spielen selbst eine aktive Rolle bei der Durchsetzung des Rationellen, des "Vernünftigen und Naturnotwendigen". Sie sind, planmäßig eingesetzt, Instrumente der proportionalen Arbeitsverteilung entsprechend dem gesellschaftlichen Bedarf. Auf der Grundlage und im Rahmen des Planes wirken sie als ökonomische Hebel, um das gesellschaftlich Notwendige im Maßstab der ganzen Gesellschaft durchzusetzen. Was ist es beispielsweise anderes als eine Durchsetzung der richtigen Arbeitsverteilung, wenn über den Preis die Produktion und die Anwendung neuer Technik stimuliert und Produktion und Anwendung alter Technik zurückgedrängt werden? Der Preis ist hierbei planmäßig als ein Instrument eingesetzt, den Arbeitsaufwand in der Produktion zu minimieren und gesamtwirtschaftlich eine rationelle Arbeitsverteilung herzustellen.

Die hier skizzierte Auffassung vom Plan und der Planung des gesellschaftlichen Reproduktionsprozesses befindet sich eindeutig im Widerspruch zu der Ansicht, als ginge es bei den Maßnahmen zur Verbesserung des Planungs- und Leitungssystems in den sozialistischen Ländern darum, bestimmte (zentrale, strukturentscheidende) Prozesse der Volkswirtschaft im zentralen Plan festzulegen und durch ihn zu regeln und andere Prozesse (Detail- bzw. laufende Prozesse) durch die Marktbedingungen, d. h. über die Wirkung des Wertgesetzes, sich regulieren zu lassen. Dieser Gegenstand, hier Planung und dort Regelung durch bzw. anhand der Marktbedingungen, existiert - so scheint uns - in der sozialistischen Produktionsweise nicht. Das Gesetz des Wertes liegt allen ökonomischen Prozessen im Sozialismus zugrunde. Der Wert ist im Sozialismus objektive Kategorie der planmäßigen Organisation der Arbeit durch die Gesellschaft auf allen Ebenen der Volkswirtschaft. Der zentrale Plan, Perspektiv- wie Jahrespläne sowie die Pläne der Teilsysteme (der VVB und VEB) haben eine solche Verteilung der Arbeit zu sichern, daß die Planrealisierung zu einer solchen Arbeitsverausgabung führt, die dem gesellschaftlich notwendigen Arbeitsaufwand möglichst nahekommt. Dabei treten auf den verschiedensten Ebenen der Volkswirtschaft (Gesamt- oder Teilsystem) unterschiedliche Probleme auf, die unterschiedliche Methoden zur Feststellung dessen erfordern, was gesellschaftlich notwendige Arbeit ist. Solche Unterschiede bestehen notwendig auch bei der Aufstellung perspektivischer Pläne auf den verschiedensten Ebenen der Volkswirtschaft im Verhältnis zur kurzfristigen Planung.

Das eigentlich schwierige Problem bei dieser Auffassung vom Plan und von der Planung ist die Verknüpfung der Pläne der Teilsysteme mit dem Plan für das Gesamtsystem der Volkswirtschaft. Auf dieses Problem wies G. Schürer mit allem Nachdruck hin, als er schrieb:

"Das eigentliche Problem der neuen Qualität der Planung im neuen ökonomischen System besteht darin, die zentrale Planung der Hauptaufgaben von oben mit der eigenverantwortlichen Planung von unten zu verbinden und die Einheit von zweiglicher und Erzeugnisplanung sowie territorieller Planung zu sichern."[25]

Die bei der Lösung dieser Problematik auftretenden Schwierigkeiten resultieren aus dem dargestellten Widerspruch zwischen den relativ selbständigen sozialistischen Warenproduzenten (selbständige Teilsysteme) und der aus dem gesamtgesellschaftlichen Eigentum entspringenden Notwendigkeit der gesamtgesellschaftlichen Planung und Leitung. Die notwendige Orientierung der Planung auf allen Ebenen am gesellschaftlich notwendigen Arbeitsaufwand als dem Kriterium einer rationalen Arbeitsverteilung und Arbeitsverwendung wirft für die Verknüpfung der Teilsysteme mit dem Gesamtsystem ein schwieriges Problem auf. Was nämlich vom Standpunkt des einzelnen Betriebes als rationale Arbeitsverteilung und Verwendung erscheint, muß durchaus nicht rational im Maßstab der Volkswirtschaft sein. Bestimmend aber, weil gesellschaftlich notwendig, ist letztlich die proportionale Verteilung der Arbeit im Maßstab der gesamten Gesellschaft. Dies wiederum ist ein Problem der Struktur der Arbeitsverteilung, ein Problem, das vom einzelnen Betrieb, ja selbst vom einzelnen Zweig aus, nicht zu übersehen ist.

Diese Auffassung vom Plan und der Planung befindet sich auch im Widerspruch zu der Meinung, daß es möglich sei, einen "perfekten" Plan zu erarbeiten; perfekt in zweierlei Hinsicht: einmal in dem Sinne, daß der Plan - einmal aufgestellt - keinerlei Korrekturen bedürfe, daß Plankorrekturen Ausdruck einer fehlerhaften Planaufstellung wären; zum anderen in dem Sinne, daß es möglich wäre, einen Plan aufzustellen, dessen konsequente Realisierung zwangsläufig zur Verausgabung der Arbeit als gesellschaftlich notwendiger im volkswirtschaftlichen Maßstab führe.

Eine solche Auffassung von der Möglichkeit eines perfekten Planes hat ihren theoretischen Ursprung in einer verfehlten Ansicht über das Wesen und die Rolle der Warenproduktion im Sozialismus und den Charakter der im Sozialismus geleisteten Arbeit. Es wird negiert, daß die sozialistischen Produzentenkollektive ihre Arbeit als betriebsindividuelle Arbeit leisten und eine Reduktion dieser betriebsindividuellen Arbeit auf das gesellschaftlich notwendige Maß notwendig ist. Das ist ein Prozeß, der sich im planmäßigen Austauschprozeß realisiert. Es sind die Realisierungsbedingungen, die der Gesellschaft zusätzliche Informationen darüber liefern, ob die geleistete Arbeit gesellschaftlich notwendig im Sinne der Werttheorie war oder nicht. Diese zusätzlichen Informationen im Prozeß der Realisierung des Planes sind selbst wieder Ausgangspunkt zur Vervollkommnung der Planung, zur weiteren Annäherung der im Plan konzipierten Verteilung der Arbeit an das gesellschaftlich notwendige Maß. Aus der spezifischen, der sozialistischen Produktionsweise eigenen Verbindung von ökonomisch relativ selbständigen Produzentenkollektiven mit der auf dem gesellschaftlichen Eigentum beruhenden zentralen Leitung und Regelung resultiert also, die Planung selbst als einen Lernprozeß aufzufassen und im Plan nicht etwas ein für allemal Gegebenes zu sehen.

Die Auffassung von der Planung als einem Lernprozeß berücksichtigt zugleich den Tatbestand, daß die Gesellschaft zu einem gegebenen Zeitpunkt niemals eine vollständige Information über alle möglichen Handlungsalternativen zur Erreichung des Ziels der sozialistischen Gesellschaft besitzt und zum anderen niemals auf eintretende Wandlungen der Entscheidungsbedingungen mit unendlicher Geschwindigkeit zu reagieren vermag.[26] Zugleich ist in dieser Planungskonzeption berücksichtigt, daß die Führungsgröße des gesellschaftlichen Reproduktionsprozesses keine starre, von außen vorgegebene Kennziffer ist, sondern eine prozessierende Größe, deren Quantität sich aus der Entwicklung des Gesamtsystems, der Volkswirtschaft, ergibt.

FUSSNOTEN

1 W. Ulbricht, Die gesellschaftliche Entwicklung in der DDR bis zur Vollendung des Sozialismus, Berlin 1967, S. 151

2 K.Marx/F.Engels, Werke, Bd. 20, Berlin 1964, S. 828

3 K. Marx, Grundrisse der Kritik der politischen Ökonomie, Berlin 1953, S. 599. Vgl. dazu auch: K. Bichtler / H. Maier, Die Messung des Arbeitsaufwandes als politökonomisches Problem, in: Probleme der politischen Ökonomie, Bd. 10, Berlin 1967, S. 87

4 K. Marx, Grundrisse der Kritik der politischen Ökonomie, a.a.O., S. 89

5 Ebenda

6 Ebenda

7 Ebenda, S. 89/90

8 "Sobald die Gesellschaft sich in den Besitz der Produktionsmittel setzt und sie in unmittelbarer Vergesellschaftung zur Produktion verwendet, wird die Arbeit eines jeden, wie verschieden auch ihr spezifisch nützlicher Charakter sei, von vornherein und direkt gesellschaftliche Arbeit. Die in einem Produkt steckende Menge gesellschaftlicher Arbeit braucht dann nicht erst auf einem Umweg festgestellt zu werden; die tägliche

Erfahrung zeigt direkt an, wieviel davon im Durchschnitt nötig ist. Die Gesellschaft kann einfach berechnen, wieviel Arbeitsstunden in einer Dampfmaschine, einem Hektoliter Weizen der letzten Ernte, in hundert Quadratmeter Tuch von bestimmter Qualität stecken. Es kann ihr also nicht einfallen, die in den Produkten niedergelegten Arbeitsquanta, die sie alsdann direkt und absolut kennt, noch fernerhin in einem nur relativen, schwankenden, unzulänglichen, früher als Notbehelf unvermeidlichen Maß, in einem dritten Produkt auszudrücken und nicht in ihrem natürlichen, adäquaten, absoluten Maß, der Zeit." - K. Marx / F. Engels, Werke, Bd. 20, Berlin 1962, S. 288

9 Vgl. dazu K. Marx, Grundrisse der Kritik ..., a.a.O., S. 88

10 Vgl. dazu auch K. Bichtler, Zur Anerkennungsfunktion des Austauschprozesses im Sozialismus, in: "Wirtschaftswissenschaft", H. 6/1966, S. 947 ff.

11 Vgl. dazu H. Wolf, Grundfragen der Planung im ökonomischen System des Sozialismus, in: "Einheit", H. 3/1967, S. 274

12 Vgl. ebenda

13 W. Schließer, Probleme der Warenproduktion und des Wertgesetzes im Sozialismus, "Wirtschaftswissenschaft", H. 6/1967, S. 906

14 G. Kade, Von Marx zum Markt, "Der Volkswirt", Frankfurt (Main), Nr. 20/1966, S. 1456

15 W. Schließer, Probleme der Warenproduktion ..., a.a.O., S. 903

16 H. Wolf, Grundfragen der Planung ..., a.a.O., S. 273

17 K. Marx, Grundrisse der Kritik ..., a.a.O., S. 89

18 K. Marx, Briefe an Kugelmann, Berlin 1952, S. 67/68

19 "Ist diese Verteilung (die Verteilung der Arbeit auf die einzelnen Produktionssphären - K. B.) proportionell, so werden die Produkte der verschiednen Gruppen zu ihren Werten (bei weitrer Entwicklung zu ihren Produktionspreisen) verkauft, oder aber zu Preisen, die, durch allgemeine Gesetze bestimmte, Modifikationen dieser Werte resp. Produktionspreise sind. Es ist in der Tat das Gesetz des Wertes, wie es sich geltend macht, nicht in bezug auf die einzelnen Waren oder Artikel, sondern auf die jedesmaligen Gesamtprodukte der besondren, durch die Teilung der Arbeit verselbständigten gesellschaftlichen Produktionssphären; so daß nicht nur auf jede einzelne Ware nur die notwendige Arbeitszeit verwandt ist, sondern daß von der gesellschaftlichen Gesamtarbeitszeit nur das nötige proportionelle Quantum in den verschiednen Gruppen verwandt ist. Denn Bedingung bleibt der Gebrauchswert. Wenn aber der Gebrauchswert bei der einzelnen Ware davon abhängt, daß sie an und für sich ein Bedürfnis befriedigt, so bei der gesellschaftlichen Produktenmasse davon, daß sie dem quantitativ bestimmten gesellschaftlichen Bedürfnis für jede besondere Art von Produkt adäquat, und die Arbeit daher im Verhältnis dieser gesellschaftlichen Bedürfnisse, die quantitativ umschrieben

sind, in die verschiednen Produktionssphären proportionell verteilt ist ... Das gesellschaftliche Bedürfnis, d. h. der Gebrauchswert auf gesellschaftlicher Potenz, erscheint hier bestimmend für die Quota der gesellschaftlichen Gesamtarbeitszeit, die den verschiednen besondren Produktionssphären anheimfallen. Es ist aber nur dasselbe Gesetz, das sich schon bei der einzelnen Ware zeigt, nämlich: daß ihr Gebrauchswert Voraussetzung ihres Tauschwerts und damit ihres Werts ist ... Aber es ist überhaupt zuviel gesellschaftliche Arbeit in diesem besondren Zweig verausgabt; d. h. ein Teil des Produkts ist nutzlos. Das Ganze verkauft sich daher nur, als ob es in der notwendigen Proportion produziert wäre. Diese quantitative Schranke der auf die verschiednen besondren Produktionssphären verwendbaren Quoten der gesellschaftlichen Arbeitszeit ist nur weiterentwickelter Ausdruck des Wertgesetzes überhaupt; obgleich die notwendige Arbeitszeit hier einen anderen Sinn enthält. Es ist nur soundso viel davon notwendig zur Befriedigung des gesellschaftlichen Bedürfnisses. Die Beschränkung tritt hier ein durch den Gebrauchswert." - K.Marx/F.Engels, Werke, Bd. 25, Berlin 1964, S. 648/649

20 K. Marx/F. Engels, Werke, Bd. 13, Berlin 1961, S. 67

21 K. Marx, Briefe an Kugelmann, a.a.O., S. 68

22 Vgl. dazu Bichtler/Maier, Die Messung des Arbeitsaufwandes als politökonomisches Problem, in: Probleme der politischen Ökonomie, Jahrbuch des Instituts für Wirtschaftswissenschaften der DAW, Bd. 10, Berlin 1967, S. 77 - 146

23 Auf diesen Umstand wies Marx übrigens schon im ersten Band des "Kapitals" ausdrücklich hin als er sagte: "Gesetzt endlich, jedes auf dem Markt vorhandne Stück Leinwand enthalte nur gesellschaftlich notwendige Arbeitszeit. Trotzdem kann die Gesamtsumme dieser Stücke überflüssig verausgabte Arbeitszeit enthalten. Vermag der Marktmagen das Gesamtquantum Leinwand, zum Normalpreis von 2 sh. per Elle, nicht zu absorbieren, so beweist das, daß ein zu großer Teil der gesellschaftlichen Gesamtarbeitszeit in der Form der Leinweberei verausgabt wurde. Die Wirkung ist dieselbe, als hätte jeder einzelne Leinweber mehr als die gesellschaftlich notwendige Arbeitszeit auf sein individuelles Produkt verwandt." - K.Marx/F.Engels, Werke, Bd. 23, Berlin 1962, S. 121/122

24 Bichtler/Maier, Die Messung des Arbeitsaufwandes ..., a.a.O., S. 94

25 G. Schürer, Erfahrungen und Probleme der Arbeit am Perspektivplan, in: "Einheit", H. 3/1966, S. 674266

26 Vgl. dazu auch H. Maier, in: Ziele, Faktoren, Rationalität des ökonomischen Wachstums, Berlin 1968, S. 21

GUNTHER KOHLMEY

Planen als Regeln und Steuern

In dieser Skizze soll versucht werden, einige Fragen des planwirtschaftlichen Mechanismus aufzuwerfen. Dabei stehen zwei Überlegungen im Vordergrund:

1. Der planwirtschaftliche Mechanismus ist ein sozialer Mechanismus, er ist ein System gesellschaftlicher Beziehungen, und seine Kategorien sind Sachausdrücke menschlicher Beziehungen. Diese Beziehungen sind sozialistischer Natur. Dem planwirtschaftlichen Mechanismus liegen die Bedingungen der sozialistischen Gesellschaft zugrunde, und er hat vor allem die Aufgabe, das ökonomische Wachstum dieser Gesellschaft und ihren sozialökonomischen Aufstieg zu fördern.

2. Der planwirtschaftliche Mechanismus ist ein Ware-Geld-Mechanismus. Er ist also kein Mechanismus einer naturalwirtschaftlich aufgebauten zentralen Verwaltungswirtschaft. Er ist, gemäß seinen sozialistischen Bedingungen, auch kein Mechanismus der sogenannten freien Marktwirtschaft. Der Einbau der Ware-Geld-Apparatur in die Planwirtschaft, das Wirken monetärer Stimuli, z. B. die Kategorie des sozialistischen Betriebsgewinns und die Funktion eines Marktes sozialistischer Produzenten und Konsumenten, sind keine dem Sozialismus und der Planwirtschaft systemfremden Elemente.

Für die Beweisführung werden einige Begriffe und Prozeßschemata der Steuerungs- und Regelungstheorie herangezogen.

Planen und Planwirtschaft

Um die Planwirtschaft als System zu fassen, sind einige einleitende Überlegungen angebracht. Dabei soll jedoch nicht der volle Umfang der folgenden Begriffe untersucht werden:
Wirtschaftsplanung und Planwirtschaft,
Planen und Programmieren,
zentrale und dezentrale Pläne,
direkte und indirekte Planung,
Geld- und Naturalplanung,

Planwirtschaft und Marktwirtschaft,
zentrale Verwaltungswirtschaft und freie Marktwirtschaft usw.

Allerdings dürfte eine Unterscheidung von Planen und Planwirtschaft angebracht sein. Das Planen als Setzen von Zielen und Ordnen von Mitteln, Instrumenten und Kräften in einer gegebenen Umwelt (mit ihren Bedingungen) ist ein weiter, also inhaltsarmer Begriff. Eng und inhaltsreich ist hingegen der Begriff der Planwirtschaft. Diese ist, wie noch zu zeigen sein wird, immer sozialistische Planwirtschaft. Als solche ist sie ein in sich geschlossenes System von planenden Teilsystemen und planenden Zentralen.

Die sozialistische Planwirtschaft ist ein komplexes, dynamisches, zielstrebiges gesellschaftliches System der Regelung und Steuerung, was Messen und Information einschließt. Das Gesamtsystem besteht aus vielen Teilsystemen, die miteinander ver- und gekoppelt sind. Das ergibt eine Struktur des Systems. In ihr gibt es z. B. die Hierarchie der Institutionen des Reproduktionsprozesses: die Betriebe, ihre Vereinigungen, die Planungsgremien, Ministerien, Regierung usw.

Als Teilsysteme dürfen wir nicht nur Betriebe und Regionen betrachten, wir müssen auch die Einkommensempfänger und die Verbraucher als Teilsysteme verstehen, ebenso die Haushalte, weil ihnen eine jeweils bestimmte Verhaltensweise (mit Bedingungen, Zielen, Wahlakten, Konflikten, Mitteln) eigen ist.

Gesellschaftliches Planen heißt bewußtes Ausnutzen der ökonomischen Gesetze und übrigen wirtschaftlichen Zusammenhänge durch die Gesellschaft und im Interesse der Gesellschaft.

Planen im Interesse der Gesellschaft bedeutet höchstmögliches Entfalten der Produktivkräfte zwecks höchstmöglicher Abdeckung des Gesamtbedarfs der Gesellschaft, was im Prinzip die Befriedigung der Bedürfnisse aller Mitglieder der Gesellschaft und die allseitige Entwicklung der Persönlichkeit einschließt.

Planen durch die Gesellschaft bedeutet, wenn wir von der bekannten Bemerkung Engels' im "Anti-Dühring" ausgehen,[1] planmäßig-bewußte Organisation des gesellschaftlichen Produktionsprozesses durch die Menschen und Kontrolle der gesellschaftlichen Lebensbedingungen durch die Menschen selbst.

Ein qualitativer Grundzug des sozialistischen planwirtschaftlichen Systems besteht darin, daß die sozialistische Gesellschaft, in der Produzenten, Eigentümer und Konsumenten wieder eine personale Einheit geworden sind, ein durch das gesellschaftliche Eigentum bedingtes Kollektiv darstellen, dessen ökonomische Interessen nicht im Klassenantagonismus und Konkurrenzmechanismus aufgespalten sind.

Ein anderer qualitativer Grundzug der sozialistischen Planwirtschaft wäre darin zu sehen, daß dem Sozialismus wirtschaftliche Masseninitiative (die Mitwirkung der Massen bei der Planung und Leitung der Produktion) eigen ist.

Wie werden aber nun in der Planwirtschaft die Teilsysteme in das Gesamtsystem integriert? Wie werden die einzelnen ökonomischen Wahlakte und Entscheidungsbefugnisse auf die Zentrale und auf die verschiedenen Teilsysteme verteilt? Das sind Fragen, die sich aus der Konzeption der Planwirtschaft als System von Zentralen und Teilsystemen, als Kopplungsmatrix von Elementen ergeben.

Im Unterschied zu einem Teil der ökonomisch-kybernetischen Literatur sei vermerkt, daß unter den Teilsystemen sowie zwischen Teilsystemen und Gesamtsystem Widersprüche bestehen. Diese Widersprüche sind die Ursachen der Bewegung und Entwicklung. Ebenso erscheinen Bewegung und Entwicklung in diesen Widersprüchen. Gesamtsystem und Teilsysteme gehen ständig aus einem Zustand in den anderen über; das System ihrer Parameter verändert sich; die gesellschaftlich-ökonomische Struktur ist lebendig.

Unter sozialistischen Bedingungen arbeiten, zumindest potentiell, alle Systeme nach einem Plan. Es gibt also, erstmalig, die lang- und kurzfristigen gesellschaftlichen Gesamtpläne und die verschiedenen in sie integrierten Teilpläne.

Als ökonomisch-kybernetisches System benötigt das sozialistische Planwirtschaftssystem einen Regelungs- und Steuerungsmechanismus, der bei Abweichungen der Eingangs- und Ausgangszustände (also bei Störungen) von den Führungsfunktionen des Systems (von den Normen) Kompensationsrückkopplungen in Richtung auf das Gleichgewicht auslöst.

Die sozialistische Planwirtschaft ist also ein System von planenden Elementen, von planender Zentrale und planenden Teilsystemen.

Wirtschaftliche Bedingungen im planwirtschaftlichen System

Jeder Wirtschaftsplan ist eine Einheit von Ziel, Mitteln und Instrumenten. Er wird von den gesellschaftlichen Kräften verwirklicht, die unter bestimmten Bedingungen arbeiten.

Zunächst zu den Bedingungen. Wir beschränken uns hier auf einige spezifisch wirtschaftliche. Sie sind, wenn wir sie für sich nehmen, auf qualitativ unterschiedenen Begriffsebenen angesiedelt, gewinnen aber als Bedingungen des planwirtschaftlichen Mechanismus spezifische Wertigkeiten.

1. Da ist erstens das <u>gesellschaftliche Eigentum</u> an den Produktionsmitteln und Zirkulationseinrichtungen, womit (entsprechend der Marxschen Definition) die Ausbeutung des Menschen durch den Menschen beseitigt wird, also antagonistische Klassen ausgeschlossen sind und auch der Konkurrenzkampf beseitigt ist.

2. Da ist zweitens die institutionell verankerte und effektive <u>Mitwirkung der Produzenten</u>

und der übrigen Bevölkerung an der Verfügung über das gesellschaftliche Eigentum, an der Planung und Leitung der Wirtschaft und Gesellschaft.

3. Der Planungsmechanismus muß von den gegebenen Produktivitätsbedingungen ausgehen, und er hat diese zu verbessern. Niveau, Form, Wirkunsweise usw. der Planung sind keineswegs ein für alle Male gegeben, sie hängen unter anderem vom erreichten Stand der Produktivkräfte ab. Bekanntlich siegte der Sozialismus aus historischen Gründen zuerst in technisch-wirtschaftlich wenig entwickelten und vom Faschismus und Krieg stark zerstörten Ländern. Das wirkte sich zunächst natürlich auf die Planung aus.

4. Eine wichtige Bedingung ist ferner die Existenz einer Waren- und Geldwirtschaft, der Einheit von Natural- und Geldplanung, von Natural- und Geldbilanzen, die Existenz von Geldeinkommen.

Wenn wir also in der Planwirtschaft die Teilsysteme in das Gesamtsystem integrieren, so eben mit Hilfe des Geldmechanismus. Verhalten, Interessen, Widersprüche, Konflikte, Präferenzen, Wahlakte und Entscheidungen werden wesentlich von den Bedingungen der sozialistischen Waren- und Geldwirtschaft bestimmt, und sie erscheinen unter anderem in den monetären Kategorien.

5. Es ist das Phänomen zu beachten, daß die Arbeit frei ist (von Ausbeutung), aber in der Masse zunächst noch nicht freiwillig. Der Entwicklungsstand der Produktivkräfte manifestiert sich in Unterschieden zwischen körperlicher und geistiger, qualifizierter und unqualifizierter Arbeit, Stadt und Land, produktiver und unproduktiver Arbeit. Es gibt auch noch Unterschiede zwischen Produktions- und Verwaltungsarbeit. Der Planungsmechanismus muß von diesen Widersprüchen ausgehen; er muß sie stets neu setzen, um sie zu überwinden.

6. Im Sozialismus wird nicht nach den Bedürfnissen, sondern nach der Leistung verteilt, wobei sozialistische Demokratie und Garantien der sozialen Sicherheit ausgleichend gegenüber Differenzierungen wirken.

Das Leistungsprinzip ist im Sozialismus mit sozialen Garantien verbunden (Recht auf Arbeit, Mindestlohn, kostenlose Krankenbehandlung u.a.m.); es ist (nach Marx in seiner "Kritik des Gothaer Programms") ebenso relativ gerecht (im Vergleich zum Kapitalismus) wie es relativ ungerecht ist (im Vergleich zum Kommunismus). Der sozialistische Planungsmechanismus muß das Leistungsprinzip mit seinen Differenzierungen anerkennen und es wirken lassen; er hat aber z. B. die Abstände zwischen hohen und niedrigen Einkünften allmählich abzubauen.

7. Eigentümer, Produzent und Konsument sind im Sozialismus wieder personell identisch geworden. Aber die Arbeit ist noch nicht unmittelbar gesellschaftlich, denn die personelle Identität von Eigentümer, Produzent und Konsument wird nicht nur durch die

gesellschaftliche Arbeitsteilung, sondern auch durch Geldeinkommen und Markt vermittelt. Der sozialistische Produzent eignet das von ihm hergestellte Produkt weder individuell noch im Betriebskollektiv unmittelbar an. Die Produktion wird verkauft, und der Arbeiter kauft die meisten Dinge für seinen Bedarf auf dem Markt.

So kommt es, daß die personelle Identität von Produzent, Eigentümer und Verbraucher nur allmählich zur täglichen Erfahrung wird. Nur allmählich, auf dem Weg vom Sozialismus zum Kommunismus, entsprechend dem Reifen der materiellen und sonstigen gesellschaftlichen Bedingungen, wird das individuelle Bewußtsein universell Ausdruck der personellen Identität von Eigentümer, Produzent und Konsument.

8. Es scheint schließlich angebracht, ein spezifisches Prinzip der sozialistischen Wirtschaft hervorzuheben, das in unserer Literatur kaum behandelt wird, aber für das Funktionieren des Planungsmechanismus mitbestimmend ist:

Im Sozialismus herrschen freie Berufs- und Arbeitsplatzwahl wie auch freie Konsumwahl. Und all dies bei Leistungsprinzip und Geldeinkommen. Das aber bringt besondere flexible Elemente in die sozialistische Wirtschaft, mit denen der Planungsmechanismus rechnen muß. Er geht von ihnen aus, aber wir können auch mit Hilfe des Mechanismus (z. B. der Löhne und Preise) Einfluß ausüben. Die Berufs-, Arbeitsplatz- und Konsumwahl ist also planwirtschaftlichen Bedingungen unterworfen, wie eben jede Freiheit an Bedingungen gebunden ist. Aber Begrenzung durch planwirtschaftliche Bedingungen heißt nicht Reglementierung der Wahlakte und Entscheidungen, wenn richtig gearbeitet wird.

Unter allen diesen (und anderen) Bedingungen arbeitet der planwirtschaftliche Mechanismus. Das ist kein einfacher Kreislauf: von der Bedingung über den Mechanismus zur Wirkung und wieder zurück zur Bedingung. Es ist vielmehr (auch hier wieder einmal!) die Entfaltung von Thesis-Antithesis-Synthesis. Es geht vom Niederen zum Höheren und dabei auch um das Verändern der Bedingungen, mit der großen geschichtlichen Marschrichtung: Kommunismus! Das ist gleichsam die geschichtliche Mission des Planungsmechanismus. Er ist - das zeigt sich auch hier wieder - ein sozialer Mechanismus, und dabei ein dynamischer, ein sich entwickelnder und die Gesellschaft entwickelnder.

Die erwähnten (und anderen) wirtschaftlichen Bedingungen sind als gesamtgesellschaftliche Kategorien und Prozesse zwar auch Bedingungen für das Verhalten und die Entscheidungen der Teilsysteme, doch kommt Wichtiges hinzu: Die Planungszentrale setzt den Teilsystemen mit den zentralen Planaufgaben und mit den monetären Kategorien, soweit sie zentral festgelegt sind, weitere Bedingungen, Bedingungen en detail.

Ziele, Mittel, Instrumente und Kräfte im planwirtschaftlichen System

Oben war von der sozialistischen Planwirtschaft als Einheit von Bedingungen, Ziel, Mitteln, Instrumenten und Kräften die Rede. Zu den Bedingungen wurde einiges gesagt. Nun zu den anderen Kategorien.

Das langfristige gesamtgesellschaftliche Ziel der sozialistischen Gesellschaft ist die Maximierung des materiellen und kulturellen Wohlstands, was die Entwicklung der sozialistischen Persönlichkeit einschließt.

Und nun zu den Zielen der Teilsysteme: Unabhängig davon, ob bzw. in welchem Grad sich die Angehörigen der sozialistischen Wirtschaft der personalen Identität von Eigentümer, Produzent und Konsument bewußt sind, verfolgen sie als Kollektiv des sozialistischen Betriebes, als Einkommensbezieher und als Verbraucher jeweils andere, objektiv bedingte Ziele, die sich wiederum vom Gesamtziel der sozialistischen Gesellschaft unterscheiden. Dadurch, daß die Teilsysteme ihre Ziele verfolgen, daß z. B. der Betrieb die Maximierung seiner Rentabilität anstrebt, soll dem gesamtgesellschaftlichen Ziel zugestrebt werden. Oskar Lange spricht von einer hierarchischen Struktur der Ziele als Merkmal der sozialistischen Planung.[2] Man kann Langes hierarchische Struktur der Ziele auch vertikal gliedern:

Die Einkommensempfänger streben bei gegebenen Bedingungen (z. B. Arbeitszeit) eine Maximierung oder doch zumindest langfristige Stabilisierung des Einkommens an. Das schließt weitere Ziele, sogenannte Subziele, nicht aus, die im einzelnen (dabei auch bei ganzen Gruppen) sogar dominieren können; so etwa Wettbewerbsziele, freiwillige Aufbauarbeit.

Die Verbraucher haben die Zielfunktion (wiederum bei gegebenen Bedingungen, z. B. der Sparneigung), ihr Einkommen beim Einkauf von Gütern und Diensten maximal zu verwerten.

Die sozialistischen Betriebe schließlich könnten und sollten in einem planmäßigen Regelungs- und Steuerungssystem als vorherrschende Norm die Maximierung der betrieblichen Rentabilität zum Ziel haben.

Zu den unterschiedlichen Zielen im System der sozialistischen Wirtschaftsplanung gehören unterschiedliche Bedingungen (Parameter und Randgleichungen bzw. -ungleichungen) und auch unterschiedliche Instrumente, um die Ziele zu erreichen. Es gibt verschiedene Präferenzskalen mit unterschiedlichen Dringlichkeits- und Sättigungsgraden. Es gibt Konkurrenz zwischen den Zielen bei gegebenen Bedingungen und Konkurrenz zwischen den Bedingungen bei gegebenem Ziel.

All das bildet das sehr komplexe System der Planung. Es ist voller Strukturen und Dynamik. Und voller Widersprüche, der Quelle der Bewegung und Entwicklung.

Um die Ziele des sozialistischen Wirtschaftens zu erreichen, werden Mittel eingesetzt. Es sind die Produktionsmittel, wie sie jede Wirtschaft benötigt.

Zu den Instrumenten, die die gesellschaftlichen Kräfte verwenden, um die Mittel für das Ziel effektiv einzusetzen, gehören die Pläne und Bilanzen, das Informationssystem, die Direktiven und das ökonomische Anreizsystem oder die Steuerung und Regelung usw.
O. Lange ist sicher im Recht, wenn er die volkswirtschaftliche Bilanzierung als einen zweiten, großen historischen Schritt (nach der doppelten Buchführung) in der Entwicklung von Methoden des rationalen Wirtschaftens bezeichnet.[3]

Zu den Kräften, die den Plan gestalten, aber auch im Plan erfaßt sind, gehören die produktiv tätigen Menschen als die wichtigste Produktivkraft, aber auch die gesellschaftlichen Organisationen dieser Kräfte, die verschiedenen sozialen Gruppierungen, die Klassen, die Familie, die Berufe, ferner die sozialistischen Brigaden, die demokratischen Organisationen des gesellschaftlichen Lebens, die Parteien usw.

Planung im Kapitalismus

Die richtige Formulierung der Planungsproblematik ist auch wichtig, um das Problem "Kapitalismus und Planung" lösen zu können.

In der kapitalistischen Profitwirtschaft gibt es kein anderes Ziel der Unternehmungen (im Sinne der vorherrschenden und systemdeterminierenden Norm) als die Profitmaximierung. Das ist zugleich die (aus dem Ziel abgeleitete) Zielfunktion der Optimierungsprozesse der Unternehmungen. Das Streben nach Maximalprofit ist das Ziel bzw. die Zielfunktion der herrschenden Teilsysteme, also keineswegs aller Teilsysteme; denn die Lohnarbeiter z. B. haben andere Ziele, weil sie entgegengesetzte Arbeits-, Lebens- und Klasseninteressen haben.

Zumindest vier Besonderheiten der Zielstrebigkeit des kapitalistischen Wirtschaftssystems sind hervorzuheben:

1. Die wirtschaftliche Einregulierung erzeugt langfristig kumulative Prozesse des sozialökonomischen Ungleichgewichts, die zum Sturz der kapitalistischen Ordnung führen.

2. Es besteht ein Klassenzusammenhang und -zusammenhalt aller Kapitalisten. Aber das ist nicht ihr antagonismusfreier Zusammenschluß zu einem Kollektiv, das sich gemeinsame Ziele setzen könnte. Was sie zusammenhält, ist das gemeinsame, objektiv-ökonomisch

bedingte Interesse am Profit, so wie es Marx im dritten Band des "Kapitals" formuliert hat:

"Aus dem Gesagten ergibt sich, daß jeder einzelne Kapitalist, wie die Gesamtheit aller Kapitalisten jeder besondern Produktionssphäre, in der Exploitation der Gesamtarbeiterklasse durch das Gesamtkapital und in dem Grad dieser Exploitation nicht nur aus allgemeiner Klassensympathie, sondern direkt ökonomisch beteiligt ist, weil, alle andern Umstände, darunter den Wert des vorgeschossnen Kapitals als gegeben vorausgesetzt, die Durchschnittsprofitrate abhängt von dem Exploitationsgrad der Gesamtarbeit durch das Gesamtkapital."[4]

3. Das Ziel von Teilsystemen, die Profitmaximierung, wird, weil es das wirtschaftliche Ziel der herrschenden Klasse ist, kraft objektiven ökonomischen Zwangs, unterstützt durch außerökonomische Gewalt, zum Gesamtziel der Gesellschaft.

4. In der kapitalistischen Gesellschaft gibt es Teilplanungen, kann es aber kein planwirtschaftliches System und damit keinen makroökonomischen Optimierungsprozeß mit einer Zielfunktion (wie im Sozialismus) geben; denn in der Klassen- und Konkurrenzgesellschaft gibt es keine in einer sozialen Richtung wirkenden Kräfte, weil es Privateigentum, Klassen und Konkurrenz gibt; folglich besteht auch keine Planungszentrale.

Dieser Tatbestand schließt aber nicht aus, sondern ein, daß die verschiedenen Teilsysteme nach einem Plan arbeiten, wenn auch mit vielen anarchisch wirkenden Störgrößen. Dieser Tatbestand schließt außerdem ein, daß die leitenden Organe in der kapitalistischen Gesellschaft Teilziele formulieren und Teilpläne aufstellen können: Ausgleich der Zahlungsbilanz, Reduzierung oder Intensivierung der Inflation, regionale oder auf Wirtschaftszweige bezogene Umstrukturierungen, Erhöhung der Militärausgaben, Verminderung des Rückstands in der Weltraumforschung u. a. m.

Aber auch diese Ziele sind nur teilweise zu verwirklichen. Das gilt erst recht für Ziele wie Vollbeschäftigung oder hohes Wachstum; denn die volle Verwirklichung dieser und ähnlicher Ziele kann eindeutig im Widerspruch zur Zielfunktion der Profitmaximierung stehen. Vollbeschäftigung z. B. kann nicht ohne Eingriffe in den Profitmechanismus angestrebt werden. Außerdem gibt es nicht auflösbare Widersprüche zwischen einzelnen Zielen, wie etwa Vollbeschäftigung und Bekämpfung der Inflation oder Stabilisierung der Zahlungsbilanz und kreditärer Konjunkturstimulierung. Hier stoßen wir nicht nur auf Konflikte zwischen Mikrowahlen und Makrowahlen, sondern auch zwischen den Makrowahlen. Ständige Kämpfe und Kompromisse sind zwangsläufig.

Also: Gesellschaftliche Zielfunktionen, die in der kapitalistischen Gesellschaft sowieso nur aus den Zielen der herrschenden Klasse bzw. der herrschenden Monopolgruppen abgeleitet sein können, sind erstens nur Ziele von Teilplanungen und sind zweitens nur in beschränktem Umfang, mit beschränkten Kräften und beschränkten Mitteln (Instrumenten) zu erreichen. Ob man nun in der kapitalistischen Gesellschaft der Gegenwart von Planung oder Programmierung spricht, das eine wie das andere können nur Teilprozesse sein, weil es nicht nur schlechthin Widersprüche zwischen den verschiedenen Zielen wie auch zwischen Zielen, Instrumenten, Kräften und Bedingungen gibt.

Deshalb ist die Unterscheidung von Planen und planwirtschaftlichem Gesellschaftssystem so wichtig. Deshalb ist auch die Fassung des Plans als Einheit von Ziel, Kräften, Instrumenten, Mitteln und Bedingungen, logisch zweifelsfrei begründet, pragmatisch sinnvoll.

Ständig werden die kapitalistischen Produktionsverhältnisse von den modernen Produktivkräften herausgefordert - auf Gedeih und Verderb. Das heißt aber auch: Plane oder geh unter! Der Kapitalismus wird dieser Forderung bedingt gerecht. Er entwickelt Teilplanungen. Er kann aber konkurrierende Profit- und antagonistische Klasseninteressen nicht harmonisieren.

Die über die kapitalistische Unternehmung hinausreichende Planung wird von Monopolen, Verbänden, vom Staatsapparat und von anderen Institutionen vorgenommen. Das geschieht immer mehr über den nationalen Rahmen hinaus. Es gibt direkte und indirekte, Teil- und Globalsteuerungen. Dabei greift der Staat mit vielen Instrumenten, mit vielen douceurs, wie W. Röpke das ironisch ausgedrückt hat, in den Wirtschafts- und auch Profitmechanismus ein.

Die sogenannte Planifikation ist natürlich mehr als nur eine Art "Wetterkarte" (Carl Föhl). Es geht auch um mehr als nur darum, Informationen zu sammeln und Statistiken zu errechnen, die, wie Röpke schreibt,[5] sich, wie überall sonst, zwischen den Grenzen des Nützlichen und Fragwürdigen bewegen. In seinem Beitrag "A propos de la planification capitaliste" stellt A. Plassègues mit Recht fest,[6] daß die (unvollkommene und begrenzte) kapitalistische Planung nicht eine dem Kapitalismus äußere Realität sei, sondern vielmehr aus dem Wesen des Kapitalismus hervorgehe.

Systemkopplungen, Steuern und Regeln

Wie werden nun in der sozialistischen Wirtschaft Gesamt- und Teilsysteme synchronisiert, so daß das Gesamtsystem optimal wächst und langfristig stabil bleibt bzw. wird? Das ist natürlich eine qualitativ ganz andere Aufgabe als die Addition von Tauschgleichungen, die angeblich durch die freien Wahlakte und Entscheidungen freier Produzenten zustande kommen.

Es kann auch nicht genügen, in der sozialistischen Planwirtschaft die vielen Teilprogramme nach bestimmten Schaltprinzipien untereinander zu verbinden und zum Gesamtprogramm zu aggregieren. Es geht vor allem darum, beim gesellschaftlichen Optimierungsprozeß die verschiedenen Operationen, Institutionen und Algorithmen als Ausdrücke gesellschaftlicher Beziehungen zusammenzufassen. Deshalb war einleitend von den sozialen Parametern und dem sozialen Milieu der sozialistischen Planung die Rede. Wenn wir von der Optimierung des Verhältnisses von Zentralisierung und Dezentralisierung oder von der Optimierung der Zwischenglieder im Leitungssystem sprechen, so geht es immer wieder um die Optimierung sozialer Beziehungen, um die Entwicklung der sozialistischen Demokratie, um den allmählichen Aufbau einer Gesellschaft von entwickelten Persönlichkeiten. So muß also der Planungsmechanismus immer sorgsam von den Bedingungen und ihrem Reifegrad ausgehen, sie jedoch aktiv beeinflussen, verändern, auf dem Wege des Aufbaus der entwickelten sozialistischen Gesellschaft und Wirtschaft.

Es ist eines der kompliziertesten Probleme der sozialistischen Planwirtschaft, erstens stets die richtige Proportion zwischen individuellen und gesellschaftlichen Interessen entsprechend den jeweils gegebenen Bedingungen zu finden, zweitens derartige Planungs- und Leitungsmethoden zu entwickeln, daß die Stimulierung der partikularen Interessen gesamtgesellschaftlichen Nutzen bringt und schließlich drittens die Tätigkeit von Partei und Gewerkschaften so zu orientieren, daß der einzelne sich immer mehr gewöhnt, für die Gesellschaft zu arbeiten,und immer mehr aus Erfahrung begreift, daß seine Arbeit für die Gesellschaft auch ihn selbst reicher, freier, schöpferischer macht.

Der sozialistische Planungsmechanismus hat zu gewährleisten, daß Gesamt- und Teilsysteme ihre unterschiedlichen Ziele verfolgen und Instrumente einsetzen, dabei aber so gekoppelt werden, daß sie effektiv (und dabei auch flexibel) arbeiten, also das Rationalitätsprinzip im Verhalten des Gesamtsystems zur Wirkung gelangt.

Natürlich hängt, wie wiederholt betont, die Reife der Planung (dabei auch ihrer wissenschaftlichen Grundlagen, ihrer Technik und ihres Instrumentariums) von der Reife der einleitend erwähnten Bedingungen ab. Wenn wir jedoch die Gesetze der sozialistischen Wirtschaft formulieren wollen, fassen wir den Sozialismus "rein" auf, seinem Begriffe gemäß. Dementsprechend formulieren wir auch "reine" Planungsmodelle. Es versteht sich, daß der existierende Sozialismus und die existierenden Planungssysteme nicht "reiner", sondern historischer Natur sind.

Je ausgereifter die einzelnen eingangs erwähnten Bedingungen des Sozialismus und der Planwirtschaft, desto günstiger sind die Voraussetzungen für die gesellschaftliche Planung, und umgekehrt. Folglich haben wir die Dialektik der Entwicklung dieser Bedingungen, der Wechselbeziehungen zwischen ihnen und mit dem Planungsmechanismus hervorzuheben.

Weil es diese Dialektik, diesen Reifeprozeß gibt, haben wir Erfahrungen mit unvollkommenen Planungsmethoden machen müssen. Allmählich wurde aber ein Reifegrad der sozialistischen Wirtschaft und Gesellschaft erreicht, der zu einem derartigen Widerspruch zwischen den Entwicklungstendenzen der modernen Produktivkräfte und der bisherigen sozialistischen Planung führt, daß Korrekturen unerläßlich wurden.

Planung als Steuerung

Wie vereinfachend hervorgehoben werden darf, war die alte Planung in zu starkem Maße (also nicht ausschließlich) eine Steuerung, während das neue Planungssystem in starkem Maße (auch nicht ausschließlich) Regelung sein wird.[7]

Bei ausschließlicher planwirtschaftlicher Steuerung werden die Teilsysteme von außen geleitet. Es gibt keine Information über Rückkopplungen. Es gibt keine Selbstregelung der Teilsysteme oder von Komplexen derselben (VEB - VVB - Bank z. B.).

"Dies bedeutet, daß Steuerung ein Spezialfall der Regelung ist, nämlich der Fall mit der Rückkopplung = 0."[8]

Der Prozeß verläuft nur in einer Richtung. Es werden Weisungen (Direktiven) von der Zentrale an die Teilsysteme erteilt. In einer angenommenen Planwirtschaft, die ausschließlich Steuerung wäre, wird mit Auflagen, zentralen Normativen usw. als steuernden Größen am Beginn der Steuerkette und mit den betrieblichen Leistungen als gesteuerten Größen am Ende der Steuerkette gearbeitet. Der Prozeß ist nicht geschlossen im Sinne der Regelung. Steuerung setzt voraus bzw. bedeutet:

"Es dürfen daher sowohl in der zu steuernden Strecke wie auch während des Signalflusses in der Steuereinrichtung keine unbekannten Störgrößen wirken, die der festen Zuordnung zwischen Ein- und Ausgang entgegenwirken."[9]

In einem Planungssystem der überwiegenden Steuerung und folglich der Überzentralisierung haben wir (schematisierend vereinfacht) Steuerketten der Art vorherrschend, wie sie Abbildung 1 zeigt.

Worin besteht der Vorzug planwirtschaftlicher Steuerketten? Es ist der Vorzug, der sich aus dem gesellschaftlichen Eigentum an den Produktionsmitteln ableitet: Die Planungszentrale, ein Organ der nicht in Konkurrenz und Klassenantagonismen zersplitterten und gespaltenen sozialistischen Gesellschaft, steuert nicht nur global, sondern auch punktuell; sie kann den Betrieben, die ja ebenfalls Organe der Gesellschaft sind, Weisungen geben, wenn es notwendig ist.

Und die Mängel der Steuerung? Wie wir schon aus der zitierten Bemerkung Wiedmers und aus dem in Anmerkung[9] angeführten Satz sahen: Die Steuerketten dürfen nicht von sol-

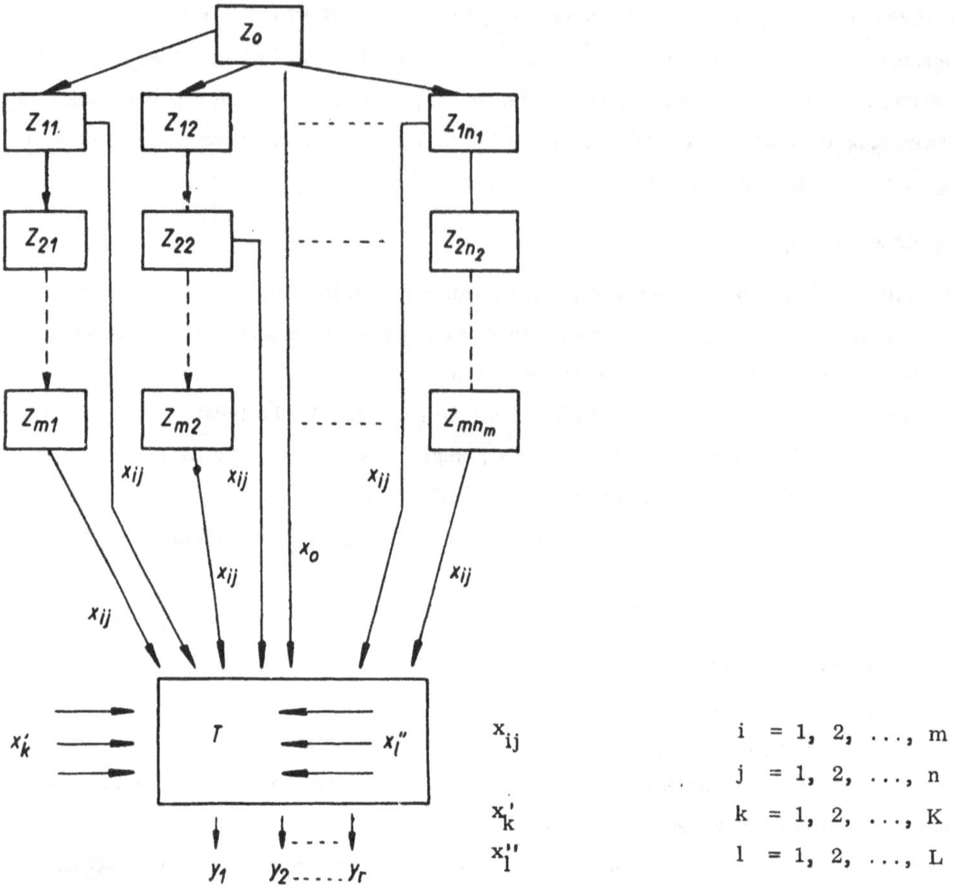

Abb. 1

Schema ausschließlich planwirtschaftlicher Steuerung

Erläuterungen:

Z_o	=	Oberste Planungszentrale
$Z_{11}, Z_{12}, \ldots, Z_{1n_1}$	=	2. Stufe der Leitungshierarchie (also z. B. Industrieministerien, Ministerium der Finanzen, Staatsbank)
$Z_{m1}, Z_{m2}, \ldots, Z_{mn_m}$	=	Filialen, untergeordnete Dienststellen usw. der $Z_{11}, Z_{12}, \ldots Z_{1n_1}$, z. B. auch die VVB
T	=	Teilsystem (z. B. Betrieb)
x	=	sämtliche inputs der Betriebe, wobei hier vierfach untergliedert wurde:
x_o	=	direkte Weisungen der obersten Planungszentrale an den Betrieb[10]
x_{ij}	=	Weisungen der Ministerien usw. und ihrer untergeordneten Einheiten an den Betrieb
x'_k	=	Störgrößen in Gestalt des <u>äußeren</u> input des Betriebes
x''_l	=	Störgrößen in Gestalt des <u>inneren</u> input des Betriebes
$y_1, y_2, \ldots y_r$	=	output des Betriebes

chen Störgrößen beeinflußt werden, die nicht selbst in der Steuerkette erfaßt sind - höchstens "vernachlässigbar" beeinflußt werden ("Wörterbuch der Kybernetik").

Nun gibt es im Betrieb aber Störgrößen in Hülle und Fülle, positive und negative, innere und äußere.[11]

Innere positive: Substitutionen verschiedener Art: Erfindungen, bessere Arbeitsorganisation, Materialeinsparungen usw.; auch Wettbewerbserfolge usw.

Innere negative: Havarien, ungenügende Qualität der Arbeitskräfte, ungenügende Kontrolle, Kostenanstieg aus anderen Gründen.

Äußere positive: neue Absatzmöglichkeiten auf Binnen- und Außenmärkten, Preisverbesserungen, verbesserte Zulieferungen und Kooperationen u. a. m.

Äußere negative: Erhöhung der Zinssätze und Bezugspreise, schlechte bzw. unzureichende Materiallieferungen u. a. m.

Im überzentralisierten Planungssystem, das zu viele Elemente von Steuerketten aufweist, wird der Betrieb daran gehindert, seine inputs und outputs ganz oder teilweise umzudisponieren, um veränderten Bedingungen (Störgrößen) rationell zu entsprechen. Es sind ihm zu viele x und y von der Zentrale vorgegeben. Es gibt keine ausreichenden effektiven Rückkopplungen; beantragte Planänderungen sind aufwendig - an Zeit, Kosten und Nerven. Und wie lange dauert es, ehe (wenn überhaupt!) Zinssätze, Devisenkoeffizienten oder -bestimmungen, Preis und ähnliche Werkzeuge entsprechend den veränderten Produktions- und Marktbedingungen verändert werden!

Dieses Planungssystem mit überwiegender Steuerung ist also nicht nur starr, es ist auch schwerfällig, nicht elastisch in Zeit und Raum. Die Elastizität der Teilsysteme ist stark gemindert - und damit auch die Elastizität des Gesamtsystems. Das behindert das wirtschaftliche Wachstum.

Bedarf und Markt sind übrigens nur ein Teil der Störgrößen; sie sind in den äußeren Störgrößen, also in x'_k enthalten. Außerdem beeinflussen sie natürlich y. Ebenso wichtig, oft wichtiger sind die übrigen Störgrößen (z. B. alle Substitutionen der Produktionsfaktoren), die der Betrieb schnell und richtig, mit viel eigener Entscheidung, vornehmen muß. Aber auch die verschiedenen Zentralen müssen schnell und richtig reagieren: mit Preis- und/oder Kreditpolitik, mit neuen Gesetzen oder Direktiven u.a.m.

Es gibt aber, lediglich vom Standpunkt der Regelung und Steuerung betrachtet, noch einen weiteren, einen dritten Mangel im alten Planungssystem: Die vielen zentralen Direktiven x und y sind keineswegs immer bzw. genügend synchronisiert. Die Exportauflage z. B. steht im Widerspruch zu den Materiallieferungen, das Interesse am Betriebsgewinn im

Widerspruch zu den Produktionsauflagen usw. Das ist alles bekannt. Es gibt also Antagonismen zwischen zentral vorgegebenen inputs und outputs und innerhalb derselben. So entsteht eine Hypertrophie an (zum großen Teil unnötigen) Widersprüchen. Das ist ein weiterer Faktor, der die Entwicklung der Initiative, der Technik, der Arbeitsproduktivität und des wirtschaftlichen Wachstums lähmt.

Schließlich wäre noch ein anderer Aspekt dieser Planungs- und Steuerungsproblematik zu bemerken. Einleitend wurde mit gutem Grund die (natürlich relativ) freie Berufs-, Arbeitsplatz- und Konsumwahl als eine der Bedingungen des sozialistischen planwirtschaftlichen Systems angeführt. Aus dieser Bedingung resultieren wesentliche Störgrößen der Teilsysteme (Betriebe). Im System der Steuerketten kann der Betrieb ungenügend auf diese Störgrößen reagieren. Administrative Regelungen und Einschränkungen seitens der Zentrale sind die Folge. So stoßen wir auch hier wieder auf den sozialen Aspekt des Mechanismus! Es ist deshalb nicht nur wirtschaftlich rationeller, sondern auch sozial vernünftiger, den Planungsmechanismus überwiegend als Regelung und nicht überwiegend als Steuerung zu konzipieren.

Von den eingangs skizzierten Bedingungen (ihrer Erkenntnis, ihrem Reifegrad, ihrer Kombination) hängt es ab, ob das alsbald nach der sozialistischen Revolution oder erst später geschehen kann.

Planung als Regelung

Abbildung 2 zeigt ein Regelungssystem, bei dem von der Vermaschung der vielen wirtschaftlichen Regelkreise abstrahiert wird. Jetzt sind Z und T anders miteinander verbunden als in Abbildung 1. Der input der Regelstrecke besteht aus der Stellgröße (x_{ij}) und aus den inneren und äußeren Störgrößen (x_k', x_l'). Der output der Regelstrecke ist der Istwert der Regelgröße (y_r), wobei wir annehmen können, daß Bewegungen von y_r innerhalb Δy zulässig sind, um das System im relativen Gleichgewicht zu halten. y_r ist zugleich der Eingangswert des Reglers. Es findet also Rückkopplung statt. Der Regler mißt y_r und vergleicht y_r mit y_o, um x_{ij} so einzustellen, daß y_r möglichst gleich y_o wird, wenn es nicht notwendig ist - häufig genug wird das der Fall sein -, y_o umzubauen.

Im Regelungssystem wird nicht mehr (wie bei ausschließlicher Steuerung) davon ausgegangen, daß der Betrieb den in einigen Positionen zentral vorgegebenen Vektor x in den überwiegend zentral vorgegebenen Vektor y umzuwandeln hat, um das geplante Ergebnis zu erhalten. Es wird vielmehr davon ausgegangen, daß der Vektor x viele nicht (oder nicht genau) vorausschaubare Störgrößen enthält. Folglich gibt es erstens relativ wenige zentrale Vorgaben, und zweitens sind diese wenig spezifisch naturalwirtschaftlicher, sondern überwiegend allgemein monetärer Natur.

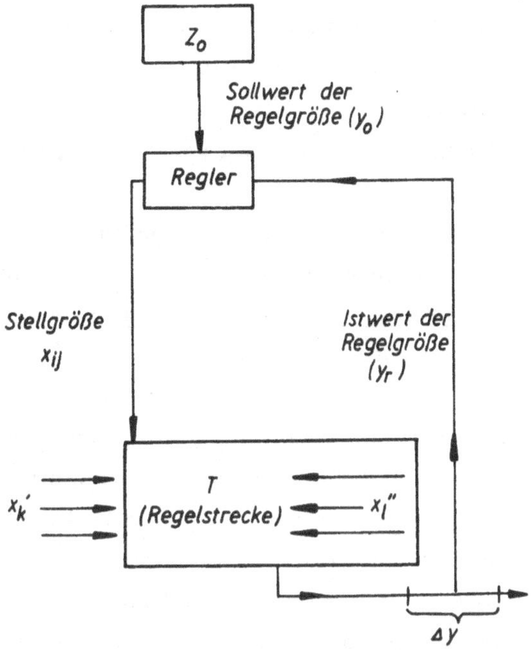

Abb. 2

Schema ausschließlich planwirtschaftlicher Regelung

Erläuterung: $y_r - y_o = \Delta y$

Die Planungszentrale kann sich nun viel stärker mit den wissenschaftlichen Grundlagen des Regelungsmechanismus, mit Informationstheorie und -technik, mit Prognose, Bildungsökonomie, Struktur- und Substitutionspolitik usw. beschäftigen.

Auch wird die Planungszentrale weiterhin, nicht nur in unangenehmen Situationen, mit punktuellen Steuerungen eingreifen. Wir sollten diesen Vorzug der sozialistischen Planwirtschaft geschickt ausnutzen. Aber die Betriebe bzw. Vereinigungen erhalten mehr Entscheidungsfreiheit. Nur wenige Parameter des betrieblichen Prozesses sind zentral determiniert. Das erhöht die Wahrscheinlichkeit, daß dies auch widerspruchsfrei geschieht.

Die Betriebe bzw. Vereinigungen[12] transformieren unter den zentral gesetzten Bedingungen mehr oder minder selbständig den Vektor $\underline{x}$ in den Vektor $\underline{y}$.

Zu den eben erwähnten Bedingungen der betrieblichen Optimierungsaufgaben gehören die Preise, sofern sie den Betrieben vorgegeben sind, ferner Löhne, Kreditnormen, Zinssätze, Steuern, der Valutakurs, die zahlungsfähige Nachfrage, Transportkosten und vieles andere mehr, einschließlich der diese Wirtschaftsdinge regelnden juristischen Normen.[13] Das sind, wenigstens zum Teil, die berühmten Stimuli, Anreize (incentives), ökonomischen Hebel, mit denen die Zentrale die Teilsysteme lenkt.

Unser Fazit: Lenken also einmal durch Steuern, zweitens durch Regeln, beides in Einheit.

Die Planwirtschaft ist keine administrative, mit Direktiven (womöglich überwiegend naturalwirtschaftlichen) und Normativen gelenkte zentrale Verwaltungswirtschaft. Planwirtschaft ist Geldwirtschaft. Die Lenkung erfolgt stark mittels monetärer Kategorien (als Führungsgrößen der Planungszentrale und als Sollwerte der Betriebe).

Dieses neue Planungssystem enthält viele Selbstregulierungen und auch Teilkreisläufe, wie das in Abbildung 3 schematisch dargestellt ist. Es wurde (wiederum vereinfachend) angenommen, daß der Betrieb als Teilsystem direkt nur mit seiner Vereinigung und der Bank gekoppelt ist. In diesem Teilkreislauf werden viele Prozesse der Produktion, des Bezugs und des Absatzes geregelt, unter anderem mittels Kredits. (Auch Devisenankauf und -verkauf für die außenwirtschaftlichen Operationen wären, zusammen mit Krediten, gute Instrumente für die Leitung der Betriebe, für die Erhöhung ihrer Elastizität und Effektivität.)

Die Betriebe und die sozialistische Wirtschaft insgesamt werden im planwirtschaftlichen Regelungssystem viel mehr als bisher mit dem Bankensystem und weniger als bisher mit dem Staatshaushalt verbunden sein. Die Banken erhalten im Regelungsmechanismus qualitativ neue Aufgaben.

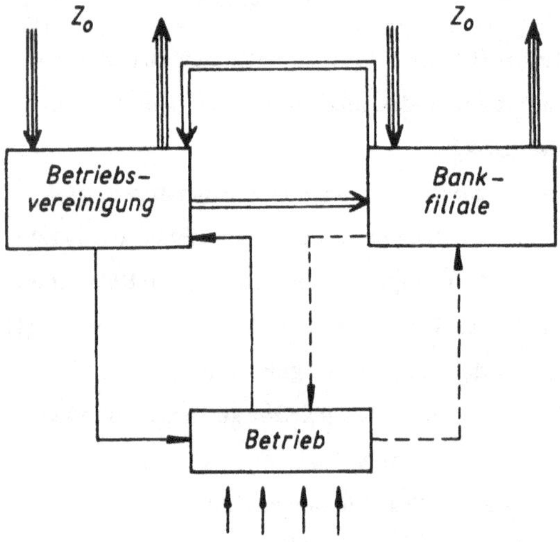

Abb. 3
Schema eines planwirtschaftlichen Teilkreislaufs

Der Betrieb verfügt im neuen Planungssystem über mehr Wahlmöglichkeiten und Entscheidungsfreiheit, sowohl bei seinen Produktionsaufgaben als auch bei seinen Bezugs-, Absatz- und finanziellen Operationen.

Wie Poletajew feststellt,[14] wird durch die Rückkopplung eine geschlossene Kette hergestellt, wodurch ein qualitativ neues System entsteht, mit neuen Eigenschaften, die seinen Teilen, einzeln genommen, nicht zukommen. Wir haben jetzt ein System der Selbstregulierung, Selbstorganisation.

Im planwirtschaftlichen Regelungssystem spielt die Rückkopplung über den Markt eine nenneswerte Rolle. Der Markt ist ein Teil des planwirtschaftlichen Informationssystems. Die Marktkategorien werden nunmehr (nämlich im Regelungssystem) viel stärker als im Steuerungssystem, auf qualitativ neue Art, zu Informationsträgern. Veränderungen in der Produktion und auf dem Markt führen zu Korrekturen der Führungsgrößen bzw. Sollwerte und Stellwerte: Preise werden geändert, Prämien gewährt, Rückvergütungen ausgezahlt, Devisenlizenzen oder -prämien vergeben, Zinssätze geändert, Vorzugskredite eingeräumt u. a. m.

So erreichen wir einen höheren Grad an Flexibilität des Systems. Das steigert seine Effektivität ebenso wie der Ausbau des sozialistischen Wettbewerbssystems (mit mehr Spielraum für örtliche, betriebliche und individuelle Initiative). Das muß sinnvoll mit den großen zentralen Strukturentscheidungen (z. B. bei den Investitionen) gekoppelt werden. Wie in der Überschrift gesagt: Planen als Steuern und Regeln.

Der gesellschaftliche Gesamtplan stützt sich stets auf Analyse und Prognose der Produktion und des Marktes. Er geht von ihrem Zustand aus und setzt neue Normen. Das ist die Dialektik der Wechselbeziehung von Plan und Produktion wie auch Markt. Der Markt verbindet immer, generell Produktion und Produktion, Produktion und Bedarf (zahlungsfähige Nachfrage); im Kapitalismus in der Form der Konkurrenz, im Sozialismus in der Form der Planmäßigkeit.

Im alten Planungssystem haben wir insofern einen Quasi-Markt, einen Als-ob-Markt, als zwar ein Markt, nicht jedoch ein marktkonformes Verhalten der Betriebe und zentralen Planer bzw. Ministerien und der Regierung gegeben ist.

Bei regelungstheoretischer Betrachtung der Planwirtschaft ist es unlogisch, "Markt und Plan als zwei Typen der Rationalität" zu bezeichnen, wie das jüngst erst wieder R. Dahrendorf getan hat.[15] Plan und Markt sind Kategorien durchaus unterschiedener Ebenen. Der Markt ist überhaupt kein selbständiges Kriterium. Er ist vermittelndes Glied, bestimmt von der Produktion, ihrem Niveau, ihrer Struktur, ihrem Wachstum und, vor allem, ihren Eigentums- und Verfügungsverhältnissen. Aber natürlich ist - das wurde gezeigt - der Markt im Rahmen des Plans ein Rationalitätskriterium.

Vom Standpunkt der ökonomischen Kybernetik ist es dem Sozialismus keineswegs wesensfremd, wie Ch. Bettelheim und leider auch mehrere sozialistische Autoren und Praktiker meinen, finanzielle Anreizsysteme einschließlich der betrieblichen Rentabilität oder des Betriebsgewinns zu entwickeln. Bettelheim vertritt in seinem Beitrag "Planning and the Market" die Ansicht, daß Anpassung der Produktion an den Bedarf nichts mit den Kriterien der finanziellen Stimuli zu tun habe. Die Vermischung sei eine Verwirrung, die von Chruschtschow und einigen sowjetischen Wirtschaftswissenschaftlern, z. B. Liberman, in die Diskussion hineingetragen worden sei. Bettelheim spricht von "two completely separate steps", die in der Orientierung der Betriebe an den Bedürfnissen der Konsumenten und Produzenten und im Interesse am realisierten Betriebsgewinn bestehen.[16]

Diese Gegenüberstellung und Trennung dürfte Ergebnis eines Irrtums sein. Aus der Konzeption der Planwirtschaft als komplexen Systems, mit Regelung, Rückkopplung, Struktur und Dynamik, läßt sich widerspruchsfrei ableiten, daß der Nettogewinn (oder ein anderes Kriterium der betrieblichen Rentabilität) Ziel bzw. Zielfunktion des Teilsystems Betrieb ist. Die Einkommensempfänger haben, wie wir sahen, wieder andere Zielfunktionen. Und beide unterscheiden sich von denen der sozialistischen Gesamtgesellschaft. Gewiß, das sind Widersprüche, aber es sind mobilisierende Widersprüche! So ist im Sozialismus der Betriebsgewinn nicht etwa eine kapitalistische Kategorie, dem Sozialismus nicht von außen zugeflogen oder aufgezwungen, auch kein marktwirtschaftlicher Konzessionsschulze auf dem von bürgerlichen Autoren gepflasterten Weg der Annäherung des Sozialismus an den "modernen", "formierten", "pluralistischen", "demokratischen" Kapitalismus...

Die Regelungstheorie hilft uns auch, der Gleichgewichtsproblematik des planwirtschaftlichen Systems näherzurücken. Die in Abbildung 2 durch Δy gekennzeichnete Toleranz ist für das Gesamtsystem zulässig. Bei Unter- bzw. Überschreitungen muß durch Veränderung der Bedingungen oder andere Maßnahmen eingegriffen werden. In den Teilkreisläufen gibt es auch automatisch wirkende Stabilisatoren: die Kreditpolitik der Banken, Umverteilungen innerhalb der VVB, Preisänderungen u. ä. Wenn richtig rückgekoppelt ist, kann das System nicht instabil werden, sich kumulativ vom Gleichgewichtstrend entfernen. In dem, was O. Lange einen "ergodischen Prozeß" nennt, verschwindet mit der Zeit jede auftretende wesentliche Störung, entweder monoton oder oszillierend; die Tendenz zum Gleichgewicht setzt sich durch.[17]

Trial and error

Die ohne großen Rechen- und Verwaltungsaufwand und ohne starre Reglementierung, allerdings nur bei einem guten wirtschaftlichen Informationssystem mögliche Methode der beweglichen Preise, Kreditbestimmungen usw. können wir der Trial-and-error-Methode zuordnen.

F. M. Taylor hat schon 1928 vorgeschlagen, die Trial-and-error-Methode in der sozialistischen Planwirtschaft anzuwenden.[18] O. Lange hat diesen Gedanken in den dreißiger Jahren in seiner Arbeit "On the Economic Theory of Socialism" aufgegriffen und weiterentwickelt.[19] Bei der Empfehlung, in der Planung die Trial-and-error-Methode anzuwenden, wird nicht von ausgeklügelten und abstrakten Schemata ausgegangen, sondern von unserer

Erfahrung und dem Tatbestand, daß es in der Planung Bekanntes und Unbekanntes gibt. Trial and error ist ein legitimes Verfahren, um gänzlich oder teilweise Unbekanntes in gänzlich oder teilweise Bekanntes umzuwandeln. So schreiben z. B. Maltusch und Schnauß:

"Selbstoptimierende Systeme sind nun in der Lage, auf der Grundlage vergangener Erfahrung und 'Versuch und Irrtum' (trial and error) vorhandene Strategien zu verbessern, neue Strategien auszuarbeiten und mit ihrer Hilfe immer effektivere Verhaltensweisen in der Auseinandersetzung mit der Umgebung zu entwickeln."[20]

Die Autoren verbinden Trial and error mit der Information der Teilsysteme an die Zentrale und mit der verstärkten Mitwirkung der Teilsysteme an dem Finden der Entscheidungen über das Gesamtsystem.

"Je mehr Teilsysteme in der Lage sind, in der Praxis auf empirischem Wege gewonnene Einsichten wissenschaftlich zu analysieren und zu verarbeiten, um so qualifizierter werden die Rückmeldungen an die höheren Zentren sein, um so größer ihr Anteil am Zustandekommen einer so wenig als möglich störanfälligen Regelung des Gesamtsystems."[21]

Wenn die Trial-and-error-Methode in einem kybernetisch-ökonomischen System sinnvoll und in Verbindung mit der direktiven Planung ausreichend begründet ist, dann entfällt auch die Notwendigkeit, erst die Wertgrößen zu berechnen, bevor richtige Preise gebildet werden können. Es soll nicht die Möglichkeit bestritten werden, allmählich in gewisser Annäherung Wertgrößen berechnen zu können. Wir bestreiten aber, daß

- es gegenwärtig möglich ist, die Wertgrößen einigermaßen schnell und einigermaßen genau berechnen zu können,
- es notwendig ist, erst den Wert auszurechnen und dann den Preis zu bilden,
- es logisch ist, in der sozialistischen Planwirtschaft die Preise ungefähr gleich der Wertgröße festzulegen, weil dies ein Prinzip der einfachen Warenproduktion ist, die einfachen Regeln des äquivalenten Austausches aber keineswegs ausreichen, um den sozialistischen Reproduktionsprozeß zu regulieren.

Der Preis übt nach Marx ideelle und reelle Funktionen aus. Ideell: er dient als Maß, als Rechengröße. Reell: er dient der finanziellen Sicherung der erweiterten Reproduktion. Wenn wir den jeweils gesellschaftlich notwendigen Arbeitsaufwand ermitteln und bilanzieren wollen, wäre es natürlich gut, mit Preisen operieren zu können, die den Wert direkt ausdrücken. Aber das ist keineswegs die Hauptfunktion des Preises. (Zudem können wir in einem modernen Informations- und Meßsystem auch andere Koeffizienten benutzen.) Zur Hauptfunktion des Preises gehört die Stimulierung der Produktion und Produktivität, die Regulierung moderner volkswirtschaftlicher Strukturen, die reibungslose Durchführung der Zirkulation, die Regelung von Prozessen der Distribution und Redistribution, die Bilanzierung von zahlungsfähiger Nachfrage und Angebot im Produktions- und im Zirkulationsbereich. Diese stimulierenden und bilanzierenden Funktionen des Preises sind ausschlaggebend. Dazu bedarf es in der Regel wahrscheinlich eines Abweichens von der heute sowieso nicht bekannten Wertgröße. Daß der Preis der Geldausdruck des Wertes ist, schließt nicht ein, daß die Orientierung an der jeweiligen Wertgröße unbedingt ein Bildungskriterium für den einzelnen Preis sein müßte. Ausschlaggebend ist, daß mit dem Preis die finanzielle erweiterte Reproduktion des betreffenden Erzeugnisses, besser noch: der jeweiligen Erzeugnisgruppe, gewährleistet ist.

Die Reaktionszeit des Systems

Jede Medaille hat jedoch auch ihre Kehrseite. Gilt das auch für das planwirtschaftliche System als Einheit von Regeln und Steuern, wobei dem Regeln der Vorrang gehört? Gibt es hier keine Schattenseiten? Sicher gibt es solche. Die Probleme der Strukturpolitik, der Sozialpolitik u. a. m. werden allein durch den Regelungsmechanismus nicht gelöst.

Es gibt jedoch einen sehr schwer wiegenden Einwand gegen die hier vorgetragene Planungskonzeption, in der die Geldausdrücke des Werts und der Markt nennenswerte Rückkopplungsfunktionen ausüben. Diese Bedenken werden von den Vertretern des optimalen Plans vorgetragen. W. W. Nowoshilow hat diesen Einwand unter anderem mit den folgenden Worten zum Ausdruck gebracht: "Die langsame Arbeit des Rückkopplungsmechanismus ist der größte Mangel der Warenproduktion."[22] Also müsse die Gesellschaft den gesellschaftlich notwendigen Aufwand für alle Erzeugnisse berechnen und auf dieser Grundlage den optimalen gesellschaftlichen Plan ausarbeiten. Dieser garantiere schnelle und richtige Rückkopplung, unter Ausschaltung eigenständiger Funktionen des Marktes.

Mit diesen Thesen wird unter anderem das Problem der Reaktionszeit eines Systems aufgeworfen. Das ist natürlich von außerordentlicher Bedeutung. Die erwähnte Transformationsproblematik der Betriebe: Umwandlung des Vektors $\underline{x}$ in den Vektor $\underline{y}$ ist eine in der Zeit wirkende Funktion. Wie verhalten sich ökonomische Systeme in der Zeit? Reagieren sie langsam, schnell, monoton, in Amplituden?

Jeder Wirtschaftler weiß, welche Mängel es hier im alten Planungssystem gab. Wenn von einem Wirtschaftssystem (als Ganzem und in seinen Teilen) Elastizität verlangt wird, dann muß es sich auch so schnell wie möglich den Veränderungen seines Milieus anpassen können. Wir fordern vom Planungssystem die Fähigkeit zur Adaptiation. Sie ist für die Planwirtschaft von erstrangiger Bedeutung. So muß z. B. die geplante Volkswirtschaft in der Lage sein, schnell, richtig und mit möglichst geringen Reibungsverlusten auf weltwirtschaftliche Veränderungen (der Strukturen, der Preise, des Angebots, der Nachfrage usw.) zu reagieren - es sei denn, man findet sich laufend mit hohen Verlusten ab. Und der sozialistische Produktionsbetrieb muß auf Veränderungen der Technik, der Nachfrage, der Preise, des Weltmarktes usw. reagieren; er muß sich anpassen.

Besonders zu beachten ist die Fähigkeit der Planungszentrale, auf Veränderungen in der Produktion, der Nachfrage usw. zu reagieren: Als Verhaltensregeln, die in der Planwirtschaft als systemgebunden gelten, betrachten wir, wie schon einige Male bemerkt, die freie Berufs- und Arbeitsplatzwahl ebenso wie die freie Konsumwahl. Das sind, zusammen mit dem Weltmarkt und der Technik - gegenwärtig kommt in einem bestimmten Umfang noch das Klima hinzu -, die wichtigsten Störgrößen, die das Verhalten der Planungszentrale beeinflussen, besser: beeinflussen sollen. Die Zentrale muß durch Veränderungen der Sollwerte und sonstigen Parameter (Planauflagen, Preise usw.) reagieren.

Je flexibler also, unter gegebenen Bedingungen, die Planwirtschaft, desto rationeller funktioniert das System. Es gibt in der Wirtschaft eine Vielzahl von Regelkreisen, die miteinander vermascht sind. Es handelt sich hier um ein multistabiles System. Je größer die Multistabilität der Wirtschaft, je größer also ihre Flexibilität, desto günstiger ist das für das Wachstum.

Das Problem des Zeitverlaufs wird hier, sowohl bei der Adaptationsfähigkeit als auch bei der des Einflusses nach außen, wesentlich. Wie lange braucht ein System, um beim input einer Störgröße seinen output zu verändern? Die Antwort gibt die sogenannte Übergangs funktion. Sie umfaßt die Totzeit, in der das System noch nicht reagiert, und die Zeit des Übergangs zum neuen Zustand.

G. Klaus hat zur Erläuterung die in Abbildung 4 enthaltenen drei Skizzen gebracht.[23] Aus den Zeichnungen ist ersichtlich, wie das System S auf $x_e + \Delta x_e$ reagieren muß, damit das gewünschte neue x_a herauskommt.

Für die Verkürzung der Reaktionszeit sind im planwirtschaftlichen Regelungssystem optimale Reserven (und zusätzliche für die Übergangszeit) notwendig. Die vielen Schwankungen der Teilsysteme verlangen Rückgriffs- und Eingriffsmöglichkeiten. Aber diese Reserven für unvorhergesehene Schwankungen (also Teilspontaneitäten) kosten wahrscheinlich viel weniger als die vielen (ebenfalls spontanen) zentralen Planänderungen, Fehlentscheidungen und deren Korrekturen im überzentralisierten Planungssystem, in dem die Steuerketten überwiegen.

Außerdem braucht das planwirtschaftliche Regelungssystem Risikofonds. Diese können bei der Planungszentrale, den Ministerien, VVB, den Banken gebildet werden. Am besten wären vielleicht Versicherungsfonds als Hauptform zu wählen. Die Betriebe, z. B. Außenhandelsunternehmen und Exportbetriebe, versichern sich gegen Schwankungen auf den

Außenmärkten, die Agrarbetriebe gegen Ernteschwankungen, sie das früher schon Nemtschinow vorgeschlagen hat.

Während Nowoshilow den Ware-Geld-Mechanismus offensichtlich generell für unrationell hält (zu langsam arbeitender Rückkopplungsmechanismus), meinen wir nun, daß der Ware-Geld-Mechanismus unter den Bedingungen der Planwirtschaft und des gesellschaftlichen Eigentums im Vergleich zur Privatwirtschaft an Informationskraft und Rückkopplungstempo gewinnt. Der planwirtschaftliche Ware-Geld-Rückkopplungsmechanismus ist relativ gut. Er ist viel effektiver als das alte System der Steuerketten und auch besser als die Variation des alten Systems in Gestalt des optimalen Plans, die der Konzeption vom planwirtschaftlichen Steuerungs- und Regelungssystem gegenübergestellt wird: Da der monetäre Rückkopplungsmechanismus angeblich zu langsam funktioniere, sei es an der Zeit, den gesellschaftlich notwendigen Aufwand der einzelnen Produkte zu berechnen, um einen sogenannten optimalen Plan aufzustellen (der in der Tat ein perfektionistischer, totaler gesellschaftlicher Gesamtplan wäre). Dieser Plan determiniere das System als Ganzes und garantiere das wirtschaftliche Gleichgewicht.

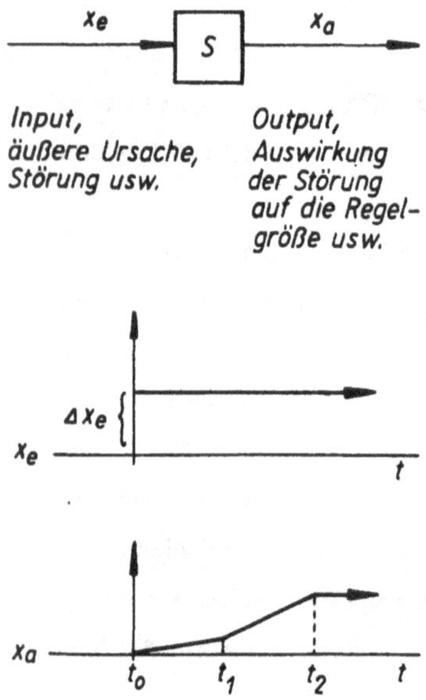

Abb. 4

Störung, Übergangsfunktion und Wirkung

So stehen sich in der Tat zwei Konzeptionen von der sozialistischen Planwirtschaft gegenüber:

Die eine ist überwiegend zentralistisch und naturalwirtschaftlich; sie will ökonomische Beziehungen in erster Linie durch Berechnungen des gesellschaftlich notwendigen Arbeitsaufwands der einzelnen Produkte regeln.

Die andere Konzeption begreift die Planwirtschaft voll als Waren- und Geldwirtschaft, mit Selbstregulierungen, mit Rückkopplungen über den Markt.

Bei unseren Bedenken gegen Lenkung mittels Aufwandsberechnungen führen wir u. a. ins Feld, daß die Wertgröße nicht durch den gesellschaftlich notwendigen Produktionsaufwand, sondern durch den Reproduktionsaufwand bestimmt wird. Dabei spielt die Relation von Produktion und Bedarf - der Gebrauchswert bzw. der gesellschaftliche Bedarf als Träger des Werts - eine wesentliche Rolle.

Nowoshilow weist deshalb darauf hin, daß die Berechnung des gesellschaftlich notwendigen Aufwands Kenntnis des Bedarfs voraussetzt. Er schreibt:

"In der gesellschaftlich notwendigen Arbeitszeit spiegeln sich nicht nur die Produktions-, sondern auch die Konsumtionsbedingungen einer Ware wider. Nur die Arbeit ist für die Gesellschaft notwendig, deren Produkt qualitativ und quantitativ dem gesellschaftlichen Bedarf entspricht. Diese Beschränkung kann nur durch besondere Verbrauchsbewertungen genau eingehalten werden ... Solange der Umfang des Warenbedarfs unbekannt ist, bleibt auch der gesellschaftlich notwendige Aufwand unbekannt ..."[24]

Die Ermittlung des gesellschaftlich notwendigen Reproduktionsaufwands und der Verbrauchsbewertungen schließt ein: die Ermittlung der Relationen von Verbrauchsnormen untereinander, von Aufwandsgrößen untereinander, der Relationen zwischen ihnen und schließlich der Relationen zwischen Substitutionsprozessen. Die Idee, alle diese sich laufend verändernden Relationen berechnen und in einem Plan festhalten zu wollen, der das Gesamtsystem und alle Teilsysteme determiniert, scheint nicht realistisch.

Planung funktioniert nur als Einheit von zentraler und dezentraler Planung. Nowoshilow unterstreicht das wiederholt. Nur so wird auch die Einheit von Planwirtschaft und Demokratie effektiv. Der perfektionistische Plan führt zu Überzentralisierung bzw. will sie beibehalten. Man kann die Gesellschaft nicht in den Mechanismus der zentralen elektronischen Datenverarbeitung und Planausrechnung stopfen.

Im Jahre 1965 hat Nowoshilow in einem Artikel in der "Iswestija" unterstrichen, daß es noch lange hin sei bis zu einem optimalen gesellschaftlichen Gesamtplan.[25] Natürlich könne man mit Preisverbesserungen nicht so lange warten. Drei erste Maßnahmen schlägt der Autor vor: Berücksichtigung des Kapitalkoeffizienten (der Fondsintensität für Grund- und Umlaufmittel) und einer Differentialrente (nicht nur in der Landwirtschaft, sondern auch in der Industrie); schließlich, unter direkter Bezugnahme auf Nemtschinow, das Probieren und Korrigieren - das Anwenden von "primerki" - bei der Ausarbeitung von Planvarianten mit unterschiedlichen Preisen. Die "primerki" sollten so lange durchgeführt werden, bis eine volle (?) Übereinstimmung von Produktion und Bedarf auf der Grundlage richtiger Preise erfolgt sei. Allerdings dürfe die Zahl der Versuche wegen des Aufwands an Rechentechnik nur gering sein.

Natürlich, so möchten wir abschließen, gibt es bei diesem Verfahren time-lags im Rückkopplungs- und insgesamt im Regelungsprozeß. Nur werden sie (und die Verluste) erheblich geringer sein als im überzentralisierten, administrativen planwirtschaftlichen Steuerungssystem. Dies auch deshalb, weil Initiative, Mitbestimmung, Öffentlichkeit und viele andere Elemente der sozialistischen Demokratie entfaltet werden. "Wir könnten", sagt Nowoshilow, "unversiegbare Quellen erschließen, die unsere reichsten natürlichen Ressourcen übersteigen."[26]

FUSSNOTEN

1 Vgl. K. Marx/F. Engels, Werke, Bd. 20, Berlin 1962, S. 264

2 Vgl. O. Lange, Ekonomika Polityczna, T. 1, Warszawa 1959

3 Vgl. Ebenda

4 K. Marx/ F. Engels, Werke, Bd. 25, Berlin 1964, S. 207

5 Vgl. W. Röpke, Die Planifikation - ein neues Etikett für eine überholte Idee, in: Frankfurter Allgemeine Zeitung, 20. 7. 1963

6 Vgl. A. Plassègues, A propos de la planification capitaliste, in: Ékonomie et politique, 118 - 119/1964, S. 25 ff.

7 Vgl. zum Unterschied von Steuern und Regeln u. a.: H. Wiedmer, Technische Informationen. Messen - steuern - regeln, 2. bearbeitete und ergänzte Auflage, Berlin 1964; Philosophisches Wörterbuch, hrsg. von G. Klaus und M. Buhr, Leipzig 1965; Wörterbuch der Kybernetik, hrsg. von G. Klaus, Berlin 1967; verschiedene Arbeiten von G. Klaus

8 Wörterbuch der Kybernetik, a.a.O., S. 617

9 H. Wiedmer, a.a.O., S. 30. Ähnlich wird im Wörterbuch der Kybernetik, S. 617, formuliert: "Steuerketten müssen so aufgebaut sein, daß von der Steuerung selbst nicht erfaßte Störgrößen die gesteuerte Größe vernachlässigbar beeinflussen."

10 Das Problem der wirtschaftlichen Rolle der Partei wurde aus diesem Schema herausgelassen

11 Störungen sind hier ex definitime nicht "lästige" Störungen!
"Störung: jede Art von (äußerer oder innerer) Wirkung auf ein dynamisches System bzw. dessen Elemente oder Teilsysteme." - Wörterbuch der Kybernetik, a.a.O., S. 620
"Störgröße: Größe (Parameter), die den Einfluß von Störungen erfaßt, Störgrößen haben häufig den Charakter von Zufallsvariablen und unterliegen damit den Gesetzen der Wahrscheinlichkeitsrechnung und Statistik." - Ebenda

12 Es wird hier Zwei-Ebenen-Planung angenommen und im allgemeinen von der Existenz von Vereinigungen abstrahiert

13 Zusammen mit dem Ausbau der sozialistischen Demokratie, des Öffentlichkeitsprinzips

usw. verlangt das neue Planungssystem einen wesentlichen Ausbau der sozialistischen Rechtsordnung, besonders des Wirtschaftsrechts

14 Vgl. I. A. Poletajew, Kybernetik, Kurze Einführung in eine neue Wissenschaft, Berlin 1962, S. 127

15 Vgl. R. Dahrendorf, Markt und Plan als zwei Typen der Rationalität. Walter-Eucken-Institut, Vorträge und Aufsätze, H. 14, Tübingen 1966

16 Ch. Bettelheim, Planning and the Market, in: Monthly Review, Vol. 16, Nr. 12, April 1965

17 Vgl. O. Lange, Ganzheit und Entwicklung in kybernetischer Sicht, Berlin 1966, S. 62 ff. Vgl. S. 66 auch die beiden Graphiken (10 a und 10 b) über monotones und oszillierendes Verschwinden der Störungen

18 F. M. Taylor, The Guidance of Production in a Socialist State, in: On the Economic Theory of Socialism, ed. by B. E. Lippincott, Minnesota 1948

19 O. Lange, On the Economic Theory of Socialism, ebenda

20 W. Maltusch/G. Schnauß, Probleme der Optimierung gesellschaftlicher Prozesse, in: Deutsche Zeitschrift für Philosophie, 6/1965, S. 665

21 Ebenda, S. 670

22 W. W. Nowoshilow, Gesetzmäßigkeiten bei der Entwicklung des Leitungssystems in der sozialistischen Wirtschaft, in: Sowjetwissenschaft, Gesellschaftswissenschaftliche Beiträge, 5/1966, S. 464

23 F. Klaus, Kybernetik in philosophischer Sicht, 4. Aufl., Berlin 1965, S. 95

24 W. W. Nowoshilow, Arbeitswerttheorie und Mathematik, in: Sowjetwissenschaft, Gesellschaftswissenschaftliche Beiträge, H. 10/1965, S. 1034

25 W. W. Nowoshilow, Plan i chozrascet. Kak soglasovatj' vygodu predprijatija s vygodoi gosudarstva?, in: Isvestija, 3. IX. 1965, S. 3

26 W. W. Nowoshilow, Die Messung der Aufwendungen und ihrer Ergebnisse in der sozialistischen Wirtschaft, in: W. S. Nemtschinow (Hrsg.), Anwendung mathematischer Methoden in der Ökonomie, Leipzig 1963, S. 49

HANS SCHILAR

Zur Dialektik von Gesamt- und Teilsystem in der sozialistischen Ökonomik

Vorliegender Beitrag beschäftigt sich mit einer aktuellen theoretischen und praktischen Frage des Sozialismus in Ländern, die die Phase des entwickelten sozialistischen Gesellschaftssystems durchlaufen. Das Verhältnis von Gesamt- und Teilsystem, die Koordinierung und Harmonisierung der Teilinteressen mit dem gesellschaftlichen Gesamtinteresse und Probleme der Herstellung optimaler Beziehungen speziell auf dem Gebiet der Planung und Leitung der Wirtschaft zwischen Gesamtsystem und den einzelnen Teilsystemen sind seit geraumer Zeit Gegenstand theoretischer Untersuchungen und praktischer Lösungen.

Walter Ulbricht hat auf dem VII. Parteitag der SED und auf der zweiten Tagung des Zentralkomitees der SED zu den Beziehungen, die zwischen den zentralen Planungs- und Leitungsorganen und jenen, die in den Teilbereichen des Gesellschaftssystems hergestellt werden sollen, grundsätzlich Stellung genommen. Seine hierzu entwickelten Gedanken lassen folgende Grundsätze erkennen:

1. "Das inhaltliche Hauptproblem ... ist die organische Verbindung der zentralen staatlichen Planung und Leitung der Grundfragen des gesellschaftlichen Gesamtprozesses mit der eigenverantwortlichen Planungs- und Leitungstätigkeit der sozialistischen Warenproduzenten."

2. Der Ministerrat "hat die Einheit, das heißt die zielgerichtete Steuerung und Regelung des gesellschaftlichen Gesamtprozesses, unter dem Gesichtspunkt zu organisieren, daß die Eigenverantwortung der Teilsysteme zunehmen soll."

3. "Es kommt ... darauf an, das Gesamtsystem so auszuarbeiten, daß das Zusammenwirken aller Organe auf rationellste Weise gewährleistet wird."

4. "Die Perspektivpläne sind das Hauptsteuerinstrument der gesellschaftlichen Entwicklung ... Die Staatliche Plankommission ist ... das Organ des Ministerrats für die prognostisch begründete wissenschaftliche Vorbereitung ... zu treffender volkswirtschaftlicher Entscheidungen in allen Grundfragen der Struktur, der Effektivität und der Proportionen sowie des ökonomischen Gesamtsystems. Sie ist das Organ für die konsequente Umsetzung dieser strategischen Struktur- und Systementscheidungen vermittels des Perspektivplanes."[1] (Hervorhebungen: H. Sch.)

Will die politische Ökonomie des Sozialismus einen echten Beitrag zur bewußten Ausnutzung der dem entwickelten sozialistischen Gesellschaftssystem immanenten ökonomischen Gesetze und Wirtschaftsprinzipien leisten, so muß sie sich insbesondere mit der Dialektik von Gesamt- und Teilsystem befassen. Dabei hat sie eine doppelte Aufgabe zu lösen. Einmal hat sie den dieser Dialektik von Gesamt- und Teilsystem zugrunde liegenden objektiven ökonomischen Zusammenhang aufzudecken und theoretisch zu verarbeiten. Zum anderen hat sie die theoretischen Anschlußstücke zu formulieren, die die bewußte Herstellung wissenschaftlich begründeter Beziehungen zwischen Gesamt- und Teilsystem praktisch ermöglichen. Während es bei der ersten Fragestellung um die Ursachen für die Existenz der Dialektik von Gesamt- und Teilsystem im Sozialismus geht, handelt es sich beim zweiten Problemkreis um die theoretisch richtige Widerspiegelung dieser Dialektik.

Für Karl Marx war die Dialektik von Gesamt- und Teilsystem für den Kapitalismus der freien Konkurrenz eindeutig bestimmt durch das Privateigentum an den Produktionsmitteln, das die gesellschaftliche Form darstellt, in welcher sich die gesellschaftliche Teilung der Arbeit bewegt und entwickelt. Gesellschaftliche Teilung der Arbeit und Privateigentum an den Produktionsmitteln waren für Marx geradezu identische Ausdrücke. Identitätsverhältnisse stellten für Marx aber auch gesellschaftliche Teilung der Arbeit, Privateigentum an den Produktionsmitteln und Warenproduktion dar, denn "nur Produkte selbständiger und von einander unabhängiger Privatarbeiten treten einander als Waren gegenüber".[2] Die durch das Privateigentum verselbständigten und isolierten Warenproduzenten stellen Teilsysteme dar, die mit dem Gesamtsystem antagonistisch verknüpft sind. Die aus der gesellschaftlichen Teilung der Arbeit entspringende Notwendigkeit der Verteilung der disponiblen Arbeit auf einzelne Teilbereiche, und damit der Darstellung der Gesamtarbeit als Teilarbeit, kann sich unter Bedingungen des kapitalistischen Privateigentums an den Produktionsmitteln nur so realisieren, daß die Teilarbeit die Form der Privatarbeit und der objektiv erforderliche Prozeß der Anerkennung der Privatarbeit als gesellschaftliche Arbeit die Form des kapitalistischen Austauschprozesses annimmt. In diese Bestimmung ist eingeschlossen, daß Privatarbeit und unmittelbar gesellschaftliche Arbeit sich ausschließende Alternativen sind. Diesen Gedanken hat Marx wiederholt zum Ausdruck gebracht. Besonders in seiner Auseinandersetzung mit der sogenannten "Lehre von der Arbeitszeit als unmittelbarer Maßeinheit des Geldes" hat Marx den Ausschließlichkeitscharakter der Privatarbeit und der unmittelbar gesellschaftlichen Arbeit hervorgehoben. John Gray kritisierend, schrieb er unter anderem:

"Da die Arbeitszeit das immanente Maß der Werte ist, warum neben ihr ein anderes äußerliches Maß? Warum entwickelt sich der Tauschwert zum Preis? Warum schätzen alle Waren ihren Wert in einer ausschließlichen Ware, die so in das adäquate Dasein des Tauschwerts verwandelt wird, in Geld? Dies war das Problem, das Gray zu lösen hatte. Statt es zu lösen, bildet er sich ein, die Waren könnten sich unmittelbar aufeinander als Produkte der gesellschaftlichen Arbeit beziehen. Sie können sich aber nur aufeinander beziehen als das, was sie sind. Die Waren sind unmittelbar Produkte vereinzelter unabhängiger Privatarbeiten, die sich durch ihre Entäußerung im Prozeß des Privataustausches als allgemeine gesellschaftliche Arbeit bestätigen müssen, oder die Arbeit auf Grundlage der Warenproduktion wird erst gesellschaftliche Arbeit durch die allseitige Entäußerung der individuellen Arbeiten. Unterstellt Gray aber die in den Waren enthaltene Arbeitszeit als unmittelbar gesellschaftliche, so unterstellt er sie als gemeinschaftliche Arbeitszeit oder als Arbeitszeit direkt assoziierter Individuen. So könnte in der Tat eine spezifische Ware, wie Gold und Silber, den andern Waren nicht als Inkarnation der allgemeinen Arbeit gegenübertreten, der Tauschwert würde nicht zum Preis, aber der Gebrauchswert würde auch nicht zum Tauschwert, das Produkt würde nicht zur Ware, und so wäre die Grundlage der bürgerlichen Produktion selbst aufgehoben."[3] (Hervorhebung - H. Sch.)

Wie stellt sich nun das Problem von Gesamt- und Teilsystem in der sozialistischen Produktionsweise dar?

Richtig ist zunächst die These, daß die gesellschaftliche Teilung der Arbeit mit der Vergesellschaftung der Produktionsmittel nicht aufgehoben wird, sondern sich vielmehr - wie die Erfahrungen lehren - weiter vertieft. Es kann dies auch gar nicht anders sein, da es sich hier um einen gesellschaftlichen Prozeß handelt, der sich mit Naturnotwendigkeit durchsetzt und in den einzelnen Produktionsweisen jeweils nur die gesellschaftlichen Formen setzt, in welcher er sich vollzieht. Gesellschaftliche Teilung der Arbeit so verstanden, ist deshalb gleichermaßen mit gesellschaftlichem Eigentum an den Produktionsmitteln identisch. Vom Standpunkt der gesellschaftlichen Teilung der Arbeit, letztlich also vom Entwicklungsstand der Produktivkräfte betrachtet, existiert ein allgemeines dialektisches Verhältnis von Gesamt- und Teilsystem sowohl in den antagonistischen als auch nichtantagonistischen Gesellschaftsformationen. Was die einzelnen Produktionsweisen unterscheidet, ist die Art und Weise, wie die Teilsysteme mit dem Gesamtsystem verbunden sind, wie sich also das allgemeine Verhältnis von Teil- zu Gesamtarbeit spezifisch gesellschaftlich darstellt. Der Charakter der Beziehungen zwischen Teil- und Gesamtsystem ist jeweils nicht bestimmt durch allgemeine, naturwüchsige Merkmale der Arbeitsteilung, sondern stets durch spezifische gesellschaftliche Bestimmungen der Arbeit. Diese sind aber durch die Eigentumsverhältnisse geprägt. So wird im Kapitalismus, verursacht durch das Privateigentum an den Produktionsmitteln, die Teilarbeit zur Privatarbeit und damit zur warenproduzierenden Arbeit. Warenproduzierende Arbeit im Marxschen Sinne schließt die Unmittelbarkeit der Arbeit als gesellschaftliche Arbeit aus.

Würde man diese Hinweise von Marx schematisch auf die sozialistische Produktionsweise übertragen wollen, so müßte man aus der Tatsache, daß wir es hier mit gesellschaftlichem Eigentum an den Produktionsmitteln zu tun haben, schließen, daß die Teilarbeit nicht warenproduzierende Arbeit sein kann, da sie sich nicht als Privatarbeit darstellt. So richtig es offensichtlich ist, daß sich die Teilarbeit im Sozialismus nicht als Privatarbeit in der antagonistischen Wortbedeutung äußert, so unrichtig scheint es andererseits, ihr den warenproduzierenden Charakter abzusprechen. Es ist eine unverrückbare Tatsache, daß die sozialistische Produktionsweise, die sich auf dem gesellschaftlichen Eigentum an den Produktionsmitteln gründet, eine geplante und warenproduzierende Produktionsweise ist. Dies zeigen die Erfahrungen der den Sozialismus aufbauenden Länder. Es ist deshalb K. Bichtler zuzustimmen, wenn er davon spricht, daß es sich hier um eine von Marx und Engels nicht vorausgesehene Entwicklungserscheinung handelt.[4]

Die notwendige theoretische Anerkennung des objektiv existierenden Zusammenhangs von Planwirtschaft und Warenproduktion im Sozialismus wirft andererseits eine Reihe von politökonomischen Fragestellungen auf, die es - und da ist W. Schließer beizupflichten - auszusprechen gilt, da "eine allgemein anerkannte marxistisch-leninistische Theorie von den Ursachen der Warenproduktion im Sozialismus ... noch nicht zur Verfügung steht"[5]

Im Prinzip reduziert sich alles auf die Frage, wie theoretisch die Vereinbarkeit von unmittelbar gesellschaftlicher Arbeit und warenproduzierender Arbeit hergestellt werden kann. W. Schließer erklärt dieses Problem damit, daß nach ihm die Arbeit im Sozialismus sowohl unmittelbar gesellschaftlich als auch betriebsindividuell ist.

"Einerseits ... ist die in den sozialistischen Betrieben verausgabte gesellschaftliche Arbeit ... unmittelbar gesellschaftliche Arbeit in dem Sinne, daß sie im gesamtstaatlich geplanten Reproduktionsprozeß unmittelbar auf die bestmögliche Befriedigung der materiellen und geistigen Bedürfnisse in der sozialistischen Gesellschaft gerichtet ist ... Andererseits ist die gesellschaftliche Arbeit im Sozialismus betriebliche Arbeit (betriebsindividuell verausgabte Arbeit)..."[6]

Die Ursache für die Existenz der Warenproduktion im Sozialismus sieht W. Schließer jedoch nicht in der Einheit von unmittelbar gesellschaftlicher und betriebsindividueller Arbeit, sondern in ihrer Inkongruenz.

"Zugleich schließt dies die Inkongruenz von betrieblich verausgabter und gesellschaftlich notwendiger Arbeit nicht aus. Sie besteht in dem Maße, in dem die tatsächlich verausgabte Arbeit nicht den festgelegten Planzielen entspricht, in dem die betrieblichen Planziele nicht den festgelegten volkswirtschaftlichen Planzielen entsprechen und schließlich indem die festgelegten volkswirtschaftlichen Planziele nicht dem volkswirtschaftlichen Optimum entsprechen. Für die sozialistische Planwirtschaft ist die fortschreitende Annäherung der betrieblich verausgabten an die gesellschaftlich notwendige Arbeit charakteristisch, was zugleich den im Sozialismus fortschreitenden Vergesellschaftungsprozeß der Arbeit zum Ausdruck bringt. Die aber noch verbleibende Inkongruenz zwischen betrieblich verausgabter und gesellschaftlich notwendiger Arbeit im Sozialismus betont den Unterschied zur kommunistischen Arbeit, die einen höher vergesellschafteten und eine höhere volkswirtschaftliche Rationalität repräsentierenden Typ gesellschaftlicher Arbeit darstellt."[7]

Nach dieser Darstellung existiert im Sozialismus eine "typische Einheit und zugleich Inkongruenz von betrieblich verausgabter und gesellschaftlich notwendiger Arbeit", wie Schließer weiter formuliert. Dem ist zuzustimmen. Doch unter der Hand hat Schließer in der für die Erklärung der Ursachen der Warenproduktion im Sozialismus entscheidenden Passage den Terminus "unmittelbar gesellschaftliche Arbeit" in "gesellschaftlich notwendige Arbeit" verwandelt. Damit ist aber ein neues Problem gestellt, nämlich die sich bei Marx ausschließenden Alternativen "unmittelbar gesellschaftliche Arbeit" und "Gesellschaftlich notwendige Arbeit" als durchaus miteinander vereinbar zu erklären.

Offensichtlich ist der Begriff der unmittelbar gesellschaftlichen Arbeit näher zu analysieren, und zwar nicht als statischer, sondern als dynamischer Begriff. So berechtigt offenbar die Inkongruenz von betrieblicher und gesellschaftlich notwendiger Arbeit zur Qualifizierung der sozialistischen Arbeit als unmittelbar gesellschaftliche Arbeit, da zu jedem Zeitpunkt die Möglichkeit besteht, die Kongruenz zwischen beiden herzustellen. Mit der Höherentwicklung des Sozialismus wird diese Möglichkeit immer mehr zur Wirklichkeit, was den Zeitpunkt der dialektischen Überwindung der gesellschaftlich notwendigen Arbeit und damit das Produktions- und Gesellschaftsziel der kommunistischen Ordnung näherrückt. Es ist K. Bichtler zuzustimmen, wenn er schreibt:

"Für die gesamte Epoche des Sozialismus gilt es deshalb, einen für die sozialistische Produktionsweise wesentlichen, nichtantagonistischen Widerspruch zu lösen, der darin besteht, daß das gesellschaftliche Eigentum an den Produktionsmitteln die Produzenten unmittelbar miteinander verbindet, das gesellschaftliche Eigentum objektiv die gesamtgesellschaftliche Planung, Leitung und Organisation erfordert und andererseits die sozialistischen Betriebe, durch den Entwicklungsstand der Produktivkräfte objektiv bedingt, relativ selbständige ökonomische Einheiten sind mit vollem wirtschaftlichem Kreislauf ihrer Fonds als Grundelemente des volkswirtschaftlichen Reproduktionsprozesses."[8]

Dieser typische Widerspruch resultiert doch offensichtlich aus dem gesellschaftlichen Eigentum an den Produktionsmitteln selbst, und zwar insofern, als dieses Eigentum - erzwungen durch den Stand der gesellschaftlichen Arbeitsteilung - Produzentenkollektiven zur Nutzung und Realisierung übertragen werden muß. Darin ist auch objektiv eingeschlossen, daß das gesellschaftliche Eigentum von sich aus einen nichtantagonistischen Widerspruch zwischen betrieblicher und gesellschaftlicher Arbeit erzeugt, der ständig dadurch gelöst wird, daß die Teilarbeit planmäßig mit der Gesamtarbeit gekoppelt wird und die Teilsysteme planmäßig mit dem Gesamtsystem verbunden werden.

Eine solche Auffassung von der Dialektik von Gesamt- und Teilsystem im Sozialismus, die - wie wir zu begründen versuchten - aus der Dialektik der gesellschaftlichen Arbeit als unmittelbar gesellschaftlicher und warenproduzierender Arbeit zu erklären ist, räumt Theorien über das Planungs- und Leitungssystem, die diesen Zusammenhang in irgendeiner Form zu zerreißen versuchen, keinen Platz ein. Gegen hauptsächlich zwei unzulässige Verabsolutierungen muß man sich wenden.

Die Erhöhung der Eigenverantwortung der Teilbereiche und die daraus abgeleitete Selbstregulierung kann nicht so gedeutet werden, daß die Teilsysteme, losgelöst vom Gesamtsystem, ihren Reproduktionsprozeß planen und leiten. Die sozialistische Produktionsweise, die vom Typ her eine Planwirtschaft ist, kann diesen ihren Charakter nur realisieren und neu setzen, wenn die Planung und Leitung in den Teilbereichen mit der gesamtvolkswirtschaftlichen Planung und Leitung fest verbunden und koordiniert ist. Die Selbstregulierung ist ein planmäßig verlaufender Prozeß, und zwar planmäßig in dem Sinne, daß die Planung in den Teilbereichen mit der im Gesamtsystem synchronisiert ist. Abwegig ist in diesem Zusammenhang eine solche Vorstellung, die die Selbstregulierung als Prozeß begreift, der sich vorwiegend nach Kriterien irgendeines Marktes, nach Angebot und Nachfrage usw. richtet. Da der Markt im Sozialismus nicht irgendein, sondern ein geplanter Markt und damit ein in der Geschichte der Warenproduktion vollkommen neuer Markt ist, kann die Selbstregulierung nicht mit Maßstäben eines spontanen oder anonymen, sondern muß mit Maßstäben eines geplanten Marktes gemessen werden. Das verlagert aber das Problem eindeutig in die einzig mögliche Sphäre, nämlich in die der sozialistischen Planung.

Während die Gegenüberstellung von Plan und Markt in gewisser Hinsicht die Planwirtschaft als Typ der sozialistischen Produktionsweise in Abrede stellt - zumindest ist das das objektive Resultat eines solchen Gegensatzdenkens - und damit die Dialektik von Gesamt- und Teilsystem, ausgehend vom Teilbereich, zu durchbrechen versucht, gibt es parallel hierzu eine Auffassung vom sozialistischen Planungs- und Leitungssystem, die umgekehrt die Dialektik vom Standpunkt des Gesamtsystems aufzuheben versucht. Aufzuheben versucht in dem Sinne, daß die Forderung erhoben wird, den gesamten volkswirtschaftlichen Reproduktionsprozeß in einem Modell abzubilden, als Entscheidungsaufgabe mathematisch zu formulieren und durchzuoptimieren.[9]

Die Versuche, die in dieser Richtung bisher gestartet wurden, weisen eine Reihe allgemeiner Züge auf. Diese sind identisch mit der Grundproblematik jeder linearen Optimierungsrechnung:

1. Das entscheidenste Problem, vor welchem jede Modellierung von wirtschaftlichen Zusammenhängen mit dem Ziel ihrer Optimierung steht, ist die Definition der Zielfunktion.

2. Jede Optimierung im ökonomischen Bereich erfordert die numerische Erfassung der für die Herstellung der einzelnen im Modell betrachteten Erzeugnisse notwendigen materiellen und Arbeitskräfteressourcen.

3. Schließlich ist die Vorgabe von Mindestbedarfsmengen für die einzelnen zu produzierenden Erzeugnisse eine Forderung an Optimierungsmodelle des betrachteten Typs.

Die Entscheidung darüber, welche Zielfunktion formuliert und vorgegeben wird, bestimmt die Struktur der gesamten Optimierungsaufgabe. Doch entsprechend der Umkehrbarkeit des Satzes, mit einem gegebenen Mittelaufwand ein Maximum an Produktionsergebnis zu erzielen (er ist insofern umkehrbar, als auch gefordert werden kann, eine Produktenmasse mit einem Minimum an Mittelaufwand zu produzieren!), sind lineare Optimierungsaufgaben in gleichem Maße umkehrbar. Zu jeder lösbaren Maximierungsaufgabe existiert stets eine lösbare Minimierungsaufgabe. Die Wahl der Zielfunktion wird - hervorgerufen durch die in der objektiven Realität existierende und im Dualitätssatz der Programmierungswissenschaft widergespiegelte Einheit und Gegensätzlichkeit des Maximierungs- und Minimierungsproblems - in gewissem Maße zu einem Scheinproblem, da es offensichtlich Tautologie ist zu sagen, man trachte danach, ein Maximum an Produkt mit einem Minimum an Aufwand erzielen zu wollen. Eins bedingt hier das andere. Ist in einer gegebenen Situation ein Maximum irgendeiner Größe erreicht, so ist in einer anderen, genau determinierten Beziehung ein Minimum realisiert. Dieser Umstand mindert keineswegs die Bedeutung der ökonomischen Erforschung der der sozialistischen Produktionsweise adäquaten Zielfunktion, obgleich er den Streit in dem Augenblick, wenn die ökonomische Zielstellung formuliert ist, zugunsten beider Seiten entscheidet. Folgen wir in diesem Punkt Marx, so besteht das Optimierungsproblem im Sozialismus/Kommunismus offensichtlich darin, die für die allseitige Entwicklung der Persönlichkeit notwendige Zeit zu maximieren, was die Minimierung des Arbeitsaufwandes der Erzeugnisse voraussetzt bzw. bedingt.

Ein zweiter Schwerpunkt der ökonomischen Vorarbeit für die Modellierung und Optimierung volkswirtschaftlicher Gesamtprozesse ist die Erfassung sämtlicher aufwandverursachender Komponenten. Dazu zählen alle materiellen und Arbeitskräfteressourcen. Die Einbeziehung der Ressourcen in das Optimierungsmodell wird allerdings davon diktiert, welche Erzeugnisse als Variable im Modell betrachtet werden. Die Entscheidung, welche Produkte in welcher Form (einzeln oder aggregiert) in das Modell jeweils eingehen sollen, ist dabei die schwierigste. Hier wird die ökonomische Entscheidung weitestgehend von den rechentechnischen Schranken beeinflußt. Das Aggregationsproblem wird zum Alpha und Omega des gesamten Vorhabens und stellt - da es sich in gewisser Hinsicht als unlösbar erweist - eine objektive Barriere für die Durchsetzung einer solchen Konzeption dar.

Ein dritter großer Komplex, der ökonomisch zu bewältigen ist, besteht darin, das gesellschaftliche Endprodukt oder den Bedarf an den einzelnen Erzeugnissen (je nachdem, einzeln oder aggregiert) zu ermitteln und vorzugeben. Dies setzt zumindest eine zentral koordinierte Bedarfsforschung voraus.

Es treten noch drei weitere Probleme hinzu, die jede Optimierungsrechnung erschweren. Das ist einmal der Umstand, daß letztlich jedes materielle System stochastischer Natur ist, d. h., daß auch und gerade ökonomische Systeme Systeme zeitlich veränderlicher Zufallsvariabler darstellen. Zum zweiten ist für die meisten Wirtschaftsgrößen charakteristisch, daß sie sich nicht in linearer Abhängigkeit zueinander verändern. Der ökonomischen Wirklichkeit nahe kommt deshalb nicht die lineare, sondern die nichtlineare Optimierung. Drittens schließlich folgt aus dem Wesen materieller Systeme, daß die Optimierung nicht statischer, sondern dynamischer Natur ist. So wie statische Systeme Grenzfälle dynamischer Systeme darstellen, so ist die statische ein Grenzfall der dynamischen Optimierung.

Während letztgenannte Probleme unabhängig vom Optimierungsmodelltyp auftreten und sich die Praxis dadurch hilft, daß statische Modelle dynamisiert und nichtlineare Prozesse teillinearisiert werden, was die Anwendung zum Beispiel der konvexen Optimierung und damit eine im Vergleich zur nichtlinearen Behandlung des Problems relativ unkomplizierte Lösbarkeit ermöglicht, bleibt das für den Makromodelltyp charakteristische Faktum der vollständigen Informationszentralisation als Problem bestehen. Die offensichtliche Unüberwindlichkeit der konzeptionell verursachten ökonomischen und rechentechnischen Schwierigkeiten führte deshalb zu Lösungsversuchen anderer Art.

Es ist charakteristisch für die Geschichte der Programmierungswissenschaft, daß die rechentechnischen Schranken, die natürlich mit der Weiterentwicklung der elektronischen Rechentechnik verringert, aber zumindest vorläufig in keiner Weise beseitigt werden, vor allem die Wirtschaftsmathematiker animiert hat, Verfahren der Zerlegung überdimensionierter Optimierungsaufgaben zu entwickeln. So, wie es möglich ist, Matrizen, in Untermatrizen zerlegt, zu invertieren, so wurden auch für Optimierungsaufgaben Zerlegungs- oder Dekompositionsalgorithmen entwickelt. Der bekannteste ist der von G. B. Dantzig und P. Wolfe. Ungarische Ökonomen und Mathematiker haben diesen Algorithmus zu einem spieltheoretischen Lösungsverfahren von Planungsaufgaben auf zwei Ebenen weiterentwickelt und damit einen interessanten Beitrag in der Diskussion um die Plan- und Preisoptimierung geliefert.

Sieht man nun aber einmal von den aus der systemimmanenten Betrachtungsweise der makro- bzw. dekompositionierten Makromodelle resultierenden ökonomischen und technischen Probleme, Schwierigkeiten und Einwände vollkommen ab und wendet sich der Betrachtung dieses Unterfangens als wirtschaftspolitischer Konzeption zu, so ist eine prinzipielle Antwort auf die Frage zu geben, ob diese Auffassung vom Planungs- und Leitungssystem des Sozialismus dem Wesen und Charakter der sozialistischen Produktionsweise als spezifischer Form der Warenproduktion eigentlich entspricht. Daß der Standpunkt, eine möglichst vollständige Informationszentralisation im Rahmen einer nationalen sozialistischen Wirtschaft zu erreichen, auch von denen geteilt wird, die nach Zerlegungsalgorithmen für die Lösung volkswirtschaftlicher Optimierungsaufgaben suchen, geht aus Arbeiten zum Beispiel von I. Kornai und T. Liptak hervor.[10]

Wir gelangen an dieser Stelle wieder zu der von uns eingangs gestellten Frage des Charakters der Arbeit und der Produktion im Sozialismus. Die im Sozialismus objektiv erforderliche Darstellung der Arbeit als unmittelbar gesellschaftlicher <u>und</u> betriebsindividueller und damit als warenproduzierender Arbeit schließt die Einheit und nichtantagonistische Gegensätzlichkeit der Teilarbeit mit der Gesamtarbeit und somit auch der Teilbereiche mit dem Gesamtsystem in sich ein. Von dieser Warte ist unseres Erachtens auch das Modellierungs- und Optimierungsproblem im Sozialismus anzugehen. Offensichtlich bilden folgende Prinzipien eine Einheit.

1. Modellierungs- und Optimierungsversuche ökonomischer Gesamtsysteme "in totale" negieren die Tatsache, daß - hervorgerufen durch die gesellschaftliche Teilung der Arbeit und den Charakter der sozialistischen Produktionsweise als planmäßiger Warenproduktion - Teilsysteme gegenüber dem Gesamtsystem spezifische Funktionen im gesellschaftlichen Reproduktionsprozeß zu realisieren haben und sich dementsprechend qualitativ voneinander abhebende ökonomische Prozesse nicht in ein gemeinsames Optimierungsmodell unterbringen lassen.

2. Die Teilung der sozialistischen warenproduzierenden Arbeit, die umgekehrt wiederum die Notwendigkeit der Zusammenführung der Teilarbeiten erfordert, und das gesellschaftliche Eigentum an den Produktionsmitteln, das diese Zusammenführung bewußt und rationell ermöglicht, machen den Ausgleich der Teiloptima zum Gesamtoptimum und damit die Optimierung in den Teilsystemen <u>und</u> im Gesamtsystem notwendig.

3. Die anzustrebende Lösung kann deshalb nicht in einer einseitig ablaufenden Makro- <u>oder</u> Mikrooptimierung, sondern offenbar nur in einer organisch miteinander verbundenen Makro- <u>und</u> Mikrooptimierung zu suchen sein. Dabei muß der Inhalt der Modellierung und Optimierung auf den einzelnen Ebenen den jeweils objektiv bedingten Funktionen, die letztere im Gesamtsystem zu erfüllen haben, und die Optimierung auf gesamtvolkswirtschaft-

licher Ebene der Funktion und Rolle, die das Gesamtsystem zur Steuerung, Regelung und Höherentwicklung des Gesamtsystems zu realisieren hat, entsprechen.

Wenn auf dem VII. Parteitag und auf der zweiten Tagung des Zentralkomitees der SED davon gesprochen wurde, daß sich die Staatliche Plankommission auf Grundfragen der Struktur, Effektivität und der Proportionen der Entwicklung des Gesamtsystems konzentrieren muß, so berücksichtigt eine solche Aufgabenstellung die spezifische Rolle und Funktion des Gesamtsystems gegenüber den Teilbereichen.

Allerdings ist mit einer solchen Aufgabenstellung nur der Rahmen abgesteckt. Die Berücksichtigung der im Sozialismus objektiv bestimmten Dialektik von Gesamt- und Teilsystem im Planungs- und Leitungssystem sowohl innerhalb der Teilbereiche als auch zwischen den einzelnen Teilbereichen sowie zwischen den Teilbereichen und dem Gesamtsystem ist eine der kompliziertesten Aufgaben. Hier ist die Forschungsarbeit zweifellos noch zu intensivieren. Wie vorliegender Beitrag anzudeuten versucht, ist dabei die politökonomische Durchdringung der Dialektik von Gesamt- und Teilsystem im Sozialismus eine für ihre praktische Berücksichtigung im konkreten Planungs- und Leitungssystem entscheidende Vorarbeit.

FUSSNOTEN

1 W. Ulbricht, Die Konstituierung der staatlichen Organe und Probleme ihrer wissenschaftlichen Arbeitsweise, Berlin 1967, S. 13/14, 15, 17, 18, 22

2 K. Marx, Das Kapital, in: K.Marx/F.Engels, Werke, Bd. 23, Berlin 1962, S. 57

3 K. Marx, Zur Kritik der Politischen Ökonomie, Werke, Bd. 13, S. 67/68

4 Vgl. Beitrag von K. Bichtler, Zum Mechanismus der Durchsetzung des Gesetzes der Ökonomie der Zeit, im vorliegenden Band

5 W. Schließer, Probleme der Warenproduktion und des Wertgesetzes im Sozialismus, in: Wirtschaftswissenschaft, Heft 6/1967, S. 905

6 Ebenda, S. 906

7 Ebenda, S. 907

8 K. Bichtler, a. a. O., S.

9 Konzeptionen, die diesen Gedanken enthalten, entwickelten in der DDR J. Rudolph und in der UdSSR W. Nowoshilow. Siehe hierzu speziell: J. Rudolph, Ein Makromodell für die Berechnung von Optimalplänen, in: Wirtschaftswissenschaft, Heft 8/1966; W. Nowoshilow, Arbeitswerttheorie und Mathematik, in: Sowjetwissenschaft, Gesellschaftswissenschaftliche Beiträge, Heft 10/1965

10 Vgl. J. Kornai, Mathematische Methoden bei der Planung der ökonomischen Struktur, Berlin 1967, S. 132

WILHELM SCHMIDT

Zur Notwendigkeit eines Äquivalenzprinzips im Sozialismus

Der Wirkungsmechanismus, über den sich das ökonomische Wachstum im Sozialismus vollzieht, ist durch die gesamtgesellschaftliche Planung des ökonomischen und gesellschaftlichen Reproduktionsprozesses sowie durch die bewußte Gestaltung der Distributionsbeziehungen innerhalb der gesamten Gesellschaft gekennzeichnet; über die Distribution werden die Gesellschaftsmitglieder und Produktionskollektive materiell daran interessiert, die gesellschaftliche Produktivkraft im höchsten Maße zur Befriedigung der gegenwärtigen und künftigen Bedürfnisse der Gesellschaft zu steigern.

Der Sieg der sozialistischen Produktionsverhältnisse in der DDR,die Aufgaben bei der Vollendung des Sozialismus, die Notwendigkeit der Meisterung der technischen Revolution machen es erforderlich, die ökonomischen Gesetze des Sozialismus voll zur Entfaltung zu bringen.

Hierzu gehören die Gesetze der Warenproduktion in ihrer der sozialistischen Produktionsweise adäquaten Erscheinungs- und Bewegungsform.

Unter den marxistischen Ökonomen hat sich die Erkenntnis durchgesetzt, daß im Sozialismus Warenproduktion besteht, die nicht nur den Konsumgüterbereich, sondern auch den Produktionsmittelsektor umfaßt. Bis auf wenige Ausnahmen wird akzeptiert, daß sich die sozialistische Warenproduktion aus dem inneren Wesen der sozialistischen Produktionsweise ergibt, daß sie Ausdrucksform, Bewegungsform und Realisierungsform der sozialistischen Produktionsverhältnisse ist. Durch das sozialistische Eigentum an den Produktionsmitteln wurden die Basis für die Ausbeutung des Menschen durch den Menschen und damit die negativen gesellschaftlichen Folgen der Warenproduktion und der Ware-Geld-Beziehungen beseitigt. Die Erkenntnis des gesetzmäßigen Charakters der Warenproduktion und -zirkulation im Sozialismus zwingt jedoch zu theoretischen und praktischen Konsequenzen.

Die Frage, die es zu beantworten gilt, ist, welche Forderungen, Effektivitäts- und Proportionalitätskriterien sich aus der Existenz der Warenprodutkion und -zirkulation für den sozialistischen Reproduktionsprozeß ergeben und bei der planmäßigen Gestaltung und Lenkung des Reproduktionsprozesses als Maßstab für die Rationalität des Wirtschaftens dienen. Da die Produktion und Zirkulation der Produkte als Waren die bestimmende Form ist, in der sich die sozialistischen Produktionsverhältnisse äußern und durchsetzen, erfolgt die Distribution der materiellen Güter innerhalb der sozialistischen Gesellschaft und zwischen den einzelnen Zweigen, Bereichen, Betrieben und Gesellschaftsmitgliedern als Grundformen über die Preisbildung und über die Bildung von Geldeinkommen. Die Bewegung der materiellen Güter innerhalb der gesellschaftlichen Sphäre wird damit durch die Preisbildung und Geldeinkommensbildung planmäßig vorbereitet, und nur, wenn die Preisbildung und die Geldeinkommensbildung den gesellschaftlichen Reproduktionserfordernissen entsprechen, vollzieht sich auch die Bewegung der Waren entsprechend den gesellschaftlichen Reproduktionserfordernissen.

Aber Preisbildung und Geldeinkommensbildung sind mehr als nur eine formale Vorbereitung und Orientierung der Warenbewegung. Über die Preise und die Geldeinkommen realisieren sich direkt oder indirekt die materiellen Interessen aller Glieder und Bereiche der Gesellschaft, und deren ökonomisches Verhalten hängt somit in starkem Maße von der Art und Weise der Preis- und Einkommensbildung ab. Dieses ökonomische Verhalten ist um so sinnvoller und gesellschaftlich vorwärtstreibender, je besser es gelingt, den Mechanismus der Preis- und Einkommensgestaltung unter Beachtung der mit ihm verbundenen und über ihn sich realisierenden materiellen Interessen zur Lösung gesellschaftlicher Arbeit einzusetzen.

Wenn wir die Frage nach dem Mechanismus in der sozialistischen Wirtschaft stellen, der zu einer optimalen Entwicklung, Entfaltung und Ausschöpfung der gesellschaftlichen Produktivkräfte des Sozialismus führt, so stellen wir sie unter dem Gesichtspunkt einer solchen Gestaltung der gesellschaftlichen Distributionsverhältnisse im Sozialismus, die dahin drängt, die vorhandenen entwickelbaren und erschließbaren Produktionsfaktoren und Triebkräfte im höchstmöglichen Grade für die gegenwärtige und künftige Bedürfnisbefriedigung auszunutzen.

Dabei ist zu beachten, daß das volkswirtschaftliche Optimum im Sozialismus sowohl durch die ökonomischen Interessen der einzelnen Gesellschaftsmitglieder, Kollektive und sozialen Gruppen als auch durch die ökonomischen Interessen der Gesamtgesellschaft bestimmt ist.

Aus diesen Feststellungen ergeben sich folgende zwei wichtige Schlußfolgerungen:

Erstens: Wir können nicht voraussetzen, daß sich das Optimum der gesellschaftlichen und ökonomischen Entwicklung von sich aus einstellt. Es verwirklicht sich über einen historisch-konkreten Wirkungsmechanismus der ökonomischen Gesetze, der das gesellschaftlich und historisch Notwendige auch als das gesellschaftlich Zwingende gegenüber der Gesellschaft als Ganzes und ihren Gliedern (Teilbereichen) zum Ausdruck bringt.

Zweitens: Der historisch-konkrete Mechanismus der ökonomischen Gesetze im Sozialismus setzt sich über einen Komplex von ökonomisch zwingenden gesellschaftlichen

Interessen durch, denen nur in dem Maße entsprochen wird, wie die Interessenträger insgesamt dazu beitragen, die ökonomischen Potenzen der Gesellschaft respektive Volkswirtschaft auszunutzen.

Der Sozialismus beseitigt den auf sozialem Antagonismus beruhenden Wirkungsmechanismus der kapitalistischen Gesellschaft und muß den ihm eigenen Wirkungsmechanismus bewußt zur Entfaltung bringen. Das erfordert eine große wissenschaftliche Vorarbeit und eine ständige Überprüfung der Erkenntnisse durch die praktischen Erfahrungen. Außerdem gibt es keinen Wirkungsmechanismus des Sozialismus schlechthin, sondern einen Wirkungsmechanismus, der den jeweiligen gesellschaftlichen, historischen und ökonomischen Gegebenheiten und Entwicklungsbedingungen entspricht.

Die prinzipielle Übereinstimmung von persönlichen und gesellschaftlichen Interessen im Sozialismus ermöglicht eine Kombination der verschiedenen Teilinteressen mit dem gesellschaftlichen Gesamtinteresse.

Es ist also im Sozialismus vom Prinzip her, ohne schon auf konkrete Gestaltungsformen der wechselseitigen Interessenbildung, Interessenkombination und Interessenkonfrontation im Sozialismus einzugehen, zu konstatieren, daß im Sozialismus ein Interessenoptimum zwischen Gesamt- und Teilinteressen besteht, dessen Verwirklichung zu einer entscheidenden Triebkraft der sozialistischen Produktionsweise wird. Die praktische Durchsetzung dieses Interessenoptimums ist die Grundvoraussetzung für die Entfaltung eines Funktionsmechanismus innerhalb der sozialistischen Volkswirtschaft, der dahin drängt, die ökonomischen Potenzen des Landes einschließlich der Außenwirtschaftsbeziehungen im höchsten Maße effektiv für die laufende und künftige Bedürfnisbefriedigung auszunutzen.

Damit der volkswirtschaftliche Reproduktionsprozeß im Sozialismus aus seinen inneren Triebkräften heraus, aus dem Zusammenwirken und gegenseitigen Ausgleichen der verschiedenen ökonomischen Teilinteressen untereinander und der Verschmelzung der verschiedenen Teilinteressen zum gesellschaftlichen Gesamtinteresse heraus zu einer optimalen Entwicklung tendiert, sind bestimmte Voraussetzungen notwendig.

1. Die Aufgliederung des volkswirtschaftlichen Gesamtsystems in relativ selbständige Teilsysteme muß so erfolgen, daß in den Teilsystemen bestimmte ökonomische Interessen zum Ausdruck gebracht werden können.

2. Ein gesellschaftlich wirksames, als gesellschaftliche Triebkraft fungierendes ökonomisches Interesse in den verschiedenen Teilbereichen der Volkswirtschaft ist nur dann möglich, wenn diese Befriedigung der ökonomischen Interessen der Teilsysteme an die Verantwortung geknüpft wird, ökonomische Interessen des Gesamtsystems zu befriedigen.

3. Die Teilsysteme müssen ihre ökonomischen Interessen und ihre ökonomischen Leistungen mit den gleichen Maßstäben und nach den gleichen Kriterien messen und

einschätzen wie das Gesamtsystem.

4. Und schließlich muß für die einzelnen Teilsysteme ein im Prinzip gleiches ökonomisches Ziel gesellschaftlich gesetzt sein, das die Beziehungen der Teilsysteme zueinander regelt und bewirkt, daß die verschiedenen Teilsysteme ihre ökonomischen Interessen der Tendenz nach auf das volkswirtschaftliche Optimum hin ausrichten.

Was bedeuten die oben dargestellten Voraussetzungen für die praktische Ökonomie?

1. Nur wenn das ökonomische Interesse der nach wirtschaftlicher Rechnungsführung arbeitenden Wirtschaftseinheiten ökonomisch eindeutig definiert ist, und nur wenn diese Wirtschaftseinheiten in der Lage sind, materiell für ihre Tätigkeit geradezustehen, kann von den Betrieben ein zielgerichtetes, den volkswirtschaftlichen Erfordernissen entsprechendes Verhalten und Handeln erwartet werden.

2. Das ökonomische Interesse und die ökonomische Verantwortung müssen in allgemeingültiger und ökonomisch zwingender gesellschaftlicher Form dargestellt, gemessen und auch in dieser Form realisiert werden. Entscheidet die Wirtschaftseinheit nach eigenen (gesellschaftlich bestimmten) ökonomischen Interessen über das, was sie produziert, wie sie und womit sie produziert, so muß sie ein ökonomisches Maß, und zwar ein für alle Wirtschaftseinheiten gleichermaßen geltendes ökonomisches Maß, haben, das darüber Auskunft gibt, in welchem Grad sie mit ihrer Tätigkeit die gesellschaftlichen Bedürfnisse befriedigt.

Die Wertrechnung in Geldform ist einem Wirtschaftsmechanismus adäquat, in dem die relativ selbständig wirtschaftenden Einheiten mit dem gesamten volkswirtschaftlichen Reproduktionsprozeß verbunden sind. Das Geld als Einheit von Wertmaß und Zirkulationsmittel hat durch diese Zweiseitigkeit die für unsere Problematik bedeutsame Eigenschaft, nicht nur ökonomische Leistungen sichtbar zu machen, sondern auch diese ökonomischen Leistungen als materiellen Anspruch gegenüber der Gesellschaft zu fixieren. Das Tätigsein für die Gesellschaft berechtigt, in Höhe der gesellschaftlich anerkannten Leistung eine entsprechende Gegenleistung von der Gesellschaft zu verlangen.

3. Ein einheitliches Maß für die gesellschaftliche Leistung und für das gesellschaftliche Bedürfnis reicht jedoch allein noch nicht aus, um die ökonomischen Handlungen der einzelnen Teilsysteme auf die Verwirklichung des volkswirtschaftlichen Optimums hin zu lenken. Die Betriebe müssen ein zwingendes, in Geld fixierbares ökonomisches Interesse haben, das für sie als ökonomisches Ziel und für ihre ökonomischen Entscheidungen als Zielfunktion dient.

Die nach wirtschaftlicher Rechnungsführung arbeitenden Wirtschaftseinheiten müssen ökonomisch gezwungen sein, ganz bestimmte ökonomische Ergebnisse zu erzielen, wenn die in ihnen vereinigten Gesellschaftsmitglieder ihre unmittelbaren gesellschaftlichen

Interessen befriedigt sehen wollen. Dieses zu erwirtschaftende ökonomische Ergebnis muß den Wirtschaftseinheiten als ökonomisch gesetzte gesellschaftliche Norm gegenübertreten und so beschaffen sein, daß in dem Maße, wie diese Norm erfüllt oder übererfüllt wird, sich sowohl das unmittelbar materielle Sein der Produzentenkollektive als auch die Perspektiven der Produkte, Betriebe und Zweige gestalten. Oder anders formuliert: Die Sicherung einer gesellschaftlich durchschnittlichen materiellen Vergütung der einzelnen Produzentenkollektive und die Durchführung einer einfachen und erweiterten Reproduktion der Betriebe und Zweige muß vom ökonomischen Ergebnis der Betriebe respektive der VVB abhängen, wobei das zu erwirtschaftende ökonomische Ergebnis (Erlöse) in seiner Höhe gesellschaftlich bestimmt sein muß.

Das von den Betrieben zu erwirtschaftende ökonomische Ergebnis hängt wesentlich von dem ab, was sie aus diesem ökonomischen Ergebnis (Erlösen) zu finanzieren haben. Ausgehend von den finanziellen Verpflichtungen, die sich aus den Erfordernissen der einfachen und erweiterten Reproduktion ergeben (dazu gehören Entlohnung, Abführungen an den Staatshaushalt usw.), bestimmen die Betriebe ihr ökonomisches Ziel, das sie mit ihrer Produktion zu erreichen haben.

Wenn wir das Problem der finanziellen Verpflichtungen des Betriebes unter dem Gesichtspunkt der Schaffung einer Tendenz zu einem volkswirtschaftlich optimalen Verhalten der Betriebe betrachten, dann gilt es, die objektive Grundlage dieser finanziellen Verpflichtungen zu erkennen und sie als ökonomische "Zwangsverpflichtungen" für die Betriebe zu setzen, und zwar so, daß sie für alle Betriebe gleichermaßen gelten. Auf der Basis solcher, aus dem gesellschaftlichen Reproduktionsprozeß abgeleiteter und den Betrieben als objektive ökonomische "Zwangsverpflichtungen" entgegentretender finanzieller Verpflichtungen bildet sich ein bestimmtes, immer mehr allgemeinen Charakter annehmendes Austauschverhältnis heraus, das als allgemeines Austauschprinzip das ökonomische Verhalten und ökonomische Handeln durchdringt. Dieses allgemeine Austauschprinzip nenne ich Äquivalenzprinzip, weil der Inhalt dieses Austauschprinzips darin besteht, eine bestimmte, gesellschaftlich notwendige Äquivalenz beim Austausch der Produkte zwischen den einzelnen Betrieben (oder allgemeiner: den nach wirtschaftlicher Rechnungsführung arbeitenden Wirtschaftseinheiten) durchzusetzen.

Ein solches allgemeines Äquivalenzprinzip zeichnet sich dadurch aus, daß es die verschiedenen Teilhandlungen auf ihre gesellschaftliche Notwendigkeit und auf ihre gesellschaftliche Effektivität hin überprüft und eine den volkswirtschaftlichen Notwendigkeiten entsprechende Verhaltens- und Handlungsweise ökonomisch erzwingt.

Das Äquivalenzprinzip ist seinem allgemeinen Inhalt nach durch das Wertgesetz bestimmt. Die Bestimmung jedoch, daß, wie Marx sagt, der "Austausch oder Verkauf der Waren zu ihrem Wert ... das Rationelle, das natürliche Gesetz ihres Gleichgewichts"[1] ist, schließt gesetzmäßig ein, daß sich, ausgehend von den spezifischen gesellschaftlichen Bedingungen der einzelnen warenproduzierenden Produktionsweisen, dieses allgemeine, "natürliche" Gesetz des Austausches in modifizierter Form verwirklicht. So bildet sich für jede Produktionsweise mit Warenproduktion ein spezifisches Austauschverhältnis, ein spezifisches Äquivalenzprinzip heraus, das das Rationelle in dieser Produktionsweise zum Ausdruck bringt. Das Äquivalenzprinzip einer Produktionsweise ist somit die historisch konkrete, aus den jeweiligen Produktionsverhältnissen heraus gesetzmäßig erwachsende Gleichgewichtsbedingung, die die ökonomischen Beziehungen der Warenproduzenten untereinander regelt.

Das Äquivalenzprinzip der einfachen Warenproduktion lautet hiernach: Es tauschen sich gleiche Mengen gesellschaftlich notwendiger Arbeit aus; das Äquivalenzprinzip des Kapitalismus der freien Konkurrenz: Gleich große Kapitale realisieren gleich große Profite. Über das Äquivalenzprinzip des monopolistischen Kapitalismus gibt es noch viele Meinungsverschiedenheiten, auf die ich hier nicht eingehen kann.

Die Frage ist, ob es im Sozialismus ein Äquivalenzprinzip gibt, das den Austausch der Waren zwischen den sozialistischen Warenproduzenten regelt und als allgemeine ökonomische Gleichgewichtsbedingung fungiert. Dabei geht es beim Äquivalenzprinzip primär nicht um die Grundform des Preises, den Preistyp, sondern um die aus der sozialistischen Produktionsweise erwachsenden Gesetzmäßigkeiten der Distribution der materiellen Güter innerhalb der Volkswirtschaft sowie auf die einzelnen Zweige, Betriebe und Gesellschaftsmitglieder insgesamt, die ihrerseits wieder stimulierend und richtungweisend auf die gesellschaftliche Produktion einwirken.

Beim Äquivalenzprinzip geht es um den Inhalt und die Erscheinungsformen der Äquivalenzbeziehungen, über die sich die materiellen Abhängigkeiten realisieren, die das ökonomische und gesellschaftliche Sein der sozialistischen Warenproduzenten bestimmen oder doch zumindest spürbar beeinflussen und daher das ökonomische Verhalten der sozialistischen Warenproduzenten in diese oder jene Richtung lenken. Obgleich die Untersuchungen zum Äquivalenzprinzip im Sozialismus schließlich auch die Frage nach dem zu verwirklichenden Preistyp beantworten, darf man dennoch nicht die methodischen und inhaltlichen Unterschiede in der Fragestellung übersehen.

Die Frage nach dem Äquivalenzprinzip ist umfassender als die nach dem Preistyp. Erstere erfaßt alle im und über den Austausch der Waren zu realisierenden sowie die von ihm abgeleiteten Distributionsbeziehungen zur Sicherung der einfachen und erweiterten Reproduktion der sozialistischen Gesellschaft und ihrer Teilsysteme. Beim Äquivalenzprinzip wird nicht nur nach dem zu realisierenden Preis, sondern auch nach dem Entlohnungssystem, den Kreditbeziehungen, den Haushaltsbeziehungen, den innerbetrieblichen und außerbetrieblichen Finanzverpflichtungen gefragt, die aus dem zu realisierenden Gesamterlös der Betriebe gesichert werden müssen. Natürlich kulminieren diese einzelnen Distributionsformen im Preis und bestimmen letztlich auch den für die sozialistische Produktionsweise charakteristischen Preistyp.

Der Grundinhalt des der sozialistischen Warenwirtschaft adäquaten Äquivalenzprinzips ist durch das Gesetz der Verteilung nach der Leistung, das für die sozialistische Produktionsweise geltende Distributionsgesetz, bestimmt. Es gilt aber darüber hinaus seine spezifische Wirkungsweise im Sozialismus voll zu erfassen. Die Forschungen zum Problem der ökonomischen Hebel, zum Preisgesetz und zum Preistyp stehen in engstem Zusammenhang mit der Klärung des Äquivalenzprinzips im Sozialismus, auch wenn sie nicht direkt unter diesem Gesichtspunkt durchgeführt werden.

Es zeichnet sich jedoch m. E. immer mehr die Notwendigkeit ab, die Forschungen auf den Gebieten Preise, Finanzen, Kredite usw. direkt unter dem Gesichtspunkt des für die sozialistische Produktionsweise adäquaten und notwendigen Äquivalenzprinzips durchzuführen, weil es die Basis ist, auf der sich die Kategorien und Gesetze der Warenproduktion zu einem geschlossenen Wirkungsmechanismus verbinden, der das ökonomische Handeln der sozialistischen Gesellschaft bestimmt.

Die Untersuchung der Preise, Finanzen, des Kredits usw. vom Standpunkt des im Sozialismus durchzusetzenden Äquivalenzprinzips zwingt von vornherein zu einer geschlossenen Betrachtung der ökonomischen Kategorien und Gesetze der Warenproduktion, was der Forderung des VII. Parteitages der SED entspricht. das ökonomische System des entwickelten gesellschaftlichen Systems des Sozialismus als Ganzes zu erforschen und zu verwirklichen.

Es kann hier nicht die ganze theoretische und praktische Problematik des Äquivalenzprinzips im Sozialismus dargestellt werden; hier soll nur ein damit zusammenhängendes Problem behandelt werden, die Relation Angebot - Nachfrage.

Im Zusammenhang mit den Forschungen zum Preisgesetz und zum Preistyp im Sozialismus spielte das Problem des Einflusses, den das Verhältnis von Angebot und Nachfrage auf den Preis im Sozialismus ausübt, eine große Rolle. Meines Erachtens zu Unrecht wurde jedoch dieses Verhältnis sowohl bei der theoretischen Ableitung der Gesetzmäßigkeiten des Preises im Sozialismus als auch hinsichtlich der praktischen Preisbildung im Prinzip als ein negativer, der Durchsetzung des theoretisch abgeleiteten Preises entgegenstehender Faktor behandelt. Mir scheint jedoch, daß im Verhältnis von Angebot und Nachfrage viel mehr und viel Zwingenderes steckt, als in der bisherigen Analyse dieses Verhältnisses im Sozialismus dargestellt wurde.

Bei genauer Betrachtung des Verhältnisses von Angebot und Nachfrage zeigt sich, daß es nicht nur eine quantitative, sondern auch eine qualitative Seite besitzt. Es beinhaltet nicht nur die Notwendigkeit, ein quantitatives Gleichgewicht zwischen zahlungsfähiger Nachfrage, angebotenen Waren und Preisen herzustellen. Die qualitative Seite, der gesellschaftliche Inhalt dieses Verhältnisses, besteht darin, daß sich über und in der Dynamik dieses Verhältnisses bei Existenz der Warenproduktion und -zirkulation - und das gilt auch für die sozialistische Warenproduktion - die gesellschaftlichen Produktions- und Distributionsverhältnisse unmittelbar, mittelbar oder letzten Endes realisieren. Von diesem gesellschaftlichen Inhalt des Verhältnisses von Angebot und Nachfrage ging Marx m. E. aus, als er formulierte:

"In dem Verhältnis von Nachfrage und Zufuhr der Waren wiederholt sich erstens das Verhältnis von Gebrauchswert und Tauschwert, von Ware und Geld, von Käufer und Verkäufer; zweitens das von Produzent und Konsument, obgleich beide durch dritte Kaufleute vertreten sein mögen."[2]

Die Wiederholung dieser Verhältnisse im Verhältnis von Angebot und Nachfrage vollzieht sich auf einer qualitativ höheren gesellschaftlichen Ebene. Unter dem Aspekt des Verhältnisses von Angebot und Nachfrage wird der gesellschaftliche Inhalt und die gesellschaftliche Verflechtung dieser Verhältnisse sichtbar, und es kommen Gesetzmäßigkeiten zutage, die bei einer zwei- oder dreipoligen Betrachtung dieser Verhältnisse verborgen bleiben müssen.[3]

"Dagegen bei Zufuhr und Nachfrage ist die Zufuhr gleich der Summe der Verkäufer oder Produzenten einer bestimmten Warenart, und die Nachfrage gleich der Summe der Käufer oder Konsumenten (individueller oder produktiver) derselben Warenart. Und zwar wirken die Summen aufeinander als Einheiten, als Aggregatkräfte. Der einzelne wirkt hier nur als ein Teil einer gesellschaftlichen Macht, als Atom der Masse, und es ist in dieser Form, daß die Konkurrenz den gesellschaftlichen Charakter der Produktion und Konsumtion geltend macht."[4]

Obgleich Marx hier den gesellschaftlichen Charakter des Verhältnisses von Angebot und Nachfrage unter den Bedingungen der auf Privateigentum an den Produktionsmitteln basierenden Warenproduktion behandelt und dabei die Konkurrenz als die Form herausstellt, die "den gesellschaftlichen Charakter der Produktion und Konsumtion geltend macht", so sind m. E. hierin doch grundlegende Aspekte enthalten, die auch für die sozialistische Warenproduktion gelten.

Im Verhältnis von Angebot und Nachfrage kommt unter Bedingungen der Warenproduktion (auch der sozialistischen) der gesellschaftliche Charakter der Produktion und der Konsumtion zum Ausdruck. Der gesellschaftliche Konsument macht seine Ansprüche gegenüber der gesellschaftlichen Produktion dadurch geltend, daß seine Bedürfnisse in eine gesellschaftliche respektive ökonomisch wirksame Form gekleidet sind. Der gesellschaftliche Produzent befriedigt andererseits diese Bedürfnisse nur dann bzw. nur insoweit, als er durch Produktion und Verkauf seiner Produkte den gesellschaftlichen Ansprüchen genügt.

Im Verhältnis von Angebot und Nachfrage kommt der in dinglicher Form vermittelte gesellschaftliche Zusammenhang zwischen Produktion und Konsumtion, zwischen der gesellschaftlichen Produktion und dem gesellschaftlichen Bedürfnis zum Ausdruck, durch dessen Dynamik sich die Produktion gegenüber der Konsumtion und die Konsumtion gegenüber der Produktion durchsetzt. Die Berücksichtigung von Angebot und Nachfrage bei der Preisbildung ist daher viel zu eng gefaßt, wenn sie nur unter dem Aspekt erfolgt, die Nachfrage nach Waren an eine bestimmte Produktionsstruktur anzupassen, ohne dabei gleichzeitig bestimmte Schlußfolgerungen für die Produktion abzuleiten. Das ergibt sich direkt aus der folgenden, von Marx entwickelten Gesetzmäßigkeit:

"Wenn daher Nachfrage und Zufuhr den Marktpreis regulieren, oder vielmehr die Abweichungen der Marktpreise vom Marktwert, so reguliert andrerseits der Marktwert das Verhältnis von Nachfrage und Zufuhr oder das Zentrum, um das die Schwankungen der Nachfrage und Zufuhr die Marktpreise oszillieren machen."[5]

Angebot und Nachfrage sind also nicht nur Faktoren, die eine Abweichung der Preise vom Marktwert, vom Produktionspreis oder einer anderen aus den gesellschaftlichen Verhältnissen gesetzmäßig resultierenden Modifikationen des Wertes hervorrufen, sondern auch Faktoren, die dahin drängen, die Preise ständig auf das "Oszillationszentrum" hinzulenken. Das ist aber nur dann der Fall, wenn die Produktion (Zufuhr) auf die Preisbewegung reagiert, d. h., wenn eine bestimmte Preissituation und Preisdynamik bestimmte Schlußfolgerungen für die Produktion erzwingt. Man darf bei der Berücksichtigung von Angebot und Nachfrage im Preis nicht beim ersten Schritt stehenbleiben, d. h., bei der Notwendigkeit, bei einer gegebenen Produktions- und Einkommensstruktur die Preise auch abweichend vom Wert oder von der gesellschaftlich gesetzten Preisbasis festzusetzen. Der Schritt, der unmittelbar auf diesen ersten folgen muß, besteht darin, die Produktionsstruktur so zu gestalten, daß sich die Preise in der Tendenz immer wieder zur Preisbasis hin bewegen müssen.[6] Diese Gesetzmäßigkeit respektive Notwendigkeit setzt sich nicht von sich aus durch, sondern nur durch einen ökonomischen Zwang, dem die gesellschaftlichen Produzenten unterworfen werden. Dieser Zwang besteht aber nur, wenn er aus den gesellschaftlichen Distributionsverhältnissen erwächst. Erst wenn die Produzenten als Konsumenten ihre produktiven und konsumtiven Bedürfnisse in der Weise und in dem Umfang befriedigen können, wie sie die in gesellschaftliche Form (Geld) gekleideten Bedürfnisse der anderen Konsumenten und Produzenten befriedigen (wieviel Wert sie mit ihren Waren über den Preis realisieren), geht von den Distributionsverhältnissen ein ökonomischer Zwang aus, der dahin drängt, den dialektischen Zusammenhang zwischen Produktion und Konsumtion durchzusetzen.

Marx faßt das Verhältnis von Angebot und Nachfrage immer doppelt:

"Das Verhältnis von Nachfrage und Zufuhr erklärt ... einerseits nur die Abweichung der Marktpreise von den Marktwerten und andrerseits die Tendenz zur Aufhebung dieser Abweichung, d.h. zur Aufhebung der Wirkung des Verhältnisses von Nachfrage und Zufuhr."[7]

Wenn wir also die Forderung erheben, Angebot und Nachfrage im Preis zu berücksichtigen, müssen wir auch gleichzeitig nach Formen suchen, die die damit verbundene Abweichung der Preise von den Werten (respektive der Preisbasis) in der Tendenz wieder aufheben, weil beide Elemente - sowohl die Abweichung als auch die Aufhebung der Abweichung - erst den wirklichen Zusammenhang zwischen Produktion und Konsumtion herstellen. Die Abweichung allein führt zu einer einseitigen Unterordnung der Konsumtion unter die Produktion. Erst mit dem ökonomischen Zwang zur Aufhebung dieser Abweichung bekommt auch die Konsumtion eine aktive Rolle in diesem Verhältnis.

Das Problem, um das es mir bei der Behandlung des Distributionsgesetzes geht, das der sozialistischen Warenproduktion zugrunde liegt, sich über die sozialistische Warenproduktion durchsetzt und die Bewegungsweise und Bewegungsrichtung der sozialistischen Warenproduktion bestimmt, läßt sich an Hand folgender Erkenntnis von Marx verdeutlichen:

"Wenn der Wert der Waren bestimmt ist durch die in ihnen enthaltne notwendige Arbeitszeit, nicht durch die überhaupt in ihnen enthaltne Arbeitszeit, so ist es das Kapital, das diese Bestimmung erst realisiert und sogleich fortwährend die zur Produktion einer Ware gesellschaftlich notwendige Arbeitszeit verkürzt. Der Preis der Ware wird dadurch auf sein Minimum reduziert, indem jeder Teil der zu ihrer Produktion erheischten Arbeit auf sein Minimum reduziert wird."[8]

Diese Erkenntnis stellt eine Illustration und Weiterentwicklung einer Gesetzmäßigkeit dar, die Marx in der Einleitung zur "Kritik der politischen Ökonomie" entwickelte:

"In der Gesellschaft aber ist die Beziehung des Produzenten auf das Produkt, sobald es fertig ist, eine äußerliche ... und die Rückkehr desselben zu dem Subjekt hängt ab von seinen Beziehungen zu andren Individuen. Es wird desselben nicht unmittelbar habhaft. Auch ist die unmittelbare Aneignung desselben nicht sein Zweck, wenn es in der Gesellschaft produziert. Zwischen den Produzenten und die Produkte tritt die Distribution, die durch gesellschaftliche Gesetze seinen Anteil an der Welt der Produkte bestimmt, also zwischen die Produktion und Konsumtion tritt."[9]

Der unmittelbare Zusammenhang zwischen Produktion und Konsumtion, wie er beispielsweise bei der "unmittelbaren Aneignung" der Produkte gegeben ist, ist also bei arbeitsteiliger Produktion zerrissen. Der Zusammenhang wird jedoch durch bestimmte Distributionsformen wieder hergestellt, und es hängt von diesen Distributionsformen ab, wie er sich praktisch realisiert. Hieraus ergibt sich, daß die Rolle der Distribution sich nicht darauf beschränkt, die produzierten Güter nach bestimmten gesellschaftlichen Gesetzen zu verteilen. Sie beeinflußt auch die Produktion selbst, indem die Konsumenten entsprechend ihrem Anspruch an das Gesamtprodukt die Struktur der zu produzierenden Produkte mitbestimmen. Es hängt daher auch wesentlich vom Charakter der Distributionsverhältnisse ab, d. h. von den gesellschaftlichen Gesetzmäßigkeiten, nach denen sich die Ansprüche auf gesellschaftliches Gesamtprodukt bilden, inwieweit diese Distributionsverhältnisse auch dahin drängen, mit der gesellschaftlich disponiblen Arbeitszeit ein Höchstmaß an distribuierbaren Produkten zu erzeugen. Wenn also Marx sagt, daß "der Wert der Waren bestimmt ist durch die in ihnen enthaltne notwendige Arbeitszeit," daß sich also diese Bestimmung, durch das Kapital erst realisiert, indem es dahin drängt, die zur Produktion erheischte Arbeit auf ein Minimum zu reduzieren, so zeigt er die Rolle, die die Distribution innerhalb einer gesellschaftlichen Produktion, in der die unmittelbare Beziehung zwischen Produktion und Konsumtion aufgehoben ist, zu spielen hat. Der hier gezeigte Effekt, den das Kapital zuwege bringt (als eine bestimmte Distributionsform), muß praktisch auch jede über das Kapital hinaus wachsende Distributionsweise erzielen, da dieser Effekt nichts anderes ist als die Verwirklichung des Gesetzes der Ökonomie der Zeit.

Wenn wir die Ausführungen von Marx im 10. Kapitel des III. Bandes des "Kapitals" zum Problem Angebot und Nachfrage genauer ansehen, dann zeigt sich, daß Marx voraussetzt, daß die Preise immer nach dem jeweiligen Stand von Angebot und Nachfrage gebildet werden. Er weist dann aber nach, weshalb das Verhältnis von Angebot und Nachfrage die Bewegung der Preise, ihre Entwicklungstendenzen nicht erklären kann.

Das methodologisch Interessante an diesen Ausführungen für die Untersuchung der Wirkungsweise der Gesetze der sozialistischen Warenproduktion besteht m. E. darin, daß

a. vorausgesetzt wurde, daß die Preise nach dem jeweiligen Stand von Angebot und Nachfrage gebildet werden,
b. die Preise, die Angebot und Nachfrage in Übereinstimmung bringen, noch nicht als Ausdruck für die Existenz eines Marktgleichgewichts genommen werden dürfen,
c. erst wenn die Preise Angebot und Nachfrage auf einem gesellschaftlich gesetzten Niveau - Marktwert, Produktionspreis oder eine andere Wertmodifikation - ausgleichen, von einem Marktgleichgewicht gesprochen werden kann,

d. die Tendenz und der Zwang zur ständigen Anpassung der Produktion an das gesellschaftlich notwendige, durch den Marktwert, Produktionspreis oder andere Wertmodifikation charakterisierte Marktgleichgewicht dazu führt, daß die Preisbewegungen vom Marktwert, Produktionspreis oder einer anderen gesetzmäßigen Wertmodifikation bestimmt werden.

Für die Preisforschung im Sozialismus ergibt sich hieraus die Aufgabe, die Bedingungen zu finden und zu bestimmen, die für die sozialistische Warenproduktion das Marktgleichgewicht charakterisieren, in dessen Richtung Produktion, Preise und Einkommen sich bewegen und auf dessen Basis sie sich ausgleichen.

Meines Erachtens müssen wir bei der Gestaltung der ökonomischen Beziehungen innerhalb unserer Volkswirtschaft, die den Prozeß der Bildung der zahlungsfähigen Nachfrage, die Preisbildung und die Preisrealisierung einschließen, den Gedanken viel stärker als bisher beachten, den Marx im Zusammenhang mit der Analyse und der Kritik der Lehre von Ricardo vom natürlichen und vom Marktpreis geäußert hat:

"Wenn Ric[ardo] sagt, mit Recht, daß eine Ware nicht produziert wird zu gewissen Kosten, weil sie dazu produziert, sondern weil sie verkauft werden kann, so ebenso sicher, daß sie einen Wert hat, nicht ihrer Produktionskosten wegen, sondern weil sie gegen bestimmte Produktionskosten ausgetauscht werden kann."[10] (Im Original kursiv - W. S.)

Im dritten Band des "Kapitals" trifft Marx eine Feststellung, die diesen Gedanken in besonderer Weise ergänzt:

"Soweit die Gesellschaft Bedürfnisse befriedigen, einen Artikel zu diesem Zweck produziert haben will, so muß sie ihn zahlen. In der Tat, da bei der Warenproduktion Teilung der Arbeit vorausgesetzt ist, kauft die Gesellschaft diese Artikel, indem sie auf ihre Produktion einen Teil ihrer disponiblen Arbeitszeit verwendet, kauft sie sie also durch ein bestimmtes Quantum der Arbeitszeit, worüber diese gegebne Gesellschaft verfügen kann. Der Teil der Gesellschaft, dem es durch Teilung der Arbeit zufällt, seine Arbeit in der Produktion dieser bestimmten Artikel zu verwenden, muß ein Äquivalent erhalten durch gesellschaftliche Arbeit, dargestellt in den Artikeln, die seine Bedürfnisse befriedigen."[11]

Der Gedanke, der hier zum Ausdruck kommt und auf den ich die Aufmerksamkeit lenken möchte, besteht darin, daß die Gesellschaft bereit ist, gewisse Produkte zu einem bestimmten Preis abzunehmen, wenn diese ein vorhandenes Bedürfnis in einem gegebenen Umfang zu befriedigen vermögen.

Die Produzenten dagegen sind ökonomisch gezwungen, einen bestimmten Mindestpreis zu realisieren, weil sie sonst ihr materielles Interesse und die einfache und erweiterte Reproduktion nicht vollziehen und ihre materiellen Interessen nicht befriedigen können.

Hieraus ergibt sich, daß der realisierbare Preis Gradmesser für das gesellschaftliche Bedürfnis und für den zulässigen, vertretbaren und gesellschaftlich akzeptablen Arbeitsaufwand ist. Ein Bedürfnis, das sich nicht als zahlungsfähige Nachfrage manifestiert oder aber nicht zu einer zahlungsfähigen Nachfrage führt und den Produzenten nicht den für die Sicherung ihrer gesellschaftlichen Existenz benötigten Preis garantiert, wird von den Produzenten als Bedürfnis negiert. Umgekehrt wird der Arbeitsaufwand für ein Produkt, sei er hoch oder niedrig, gesellschaftlich nicht anerkannt, wenn er sich nicht in einem Produkt verkörpert, für das eine zahlungsfähige und zahlungsbereite Nachfrage besteht. Die Gesellschaft ist jedoch bereit, für ein Produkt, für das ein sehr starkes Bedürfnis besteht, ein Äquivalent zu zahlen, das den tatsächlichen Arbeitsaufwand zum Teil bedeutend übersteigen kann.

Dadurch, daß die Produzenten gezwungen sind, ein Äquivalent zu realisieren, das ihre materiellen Interessen, ihre Reproduktionsbedürfnisse und die Wahrnehmung ihrer gesellschaftlichen Verpflichtungen gewährleistet, wird durch die gesellschaftliche Bewertung der Produkte über den Preis den Produzenten die Richtung vorgezeigt, in der sie ihre Produktion entwickeln müssen.

Die Berücksichtigung von Angebot und Nachfrage im Preis, oder genauer die Bildung der Preise auf der Basis von Angebot und Nachfrage, muß produktionsorientierend in dem Sinne wirken, daß aus dem realisierbaren Preis die Effektivität, Zweckmäßigkeit und Notwendigkeit der Produktion bestimmter Güter ablesbar wird und die nachfolgenden Produktions- und Investitionsentscheidungen beeinflußt werden. Das können die so gebildeten Preise aber nur, wenn ihrer Bewegung das der sozialistischen Produktionsweise entsprechende Äquivalenzprinzip zugrunde liegt.

Indem das Äquivalenzprinzip die ökonomische Basis abgibt, auf der sich der Austausch der Waren zwischen den einzelnen Produzentenkollektiven im Sozialismus vollzieht, bestimmt es die ökonomischen Ziele, Gesichtspunkte und Kriterien, von denen die einzelnen Produzentenkollektive sich bei ihren Produktionsentscheidungen leiten lassen. Damit gibt das Äquivalenzprinzip auch weitgehend die Richtung für die gesellschaftliche Produktion an. Nur die Produktion erscheint ökonomisch gerechtfertigt, die die im Äquivalenzprinzip zum Ausdruck kommenden und als ökonomischer Zwang erscheinenden ökonomischen Interessen auch befriedigt. Damit wird für die gesamtgesellschaftliche Planung des Reproduktionsprozesses eine Norm gesetzt, die sie einhalten muß, wenn das materielle Interesse der Teilsysteme nicht in Widerspruch zu den zentral festgelegten gesellschaftlichen Zielen treten soll.

Als theoretische Richtschnur zur Erforschung der Gesetzmäßigkeiten und Prinzipien der Preisbildung, der finanziellen Beziehungen, der Entlohnung, der Bewertungsmaßstäbe für gesellschaftlich gute oder schlechte ökonomische Leistung muß m. E. - und das sollte hier gezeigt werden - die Voraussetzung gelten, daß über den Preis Angebot und Nachfrage ausgeglichen werden. Ausgehend von dieser Voraussetzung, kann man erst schlüssig die Gesetzmäßigkeiten und Prinzipien, nach denen die ökonomischen Beziehungen innerhalb der sozialistischen Gesellschaft sich gestalten und zu gestalten sind, ableiten. Die planmäßig einzusetzenden ökonomischen Hebel, die anzuwendenden Effektivitäts- bzw. Rationalitätskriterien, die Kalkulationsvorschriften u. a. können nur dann als richtig angesehen werden, wenn sie unter der Voraussetzung, daß Angebot und Nachfrage über den Preis ausgeglichen werden, zu einem effektiven ökonomischen Wachstum der sozialistischen Wirtschaft führen. Wenn es praktisch eine völlige Angleichung von Angebot und Nachfrage über den Preis auch nicht gibt und geben kann, weil eine Reihe von Faktoren (vor allem der Zeitfaktor) diesem Angleichungsprozeß entgegenwirken, so ist dennoch bei der theoretischen Ableitung prinzipiell von der Angleichung auszugehen. Andernfalls sind die ökonomischen Zusammenhänge - zu denen auch die Abweichungen der Preise vom Gleichgewicht zwischen Angebot und Nachfrage zählen - nicht zu erfassen. Sobald wir jedoch voraussetzen, daß die Preise Angebot und Nachfrage im Prinzip ausgleichen, taucht sofort die Frage nach dem gesellschaftlich durchzusetzenden Äquivalenzverhältnis, nach dem der sozialistischen Produktionsweise adäquaten Äquivalenzprinzip auf, das die Bewegung der Preise im Sozialismus dadurch bestimmt, daß es das durch die Produktionsgestaltung zu verwirklichende Interessenoptimum innerhalb der sozialistischen Gesellschaft zum Ausdruck bringt.

Meines Erachtens gibt es keine prinzipiellen Gesichtspunkte, die gegen die Existenz eines die gesellschaftliche Produktion im Sozialismus durchdringenden und bestimmenden, der sozialistischen Produktionsweise adäquaten Äquivalenzprinzips sprechen, das die Austauschbeziehungen und über die Austauschbeziehungen die Produktionsbeziehungen und über die Produktionsbeziehungen wiederum die Produktion selbst weitgehend mitbestimmt. Mehr noch, die Entfaltung der inneren, der sozialistischen Produktionsweise eigenen Triebkräfte der sozialistischen Produktion, die organische Verbindung der gesamtgesellschaftlichen Steuerung des Reproduktionsprozesses mit der notwendigen Selbstregulierung in Teilprozessen machen die Erforschung und Durchsetzung des der sozialistischen Produktionsweise adäquaten Äquivalenzprinzips immer dringender.

FUSSNOTEN

1 K.Marx/F.Engels, Werke, Bd. 25, Berlin 1964, S. 197

2 Ebenda, S. 203

3 Ebenda

"Bei der Betrachtung des Käufers und Verkäufers ist es hinreichend, sie einzeln gegenüberzustellen, um das Verhältnis zu entwickeln. Drei Personen genügen für die vollständige Metamorphose der Ware, und daher für das Ganze des Verkaufs und Kaufs."-

4 Ebenda

5 Ebenda, S. 190

6 Bei der Frage nach dem Zusammenhang von Angebot und Nachfrage, Preis und Geldeinkommensbildung, Preis und Produktion usw. klammere ich das Problem, wie die Preisbildung konkret aussieht oder auszusehen hat, aus. Ich setze voraus, daß im Sozialismus eine planmäßige Preisbildung unter Beachtung des Verhältnisses von Angebot und Nachfrage durchgeführt werden kann. Mir geht es hier um die prinzipiellen Zusammenhänge und Abhängigkeiten, die, sollten sie auch für die sozialistische Warenproduktion gelten, durch die planmäßige Gestaltung der gesellschaftlichen Produktion sowie der Produktions- und Distributionsbeziehungen durchgesetzt werden müssen.

7 K.Marx/F.Engels, Werke, Bd. 25, a.a.O., S. 200

8 Ebenda, S. 97

9 K.Marx/F.Engels, Werke, Bd. 13, Berlin 1961, S. 626

10 K. Marx, Grundrisse der Kritik der politischen Ökonomie, Berlin 1953, S. 810

11 K.Marx/F.Engels, Werke, Bd. 25, a.a.O., S. 196

R. A. BELOUSSOW

Der Preis als Instrument der planmäßigen Leitung

Die Reform der planmäßigen Leitung in der UdSSR stellt an die Preisbildung neue und komplizierte Aufgaben. Das geltende Preissystem muß zu einem wichtigen Hebel der Wirtschaftspolitik, einem ständig wirkenden Faktor zur Erhöhung des Nutzeffekts der gesellschaftlichen Produktion und zu einem Stimulator zur Erreichung von Zielen werden, die im Volkswirtschaftsplan gestellt sind.

Dies alles erfordert, die Methodologie der planmäßigen Preisbildung zu verbessern und eine Reihe von Problemen auszuarbeiten, die mit der Anpassung der Vereinigungen und Betriebe an die neuen Bedingungen der Planung und materiellen Stimulierung entstehen. Zweifellos läßt sich diese Aufgabe nur auf der Grundlage der Arbeitswerttheorie von Karl Marx lösen; denn sie bleibt der Eckstein der modernen politischen Ökonomie des Sozialismus.

In der gegenwärtigen Etappe verstärkt nämlich die Aktivierung der Ware-Geld-Beziehungen jene Prinzipien der Preisbildung, die in der genaueren Widerspiegelung des von Marx entdeckten Wertgesetzes ihren Ausdruck finden. Wie der Verfasser des "Kapitals" bewies, stimuliert der Preis am stärksten, wenn er dem gesellschaftlich notwendigen Aufwand entspricht. Folglich dürfen die Abweichungen der Preise von dieser Norm im Sozialismus nicht dem Zufall überlassen bleiben. Sie müssen vielmehr einen streng begründeten, zielstrebigen Charakter aufweisen, der den ökonomischen Einfluß der zentralen Leitung auf Produktion und Zirkulation verstärkt.

Unter den neuen Bedingungen müssen die Planungsorgane die kleinliche Bevormundung und die direkten administrativen Eingriffe in die Tätigkeit der Betriebe aufgeben. Statt dessen sind mittels ökonomischer Hebel - darunter des Preissystems - für das Produktionskollektiv solche Voraussetzungen zu schaffen, daß es von sich aus an einem angespannten Plan und hohen Ergebnissen bei maximaler Nutzung aller Produktionsreserven interessiert ist. Wir meinen damit insbesondere: Dem Betrieb soll es möglich sein, die optimale Variante der Produktion selbst zu wählen, wobei man das Betriebskollektiv von häufigen und nicht immer begründeten Eingriffen übergeordneter Organe in seine Wirtschaftstätigkeit befreit.

Die Betriebe erhalten weitergehende Rechte in der Planung ihrer Produktionsprogramme. Der Bereich der von den übergeordneten Planungsorganen erteilten Aufgaben wird eingeschränkt. Gleichzeitig werden die synthetischen Kennziffern, Gewinn und Rentabilität, in den Mittelpunkt der wirtschaftlichen Tätigkeit gerückt, denn sie berücksichtigen den Nutzeffekt der Produktion am stärksten. Gewinn und Rentabilität werden nicht nur formal, sondern auch faktisch vom Produktionspersonal am meisten beachtet, werden doch auf ihrer Grundlage die Fonds der materiellen Interessiertheit gebildet und die Beziehungen zum Staatshaushalt hergestellt. Um in einer derartigen Situation die zentrale Leitung zur Durchsetzung ökonomischer Proportionen und großer Strukturveränderungen sowie der neuen Technik zu gewährleisten, muß man die regelnde Rentabilitätskontrolle seitens der Planungsorgane mit Hilfe eines wirksamen Systems der Preisbildung ermöglichen. Zu diesem Zweck ist es notwendig, die geltenden Preise periodisch zu berücksichtigen; denn nur dadurch lassen sich die kollektiven Interessen mit den persönlichen Interessen der Werktätigen an hohen Produktionsergebnissen vereinen.

Unter den neuen Bedingungen der Planung und materiellen Stimulierung müssen die geltenden Formen und Methoden der Preisbildung in folgender Hinsicht verbessert werden:

In den Staatsplan sollen Preisänderungen für bestimmte Arten (Gruppen) von Erzeugnissen nur dann aufgenommen werden, wenn sie mit den anderen Abschnitten des Planes, vor allem mit dem Produktions- und dem Bauprogramm, mit dem Plan der neuen Technik und der Bilanz zur Verteilung der Rohstoffressourcen und Ausrüstungen abgestimmt worden sind.

Die Preisbildungsorgane sollen sich vorwiegend mit laufenden Preisregelungen befassen.

Es ist ein wissenschaftlich begründetes System von Perspektivpreisen zu schaffen. Hierzu sind Plan-Indizes zu begründen und zu berechnen sowie Prognosen der Preisentwicklung von wichtigen Warengruppen für einen längeren Zeitraum aufzustellen.

Eine der Forderungen, die der heutige Stil der planmäßigen Leitung der Wirtschaft an die Preisbildung stellt, besteht darin, die Aufgaben des Staatsplanes mit den Preisbewegungen abzustimmen. Dies bedeutet folgendes: Die Preise müssen den Entwicklungstendenzen von Wirtschaft und Technik angepaßt werden, um so notwendige Veränderungen sowohl in der Produktion als auch auf dem Markt anzuregen und ständig das Interesse der Betriebe an der vom Standpunkt der ganzen Volkswirtschaft effektivsten Produktion wachzuhalten.

Die Beweglichkeit der Preise als eine ihrer wichtigsten Eigenschaften ist durch das hohe Tempo des wissenschaftlich-technischen Fortschritts und die Notwendigkeit bedingt, die Übereinstimmung zwischen dem ganzen System der ökonomischen Hebel und den Aufgaben der staatlichen Planung ständig zu gewährleisten. Je schneller sich die Produktionsverfahren verändern und die Qualität der Erzeugnisse steigt, um so rascher müssen die Planpreise reagieren. Jede Verzögerung auf diesem Gebiet wirkt sich unausbleiblich auf die Entwicklung der Produktivkräfte aus und fügt daher der Volkswirtschaft einen direkten Schaden zu. Außerdem hängt die Elastizität der planmäßigen Preisbildung unlöslich mit der Sicherung des Gleichgewichts von Angebot und Nachfrage, der Einführung neuer Erzeugnisse und der rationellen Verwendung der Fertigerzeugnisse zusammen.

Die Vorzüge des Preises als ökonomischer Hebel bestehen darin, daß er umfassend und objektiv wirkt, und zwar in einer streng bestimmten Richtung. Natürlich muß diese Richtung mittels einer entsprechenden Struktur und Korrelation der Preise richtig vorgegeben sein. Auf diese Weise kann der Preis, gewissermaßen wie ein programmierter Automat, die Produktion eines bestimmten Erzeugnisses fördern oder hemmen, die Nachfrage beschränken oder erhöhen und dadurch die Aufnahme dieses Erzeugnisses in die Produktion direkt oder indirekt beeinflussen.

Um die Methode zur Ausnutzung des Preises als ökonomischer Hebel auszuarbeiten, muß man die Aufgaben bestimmen, die mit dem Mechanismus der planmäßigen Preisbildung zu lösen sind.

Unter diesen sind folgende hervorzuheben:

- Erhöhung des Nutzeffekts der gesellschaftlichen Produktion;

- Schaffung günstiger Bedingungen für den wissenschaftlich-technischen Fortschritt, d.h. für die Einführung technisch und wirtschaftlich fortschrittlicher Erzeugnisse sowie die Qualitätsverbesserung bekannter Produkte;

- Einhaltung einer konstanten Proportionalität (eines Gleichgewichts) zwischen Produktion und Verbrauch, Gewährleistung von Vorteilen für die Betriebe bei Herstellung begehrter Erzeugnisse, optimale Ausnutzung der Material- und Arbeitsressourcen;

- Schaffung eines Interesses an der Lösung von spezifischen Aufgaben einer konkreten Planperiode.

Die stimulierende Rolle des Preises bei der Erhöhung des Nutzeffekts der gesellschaftlichen Produktion tritt dann am reinsten zutage, wenn er dem gesellschaftlich notwendigen Aufwand entspricht, d.h. als objektive Norm auftritt, mit der jeder Betrieb zu rechnen hat. Wer besser und rationeller arbeitet, erhält einen zusätzlichen Gewinn. Den Produzenten, die niedrige ökonomische Ergebnisse erzielen, erlegt der Preis dadurch materielle Sanktionen auf, daß er die Produktionskosten, die das gesellschaftlich notwendige Niveau übersteigen, nicht kompensiert.

Die Wirtschaftsplitik auf dem Gebiet der Preisbildung ruft Abweichungen der Preise von einer solchen Norm hervor, indem sie zielstrebig die ökonomische Einwirkung des Preises auf die Betriebe verstärkt. Der Erfolg einer solchen Politik hängt davon ab, wie genau sie die Forderungen der ökonomischen Gesetze berücksichtigt. Darum ist es methodologisch wichtig, den objektiven Rahmen der Politik auf dem Gebiet der planmäßigen Preisbildung zu bestimmen, d.h. die obere und die untere Grenze anzugeben, innerhalb deren die Planungsorgane die Preise elastisch ändern können, um dadurch die Erreichung der im Volkswirtschaftsplan enthaltenen Ziele zu stimulieren.

Die untere Grenze des Preises wird durch die objektiven Interessen des Produzenten bestimmt. Jeder normal arbeitende Betrieb muß und kann bei durchschnittlicher Geschicklichkeit und Intensität der Arbeit seiner Beschäftigung aus dem Produktionserlös seine Aufwendungen ersetzen, die Verbindlichkeiten an den Staatshaushalt erfüllen sowie einen Entwicklungs- und Stimulierungsfonds im Betrieb bilden.

Ausgehend von diesen Anforderungen, nimmt die Preisformel folgenden Ausdruck an:

$$Z = S + \gamma V + \beta F + M + D \qquad (1)$$

Dabei ist:

Z = Preis

S = die Gestehungskosten des betreffenden Erzeugnisses (ohne Abführungen an die Sozialversicherung)

γ = der Koeffizient der Abführungen für die Sozialversicherung; proportional dem Lohn (V)

β = der Koeffizient der Abführungen proportional zu den Produktionsfonds F

M = die Fonds für materielle Stimulierung im Betrieb

D = die Rentenzahlungen sowie die Umsatzsteuer, die in den Preis einzuschließen ist. In einer Reihe von Zweigen ist D = 0.

Werden die dem Betrieb verbleibenden Geldmittel teils proportional dem Lohnfonds und teils ausgehend vom Wert der Produktionsfonds verteilt, kann man die Preisformel vereinfachen:

$$Z = S + \gamma V + \beta F + D. \qquad (2)$$

Das ist das allgemeine Ausgangsmodell des Preises. Es reflektiert die Gestehungskosten unter Berücksichtigung der Fondskapazität (Zeitfaktor in der Fondszirkulation), die spezifischen Realisierungsformen des betrieblichen Reingewinns sowie die stimulierende Rolle des Preises und seinen Zusammenhang mit anderen ökonomischen Hebeln. Die Erhöhung des Nutzeffekts der gesellschaftlichen Produktion erfordert den wirtschaftlichen Einsatz der Arbeitskräfte, der Produktionsfonds und der Naturschätze. In dieser Richtung üben die Speisungen der Fonds, die Abführungen an die Sozialversicherung und die Rentenzahlungen einen stimulierenden Einfluß auf den Betrieb aus. Dieser Mechanismus ist bei der Begründung der Rentabilitätsprinzipien zu berücksichtigen.

Man hat auch zu beachten, daß die Gewinnfestsetzung nach mehreren Kennziffern unausbleiblich dazu führt, daß bei verschiedener Struktur der Aufwendungen für Lohn, Produktionsfonds und Naturressourcen für den Betrieb "vorteilhafte" und "nicht vorteilhafte" Erzeugnisse entstehen, wenn das System der materiellen Stimulierung mit der fondsbezogenen Rentabilitätsrate verbunden wird. Um das zu vermeiden, hat man die Zuschläge des Reingewinns auf den Arbeitslohn in die Gestehungskosten einzubeziehen und das System der materiellen Stimulierung nur mit den Kennziffern der fondsbezogenen Rentabilität zu verbinden. Eine solche Praxis besteht in der UdSSR schon seit langem. Wir können nicht den Vorschlägen zustimmen, die Gestehungskosten von den Abführungen an die Sozialversicherung zu "säubern"; denn sie stellen einen Teil des Reingewinns dar, der proportional zum Arbeitslohn festgesetzt wird.

Noch keinen gemeinsamen Standpunkt gibt es in der akuten Frage, ob die Rentabilitätsrate in allen Zweigen der Volkswirtschaft einheitlich zu sein hat oder ob man sie differenzieren soll.

Man muß den Ausgleich der Rentabilitätsrate als allgemeine Tendenz auffassen. Unter konkreten Bedingungen wird gegen diese Tendenz verstoßen. Faktoren, die großen Einfluß auf die Differenzierung der Rentabilitätsrate ausüben, sind der ungleichmäßige Verschleiß der Produktionsfonds sowie deren ungleichförmige Struktur und Zirkulationsgeschwindigkeit. Da die Speisung der Fonds und das System der Stimulierung an die Jahresrate der Rentabilität gebunden sind, muß man den Einfluß der unterschiedlichen Struktur der Fonds und ihrer Zirkulationsgeschwindigkeit auf die einzelnen Erzeugnisse durch Differenzierung der Rentabilitätsrate in den Preisen eliminieren.

Die Differenzierung der Rentabilität ist auch nötig zur Stimulierung (bzw. Einschränkung) der Produktion einzelner Erzeugnisarten sowie zur Berücksichtigung von Besonderheiten der wirtschaftlichen Situation einer konkreten Planperiode, in deren Verlauf neue Preise gelten. So ist es zum Beispiel unerwünscht, die Preise für die an die Kolchosen abgesetzte landwirtschaftliche Technik zu erhöhen. Das ist auch einer der Gründe für die Differenzierung der Rentabilität in den geltenden Preisen des Maschinenbaus.

Die sorgfältige Begründung der unteren Preisgrenzen soll bei den Produzenten das Interesse erwecken,

- neue Erzeugnisse zu entwickeln und ihre Serien- und Massenproduktion zu meistern,
- ständig die Qualität und den Nutzeffekt der Erzeugnisse zu erhöhen,
- veraltete Konstruktionen und Modelle aus der Produktion zu ziehen.

Entsprechend dem allgemein anerkannten Prinzip der sozialistischen Wirtschaftsführung müssen für die Betriebe jene Erzeugnisse vorteilhaft, d.h. am rentabelsten sein, die den größten Effekt für die ganze Volkswirtschaft ergeben. Solche Produkte sind in der Regel neue Erzeugnisse oder Erzeugnisse mit verbesserten technisch-ökonomischen Parametern. Folglich läuft das Problem praktisch darauf hinaus, den Übergang zur Erzeugung neuer, fortschrittlicher Güter oder zur Erhöhung der Qualität schon in Produktion befindlicher

Waren vorteilhaft zu machen. Für jeden Betrieb ist der Übergang zur Herstellung neuer oder vollkommenerer Erzeugnisse mit einem gewissen Risiko, zusätzlichen Aufwendungen und zahlreichen Scherereien verknüpft. Aus diesen Gründen nehmen viele Betriebe von der Aufnahme neuer Erzeugnisse in das Produktionssortiment Abstand.

Der Ausgleich der Rentabilität neuer und alter Erzeugnisse über den Fonds "Neue Technik" löst das Problem der Stimulierung des technischen Fortschritts nur teilweise. Selbst wenn es nämlich dem Betrieb gelingt, alle zusätzlichen Aufwendungen dokumentarisch zu belegen und die für ihren Ersatz nötigen Mittel von übergeordneten Organen zu erhalten, so macht die gleiche Rentabilität der neuen und der alten Produktion die neuen Erzeugnisse für den Betrieb noch immer nicht vorteilhaft. Es verbleiben das Produktions- und Absatzrisiko, die Möglichkeit eines Rückgangs der Arbeitsproduktivität und folglich auch der Entlohnung sowie eine Vielzahl zusätzlicher Probleme und Schwierigkeiten, die unausbleiblich mit der Entstehung von Neuem zusammenhängen und in Geld durchaus nicht berechnet, noch aus zentralisierten Fonds vergütet werden können. Darum muß das Rentabilitätsniveau, das im Preis für das neue Erzeugnis verankert ist, höher als die durchschnittlich erzielten Kennziffern sein, um ein echtes materielles Interesse bei den Produzenten auszulösen, neue Modelle und Konstruktionen zu entwickeln und ihre Massenerzeugnisse zu meistern. Das gleiche ist auch zur Stimulierung der Qualitätsverbesserung bei der laufenden Produktion zu sagen.

Das Problem ist schon deshalb so kompliziert und widerspruchsvoll, weil der Preis nicht nur die Produktion, sondern auch die Einführung der neuen Technik stimulieren und beim Verbraucher Interesse an ihrer Nutzung hervorrufen soll. Und hier begegnen die Planungsorgane einer weiteren objektiven Schranke für die Politik auf dem Gebiet der Preisbildung - der oberen ökonomischen Grenze des Preises.

Bei der Bestimmung dieser Grenze ist die von der marxistischen politischen Ökonomie begründete Einheit von Wert und Gebrauchswert zu berücksichtigen, die sich von der unzertrennlichen Einheit in der dialektischen Einheit der Interessen von Produzenten und Konsumenten reproduziert.

Man hat zwischen den Aufwendungen zu unterscheiden, die für die Befriedigung einer Einheit des gesellschaftlichen Bedarfs und für die Herstellung der konkreten Ware notwendig sind. Der Ausgangspunkt ist die erste Kennziffer. Bekanntlich interessiert den Konsumenten nicht eine Sache schlechthin, sondern ihr Nutzen. Das Maß der Bedürfnisbefriedigung der Gesellschaft wird nicht durch die Quantität der Erzeugnisse bestimmt, sondern durch die Gesamtheit ihrer Gebrauchseigenschaften. Die Dinge sind nur Träger solcher Eigenschaften.

Eine solche Problemstellung bedeutet keineswegs, daß der Wert der einzelnen Ware verschwindet oder durch ihre Nützlichkeit ersetzt wird. Beide Seiten der Ware sind unter Marktbedingungen existent. Dabei ist die Substanz des Wertes die Arbeit. Aber der Prozeß der Festsetzung des gesellschaftlich notwendigen Normativs aus der Gesamtheit des individuellen Arbeitsaufwands erfolgt unter Berücksichtigung der bestehenden Bedürfnisse.

"Soweit die Gesellschaft Bedürfnisse befriedigen, einen Artikel zu diesem Zweck produziert haben will, so muß sie ihn zahlen. In der Tat, da bei der Warenproduktion Teilung der Arbeit vorausgesetzt ist, kauft die Gesellschaft diese Artikel, indem sie auf ihre Produktion einen Teil ihrer disponiblen Arbeitszeit verwendet, kauft sie sie also durch ein bestimmtes Quantum an Arbeitszeit, worüber diese gegebne Gesellschaft verfügen kann."[1]

Dieser Leitsatz von Marx enthüllt den Zusammenhang zwischen dem Volumen der gesellschaftlichen Bedürfnisse und dem Wert der Waren - und dem Normativ des gesellschaftlich notwendigen Aufwands für die Produktion der konkreten Ware. Bei beschränkten Ressourcen an Arbeitszeit tritt ein gleicher Effekt ein sowohl bei Vergrößerung der Quantität der erzeugten Waren mit fixierten Gebrauchseigenschaften als auch bei entsprechender Vergrößerung der nützlichen Eigenschaften jeder einzelnen Ware bei stabilem Volumen ihrer Produktion. Offensichtlich kann die Verbindung zwischen der Befriedigung der Bedürfnisse der Gesellschaft und der Festsetzung des Normativs des gesellschaftlichen Aufwands nur über den Gebrauchswert verwirklicht werden, der unmittelbar diese Bedürfnisse befriedigt. Daraus folgt, daß die Wertgröße einer einzelnen aus der Gruppe von Waren, die für ein und denselben Zweck gebraucht werden, sich aus dem Normativ des gesellschaftlichen Aufwands ableitet, der für die Befriedigung dieses Bedürfnisses notwendig ist, für das die gegebene Gruppe gegenseitig austauschbarer Erzeugnisse hergestellt wird. Sie bildet sich nicht im Rahmen der gegebenen Produktion, sondern auf Grund der Gesamtheit der Aufwendungen für die Herstellung einer bestimmten Gruppe austauschbarer Erzeugnisse, die Absatz finden. Eine solche Norm verteilt sich auf die einzelnen Erzeugnisse unter Berücksichtigung ihrer Anteile an der Befriedigung eines konkreten Bedürfnisses, d.h. unter Berücksichtigung seiner gesellschaftlichen Nützlichkeit.

Das Verhältnis der Parameter der Gebrauchseigenschaften zum Preisniveau ($P_i : Z_i$) für jede Gruppe austauschbarer Waren ist objektiv bestimmt. Es drückt die Norm des durchschnittlichen gesellschaftlichen Aufwands für die Herstellung eines bestimmten Gebrauchswerts aus. Eine der Aufgaben der laufenden Preisregulierung für Produktionsmittel ist die Bestimmung solcher Normative zur Begründung von Preisen für austauschbare Waren. Zur Lösung dieser Aufgabe muß man vom Aufbau einer Reihe von Größen ausgehen, die die Einheit der beiden Seiten solcher Waren charakterisieren:

$$\frac{P_0}{Z_0} = \frac{P_I}{Z_I} = \ldots\ldots = \frac{P_p}{Z_p} \quad (3)$$

oder

$$\frac{P_I}{P_0} = \frac{Z_I}{Z_0} = \ldots\ldots = \frac{P_p}{P_0} = \frac{Z_p}{Z_0}\,, \quad (3a)$$

wobei P_0 und Z_0 die Gebrauchseigenschaften respektive den Preis des traditionellen Erzeugnisses, das als Basis für die Abrechnung genommen wird, und

P_I, Z_I dieselben Größen für das neue Erzeugnis und die Zahl der austauschbaren Erzeugnisse ausdrücken.

Aus der Gleichung (3a) ist ersichtlich, daß die Gegenüberstellung der Gebrauchseigenschaften und der Preise von austauschbaren Erzeugnissen selbständige Bedeutung hat. Wenn es gelingt, den Zahlenwert des linken oder rechten Teils der Gleichung festzustellen, so ist es leicht, Z_I respektive P_I zu bestimmen. Hierzu muß es jedoch Daten geben, die das früher eingeführte Erzeugnis in dieser Hinsicht charakterisieren.

Ausgehend von solchen Wechselbeziehungen in Theorie und Praxis der planmäßigen Preisbildung wurden Methoden ausgearbeitet, um die obere Preisgrenze für neu zu produzierende Erzeugnisse entweder auf Grund des Vergleichs einzelner natürlicher bzw. technisch-ökonomischer Parameter zu bestimmen (Indizes der Langlebigkeit, Lauflänge der Autoreifen, Gehalt an Reinnährstoffen im Kunstdünger usw.) oder durch spezielle Berechnung des ökonomischen Nutzeffekts bei Anwendung des neuen Erzeugnisses. Faktisch unterscheidet sich die obere Grenze des Preises für ein neues Erzeugnis vom Preis für ein neues Erzeugnis vom Preis für ein früher produziertes Erzeugnis durch die Größe dieses Nutzeffekts. Wenn es gelingt, den durch die neue Technik bestimmten Nutzeffekt zu berechnen, so ist es auch leicht, die obere Preisgrenze dafür anzugeben.

Die Methode zur Bestimmung der oberen Preisgrenze muß offenbar die rationelle Verteilung und Anwendung der Erzeugnisse voraussetzen. Und hier verbindet sie sich unmittelbar mit den Fragen der optimalen Planung, im besonderen aber mit den Methoden der linearen Programmierung. Für solche Aufgaben ist es kennzeichnend, daß im Prozeß ihrer Lösung jedem Produktionsfaktor und darunter jedem der austauschbaren Rohstoffarten, Werkstoffe, Brennstoffe, Energieformen und Ausrüstungen eine streng bestimmte Bewertung gegeben wird, die ihren relativen Nutzeffekt bei Einsatz unter den Bedingungen des optimalen Plans charakterisiert.

Gewöhnlich erhalten die Kategorien der Wirtschaftswissenschaft zuerst eine allgemeine qualitative Charakteristik, und es wird dann ihre quantitative Bedeutung untersucht. Mit den Schattenpreisen (00-Wertungen von L.W. Kantorowitsch) geschah es umgekehrt. Ihre Größe und ihr Entstehungsmechanismus wurden in den hierzu veröffentlichten Arbeiten, hauptsächlich von Mathematikern, recht ausführlich dargelegt, aber bezüglich ihrer ökonomischen Natur und Rolle in der planmäßigen Preisbildung sind bis heute noch heftige Diskussionen im Gange.

Die Schwierigkeit besteht darin, daß die ökonomische Natur und Bedeutung der objektiv bedingten Bewertungen in Abhängigkeit vom Aufgabentyp der linearen Programmierung ihre Besonderheiten aufweisen.

In einer sehr verbreiteten Aufgabengruppe stellen die Bewertungen die Koeffizienten des naturalen Ersatzes einer bestimmten Produktionsart durch eine andere dar, d.h., die gesellschaftliche Nützlichkeit austauschbarer Erzeugnisse vergleicht man an hauptsächlichen Gebrauchseigenschaften. In solchen Fällen drücken die Schattenpreise nichts Absolutes, sondern nur Relatives aus. Sie charakterisieren den Koeffizienten der Abweichung der oberen Preisgrenze für das neue Erzeugnis vom Preis für das Basiserzeugnis.

In einer anderen Aufgabengruppe reflektieren die Schattenpreise den Gesamteffekt in Geldform, der von den Verbrauchern bei der besten Verwendung verlustbringender Erzeugnisse erzielt wird. Dieser Effekt hat absolute Bedeutung. Wenn man ihn auf den Preis für die Basiserzeugnisse schlägt, kann man die obere Preisgrenze für das neue Erzeugnis erhalten.

In einer dritten Aufgabengruppe stellen die Schattenpreise einen zusätzlichen Differentialgewinn dar, der dank der besseren Qualität der Erde oder des Standortes des Betriebs oder des Vorhandenseins anderer günstiger Bedingungen erzielt wird. In diesen Fällen decken sich die Schattenpreise mit der Differentialrente.

Schließlich charakterisieren die Schattenpreise in den dynamischen Modellen das Grenznormativ des ökonomischen Nutzeffekts der Investitionen.

Trotz aller Besonderheiten gibt es eine gemeinsame Grundlage, die allen Arten der Schattenpreise, zumindest in statischen Aufgaben, eigentümlich ist: Sie alle charakterisieren die Effektivität der Ausnutzung der Produktionsressourcen und können auf keinen Fall an die Stelle des Preissystems treten.

Es ist auch darauf zu verweisen, daß weder die Grenzpreise noch die objektiv bedingten Bewertungen die Erfüllung des optimalen Plans stimulieren.

Die obere Preisgrenze weist auf ein solches Preisniveau hin, bei welchem

- es für den Verbraucher gleich ist, das neue oder das alte Erzeugnis zu benutzen,
- dem Produzenten gleiche Bedingungen für den Absatz des neuen und des alten Erzeugnisses gewährleistet sind.

Um die Rolle des ökonomischen Hebels, des Planstimulators, zu spielen, muß der Preis für das neue Erzeugnis von der oberen Grenze in der Regel nach unten abweichen, um dadurch günstigere Bedingungen beim Einsatz der neuen Technik und ihrer Realisierung zu schaffen.

Der Preis für die neue Produktion (Z_p) wird also zwischen ihrer oberen und unteren Grenze festgesetzt, und zwar so, daß günstige ökonomische Bedingungen (erhöhte Rentabilität) bei ihrer Produktion und Einführung in die Volkswirtschaft geschaffen werden; die Formel lautet:

$$Z_p = Z_n + Z (Z_p - Z_n), \quad (4)$$

wobei Z der Koeffizient ist, der die Proportion der Verteilung des ökonomischen Nutzeffekts der neuen Produktion zwischen ihrem Produzenten und Konsumenten bestimmt.

Dieser Koeffizient wird unter Berücksichtigung der Bilanz der Verteilung der neuen Produktion und des Tempos des technischen Fortschritts in den betreffenden Zweigen der Volkswirtschaft bestimmt. In der Regel muß dieser Koeffizient kleiner als die Einheit sein. Das bedeutet, daß der Preis nicht höher als der Grenzpreis sein darf. Er kann sich der oberen Grenze nur vorübergehend nähern, wenn es sich um die Erzeugung hocheffektiver neuer Erzeugnisse in beschränktem Umfang handelt, um die schnelle Erweiterung ihrer Produktion zu stimulieren.

Die Preisbildungsorgane legen, wobei sie die Ansätze des staatlichen Planes zur Richtschnur nehmen, den Preis auf einem bestimmten Niveau zwischen der unteren und oberen Grenze so fest, daß die stimulierende Wirkung dieses ökonomischen Hebels auf die Betriebskollektive im Interesse des ganzen Volkes verstärkt wird.

FUSSNOTE

1 K.Marx/F.Engels, Werke, Bd. 25, Berlin 1964, S. 196.

GERHARD RICHTER

Nationaleinkommen, Arbeitsproduktivität und Gewinn als makroökonomische bzw. mikroökonomische Effektivitätskriterien unter den Bedingungen der sozialistischen Warenproduktion

I.

In mehreren sozialistischen Ländern findet gegenwärtig ein Prozeß statt, dessen Auswirkungen für den ökonomischen Wettbewerb der beiden gesellschaftlichen Systeme - Sozialismus und Kapitalismus - von ganz entscheidender Bedeutung sein werden. Es vollzieht sich der schrittweise, mehrere Jahre beanspruchende Übergang vom System der Planung und Leitung, wie es sich aus den Startbedingungen der sozialistischen Länder mit einem relativ niedrigen Stand der Produktivkräfte, wirtschaftlicher Zerrüttung durch Krieg und Bürgerkrieg und wenig gefestigten sozialistischen Produktionsverhältnissen entwickelt und historisch bewährt hat, zu einem neuen System der Planung und Leitung. Das eigentliche ökonomische System des Sozialismus entsteht.

Trotz gewisser Unterschiede der sozialistischen Planwirtschaft in den einzelnen sozialistischen Ländern, bedingt durch historische, ökonomische, natürliche und kulturelle Faktoren, war das bisherige System gekennzeichnet durch eine weitgehende zentrale Steuerung ökonomischer Prozesse. Das entsprach den konkreten Bedingungen, unter denen sich der Beginn des sozialistischen Aufbaus vollzog. Jedoch in dem Maße, wie durch die Erfolge der bisherigen Formen und Methoden der Wirtschaftsführung die politischen, ökonomischen und bewußtseinsmäßigen Veränderungen verwirklicht wurden, entwickelten sie sich auch zum Hemmnis der vollen Entfaltung der Triebkräfte der sozialistischen Gesellschaft, gerieten in Widerspruch zu den neuen, sich entwickelnden Möglichkeiten und Notwendigkeiten des fortschreitenden sozialistischen Aufbaus.

Die erreichte volle Wirksamkeit der ökonomischen Gesetze des Sozialismus bedingt zu ihrer umfassenden Ausnutzung eine Veränderung bei der organischen Verbindung von zentraler staatlicher Planung und Leitung der Grundfragen des gesellschaftlichen Gesamtprozesses mit der eigenverantwortlichen Planungs- und Leitungstätigkeit der sozialistischen Warenproduzenten. Der Reifegrad des Sozialismus erfordert und ermöglicht, die für diese Gesellschaftsordnung in ihrem entwickelten Stadium typischen Formen der Planung und Leitung theoretisch zu erarbeiten und schrittweise in der Praxis durchzusetzen.

Die Jahre zurückreichende theoretische und praktische Vorbereitung dieses neuen Systems in der Deutschen Demokratischen Republik und die neue Qualität der Veränderung auf breiter Front zum Zeitpunkt, als durch den Sieg der sozialistischen Produktionsverhältnisse in allen Bereichen der Volkswirtschaft und die vollständige Sicherung der Staatsgrenzen nunmehr alle Voraussetzungen dafür gegeben waren, charakterisieren die kontinuierliche und stets revolutionäre Politik der Sozialistischen Einheitspartei und ihrer Führung.

Mit dem Übergang zum neuen ökonomischen System ist eine grundlegende qualitative Veränderung des volkswirtschaftlichen Reproduktionsprozesses in der Deutschen Demokratischen Republik verbunden. Während in den vergangenen Jahren - bedingt durch den Krieg und seine Auswirkungen, vor allem jedoch infolge der Spaltung und der dadurch völlig disproportionierten Volkswirtschaft - die extensiv erweiterte Reproduktion den Hauptteil der Investitionen erforderte (teilweise sogar bei wertmäßig nicht gesicherter Reproduktion bestehender Zweige), verlagert sich nunmehr das Schwergewicht auf die intensiv erweiterte Reproduktion. Damit erweitert sich der Spielraum, Investitionen unter dem Gesichtspunkt ihrer höchstmöglichen Effektivität einzusetzen, in dem Maße, wie der Anteil der zur Erreichung der Proportionalität erforderlichen "Zwangsinvestitionen" geringer wird. Die Zahl der ökonomisch möglichen Varianten wird größer und verlangt fundierte Prognosen und präzisere Parameter für ihre Entscheidung. Ein solches Herangehen entspricht den Erfordernissen der wissenschaftlich-technischen Revolution, bei deren Durchsetzung - verglichen mit den höchstentwickelten kapitalistischen Ländern - die historischen Bedingungen mit ihren vorrangig zu lösenden Aufgaben und die jahrelange erhebliche ökonomische Schädigung durch die westdeutsche Störtätigkeit einen gewissen Tempoverlust mit sich gebracht haben.

Folgerichtig schließt das neue ökonomische System eine Veränderung der Bewertungsmaßstäbe der ökonomischen Leistung vom Betrieb bis zur Volkswirtschaft ein. Die auf Ausdehnung der absoluten Produktionshöhe ausgerichtete Wirtschaftspolitik war mit zentralen Planvorgaben, weitgehend detailliert nach Höhe und Art, verbunden, und über mehrere Jahre spielte die Bruttoproduktion als Bewertungsmaßstab auf allen Ebenen der Wirtschaft die dominierende Rolle. Zwar erfolgte im Laufe der Entwicklung eine Differenzierung hinsichtlich der sortimentsgerechten Erfüllung; Qualitätsmaßstäbe für die Produktion gewannen an Bedeutung; die termingerechte Auslieferung wurde zu einem wesentlichen Leistungskriterium, und schließlich wurde die Globalkennziffer Bruttoproduktion durch die vertragsgerechte Erfüllung der abgesetzten Warenproduktion abgelöst. Auch diese Größe entspricht jedoch nicht den Erfordernissen eines zentralen Leistungskriteriums im neuen ökonomischen System.

II.

Auf dem 11. Plenum des Zentralkomitees der SED wurde erstmals eindeutig auf den physischen Zuwachs an verfügbarem Nationaleinkommen als entscheidendes Kriterium der volkswirtschaftlichen Entwicklung orientiert.

Das Ziel der sozialistischen Gesellschaft sind die ständige, möglichst rasche Erhöhung des materiellen und geistigen Lebensniveaus ihrer Mitglieder, die Entfaltung der sozialistischen gesellschaftlichen Beziehungen und der Persönlichkeit der Menschen, ihrer schöpferischen Fähigkeiten und die Sicherung der sozialistischen Errungenschaften im nationalen und internationalen Maßstab. Die Produktion als das entscheidende Gebiet menschlicher Betätigung hat dazu die materiellen Voraussetzungen zu schaffen, die in der Höhe des verfügbaren physischen Nationaleinkommens ihren maximal aggregierten und für Planungszwecke verwendbaren Ausdruck finden. Die enge Beziehung zur Verwendung des Nationaleinkommens ist wechselseitig. Verwendet werden kann nur, was verfügbar ist, andererseits hängt die künftig verfügbare Größe sehr stark von der Verwendung ab, sowohl hinsichtlich der Proportionen als auch der ökonomischen Impulse, die durch bestimmte Verwendungen produktionsseitig ausgelöst werden (Konsumtionsfonds!). Darin sind weiter die stofflichen Transformationen über den Außenhandel einbezogen, die zu einem ständig wachsenden Faktor zur Erreichung einer der optimalen Endverwendung entsprechenden Proportionalität der physischen Struktur der gesellschaftlichen Produktion bei Minimierung des gesellschaftlich notwendigen Aufwands werden.

Aus dem oben formulierten Ziel ist zu erkennen, daß Ökonomie der Zeit eine notwendige, jedoch nicht hinreichende Bedingung der Gesellschaftsstrategie ist oder, anders ausgedrückt, auch Wirtschaftspolitik mehr verlangt als die Ausnutzung der ökonomischen Gesetze des Sozialismus. Darauf kann hier jedoch nicht näher eingegangen werden.

Das Nationaleinkommen ist eine mengenmäßig (stofflich) nicht darstellbare Größe,[1] im Unterschied beispielsweise zur gesellschaftlichen Finalproduktion, deren Umfang und Struktur stofflich erfaßbar und damit wertmäßig durch Aggregation mittels Preisen direkt berechenbar ist. Jedoch ist die physische, mengenmäßige Entwicklung des Nationaleinkommens über das Surrogat der konstanten Preise erfaßbar. Diese Entwicklung weist die unmittelbare Verbindung zum Ziel der sozialistischen Produktion auf, da jede gegenwärtige und künftige Befriedigung materieller und nichtmaterieller Bedürfnisse Verwendung von Nationaleinkommen darstellt. Das Nationaleinkommen und seine Dynamik sind maximal aggregierter Ausdruck der potentiellen Bedürfnisbefriedigung und der Sicherung ihres Wachstums.[2]

Bekanntlich ergibt sich das Nationaleinkommen einer Periode nach Abzug der produktiven Konsumtion vom gesellschaftlichen Gesamtprodukt. Seine Bestimmung kann folglich produktionsseitig - wie bereits dargelegt - nur auf indirektem Weg mittels in Preisen ausgedrückten produzierten und verbrauchten Mengen erfolgen:[3]

$$N_G = P_G - V_P \qquad (1)$$

Die Dynamik des Nationaleinkommens als Funktion von Produktion und produktiver Konsumtion ist am sichtbarsten in folgender Schreibweise:

$$N'_G = P'_G \frac{1 - \frac{V^n_P}{P^n_G}}{1 - \frac{V^o_P}{P^o_G}} \qquad (2)$$

Sie zeigt die Abhängigkeit des Index des Nationaleinkommens vom Index des gesellschaftlichen Gesamtprodukts und der Veränderung des Anteils der produktiven Konsumtion am gesellschaftlichen Gesamtprodukt.

In effektiven Preisen stieg das produzierte Nationaleinkommen von 1950 bis 1965 auf 285,6 Prozent bei einer Steigerung des gesellschaftlichen Gesamtproduktes im gleichen Zeitraum auf 361,3 Prozent. Das langsamere Steigen des Nationaleinkommens ist bedingt durch eine Zunahme des produktiven Verbrauchs von 46,0 auf 57,4 Prozent.[4] Die Kontrollrechnung ergibt

$$N'_G = 361{,}3 \cdot \frac{1 - 0{,}574}{1 - 0{,}46} = 285 \text{ Prozent.}$$

Solche Angaben in effektiven Preisen sind nicht geeignet, Aussagen über Entwicklungstendenzen des Nationaleinkommens im Verhältnis zum gesellschaftlichen Gesamtprodukt zu machen, weil unterschiedliche Preisentwicklungen von Produktions- und Konsumtionsmitteln entscheidenden Einfluß auf den Anteil des Produktionsverbrauchs und damit auch des Nettoprodukts haben. Legt man die Preise von 1963 zugrunde, so ergibt sich eine Erhöhung des Produktionsverbrauchs von 52,0 auf 53,5 Prozent[5] im Zeitraum von 1950 bis 1965. Allerdings verlief die Entwicklung nicht kontinuierlich. Wenn man auch diese Zahlen nicht überbewerten darf, weil sie Struktureinflüsse der unterschiedlichsten Art mit ausweisen, so vermitteln sie doch eine wesentlich brauchbare Vorstellung von der physischen Entwicklung als Berechnungen mit effektiven Zahlen. Mit dem relativ geringeren Steigen des Produktionsverbrauchs vermindert sich auch die Differenz zwischen der Entwicklung des Gesamtprodukts und der Entwicklung des Nationaleinkommens. Die entsprechenden Indizes in vergleichbaren Preisen betragen 326 bzw. 316 Prozent.

Hinsichtlich des Grades der Bedürfnisbefriedigung sind das Nationaleinkommen und seine Entwicklung je Kopf der Bevölkerung die bestimmende Größe. Für die Beurteilung der Effektivität des gesellschaftlichen Arbeitsvermögens und seiner Entwicklung gibt die Relation zur arbeitsfähigen Bevölkerung die präzisere Aussage, weil sowohl Zunahme der Geburtenzahl als auch Zunahme der durchschnittlichen Lebensdauer sonst als negative Effektivitätsfaktoren ausgewiesen würden.[6] Die Aussage einer Relation zwischen Nationaleinkommen und arbeitsfähiger Bevölkerung wird nicht dadurch beeinträchtigt, daß viele Menschen nach Erreichung der Altersgrenze weiterarbeiten.

Noch mehr einzuschränken ist die Bezugsbasis für das Nationaleinkommen, wenn der Wirkungsgrad der eingesetzten lebendigen Arbeit und dessen Entwicklung ausgedrückt werden sollen. Diese Aussage gewinnt man durch die Relation zu den in der materiellen Produktion Beschäftigten, wobei verkürzt Arbeitende zweckmäßig auf Vollbeschäftigte umgerechnet werden. Jede dieser Kennziffern hat ihre spezifische Aussage; es wäre falsch, allgemein die eine oder andere für besser oder schlechter anzusehen.

Der Prozeß der ständigen Produktion und Verwendung von Nationaleinkommen und seine Beziehungen zum gesellschaftlichen Gesamtprodukt lassen sich in einem Schema (siehe Seite 109) darstellen. Das Schema stellt die Geldströme dar, denen - wenn wir von Umverteilungsprozessen absehen - Warenströme in entgegengesetzter Richtung entsprechen. Da bei kontinuierlichem Verlauf der gesellschaftlichen Reproduktion Zufluß und Abfluß an den einzelnen Punkten einander entsprechen, ist bei Abteilung I zu erkennen, daß die bekannte Marxsche Ungleichung als Grundbedingung für die erweiterte Reproduktion jeder Gesellschaftsordnung,

$$\text{I}\ (v + m) > \text{II}\ c,$$

erfüllt ist.[7] Arbeitseinkommen und Reineinkommen der Abteilung I, also das Ergebnis der verausgabten lebendigen Arbeit, muß größer sein, als der Produktionsverbrauch der Abteilung II (Materialverbrauch und Amortisationen), da außer den materiellen Aufwendungen der gesellschaftlichen Konsumtion vor allem die stoffliche Sicherung der Akkumulation gewährleistet sein muß. Es ist zu erkennen, daß bei Zentralisation der Amortisationen der Ausbau der Abteilung I durch Verwendung von Amortisationen der Abteilung II, also bei wertmäßig nicht voller Reproduktion dieser Abteilung, möglich ist.

Abteilung I und Abteilung II sind nur ganz grobe Einteilungen der gesellschaftlichen Produktion. Selbst wenn diese Proportionen eingehalten sind, können empfindliche Störungen des Reproduktionsprozesses eintreten. Jeder der dargestellten Geldströme setzt sich aus einer Vielzahl von Einzelakten zusammen, für den das spezifische Warenäquivalent durch Produktion, zum Teil über den Außenhandel, zu sichern ist. Das neue ökonomische System schafft durch Erhöhung der Wissenschaftlichkeit der Planung und durch größere Entscheidungsbefugnis auf unteren Ebenen Voraussetzungen, um auch im mikroökonomischen Bereich diese Entsprechungen zu sichern. Lenin arbeitete heraus, daß schon zu seiner Zeit die Großproduktion, die Maschinen, die Eisenbahn, das Telefon es möglich und notwendig machten, die Unorganisiertheit, den chaotischen Charakter der ganzen kapitalistischen Produktion zu überwinden und eine vernünftige "Verteilung der gesellschaftlichen Arbeit zur Anwendung zu bringen, sobald diese aus ihrer Versklavung durch das Kapital befreit sein wird".[8] Die Möglichkeiten der technischen Revolution haben den Widerspruch zwischen der Entwicklung der Produktivkräfte im gesellschaftlichen Maßstab und den durch kapitalistisches Eigentum - wie immer auch seine Struktur sein mag - gesetzten Schranken verstärkt. Gleichzeitig haben sich durch die Entwicklung der Kybernetik und der elektronischen Datenverarbeitung als materieller Basis ihrer informationstheoretischen Erfordernisse die Möglichkeiten der gesellschaftlichen Prognose, der perspektivischen Planung und operativen Steuerung gesellschaftlicher Prozesse beim Bestehen sozialistischen Eigentums zur Erreichung höchster Effektivität potenziert. Die Erkenntnisse der modernen Wissenschaft können nur im Sozialismus ihre für die Gesellschaft nützlichen Resultate voll entfalten.

III.

Als Ergebnis der vorangehenden Ausführungen kann festgestellt werden, daß das Nationaleinkommen als Kriterium der Effektivität der Produktion (unter Ausnutzung der Verwendungseffekte) dem Ziel der sozialistischen Gesellschaft entspricht.[9] Die Klärung des gestellten Problems macht es notwendig, die Beziehungen zwischen der Entwicklung des Nationaleinkommens und der Steigerung der Arbeitsproduktivität zu untersuchen.

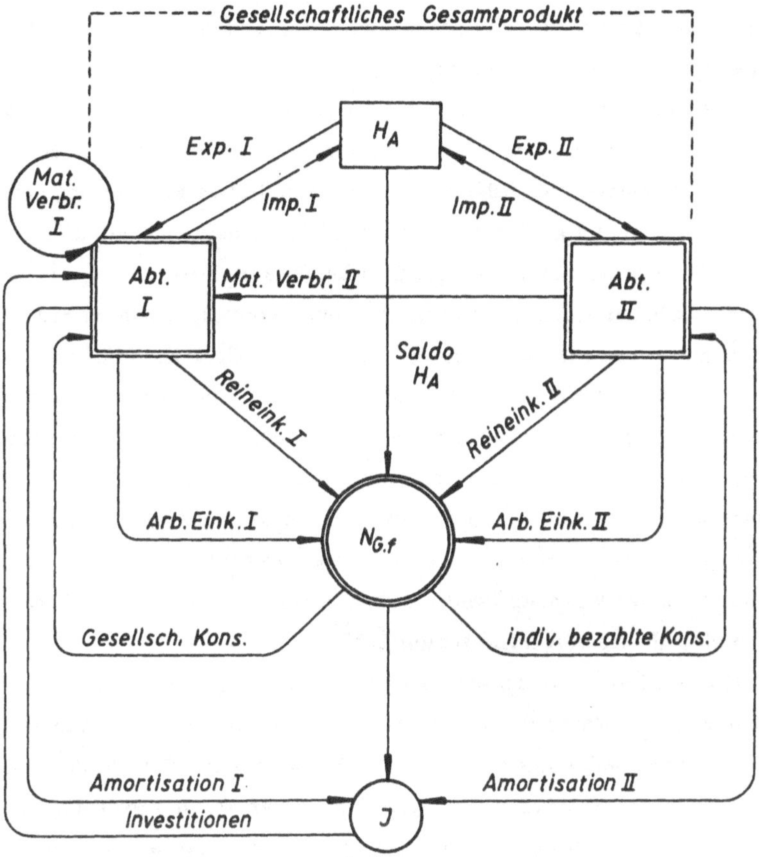

Abb. 1

Die Beziehungen zwischen gesellschaftlichem Gesamtprodukt und verfügbarem Nationaleinkommen

Erläuterungen:

$N_{G,f}$ = verfügbares Nationaleinkommen

H_A = Außenhandel

I = Investfonds

Die Klassiker des Marxismus-Leninismus haben die dominierende Rolle der Arbeitsproduktivität als Kriterium der Überlegenheit einer Gesellschaftsordnung wiederholt betont und begründet. Lenin stellte fest:

"Die Arbeitsproduktivität ist in letzter Instanz das allerwichtigste, das ausschlaggebende für den Sieg der neuen Gesellschaftsordnung."[10]

Bereits bei der Frage nach dem Verhältnis zwischen Entwicklung des Volumens des Nationaleinkommens und der Steigerung der Arbeitsproduktivität beginnen die Schwierigkeiten, weil seit mehr als 10 Jahren die Diskussion um die quantitative Bestimmung der Entwicklung der Arbeitsproduktivität geführt wird, ohne daß übereinstimmende Auffassungen erzielt wurden. Dabei geht es weniger um die Zweckmäßigkeit dieser oder jener Methode, sondern entscheidende Differenzen bestehen darüber, ob die Einbeziehung der Veränderung des Verbrauchs an vergangener Arbeit in die unmittelbare Größenbestimmung der Entwicklung der Arbeitsproduktivität theoretisch richtig ist. Sowohl die Naturalmethode als auch die Bruttoproduktionsmethode und die Zeitsummenmethode in ihrer heute gebräuchlichen Form schalten diesen Faktor aus. Marx und Engels stellten demgegenüber fest:

"Die Steigerung der Produktivität der Arbeit besteht eben darin, daß der Anteil der lebendigen Arbeit vermindert, der der vergangnen Arbeit vermehrt wird, aber so, daß die Gesamtsumme der in der Ware steckenden Arbeit abnimmt; daß also die lebendige Arbeit um mehr abnimmt, als die vergangne zunimmt."[11]

Sie betrachten den Fall, daß pro Erzeugniseinheit die vergangene Arbeit zunimmt, Das muß nicht immer sein; Senkung der lebendigen Arbeit kann durchaus mit Gleichbleiben der vergangenen Arbeit und selbst mit deren Sinken verbunden sein. Für die Herausarbeitung des Kriteriums gestiegener Arbeitsproduktivität ist dieser Fall der gegenläufigen Entwicklung von vergangener und lebendiger Arbeit jedoch am instruktivsten, weil er besonders klar zum Ausdruck bringt, daß es nicht auf die Bewegung bzw. Verringerung vorwiegend der lebendigen Arbeit ankommt, sondern das saldierte Ergebnis beider Entwicklungen die Veränderung der Arbeitsproduktivität bestimmt.

Stellt man die in Worten formulierte Bedingung für gestiegene Arbeitsproduktivität in Symbolen dar, so ergibt sich folgende Beziehung:

$$- (t_l^n - t_l^o) > t_v^n - t_v^o \qquad (3)$$

Dieser Ausdruck ist für seine praktische Anwendung zunächst in eine Form zu bringen, die t_l^n als verursachende Größe isoliert in den Nenner des Quotienten bringt, der den veränderten Wirkungsgrad der konkreten nützlichen Arbeit zum Ausdruck bringt.[12] Bei der praktisch angewandten Form der Zeitsummenmethode stellt man für gestiegene Arbeitsproduktivität die Bedingung

$$\frac{t_1^o}{t_1^n} > 1, \qquad (4)$$

läßt also die Bewegung der verbrauchten vergangenen Arbeit außer Ansatz. Ganz offensichtlich erfaßt man damit nicht die volle Veränderung der Arbeitsproduktivität. Aus der Umformung von (3) ergibt sich die vollständige Bedingung

$$\frac{t_1^o + t_v^o - t_v^n}{t_1^n} > 1 \qquad (5)$$

Wir bezeichnen den Index nach (4) als Index der Bruttoproduktivität, nach (5) als Index der Nettoproduktivität.

Die Größe t_v^n kann sich durch zwei Faktoren von t_v^o unterscheiden. Einmal kann sich der Arbeitsaufwand je Einheit verbrauchter vergangener Arbeit verändern, zum anderen kann sich die verbrauchte physische Menge an Material, Energie usw. im eingesetzten Arbeitsprozeß verändern. Während der erste Fall Verdienst der liefernden, der vorgelagerten Stufe ist und seine Berücksichtigung beim verarbeitenden, also dem zu bewertenden Betrieb einen von ihm nicht verursachten Vorteil bringen kann, ist es im zweiten Fall ausschließlich Verdienst der dieses Material verbrauchenden Stufe. Der richtig ermittelte Stufenindex der Arbeitsproduktivität darf folglich nur den zweiten Faktor einbeziehen; er muß aber so aufgebaut sein, daß in der Aggregation über alle Stufen der gesellschaftlichen Produktion die Wirkung beider Faktoren richtig zum Ausdruck kommt. Der Produktivitätsindex der Stufe des Betriebes wäre folglich exakt zu schreiben:

$$\frac{t_1^o + q^o t_v^o - q^n t_v^o}{t_1^n} > 1 \qquad (6)$$

Da das Nationaleinkommen nur als Preisdifferenz zwischen Gesamtprodukt und Produktionsverbrauch zu ermitteln ist, soll die auf Zeitgrößen aufbauende Betrachtung in Preisgrößen übergeführt werden; weil die physische Entwicklung entscheidend ist, muß mit konstanten Preisen gerechnet werden, wobei unterstellt wird, daß diese Preise zum Zeitpunkt ihrer Festlegung (Basiszeitraum) dem gesellschaftlichen Aufwand proportional sind, eine Stunde durchschnittlicher gesellschaftlicher Arbeit unabhängig vom Produkt den gleichen Wert produziert, der Preis folglich das entsprechende Vielfache des Arbeitsaufwandes zum Ausdruck bringt. Somit gilt für jedes Produkt

$$p_c \quad = \quad k \cdot t \tag{7}$$

(k = Geldausdruck einer Stunde gesellschaftlicher Durchschnittsarbeit)

Da Preise nur für Gebrauchswerte bestehen, wird eine solche Umformung benötigt, die eine Trennung von Gebrauchswerten und Aufwandsmengen an lebendiger Arbeit, für die kein Preis besteht, möglich macht.[13] Das wird durch folgende Umformungen veranschaulicht:

$$\frac{t_l^o + q^o t_v^o - q^n t_v^o}{t_l^n} = \frac{t_l^o + q^o t_v^o - q^n t_v^o}{t_l^o} : \frac{t_l^n}{t_l^o}$$

$$= \frac{t_l^o + q^o t_v^o - q^n t_v^o}{t_l^o + q^o t_v^o - q^o t_v^o} : \frac{t_l^n}{t_l^o} \tag{8}$$

Da Proportionalität zwischen Zeitaufwand und dem entsprechenden Geldausdruck angenommen ist, können Zähler und Nenner des linken Bruchs folgendermaßen geschrieben werden:

$$\frac{p_{c,k} - q^n p_{c,i}}{p_{c,k} - q^o p_{c,i}} \tag{9}$$

Bei Herstellung unterschiedlicher Mengen in Basis- und Berichtsperiode erweitert sich der Gesamtausdruck zu

$$\frac{Q_k^n p_{c,k} - Q_i^n p_{c,i}}{Q_k^o p_{c,k} - Q_i^o p_{c,i}} : \frac{T_l^n}{T_l^o} = \frac{P_{k,c}^n - V_{P,k,c}^n}{P_{k,c}^o - V_{P,k,c}^o} : \frac{T_l^n}{T_l^o} \tag{10}$$

und bei Aggregation[14] über alle Stufen der gesellschaftlichen Produktion zu:

$$\frac{P_{G,c}^n - V_{P,c}^n}{P_{G,c}^o - V_{P,c}^o} : \frac{\sum T_l^n}{\sum T_l^o} . \tag{11}$$

Das ist aber nichts anderes als der physische Index des Nationaleinkommens, geteilt durch den Index des Arbeitsaufwandes. Dieser Produktivitätsindex bringt folglich die Entwicklung des produzierten physischen Nationaleinkommens je Zeiteinheit zum Ausdruck. Die Produktion von Produktionsmitteln erscheint richtig als "Umweg"[15] zur rationelleren Produktion von Konsumtionsmitteln.

Von diesem Index wurde gefordert, daß in den Stufen bei der Veränderung des Verbrauchs an vergangener Arbeit nur der physiche Umfang einbezogen werden darf (über die wertmäßige Veränderung durch veränderte Arbeitsproduktivität in den Vorstufen ist den Betrieben ja auch nichts bekannt, auch nicht über die effektiven Preise) und behauptet, daß die Einsparungen in den Vorstufen durch dort erzielte Steigerungen der Arbeitsproduktivität in der Zusammenfassung über alle Stufen mit ihrem richtigen Gewicht erscheinen. Dazu ein Prinzipbeispiel.

Betrieb A produziert Waren, die sowohl für weitere Produktion eingesetzt werden als auch in den Bevölkerungsverbrauch eingehen. Nehmen wir an, er produziert Kohle. Dafür benötigt er Energie, zu deren Herstellung wiederum Kohle verbraucht wird. Diese wird von Betrieb B produziert und vollständig in Betrieb A verbraucht.[16]

In der Basisperiode produziert A 100 Einheiten. Davon braucht B 10 Einheiten, um die notwendige Energie zu produzieren. B produziert 4 Einheiten, die vollständig von A verbraucht werden. Für diese 100 Einheiten Produktion hat A einen Aufwand an lebendiger Arbeit von 160 Stunden, B für seine 4 Einheiten einen Aufwand von 20 Stunden.

Basisperiode	Produktion	Stofflicher Verbrauch		Lebendige Arbeit		Endprodukt	Voller Aufwand je Einheit
	Q_k^o	Q_i^o	q_i^o	T_l^o	t_l^o		t^o
Betrieb A	100 A	4 B	0,04 B	160	1,6	90 A	2
Betrieb B	4 B	10 A	2,5 A	20	5	-	10

In der Berichtsperiode setzt A in verstärktem Umfang Energie ein, produziert 120 Einheiten und verbraucht dadurch je Einheit nur noch 1,2 Stunden lebendige Arbeit. Sein Verbrauch steigt jedoch von 0,04 B auf 0,05 B je produzierte Einheit. Betrieb B muß entsprechend mehr produzieren. Durch qualitative Veränderungen im Produktionsprozeß werden Einsparungen sowohl bei vergegenständlichter Arbeit (nur noch 1,35 A je Erzeugniseinheit) als auch bei lebendiger Arbeit (Verringerung auf 3) erzielt. Die auf 10 B gewachsene Kapazität ermöglicht weiter einen Export von 4 B über das Verbundnetz.

Berichtsperiode	Produktion	Verbrauch		Lebendige Arbeit		Endprodukt
	Q_k^n	Q_i^n	q_i^n	T_l^n	t_l^n	
Betrieb A	120 A	6 B	0,05 B	144	1,2	106,5 A
Betrieb B	10 B	13,5 A	1,35 A	30	3	4 B

Nach (6) ergibt sich für die einzelnen Stufen folgende Rechnung:

$$\text{Betrieb A} \quad A'_N = \frac{1,6 + 0,04 \;.\; 10 - 0,05 \;.\; 10}{1,2} = 125\ \%$$

$$\text{Betrieb B} \quad A'_N = \frac{5 + 2,5 \;.\; 2 - 1,35 \;.\; 2}{3} = 243\ \%$$

Bei Gewichtung der Einzelindizes mit dem Arbeitsaufwand der Berichtsperiode ergibt sich für dieses System

$$A'_K = \frac{1,25 \;.\; 144 + 2,43 \;.\; 30}{174} = 145\ \%.$$

Da das Endprodukt in diesem Fall mit dem stofflichen Nettoprodukt identisch ist, läßt sich die Richtigkeit durch die Beziehung

$$\frac{\text{Index des physischen Nettoprodukts}}{\text{Index des Arbeitsaufwandes (lebendige Arbeit)}}$$

überprüfen. Dabei werden die 4 B im Verhältnis der vollen Arbeitsaufwände von 1 : 5 in entsprechenden Erzeugnissen A ausgedrückt, also 4 B = 20 A.

$$A'_k = \frac{106,5\ A + 20\ A}{90\ A} : \frac{174}{180} = 1,406 : 0,967 = 145\ \%$$

Das Nationaleinkommen dieses vereinfachten Systems stieg auf 141 Prozent. Da es mit verringertem Arbeitsaufwand erzielt wurde, stieg die komplexe Arbeitsproduktivität stärker. Eine solche Zusammenfassung ist auch bei Teilverflechtungen möglich, um die Veränderung der Arbeitsproduktivität für das Finalprodukt zu ermitteln.

Zum gleichen Ergebnis muß die Berechnung mittels Preisen führen, die dem gesellschaftlichen Aufwand proportional sind. Nehmen wir den Wert einer durchschnittlichen Arbeitsstunde mit 6 Mark an, so hat Erzeugnis A einen Preis von 12 Mark, Erzeugnis B einen Preis von 60 Mark.

Entsprechend (11) ergibt sich folgende Erhöhung der komplexen Arbeitsproduktivität[17]:

$$A'_k = \frac{(120 \;.\; 12 + 10 \;.\; 60) - (6 \;.\; 60 + 13,5 \;.\; 12)}{(100 \;.\; 12 + 4 \;.\; 60) - (4 \;.\; 60 + 10 \;.\; 12)} : \frac{174}{180}$$

$$= \frac{2040 - 522}{1440 - 360} : \frac{174}{180} = 145\ \%$$

Die ausführliche Darstellung dieses Zusammenhangs erfolgt hauptsächlich aus zwei Gründen. Einmal erbringt sie den Nachweis, daß es unter der Annahme einer weitgehenden Proportionalität von Preis und Arbeitsaufwand zum Zeitpunkt ihrer Festlegung durchaus möglich ist, den Index der Arbeitsproduktivität durch eine Kombination von Preisgrößen und Arbeitsaufwandskennziffern in theoretisch richtiger Weise abzuleiten und dabei sowohl die Produktivität der Stufe als auch (durch Aggregation) die Produktivität bei der Herstellung des Finalprodukts zu ermitteln. Zum anderen kam es darauf an, den Zusammenhang darzustellen, der zwischen der richtig ermittelten Arbeitsproduktivität und der Steigerung des Nationaleinkommens besteht.

Als Ergebnis zeigt sich:

Die Zielfunktionen Maximierung des Nationaleinkommens (physische Entwicklung, produktionsseitig) und Steigerung der Arbeitsproduktivität sind bei gegebenem Arbeitsvolumen identisch.

Marx hat wiederholt auf die Verminderung des Gesamtquantums an Arbeit als Kriterium hingewiesen und war der Auffassung, in "... einer Gesellschaft, worin die Produzenten ihre Produktion nach einem voraus entworfnen Plan regeln, ... würde die Produktivität der Arbeit auch unbedingt nach diesem Maßstab gemessen".[18] Uns scheint, daß der Hinweis auf die Verminderung des Gesamtquantums, das nicht mit der Verminderung der bezahlten Kost identisch ist, bei der Erforschung und Ausnutzung der Wertkategorien entsprechend unseren sozialistischen Bedingungen nicht genügend beachtet wird.

Die Einbeziehung der Veränderung des Verbrauchs an vergangener Arbeit in die Arbeitsproduktivität wird auch heute noch von marxistischen Ökonomen mit dem Hinweis abgelehnt, daß nur die konkrete nützliche Arbeit produktiv ist und jede Einbeziehung von vergangener Arbeit der Wert- und Mehrwerttheorie widerspricht. Sie übersehen dabei, daß der Wirkungsgrad der konkreten nützlichen Arbeit auf zwei Wegen gesteigert werden kann. Einmal, indem das Quantum neu zugesetzter Arbeit verringert wird, aber auch, indem zur Erzielung des neuen Gebrauchswertes weniger vergangene Arbeit vernutzt wird. Wertübertrag ist bekanntlich eine Funktion der konkreten nützlichen Arbeit, die gerade dadurch, daß sie einen neuen Gebrauchswert bildet, den Wert der vergangenen Arbeit auf dieses Produkt überträgt. Damit wird zwar die vergangene Arbeit nicht produktiver, sondern was produktiver wird, ist die sie vernutzende konkrete nützliche Arbeit. Die eindeutigen Feststellungen von Marx über den Transport gelten allgemein:

"Je kleiner die Arbeitsmenge, tote und lebendige, welche der Transport der Ware für gegebne Entfernung erheischt, desto größer die Produktivkraft der Arbeit, und umgekehrt."[19]

IV.

Die Begründer des wissenschaftlichen Sozialismus waren der Auffassung, daß mit dem Sozialismus die Warenproduktion verschwinde, "alles sehr einfach" abgemacht werde, "ohne

Dazwischenkunft des vielberühmten 'Werts'".[20] Lenin erkannte sehr schnell, daß der Aufbau des Sozialismus auf lange Zeit die Ausnutzung der Warenbeziehungen erfordert,[21] und heute gehört zu den gesicherten Erkenntnissen der politischen Ökonomie des Sozialismus, daß "die sozialistische Planwirtschaft, wie sie der voll ausgebildeten sozialistischen Ökonomik entspricht ... eine geplante Wirtschaft sozialistischer Warenproduzenten (ist). Sie enthält sowohl die voll ausgebildete und praktisch regulierend wirksame gesellschaftliche Planung und Organisierung der Volkswirtschaft im gesamten staatlichen Maßstab als auch die volle und konsequente Entfaltung der sozialistischen Warenwirtschaft als organische Einheit unlöslich miteinander verbundener Elemente des Gesamtsystems."[22]

Die praktische Verwirklichung der prinzipiell bestehenden Übereinstimmung von gesellschaftlichen, kollektiven und persönlichen Interessen ist ohne Ausnutzung der Wertkategorien in ihrer Differenziertheit nicht beherrschbar, weil auf der Grundlage der moralisch-politischen Einheit des Volkes durch von ihnen ausgelöste Impulse rationelles ökonomisches Verhalten der Mitglieder der Gesellschaft erzwungen oder zumindest stimuliert wird. Das setzt andererseits voraus, daß sie wissenschaftlich erforscht und in ihrer praktischen Wirkung ständig überprüft werden. Sie verknüpfen materiell den einzelnen über die verschiedenen Teilsysteme zum volkswirtschaftlichen Gesamtsystem. Ohne wirtschaftliche Rechnungsführung mit einer den Erfordernissen des Gesamtsystems adäquaten Bewertung der Leistung der Betriebe und VVB, Preise, Verträge mit ökonomischen Sanktionen, Varianten von Nationaleinkommensberechnungen einschließlich der Verteilungswirkung ist ein optimaler Plan weder bestimmbar noch reibungsarm durchführbar. Wir stimmen mit der Feststellung überein, daß "unter den Bedingungen der sozialistischen Produktionsverhältnisse ... die materielle Interessiertheit zur Hauptachse im System der ökonomischen Gesetze des Sozialismus" wird.[23]

Gesellschaftliche Gesetze wirken im und durch das Handeln der Menschen. Ihre Ausnutzung verlangt gezielte Steuerung durch materielle und ideelle Impulse, deren Resultat dann am größten ist, wenn sie in gleicher Richtung wirken, eine Einheit bilden. Dabei sind sowohl Existenz als auch Inhalt der gesellschaftlichen Gesetze, ihr Ausnutzungsgrad und die Richtung der Ausnutzung weitestgehend von den gesellschaftlichen Bedingungen abhängig. Außerdem steigen die Möglichkeiten der Ausnutzung der Gesetze mit dem fortschreitenden Erkenntnisprozeß von der Erscheinung zum Wesen, sowohl der Natur als auch der Gesellschaft.

Der Inhalt der in mehreren Gesellschaftsordnungen wirkenden ökonomischen Gesetze ist durch die jeweiligen Produktionsverhältnisse geprägt. Unter kapitalistischen Verhältnissen hat der Wert die Eigenschaft, "sich selbst zu verwerten". Das Wertgesetz vermittelt über die Kategorien der Warenproduktion die Ausbeutung des Menschen durch den Menschen und reproduziert sie auf steigender Stufenleiter. Im Sozialismus wirkt das Wertgesetz im System der ökonomischen Gesetze mit bei der Sicherung der ständig besseren Befriedigung der materiellen und geistigen Bedürfnisse aller Mitglieder der Gesellschaft, vermittelt die sozialistische ökonomische Rationalität.[24] Marx schrieb 1857/58:

"Gemeinschaftliche Produktion vorausgesetzt, bleibt die Zeitbestimmung natürlich wesentlich ... Ökonomie der Zeit, sowohl wie planmäßige Verteilung der Arbeitszeit auf die verschiednen Zweige der Produktion, bleibt also erstes ökonomisches Gesetz auf Grundlage der gemeinschaftlichen Produktion. Es wird sogar in viel höherem Grade Gesetz."[25]

Da, wie Marx im Zusammenhang damit feststellt, alle Ökonomie sich schließlich in Ökonomie der Zeit auflöst, ergibt sich daraus der Schluß, daß die sozialistische ökonomische Rationalität eine neue, höhere Qualität gegenüber der kapitalistischen ökonomischen Rationalität aufweist. Das Wirkungsfeld dieses ökonomischen Gesetzes dehnt sich auf den gesamten gesellschaftlichen Reproduktionsprozeß aus; Ökonomie der Zeit wird unter Ausnutzung aller ökonomischen Gesetze des Sozialismus zum Kriterium der Entfaltung der Vorzüge der sozialistischen Gesellschaft und beeinflußt unter Berücksichtigung politischer Gegebenheiten und Erfordernisse von der Planung und Durchsetzung optimaler Strukturen bis zur Gestaltung des Arbeitsplatzes alle ökonomischen Entscheidungen und die Verhaltensweise der Werktätigen.

Aber nicht nur für den Gesamtprozeß, sondern auch im einzelnen Arbeitsprozeß gelten hinsichtlich der Ökonomie der Zeit unter sozialistischen Bedingungen andere Maßstäbe. Bei der Arbeitsproduktivität hatten wir festgestellt, daß die Verminderung des Gesamtquantums an Arbeit das entscheidende Kriterium ist. Dieses Kriterium gilt, unabhängig davon, ob die Effektivität in Zeit oder vermittelt in Wertkategorien zum Ausdruck kommt.[26] Das ist aber ein ganz entscheidender Unterschied zum Effektivitätskriterium unter kapitalistischen Bedingungen; denn "Für das Kapital ... gilt das Gesetz der gesteigerten Produktivkraft nicht unbedingt. Für das Kapital wird diese Produktivkraft gesteigert, nicht wenn überhaupt an der lebendigen Arbeit, sondern nur wenn an dem <u>bezahlten</u> Teil der lebendigen Arbeit mehr erspart als an vergangner Arbeit zugesetzt wird..."[27]

Denkt man diese Feststellung zu Ende, so muß man unseres Erachtens zu dem Ergebnis kommen, daß bei der Substitution lebendiger durch vergegenständlichte Arbeit und deren Widerspiegelung in den Selbstkosten unter kapitalistischen Bedingungen unmittelbar vergleichbare Größen gegenübergestellt sind, daß unter sozialistischen Bedingungen die entsprechenden Selbstkostenbestandteile jedoch nur mittelbar vergleichbar sind.

Während also unter kapitalistischen Bedingungen vom Wert der Ware Arbeitskraft ausgegangen wird, ihre anteilige Bezahlung der vergangenen Arbeit gegenübergestellt wird, ist unter sozialistischen Bedingungen vom Wertprodukt der eingesparten Zeit in Gegenüberstellung zum Mehraufwand an vergangener Arbeit auszugehen, um die Ökonomie der Zeit voll durchzusetzen.[28]

Es ist im Rahmen eines Diskussionsbeitrages nicht möglich, auf die Konsequenzen für Variantenvergleiche, Nutzeffektsberechnungen von Investitionen, eine vom Nutzen für die Gesellschaft ausgehende Bewertung der Betriebe usw. im einzelnen einzugehen. Uns kommt es vielmehr darauf an, dieses Spezifikum der Kategorien der Warenproduktion unter sozialistischen Bedingungen als These zur Diskussion zu stellen. Es ist erstaunlich, daß die für die Wirkung des Gesetzes der Ökonomie der Zeit so wesentliche Unterscheidung zwischen bezahlter Kost und wirklicher Kost, auf die in den Werken der Klassiker oft hingewiesen wird, bei der Behandlung der Probleme der sozialistischen Warenproduktion, überhaupt bei der Rationalität der sozialistischen Ökonomik, so wenig Beachtung findet. Unseres Erachtens kann nur bei Beachtung dieses Unterschiedes eine Reihe wesentlicher Fragen des Nutzeffekts der sozialistischen gesellschaftlichen Arbeit richtig gesehen und beeinflußt werden. Ist dieser Unterschied für Marx doch eine entscheidende Begründung für die Feststellung gewesen, daß durch dieses der Ökonomie der Zeit voll adäquate Rationalitätskriterium die Maschinerie in der kommunistischen Gesellschaft einen ganz anderen Spielraum hat als in der bürgerlichen Gesellschaft.[29]

Eine Schlußfolgerung ist dabei offensichtlich möglich: Geht man davon aus, daß nur die lebendige Arbeit das Nationaleinkommen (und als einen Teil davon das Produkt für die Gesellschaft) hervorbringt - und daran muß man wohl festhalten, wenn man nicht die Arbeitswerttheorie preisgeben will, auch wenn diese Grundwahrheit in der Diskussion um Fondsrentabilität und Preistyp manchmal in den Hintergrund tritt -, so besteht eine eindeutige Beziehung zwischen Bruttogewinn und Anzahl der Arbeitskräfte als Grundlage für die Einschätzung des Beitrages des Betriebes zum Nationaleinkommen, gleichgültig, welche anderen Beziehungen des Gewinns man zu den produktiven Fonds, zum Umfang der Warenproduktion usw. als Effektivitätskriterium sonst noch herstellen mag.

Ein Betrieb, der im Folgejahr bei <u>gleicher</u> Warenproduktion den <u>gleichen</u> vergleichbaren Gewinn mit <u>weniger</u> Arbeitskräften bringt, hat seine Arbeitsproduktivität <u>gesteigert</u>, denn sein Gewinn pro Arbeitskraft hat zugenommen. Diese Aussage gilt unabhängig von der Höhe der eingesetzten Fonds. (Den Fall, daß diese Zunahme des Gewinns mit Rückgang des Arbeitseinkommens verbunden ist, können wir unter sozialistischen Verhältnissen ausschliessen.) Über eine solche Beziehung des Gewinns ist die Verbindung zur Arbeitsproduktivität vorstellbar; denn Selbstkosten plus Gewinn sind dem Arbeitsaufwand zumindest angenäherter als die Selbstkosten allein. Andererseits orientiert die wirtschaftliche Rechnungsführung mit vollem Recht auf die bezahlte Arbeit und deren Verminderung. Erst wenn das Produkt für die Gesellschaft in seiner Beziehung zur Zahl der Arbeitskräfte mit in die Bewertung der ökonomischen Leistung des Betriebes eingeschlossen wird, ist das ökonomische Bewertungssystem im Hinblick auf die Arbeitsproduktivität geschlossen.

Die Rolle und ökonomische Bewertung der dafür benötigten produktiven Fonds, also die Fragen des sogenannten einmaligen Aufwandes, sollen anschließend untersucht werden. Im Zusammenhang mit dieser Größe kann die erzielte Produktivitätssteigerung in ihrer volkswirtschaftlichen Effektivität eindeutig bewertet werden.

V.

Mit Beginn des tieferen Eindringens in die Wirkungsweise der ökonomischen Gesetze einer geplanten Wirtschaft sozialistischer Warenproduzenten rückten, besonders im Zusammenhang mit der Rolle des Gewinns, neben den Fragen des Verbrauchs an vergangener Arbeit auch Bedeutung und ökonomische Bewertung der angewandten vergangenen Arbeit stärker in den Bereich theoretischer Untersuchungen und praktischer Erprobung. Mit der Umbewertung der Grundmittel waren zunächst die Voraussetzungen für die Einbeziehung dieses einmaligen Aufwandes in die praktische Effektivitätsproblematik geschaffen worden, da nunmehr durch Einsetzen des Widerbeschaffungswertes als Bruttowert bei den Grundmittelfonds hinreichende Proportionalität zwischen Bruttowert und gesellschaftlichem Aufwand erzielt wurde. Auch die produktiven materiellen Umlauffonds sind nunmehr auf die Basis der neuen Industriepreise gestellt.

Es wurde nach Wegen gesucht, den Platz des Faktors "einmaliger Aufwand" im sozialistischen Rationalitätsprinzip zu bestimmen, theoretisch zu begründen und ihn praktisch wirksam werden zu lassen.[30]

In der Regel wird die auf den Produktionsfonds erhobene Abgabe als Zins für den einmaligen Aufwand dargestellt. Die Begründung dieses Zinses wird unterschiedlich gegeben:

a. als wirtschaftspolitisch notwendige Umverteilung bei der Realisierung des durch die lebendige Arbeit geschaffenen Mehrprodukts, dessen Umfang allein durch Zweckmäßigkeit bestimmt ist;

b. als Ausgleich dafür, daß die zum Zeitpunkt t bereitgestellten Produktionsmittel infolge der ständig steigenden Arbeitsproduktivität zum Zeitpunkt t + 1 einen geringeren Zeitaufwand für ihre Produktion erfordern würden. Der Nutzer im entsprechenden Zeitraum hat dafür ein Äquivalent zu entrichten. Als Maß der Produktionsfondsabgabe gilt somit

$1 - \frac{1}{A'}$;

c. als Berücksichtigung der besonderen zeitlichen Struktur des Fondsvorschusses, der nichts anderes als selbständige Existenz des Zeitfaktors ist. Am geeignetsten als Maß wird

$$\frac{N_1}{N_o} - 1 \quad \text{bzw.} \quad \sqrt[n]{\frac{N_n}{N_o}} - 1$$

angesehen.

Mit Hilfe einer solchen Rechengröße läßt sich dann ein "Gesamtaufwand" berechnen, der zu minimieren ist.

Der Vorteil der Einführung der Produktionsfondsabgabe unterliegt keinem Zweifel. Werden doch damit entscheidende Teile des vom Betrieb zu erwirtschaftenden Gewinns objektiv bestimmt und ein Druck zur Ökonomisierung der eingesetzten produktiven Fonds ausgeübt. Entsprechend diesen Erfordernissen müßte die Produktionsfondsabgabe einheitlich in den Bereichen der materiellen Produktion oder höchstens differenziert nach Produktion von Produktionsmitteln und Produktion von Konsumtionsmitteln sein. Es läßt sich jedoch nicht begründen, zumindest nicht für Variante b und c, weshalb die Produktionsabgabe auf den Bruttowert der Fonds bezogen wird. Selbst wenn die mittels der produktiven Fonds erzielten Gewinne nicht als "Tilgung" des Vorschusses angesehen werden, so läßt sich doch für die Amortisationen nicht leugnen, daß die vorgeschossenen Fonds in dieser Höhe ihr Gebundensein verloren haben und in den Kreislauf eingegangen, also bereits wieder freigesetzt sind.

Die angeführten Begründungen erscheinen jedoch noch aus einem tieferen Grund des Überprüfens wert. Sie weisen keine erkennbare Beziehung zur Arbeitswerttheorie auf und gehen an dem Kriterium der Verringerung des Gesamtaufwandes an Arbeit im Marxschen Sinne vorbei. Leitet man den aus einmaligem und laufendem Aufwand gebildeten "Gesamtaufwand" (dieser in die politische Ökonomie nicht einzuordnende Begriff, der deshalb von uns in Anführungsstriche gesetzt wurde, hat in der ökonomischen Literatur schon einen festen Platz) aus den bisherigen Selbstkosen plus einem Zinszuschlag ab, so ergibt sich ein um einen Teil des Mehrproduktes erweiterter Begriff der bezahlten, also der "kapitalistischen" Kosten. Erweitert man den Begriff der wirklichen Kosten um einen Zinsbetrag, so führt das zu Doppelzählungen innerhalb des Mehrprodukts, zu einer neuen (oder auch nicht neuen[31]) Quelle von Mehrprodukt durch Aufschlag auf den Wert. Der einmalige Aufwand ist kein Kostenbestandteil, weder der bezahlten noch der wirklichen Kosten der Ware, sondern eine Kategorie der Verwendung entweder von Nationaleinkommen oder von zeitweilig freien Amortisationen.

Beim Versuch, die Produktionsfondsabgabe aus der Arbeitswerttheorie zu begründen, gehen wir davon aus, daß zwischen der Höhe der Arbeitsproduktivität und dem Grad der Ausstattung der wichtigsten Produktivkraft Mensch mit vergangener Arbeit generell ein gesetzmäßiger stochastischer Zusammenhang besteht. Je umfangreicher die Arbeitskraft mit vergegenständlichter Arbeit versehen ist, um so potenzierter wirkt die in diesem Arbeitsprozeß verausgabte lebendige Arbeit. Im Unterschied zur komplizierten Arbeit als potenzierter einfacher Arbeit, die infolge der Schaffung eines höheren individuellen Werts in der Zeiteinheit auch einen höheren gesellschaftlichen Wert schafft, tritt in der Regel eine Potenzierung unmittelbar in Wirkung auf den gesellschaftlichen Wert durch die Erzielung einer überdurchschnittlichen oder zumindest über dem bisherigen Niveau liegenden Arbeitsproduktivität ein. Diese Wirkung ist bekannt für den positiven bzw. negativen Grenzproduzenten bei Herstellung gleicher oder ähnlicher Erzeugnisse beim Ausgleich zum Marktwert. Sie wird als allgemeine Erscheinung für die theoretische Ableitung vorausgesetzt. Dazu folgendes Beispiel:

Betrieb	Fondsvorschuß	Prod.-Menge	Fondsverzehr	Lohn	Individuelles Mehrprodukt
	F_e	Q	P_l	v	m_i
A	27000	234	5700	3100	3100
B	36000	282	6900	3600	3600
C	45000	330	8100	4100	4100
	108000	846	20700	10800	10800

Betrieb	Individueller Wert			Marktwert	
	W_i	k	w_i	W_m	w_m
A	11900	37,61	50,85	11700	50,0
B	14100	37,27	50,0	14100	50,0
C	16300	36,97	49,39	16500	50,0
	42300	-	-	42300	-

Dieses Beispiel, das natürlich nichts beweisen, sondern nur demonstrieren kann, zeigt die höhere Arbeitsproduktivität durch Vermehrung des einmaligen Aufwandes. Der gesellschaftliche Wert liegt bei Betrieb C am niedrigsten. Demzufolge bringt er auch den höchsten Bruttogewinn je Arbeitskraft (umgerechnet auf 100 Mark Lohn ist der Gewinn 105 Mark gegenüber 94 Mark bei Betrieb A).

Diesem höheren Gewinn je Arbeitskraft steht ein niedrigerer Gewinn je Einheit einmaligen Aufwands gegenüber (Betrieb C hat für 1000 Mark Fondsvorschuß einen Gewinn von 95 Mark gegenüber 107 Mark bei Betrieb A[32]). Je nach der Fragestellung höchste Arbeitsproduktivität oder höchste Fondsrentabilität als Kriterium würde das eine unterschiedliche Bewertung der Betriebe mit sich bringen. Die fehlende Eindeutigkeit ist unbefriedigend.

Um ein synthetisches Maß als Verbindung von einmaligem und laufendem Aufwand zu finden, muß man beide auf einen einheitlichen Bewertungsnenner bringen, ein Normativ aus beiden Größen bilden. Dabei ist davon auszugehen, daß die Quelle des Mehrprodukts die lebendige Arbeit ist, daß diese Quelle aber um so reicher fließt bzw. fließen muß, je größer der Fondsvorschuß ist. Mit der Produktionsfondsabgabe setzt der sozialistische Staat ein Normativ als Mindestforderung der Erhöhung der Arbeitsproduktivität für die (erhöhte) Bereitstellung an vergangener Arbeit. Dieses Normativ ist nicht nur Rechengröße, sondern begründet finanzielle Verpflichtungen und stimuliert damit den rationellen Einsatz der produktiven Fonds, setzt eine Regelgröße für das ökonomische Kriterium der Teilsysteme, das sie auf ein optimales Verhalten im Gesamtsystem orientiert, der Selbständigkeit der Betriebe entspricht und die übergeordneten Leitungen von Einzelentscheidungen frei macht. Zahlt es sich für den Betrieb aus, so kann er auch durch Kredite mehr Fonds einsetzen und damit seine ökonomische Wirksamkeit erhöhen. Die Produktionsfondsabgabe hat somit den Charakter einer auf zu fordernden Produktivitätsunterschieden begründeten Inventarsteuer.

Unseres Erachtens fehlt jedoch die Ergänzung dieser Regelgröße durch die vorher als notwendig dargelegte Beziehung zur Inanspruchnahme an lebendiger Arbeit. So wie die Arbeitsproduktivität auf das Volumen an Zeit bzw. Arbeitskräften bezogen ist, sollte auch eine entsprechende Wertkennziffer - am einfachsten der Gewinn - nicht in ihrer absoluten Höhe, sondern im Verhältnis zu der diese Gewinnsumme hervorbringenden Arbeitsmenge betrachtet und bewertet werden.

Einen Mangel der bisherigen Diskussion sehen wir darin, daß der Gesamtgewinn einmal auf die produktiven Fonds und zum anderen auf die Selbstkosten der Warenproduktion bezogen wird, außerdem, daß unabhängig davon die Arbeitsproduktivität beurteilt wird.

Der ökonomischen Problematik adäquat im Sinne einer durch den Plan in seinen Grenzen festgelegten Selbstregulierung der Teilsysteme ist die Ableitung eines Teils des Soll-Gewinns aus den produktiven Fonds und des anderen Teils aus der Inanspruchnahme an lebendiger Arbeit.

Daß diese Fragen durchaus kein nur theoretisches Problem sind, zeigen zum anderen die Hinweise aus dem VEB Konstruktions- und Ingenieurbüro Chemie Leipzig.

"Die ausschließliche Erhebung der Abgaben proportional zu den Produktionsfonds, wie sie beim Experiment zur Produktionsfondsabgabe erprobt wird, (wird) die Betriebe nicht zur stärkeren Anwendung der Meß-, Steuer- und Regeltechnik anhalten. Außer der unmittelbaren Einsparung an Lohnkosten haben die Betriebe keinen weiteren Nutzen bei der Einsparung von Arbeitskräften."[33]

"Vielmehr tritt den Projektanten ... oft ein zwar unausgesprochener, aber deutlich spürbarer Widerstand der Investträger gegen einen hohen Mechanisierungsgrad der Produktionseinheiten entgegen. Eine Mechanisierungs- oder Automatisierungsmaßnahme erscheint den Investträgern oft nicht notwendig, weil ... sie den Fragen der Bereitstellung von Arbeitskräften und der Steigerung der Arbeitsproduktivität nicht die gebührende Aufmerksamkeit widmen."[34]

Ganz offensichtlich verläuft die ökonomische Regelung allein über die Fondseffektivität nicht zielgerichtet auf eine hohe Intensität der erweiterten sozialistischen Reproduktion, weil sie den Produktivitätsgesichtspunkt nicht bzw. nur unvollständig durch die Selbstkosten berücksichtigt.[35]

W. Ulbricht forderte jedoch die Automatisierung ganzer Prozesse und betonte: "Das gilt für uns hundertfach bei dem bekannten Mangel an Arbeitskräften."[36]

Setzen wir in unserem Beispiel ein solches Normativ, daß die Hälfte des Mehrprodukts im Verhältnis der eingesetzten Fonds zu bringen ist und die andere Hälfte im Verhältnis zum aufgewandten Lohn (vielleicht eignet sich auch die Zahl der Arbeitskräfte für wirtschaftsbereichstypische Leistungen dazu besser, doch das ist zunächst eine sekundäre Frage), so sind 5400 Einheiten Mehrprodukt im Verhältnis zu den vorgeschossenen Fonds zu realisieren. Das ergibt eine Produktionsfondsabgabe in Höhe von 5 Prozent. Die restlichen 5400 Einheiten Mehrprodukt sind im Verhältnis zum aufgewandten Lohn zu realisieren, also 50 Mark je 100 Mark Lohn. Damit ergibt sich ein differenziertes Gewinnsoll von

Betrieb A = 1350 + 1550 = 2900

Betrieb B = 1800 + 1800 = 3600

Betrieb C = 2250 + 2050 = 4300

In unserem Beispiel decken sich diese Soll-Werte mit den Ist-Werten.

	Selbstkosten	Erlös	Bruttogewinn	Bruttogewinn je Stück
	S	P	G	g
Betrieb A	8800	11700	2900	12,39
Betrieb B	10500	14100	3600	12,77
Betrieb C	12200	16500	4300	13,03

Unter den gegebenen ökonomischen Verhältnissen ist die Leistung aller drei Betriebe als gleich gut einzuschätzen.[37]

Das Beispiel geht davon aus, daß sowohl Produktionsmittel begrenzt sind und gesellschaftlichen Aufwand binden, als auch Arbeitskräfte nur in beschränkter Zahl zur Verfügung stehen, deren Ausbildung ebenfalls mit gesellschaftlichem Aufwand verbunden ist. Gälte diese Begrenzung nur für jeweils eine der beiden Größen, so wäre die optimale Variante sofort eindeutig bestimmbar. Es werden in der Regel jedoch beide Produktionsfaktoren begrenzt sein, doch kann der Grad der Begrenztheit je nach der wirtschaftspolitischen Situation variieren. Damit verändert sich auch die optimale Intensität der Reproduktion. Uns scheint die Möglichkeit untersuchenswert, durch Veränderung der Sätze der Produktionsfondsabgabe bzw. der Arbeitskräftefondsabgabe eine regulierende Beeinflussung entsprechend der wirtschaftlichen Situation vorzunehmen, also eine ausgleichende Verhaltensweise der Betriebe anzuregen. Ein Betrieb, der wirklich intensiv reproduziert, die Arbeitsproduktivität steigert, hat von dem damit verbundenen, zumindest relativen Freisetzungseffekt, der im Interesse der Gesellschaft liegt, ökonomische Vorteile. Das Ausmaß der Freisetzung muß in Übereinstimmung mit der örtlichen Arbeitskräftesituation stehen, denn im Unterschied zum Kapitalismus geht es nicht um die Freisetzung an sich, sondern um die Gewinnung von Arbeitskräften für neue oder erweiterte gesellschaftliche Aufgaben. Damit können sich die übergeordneten Wirtschaftsorgane auf strukturbestimmende Entscheidungen konzentrieren, da eine den Interessen des Gesamtsystems entsprechende relative Selbstregulierung der Teilsysteme erfolgt.

Uns scheint, daß die Entwicklung des ökonomischen Systems des Sozialismus die Aufgabe stellt, das Rationalitätsdenken unter den Bedingungen der sozialistischen Warenproduktion stärker als bisher auf die Einsparung an gesellschaftlicher Gesamtarbeit für einmaligen und laufenden Aufwand auszurichten und dazu die Wertkategorien zu nutzen. In den vergangenen Jahren hat die mathematische Durchdringung der Ökonomie erfreuliche Fortschritte gemacht. Grundlage ihrer Anwendung muß jedoch ein ständig vertieftes theoretisches Fundament sein, denn auch für die Ökonomie hat Einsteins ironische Bemerkung in einem Brief an Max von Laue einen rationellen Kern:

"Es gibt die erstaunliche Möglichkeit, daß man einen Gegenstand mathematisch beherrschen kann, ohne den Witz der Sache wirklich erfaßt zu haben."[38]

Ziel dieses Beitrages ist es, ausgehend von theoretischen Zusammenhängen, einige Überlegungen zur Effektivitätsproblematik unter besonderer Berücksichtigung der Stimulierung der Intensität der Reproduktion der sozialistischen Warenproduktion unter den Bedingungen der Durchsetzung der wissenschaftlich-technischen Revolution zur Diskussion zu stellen.

FUSSNOTEN

1 Marx behandelt zwar die Darstellung des Wertprodukts als Teil des Produktenwertes. Bei dieser Darstellung führt jedoch der Geldausdruck zum Naturalausdruck, wird also über Geld vermittelt

2 Die Höhe des Nationaleinkommens ist nicht unmittelbarer Maßstab der tatsächlichen Bedürfnisbefriedigung und ihrer Entwicklung, weil diese stärkstens von den Verhältnissen der Aneignung und von der Verwendung bestimmt wird. So sind beispielsweise neben der Verteilung auf Klassen und Schichten, dem Verhältnis Akkumulation zu Konsumtion auch Umfang und Struktur der aus dem Nationaleinkommen finanzierten nichtmateriellen Leistungen entscheidend für die Bedürfnisbefriedigung

3 Die Verwendung der Symbole erfolgt entsprechend der Empfehlung des Arbeitskreises "Nutzeffekt der gesellschaftlichen Arbeit" und der Arbeitsgruppe "Arbeitsproduktivität" am Institut für Wirtschaftswissenschaften der Deutschen Akademie der Wissenschaften zu Berlin. - Vgl. "Wirtschaftswissenschaft", Heft 10/1966, Seite 1735 f.; "Arbeitsökonomik", Heft 5/1966, S. 472 ff.; "Statistische Praxis", Heft 1/1967, Seite 57 f.

4 Berechnet nach: Statistisches Jahrbuch der Deutschen Demokratischen Republik, Berlin 1966, Seite 42

5 Eine Größenvorstellung vom Einfluß dieser "geringen" Zunahme vermittelt folgende Überlegung: Bei der Bruttoproduktion von 1965 und einem anteiligen Produktionsverbrauch wie 1963 wäre das Nationaleinkommen um fast 3 Milliarden Mark höher

6 Von 1950 bis 1965 stieg das produzierte Nationaleinkommen (vergleichbare Preise) je Einwohner im arbeitsfähigen Alter auf 374 Prozent

7 Da diese Ungleichung für ein geschlossenes Wirtschaftssystem gilt, sind die Außenwirtschaftsbeziehungen dabei außer Betracht zu lassen. Diese Ungleichung gilt für die Verwendungsstruktur, die Produktionsstruktur kann entsprechend transformiert werden.

8 Vgl. W. I. Lenin, Werke, Bd. 20, Berlin 1961, S. 146 f.

9 Meines Erachtens wurde in einigen Diskussionen über das Ziel zu wenig zwischen der sozialistischen Gesellschaft und deren Kernstück, dem sozialistischen ökonomischen System, unterschieden. Werden beide identisch, geht die Eindeutigkeit der Zielfunktion verloren

10 W. I. Lenin, Werke, Bd. 29, Berlin 1961, S. 416

11 K.Marx/F.Engels, Werke, Bd. 25, Berlin 1964, S. 271

12 Auch in dieser Frage sind die Meinungen nicht einheitlich, da es auch die Meinung gibt, für den Betrieb sei in den Nenner die vergegenständlichte und die lebendige Arbeit zu setzen

13 Bei den folgenden Umformungen wird < 1 weggelassen, da die Entwicklung der Arbeitsproduktivität und nicht die Bedingung für eine Steigerung untersucht wird

14 Dabei ist gleichgültig, ob eine Addition der Einzelgrößen erfolgt oder ein mit T_l^n gewogener mittelarithmetischer Index gebildet wird, da

$$\frac{T_l^o}{P_{k,c}^o - V_{P,c}^o} = \text{const.}$$

15 Vgl. K.Marx/F.Engels, Werke, Bd. 25, a.a.O., S. 49

16 Von anderen Zweigen wird abgesehen, doch läßt sich nachweisen, daß die Beziehungen auch bei n-facher Verflechtung gültig sind

17 Dabei stieg die Bruttoproduktion auf 142 Prozent, der Produktionsverbrauch auf 146 Prozent, das Nettoprodukt auf 141 Prozent. Vgl. Zusammenhang nach (2)

18 K.Marx/F.Engels, Werke, Bd. 25, a.a.O., S. 271

19 K.Marx/F.Engels, Werke, Bd. 24, Berlin 1963, S. 151 f.

20 K.Marx/F.Engels, Werke, Bd. 20, Berlin 1962, S. 286

21 Vgl. W. I. Lenin, Werke, Bd. 33, Berlin 1962, S. 408 f.

22 H. Wolf, Grundfragen der Planung im ökonomischen System des Sozialismus, in: "Einheit", Heft 3/1967, S. 273

23 Berger/Reinhold, Ökonomische Gesetze und ökonomische Triebkraft in der sozialistischen Gesellschaft, in: "Einheit", Heft 1/1967, S. 26

24 Im Referat auf dem VII. Parteitag der SED behandelt Walter Ulbricht diese Problematik sehr eingehend. - Vgl. W. Ulbricht, Die gesellschaftliche Entwicklung in der Deutschen Demokratischen Republik, Berlin 1967, S. 120 - 153,besonders Abschnitt VII

25 Vgl. K. Marx, Grundrisse der Kritik der Politischen Ökonomie, Berlin 1953, S. 89

26 Da es sich hier um den einzelnen Arbeitsprozeß handelt, kann die Problematik der optimalen Struktur der Gebrauchswerte ausgeklammert werden

27 K.Marx/F.Engels, Werke, Bd. 25, a.a.O., S. 272

28 So ergab die Berechnung der Mechanisierung der Möllerung und Begichtung von Hochöfen eine geringe Steigerung der Selbstkosten. Infolge der Zunahme der Abschreibungen auf mehr als das Zehnfache und des Rückgangs der Löhne auf ein Viertel verbarg sich hinter der Steigerung der Betriebskosten um etwa 6 Prozent eine Senkung des gesellschaftlichen Arbeitsaufwandes um etwa 10 Prozent. Die aus Gründen der Arbeitserleichterung vorgesehene Mechanisierung war also zugleich verbesserte Ökonomie der Zeit. - Vgl. Richter, Die Arbeitsproduktivität in Theorie und Praxis, Berlin 1958, S. 104 ff.

29 Vgl. K.Marx/F.Engels, Werke, Bd. 23, Berlin 1962, S. 414

30 Unseres Wissens wurde die Frage des einmaligen Aufwandes nicht nur als Rechengröße, sondern als finanzielle Verpflichtung gegenüber dem Staat verursachende ökonomische Kategorie für die sozialistische Ökonomik erstmalig vom Verfasser gestellt und begründet. "Bei der Festlegung von Preis und Gewinn muß berücksichtigt werden, daß es der Volkswirtschaft nicht gleichgültig sein kann, mit welcher Bindung von Mitteln eine bestimmte Produktionsleistung und damit verbunden eine bestimmte Neuwertbildung erzielt werden. Den Betrieben werden vom Staat Mittel zur Verfügung gestellt..., (für die) die Gesellschaft einen ökonomischen Effekt erwarten und in Rechnung stellen kann ... Indem ein solcher Zuschlag nicht auf das verarbeitete Material, sondern auf die durchschnittlich gebundenen Mittel bezogen wird, geht die Umschlaggeschwindigkeit der Gesamtmittel als preis- und gewinnbeeinflussendes Element in die Rechnung ein." - Vgl. G. Richter, Die Politische Ökonomie und unser Preis, in:"Wirtschaftswissenschaft", Heft 6/1958

31 Vgl. Engels Polemik gegen Lexis, in: K.Marx/F.Engels, Werke, Bd. 25, a.a.O., S. 17

32 Mit Absicht wurden diese Verhältnisse unterschiedlich gewählt, denn wenn ein Betrieb bzw. eine Variante sowohl höchsten Gewinn je Einheit Lohn bzw. Arbeitskraft als auch höchsten Gewinn je Einheit Fondsvorschuß aufweist, ist die Entscheidung eindeutig. Es geht hier gerade um die Problematik, daß Steigerung der Arbeitsproduktivität mit progressivem Fondsvorschuß zusammenfällt.

33 Vgl. Bayerl/Strauß, Steht dieser Hebel richtig? in:"Chemische Technik", Heft 7/1965, S. 426

34 Vgl. Bayerl/Strauß, Die Rationalisierung durch ökonomische Hebel fördern, in: "Wirtschaftswissenschaft", Heft 1/1966, S. 119

35 Die Problematik wird aus folgender Fragestellung ersichtlich: Welcher der Betriebe ist "besser", einer der mit 5 Millionen produktiven Fonds und 200 Arbeitskräften, oder ein anderer, der mit 9 Millionen produktiven Fonds und 20 Arbeitskräften gleiche Produktion und gleichen Bruttogewinn bringt?

36 Vgl. W. Ulbricht, in: Neues Deutschland, vom 18. 4. 1967, S. 8

37 Die Unterschiede in der organischen Zusammensetzung sind hier gering. Denken wir uns jedoch 100 Arbeitskräfte mit Schaufeln und 1 Arbeitskraft mit Bagger. In beiden Fällen werden in einer Stunde 100 m^3 bewegt. Der Preis für diese Leistung beträgt 250 M. Die Selbstkosten betragen in beiden Fällen 205 M, davon im ersten Fall 200 M Lohn und 5 M Verbrauch schnellverschleißender Werkzeuge, im zweiten Fall 200 M Amortisationen, Treibstoff, anteilige Reparaturen usw. und 5 M

Lohn. Die eingesetzten Fonds sollen 300 Mark bzw. 60 000 Mark betragen. Ohne Berücksichtigung der Bezugsbasis Arbeitskräfte, also bei reiner Selbstkosten- in Verbindung mit Fondsrentabilitätsbetrachtung, würde der erste Fall immer höher zu bewerten sein. Es zeigt sich, daß man eben auch bei Steuerung über Wertkategorien eine der Arbeitsproduktivität entsprechende Bewertungsgröße braucht.

38 Herneck, Albert Einstein. Ein Leben für Wahrheit, Menschlichkeit und Frieden, Berlin 1967, S. 110

HANSGÜNTER MEYER

Ein Beitrag zur Theorie der sozialen Triebkräfte im Sozialismus

1. Bemerkungen zum Problem der Triebkräfte der gesellschaftlichen Entwicklung und des ökonomischen Wachstums

Die dialektische Kategorie "Entwicklung" ist in der philosophischen marxistischen Literatur vielfach behandelt. Unter "Entwicklung" wird dabei zumeist die historisch fortschreitende soziale Bewegung vom Niederen zum Höheren, vom Einfachen zum Komplizierten, vom Undifferenzierten zum Differenzierten verstanden.

Das Verhältnis von Entwicklung und Wachstum ist meines Wissens philosophisch noch nicht explizit dargestellt worden. Der Begriff "Wachstum" hat eine unverkennbare Herkunft aus biologischen Bedeutungen. Dort sind unter "Wachstum" qualitativ-quantitative Entwicklungsprozesse erfaßt, in denen ein Individuum oder eine Population von einem keimhaft angelegten Ausgangspunkt zu einem Normalzustand "heranwächst", d. h., sich dem stabilen Normalzustand allmählich annähert. "Wachstum" ist im biologischen Kontext ein Spezialfall der Entwicklung. Soziale Sachverhalte, die mit diesem Begriff beschrieben werden, sind damit meist nicht ganz eindeutig ausgedrückt, so z. B., wenn vom Bevölkerungswachstum gesprochen wird. Hier werden nicht spezifische Entwicklungsprozesse zu einem Reifezustand hin, sondern die quantitative Erweiterung eines Zustandes widergegeben. "Ökonomisches Wachstum" dagegen vereint wiederum qualitativ-quantitative Prozesse, allerdings solche, die mit dem biologischen "Wachsen" lediglich soweit übereinstimmen, daß sowohl Vorgänge der Entwicklung als auch Vorgänge der bloßen Vergrößerung und Vermehrung in diesem Begriff vereinigt sind.

Ökonomisches Wachstum kann jedoch eindeutig als Verschiebung der quantitativen Größen (Parameter) in den Maßverhältnissen ökonomischer Systeme gefaßt werden, insbesondere als Steigerung der Arbeitsproduktivität, Erweiterung des Protuktionsausstoßes, des Produktionsvolumens, der Kapazitäten, des Sortiments usw , um eine - u. E. notwendige - Abgrenzung zum Begriff der ökonomischen Entwicklung zu erreichen.

Zur Bestimmung des Entwicklungsbegriffes wurde in der Literatur der Vorschlag gemacht, ein Maß der Entwicklung anzugeben, um den Grad der Kompliziertheit, Differenziertheit und Organisiertheit des sich entwickelnden Zustandes darzustellen.[1] Dieses

Verfahren wurde deduktiv aus der Informationstheorie übernommen, wobei das Maß der Wahrscheinlichkeit informationeller Struktur, ihr Entropie-Niveau (ihr Wert an negativer Entropie) als struktureller Ausdruck der durch die Entwicklung erzielten Veränderungen benutzt wird. Entwicklung ist danach "Absinken der Entropie" in dynamischen Systemen. Wir können den theoretischen Vorteil dieses Verfahrens hier nicht explizieren, von seiner praktischen Bedeutung ganz zu schweigen. Uns kommt es hauptsächlich darauf an, die quantitative Seite der mit "Entwicklung" bezeichneten Prozesse im Zusammenhang mit ihrem Entropiemaß zu sehen. Allerdings erschöpft sich darin der Begriff der Entwicklung nicht.

Das Entropiemaß drückt die neuen Eigenschaften und Verhaltensweisen der Systeme nicht explizite aus. Es reduziert sie auf den strukturellen Aspekt des Systems. Die neue Qualität, die durch den Entwicklungsprozeß, besser, in seinem Verlauf, erreicht wurde, kann nur über die Darstellung der neugewonnenen Leistungskriterien und Verhaltensweisen des Systems beschrieben werden. Wir wollen dieses Erfordernis hier nicht weiter ausführen. Der methodische Gewinn, der durch den Nachweis des veränderten Entropieniveaus erzielt wird, besteht darin, daß qualitativ unterschiedliche Systeme miteinander vergleichbar werden. Notwendig ist die vorstehende Überlegung auch insofern, als der quantitative Veränderungen ausdrückende Begriff Wachstum und der quantitative Ausdruck Entropie den Unterschied von Wachstum und Entwicklung verdeutlichen, oder anders gesagt, in einem kombinierten Prozeß die Möglichkeit eröffnen, Wachstum und Entwicklung a) zu unterscheiden und b) in ihrer Wechselwirkung zu zeigen.

In der bürgerlichen soziologischen Literatur, die das Verhältnis des "social chance" und des "economic growth" behandelt, wird überwiegend der ökonomische Wachstumsprozeß als das eigentliche Entwicklungskriterium unserer Epoche angesehen, aus dem die von ihr akzeptierten sozialen Veränderungen resultieren (z. B. Mittelstandsgesellschaft). Auch in marxistischen Darstellungen finden sich im Zusammenhang mit der Behandlung der ökonomischen Erfolge des sozialistischen Aufbaus nicht selten Identifizierungen von Wachstum und Entwicklung. Dabei werden ökonomisches Wachstum und ökonomische Entwicklung nicht getrennt und nicht selten sogar in dieser oder jener Variante ökonomisches Wachstum als der Hauptinhalt unserer Entwicklung oder als ihr wichtigstes Kriterium angesehen. Die in der ökonomischen Literatur benutzte Unterscheidung von extensivem und intensivem Wachstum drückt bereits aus, daß Wachstum ein Ergebnis ist, das auf verschiedene Art und Weise erzielt wird.

Jeder echte, dauerhafte und letztlich einzig effektive Wachstumsprozeß resultiert aus qualitativen Entwicklungen des ökonomischen Prozesses. Gelegentliche Maximierungen des einen oder anderen Bereichs der Produktion können die hier gemeinte erforderliche Wirkung nicht hervorbringen. Diese liegen im Niveau der Organisiertheit der produzierenden

Systeme, anders gesagt, im Niveau der Arbeitsteilung, insbesondere zwischen geistiger und körperlicher Arbeit, im Verhältnis von vergegenständlichter und lebendiger Arbeit, in den Stabilitätskriterien der Systeme, in der Wirksamkeit der allgemeinen sozialen Kommunikation im und im Zusammenhang mit dem Produktionsprozeß. Wie sich gezeigt hat, ist die Erreichung eines bestimmten Stabilitätsniveaus auf die Dauer effektiver als das mit allen Mitteln erzielte Zuwachsmaximum.

Der Zusammenhang von Wachstum und Entwicklung ist jedoch außerordentlich eng. Das drückt sich u. a. darin aus, daß in unserer Epoche die ökonomische Entwicklung einerseits von einem explosionsartigen Wachstum begleitet ist, andererseits durch dieses Wachstum eine spezifische Verstärkung und Ausrichtung erfährt.[2] Der Satz von Marx, daß sich die Gesellschaftsformationen nicht so sehr dadurch unterscheiden, was, sondern wie sie produzieren, und der leicht durch das Wörtchen "wieviel" ergänzt werden kann, ist durchaus im Sinne des Unterschiedes von Wachstum und Entwicklung zu interpretieren. Im "Wie" des Produktionsprozesses drücken sich die wesentlichen Fortschritte aus, die qualitativen Veränderungen, die im Verlauf des Entwicklungsprozesses realisiert wurden. Das ökonomische Wachstum dagegen realisiert sich in der Vergrößerung der Ausmaße der Produktion sowohl bezüglich darauf, was produziert wird (Vervielfältigung und Differenzierung des Sortiments der Produkte), wie auch darauf, wieviel produziert wird (in Tonnen, Stückanzahl, Quadratmeter usw.).

Jeder wirkliche soziale Fortschritt verlangt ökonomisches Wachstum, das letztendlich ein Wachstum der Arbeitsproduktivität ist; dies ist abhängig hinsichtlich seines Entwicklungstempos von diesem Wachstum. Dennoch sind sozial-ökonomische Entwicklung und ökonomisches Wachstum nicht identisch. Unter dem Einfluß z. B. eines solchen Faktors wie der wissenschaftlich-technischen Revolution haben sich sowohl im Kapitalismus wie im Sozialismus enorme Veränderungen der ökonomischen Größenordnungen vollzogen. In einigen kapitalistischen Ländern hat es Perioden mit einem Rekordwachstum gegeben. Deshalb jedoch von einem gesellschaftlichen Entwicklungsprozeß zu sprechen wäre verfehlt. Entwicklungsprozesse haben sich in diesen oder jenen Teilbereichen vollzogen, das Gesamtsystem aber ist das kapitalistische System der Ausbeutung des arbeitenden Volkes durch die besitzenden Schichten geblieben, seine historisch überholte, menschenfeindliche Ordnung ist noch schärfer hervorgetreten.

Wir lassen hier unerörtert, inwieweit in der Transformation des "klassischen" Kapitalismus zum staatsmonopolistischen Kapitalismus Entwicklungsmomente enthalten sind. Jedenfalls aber ist es keine Entwicklung vom Kapitalismus weg, wie das ökonomische Wachstum und die es verursachenden Bedingungen von gewissen bürgerlichen Ideologen mit Vorliebe interpretiert werden, sondern eine Weiterentwicklung des kapitalistischen

Systems der Ausbeutung des werktätigen Menschen durch eine besitzende und privilegierte Klasse. Dagegen hat ökonomisches Wachstum im Sozialismus eine ganz andere soziale Funktion, eine ganz andere Stellung im sozialen Gesamtsystem als im Kapitalismus.

Wachstum und Entwicklungsprozesse sind folglich keine austauschbaren Prozesse. Entwicklungskriterien rangieren vor Wachstumskriterien, da es wichtiger ist, einen bestimmten fortgeschrittenen Zustand sozialer Ordnung zu erreichen als einen irgendwie erzielten Zuwachs materieller Produkte. Vor derartigen Fragen stehen heute die meisten Entwicklungsländer.

Andererseits verliert ein historisch fortgeschrittenes System an Bedeutung, wenn es ihm nicht gelingt, ein rascheres ökonomisches Wachstum herbeizuführen, wenn nicht individuelle und gesellschaftliche Bedürfnisse auf erweiteter Stufenleiter befriedigt werden können. Aber gerade darin besteht die Dialektik von Entwicklungs- und Wachstumsprozessen, daß sozialen Systemen mit höheren historischen Ordnungszuständen mehr Möglichkeiten zur Entfaltung von Wachstumsprozessen innewohnen als primitiver organisierten Systemen. Ökonomisches Wachstum fungiert folglich als Zielstellung und als Mittel zur Erreichung sozialer Ziele.

Das entwickelte gesellschaftliche System des Sozialismus ist durch eine Vielzahl von Zielkriterien des sozialen Handelns gekennzeichnet. Anders gesagt: Seine objektiven Zustände und die sich in ihnen ausdrückenden sozialen Verhaltensweisen sind vielfältig und bedingen sich gegenseitig. Jede alternative Gegenüberstellung von Ziel und Mittel des gesellschaftlichen Fortschritts verfehlt diesen Sachverhalt. Das ökonomische Wachstum betreffend, ist es nicht nur erforderlich zu fragen, wozu denn der Produktionszuwachs benötigt wird, sondern ebenso, mit welchen Mitteln und Methoden er erreicht wird. Sowohl die Verwendung wie die Art und Weise der Hervorbringung ökonomischer Potenzen muß, wenn ein hohes Entwicklungstempo garantiert werden soll, mit der Gesamtheit der Zielkriterien der sozialistischen Entwicklung übereinstimmen.

Die sozialistische Gesellschaft entwickelt wirksamere soziale Triebkräfte als andere vorhergegangene Gesellschaftsformationen. Sie vermag alle Formen der materiellen und geistigen Existenzweise des Menschen zu entwickeln, seine Fähigkeit, sich die Natur anzueignen und unterzuordnen, seine Fähigkeit zu sozialer Kommunikation, seine Fähigkeit, eine hohe geistige Kultur hervorzubringen und in ihr zu leben, seine Fähigkeit zu Körperkultur im weitesten Sinn des Wortes.

Im Zusammenhang mit der Untersuchung des materiellen Reichtums und seiner Funktion in verschiedenen "Epochen ökonomischer Gesellschaftsformationen" schreibt Karl Marx:

"In fact aber, wenn die bornierte bürgerliche Form abgestreift wird, was ist der Reichtum anders, als die im universellen Austausch erzeugte Universalität der Bedürfnisse, Fähigkeiten, Genüsse, Produktivkräfte etc. der Individuen? Die volle Entwicklung der menschlichen Herrschaft über die Naturkräfte, die der sogenannten Natur sowohl, wie seiner eignen Natur? Das absolute Herausarbeiten seiner schöpferischen Anlagen, ohne andre Voraussetzung als die vorhergegangne historische Entwicklung, die diese Totalität der Entwicklung, d. h. der Entwicklung aller menschlichen Kräfte als solcher, nicht gemessen an einem vorhergegebnen Maßstab, zum Selbstzweck macht? Wo er sich nicht reproduziert in einer Bestimmtheit, sondern seine Totalität produziert? Nicht irgend etwas Gewordnes zu bleiben sucht, sondern in der absoluten Bewegung des Werdens ist?"[3]

Marx fügt hinzu, daß unter den Bedingungen der bürgerlichen Produktionsepochen, "... wo die Produktion als Zweck des Menschen und der Reichtum als Zweck der Produktion erscheint... diese universelle Vergegenständlichung als totale Entfremdung" in Erscheinung tritt.

Die Aufgabe des ökonomischen Systems als Kernstück im entwickelten gesellschaftlichen System des Sozialismus ist es jedoch gerade, die "bornierte bürgerliche Form" des gesellschaftlichen Reichtums zu überwinden und die von der kapitalistischen Fessel befreite Produktivität des Menschen voll zur Entfaltung zu bringen.

Rationalität und Effektivität des ökonomischen Wachstums und Vervollkommnung sowohl des Gesamtsystems der sozialen Beziehungen wie der persönlichen Fähigkeiten der Mitglieder der Gesellschaft hängen unmittelbar voneinander ab, bilden jedoch eine widerspruchsvolle Einheit. Vergrößerung und qualitative Verbesserung des Konsumtionsfonds, Bereitstellung von mehr Freizeit, höheres Maß an Dienstleistungen, Arbeitserleichterungen aller Art, Intensivierung und Verlängerung des allgemeinen und Organisierung des postgradualen Bildungssystems, Entwicklung des kulturellen Lebens und andere Leistungen der Gesellschaft verlangen den Einsatz enormer ökonomischer Potenzen.

Letztere müssen heute dem direkten Einsatz in der Produktion materieller Güter entzogen werden, damit sie sich (teilweise) zu einem späteren Zeitpunkt beschleunigend auf das ökonomische Wachstum auswirken können.

Andererseits ist unter den gegenwärtigen Bedingungen der Auseinandersetzung zweier entgegengesetzter Weltsysteme das beschleunigte ökonomische Wachstum eine Existenzfrage für die sozialistische Gesellschaft.

Der außerordentlich akute und praktische Charakter des ökonomischen Wachstums und der sozialökonomischen Entwicklungsprozesse mündet ein in die Frage nach ihren Quellen und Triebkräften, d. h. in die Frage: Auf welche Weise werden Wachstum und Entwicklung determiniert? Der besondere Charakter des sozialen Determinismus schließt die Möglichkeit einer spontanen Umsetzung von Entwicklung in Wachstum und umgekehrt aus. Entwicklungsprozesse stellen immer - auch in den vorsozialistischen Produktionsweisen - die Lösung herangereifter systemimmanenter Möglichkeiten im Zuge von sozialen Bewegungen. Wir wollen daher die aufgeworfene Problemstellung unter dem Aspekt weiterverfolgen, wie gesellschaftliche Triebkräfte entstehen, wie ihr Wirkungsmechanismus verläuft und wie er bewußt gelenkt werden kann. Allerdings müssen wir uns auf einen Ausschnitt aus der sehr umfangreichen möglichen Fragestellung beschränken.

Als allgemeinste Triebkräfte versteht der dialektische Materialismus die Widersprüche, den "Kampf" der einander ausschließenden Seiten ein und derselben Erscheinung. "Bedingung der Erkenntnis aller Vorgänge in der Welt in ihrer 'Selbstbewegung', in ihrer spontanen Entwicklung, in ihrem lebendigen Sein ist die Erkenntnis derselben als Einheit von Gegensätzen. Entwicklung ist 'Kampf' der Gegensätze", schrieb Lenin.[4] Die Widersprüche sind die Haupttriebkraft, die Quelle jeder "Selbstbewegung" und Entwicklung der Natur und Gesellschaft. Die Weiterentwicklung des gesellschaftlichen Systems des Sozialismus geht ebenfalls in der Form der Entstehung und Überwindung von Widersprüchen vor sich. "Der konfliktreiche Kampf, der zu einer immer höheren Einheit führt, ist der normale Verlauf der gesellschaftlichen Entwicklung."[5]

Die verschiedenen Formen, in denen Widersprüche zwischen den einzelnen Bereichen und Systemen der sozialistischen Gesellschaft auftreten, sind in der marxistischen Literatur der Gegenwart eingehend beschrieben einschließlich des Mechanismus, wie sie durch die organisierte Kraft der Gesellschaft unter Führung der marxistisch-leninistischen Partei überwunden werden.

Der objektive Charakter dieser Triebkräfte besteht nicht in einer spontanen Selbstaufhebung der Widersprüche oder in einem Übergang zu antagonistischen Gegensätzen mit der Wirkung der Zerstörung bestimmter Bereiche und Systeme der Gesellschaft, sondern in der durch wissenschaftliche Erkenntnis und durch bewußte Aktivierung der Volksmassen vermittelten Höherentwicklung und gegenseitigen Entsprechung der einzelnen sozialen Bereiche und Systeme.

Das Problem der sozialen Triebkräfte kann und muß folglich auch im Sozialismus im philosophischen Bezugsystem von Bewegung-Widerspruch-Entwicklung dargestellt werden und wird zu recht so dargestellt, weil die - in der Diskussion Ende der 50er Jahre - gelegentlich geäußerte Meinung, für den Sozialismus müsse eine widerspruchslose Entwicklung konzipiert werden, zu einer Fehlentwicklung der wissenschaftlichen Sozialanalyse der sozialistischen Gesellschaft und damit zu einer Desorientierung der gesellschaftlichen Leitungstätigkeit führen würde.

Man muß sich dessen bewußt bleiben, daß die Analyse der Widersprüchlichkeit der Entwicklung als Grundlage einer Theorie der sozialen Triebkräfte auf der letztmöglichen Abstraktionsebene agiert und in dieser Form noch wenig über den spezifischen sozialen Mechanismus sagt, bei dem tatsächliche, konkrete soziale Gruppen auftreten und handeln. So ist die Frage nach der akzelerierenden Entwicklung im Sozialismus im Bezugsraum der Widerspruchstheorie noch nicht befriedigend beantwortet.

Die sozialistische Gesellschaft ist zweifelsohne frei von Antagonismen und ihnen ähnelnden scharfen Formen widersprüchlicher Tendenzen. Ihr rasches Entwicklungs- und Wachstumstempo kann daher nicht aus der Verschärfung von Widersprüchen erklärt werden, wie das für andere Gesellschaftsordnungen möglich ist. Eher läßt sich sagen, daß mit der Überwindung bestimmter, stark wirkender Widersprüche, mit der Herstellung einer immer tieferen Übereinstimmung des Gesamtsystems das Entwicklungstempo zunimmt. Natürlich gibt die Analyse der im Sozialismus wirkenden Widersprüche dazu einigen Aufschluß. Die Darstellung beschränkt sich jedoch zumeist auf eine deskriptive Aussage darüber, daß es sich um die Überwindung von Widersprüchen des einen Typs durch Widersprüche eines anderen Typs, nämlich innerhalb eines höheren Niveaus sozialer Einheit handelt.

Die Triebkraftproblematik wirft aber eine ganze Reihe von weitergehenden Fragen auf:

1. Wie erklärt sich die Beschleunigung, die Entwicklungsprozessen in nichtantagonistischen Gesellschaftssystemen eigen ist?

2. Wie erklärt sich das Zustandekommen höherer Formen der sozialen Einheit (der Entsprechung und Übereinstimmung der einzelnen Bereiche und Systeme), und welchen Einfluß hat sie auf Entwicklung und Wachstum?

3. Wie erfolgt die "Umsetzung" objektiv-widersprüchlicher Zustände in sich bewußt vollziehende soziale Aktionen?

4. Wie sind soziale Triebkräfte lenkbar und planmäßig zu beeinflussen?

Die Beantwortung dieser Fragen mit anderen als philosophischen Formen der Darstellung, also im soziologischen und ökonomischen Bereich geringerer Abstraktionsstufe, die den Vorzug hat, spezifische Vorgänge darstellen zu können, steht noch zum guten Teil aus. Wir beschränken uns im folgenden auf einige Aspekte:

Bewegung und Entwicklung als eine absolute Verhaltensweise der sozialen Systeme unterstellt, lautet die Frage, inwiefern, durch welchen spezifischen Determinismus sie "angetrieben" werden. Unterstellen wir ferner, daß der Gedanke des "Antreibens" der Entwicklung identisch mit ihrer Beschleunigung ist.

Das ökonomische Wachstum in den Ländern des modernen Kapitalismus in den letzten 10 bis 15 Jahren ist zu einem wesentlichen Teil daraus zu erklären, daß mindestens drei

Prozesse (es ist nicht schwierig, einige weitere zu nennen) zusammenwirkten: 1. der Aufschwung der Produktion in der Nachkriegsphase, in der ein großer Nachholbedarf mit einer gründlichen Erneuerung der Produktionsfonds (auf Kosten der werktätigen Massen) zusammenfiel, 2. der verstärkte Übergang zu staatsmonopolistischen Formen der Wirtschaftslenkung mit dem Effekt einer besseren Koordination der ökonomischen Kräfte, einer höheren Ausnutzung der ökonomischen Ressourcen, einschließlich wirksamerer Regulierungsmaßnahmen der Kapitalzirkulation und der Ausnutzung der Märkte, 3. das volle Einsetzen der technischen Revolution, die, durch Entwicklungen während des zweiten Weltkrieges vorbereitet, eine ganze Reihe neuartiger Produktivkräfte produktionsreif machte. Zwar gab es nicht wenige gegenläufige Tendenzen, aber insgesamt kann doch von einem Zusammenfallen, einer Synchronisation produktionsfördernder Faktoren gesprochen werden, die durch die historischen Umstände herangereift waren und aus denen sich hauptsächlich das ökonomische Wachstum erklärt.

Gerade darin besteht u. E. in komplexen Systemen das Wesen der Akzeleration von Prozessen, daß Faktoren mit prinzipiell gleicher Wirkungsrichtung zusammenfallen und, sich dabei gegenseitig verstärkend, auf den jeweiligen Prozeß stark beschleunigend einwirken.

Betrachtet man den Wirtschaftsaufschwung der sozialistischen Ländern, so liegen seine Faktoren vor allem in der durch die wissenschaftliche Führung der Gesellschaft mobilisierten, zusammengefaßten, auf die Schwerpunkte der Entwicklung gelenkten Aktionen der Volksmassen. Das betrifft ökonomische und politische und allgemeine soziale Wirkungsfaktoren. Der Unterschied zu modernen kapitalistischen Systemen liegt in der Vollständigkeit und Durchgängigkeit, mit der alle sozialen Bereiche und Sphären in Übereinstimmung gebracht und auf die objektiv erforderlichen Zielkriterien des gesellschaftlichen Fortschritts ausgerichtet werden, während im Kapitalismus bei fortbestehendem sozialen Antagonismus diese oder jene Bereiche oder Prozesse aufeinander abgestimmt werden. Die Einsicht der Bourgeoisie in den Gesamtmechanismus ihrer Gesellschaft und ihre objektiven Möglichkeiten, die Gesellschaft zu lenken, sind durch die sozialen Antagonismen auf Teilaspekte und Teilbereiche beschränkt.

Natürlich hat die höhere Qualität der Organisiertheit der sozialen Prozesse im Sozialismus primär nicht ihren Ursprung in der Bewußtheit der sozialen Führungskräfte und der Volksmassen, sondern objektiv in der Struktur des sozialistischen Systems, in dem das Niveau der Produktivkräfte und der Zustand der Produktionsverhältnisse eine qualitativ höhere Einheit bilden. Die wissenschaftliche Führung der gesamten Gesellschaft ist Ausdruck dafür, daß dieser neue soziale Zustand und die ihm innewohnenden Möglichkeiten wissenschaftlich erkannt und praktisch umgesetzt werden. Auch für den Sozialismus gilt, daß die bewußte, schöpferische gesellschaftliche Praxis keine anderen Voraussetzungen hat "als die vorhergegangne historische Entwicklung". Sie ist der objektive Tatbestand, den die jeweilige lebende Generation vorfindet, den sie zu verändern trachtet oder akzeptiert, von dem ihre sozialen Interessen, d. h. die Zielstellung ihres praktischen Handelns, geformt werden. Dieser Tatbestand existiert erstens als Zustand der materiellen Produktivkräfte, zweitens als Summe des gesellschaftlichen Verhaltens und drittens in der Gestalt der relativ stabilen Strukturen, die sich sowohl im sozialen Verhalten als auch in seinen materiellen Substraten historisch herausgebildet haben und folglich objektive Bedingung der sozialen Aktivität bilden.

Wenn in der letzten Zeit besonders die Triebkraftfunktion der sozialen Interessen hervorgehoben wurde, so ist das völlig berechtigt, nur darf nicht verkannt werden, daß die Interessen weder autonome Triebkräfte sind, die sich selbst erklären, noch einfach Ausdruck autonomer Bedürfnisse, sondern die mehr oder weniger genaue Widerspiegelung des objektiv vorgefundenen sozialen Tatbestandes mit seinen Erfordernissen und den in ihm angelegten Möglichkeiten "der Entwicklung aller menschlichen Kräfte als solcher".

Die eigentliche theoretische Schwierigkeit ist das Verständnis der Triebkräfte sowohl als objektive, systemimmanente "Prozeßverflechtung" wie als Funktion sozialer Interessen, die daraus hervorgehen, und der aus ihnen folgenden sozialen Verhaltensweisen.

Wenn man die Interessen, in dieser oder jener Ableitung, zur wesentlichsten Triebkraft erklärt, u. a. mit der Begründung, daß die Gesellschaft ein System handelnder Menschen ist und mit der Aufdeckung der Motivation dieses Handelns eben jene Kräfte entdeckt sind, die die Entwicklung antreiben, so ist das nur dann richtig, wenn man das soziale Handeln infolge von Interessen nicht als bloße Willenshaltung versteht. Soziale Interessen[6] bewegen zwar prinzipiell die Menschen, aber ob sie Triebkraftcharakter besitzen, hängt von den objektiven Bedingungen und ihrer eigenen Spezifik ab. Sie können auch auf die Konservierung sozialer Zustände gerichtet sein. Sie können die Möglichkeiten ihres sozialen Systems falsch widerspiegeln und Fehlentwicklungen auslösen. Um voluntaristische Vereinfachungen des sozialen Determinismus zu vermeiden, muß man berücksichtigen, daß die soziale Bewegung ein Prozeß ist, der bereits in Gang ist, dessen Resultate schon "vorgefertigt" sind, ehe sich die aktuellen Interessen an ihm bilden, ganz abgesehen davon, daß jedes soziale Verhalten mit den schon fertigen Resultaten und Triebkräften früherer Prozesse zu rechnen hat.

Das sich im Gefolge von Interessen äußernde soziale Verhalten hat daher prinzipiell drei Möglichkeiten: 1. einen Prozeß zu beenden, 2. einen Prozeß zu unterstützen, daß er schneller, intensiver, störungsfreier abläuft, 3. aus den vorhandenen Möglichkeiten neue

Entwicklungen einzuleiten. Die theoretische Schwierigkeit liegt, wie leicht einzusehen ist, nicht so sehr in der Objektivität der materiellen Substrate als in der Objektivität sozialer Bewegungen als Sozialverhalten. Die Definition der Funktion des sozialen Interesses muß historisch-logisch vorgehen. Es ist ein erheblicher Unterschied, ob man es mit Sozialverhalten zu tun hat, das sich in einem bereits andauernden Prozeß realisiert oder mit einem Sozialverhalten, das aktuell infolge ideller Reflektion auf solche Prozesse reagiert. Praktisch besonders wichtig ist die Hervorhebung des objektiven Charakters der als Triebkraft fungierenden Sozialprozesse dort, wo relativ schwer veränderbare soziale Medien im Spiel sind, so z. B. in der ökonomischen Sphäre mit ihrer Vielzahl am sozialen Prozeß beteiligter materieller Substrate.

2. Gesellschaftliche Triebkräfte als Führungs- und Leistungsverhalten im Produktionsprozeß

Das methodologische Erfordernis der Darstellung der sozialen Triebkräfte stellt sich anders vom Aspekt des Metasystems als von dem des Subsystems aus dar. In der vorliegenden Literatur gehen die Darstellungsweisen noch häufig durcheinander, was gelegentlich einen eklektischen Dualismus von äußerst abstrakter Darstellung und rezeptartiger Verhaltensanweisung hervorbringt.

Die Beschreibung des sozialen Determinismus im Metasystem und seine adäquate Untersuchung im Subsystem sind auch nicht einfach das Problem der Darstellung mehr komplizierter im Unterschied zu weniger komplizierten Systemzusammenhängen. Der Unterschied liegt auf einer anderen Ebene. Wenn man so will, ist die Darstellung des Verhaltens von Subsystemen komplizierter. Wir haben es mit einer analogen Situation zu tun, wie in jenem bekannten kybernetischen Beispiel, das einer Armee als Gesamtsystem einfachere Bewegungen zuschreibt, ihr Verhalten leichter formalisierbar findet als das des einzelnen Soldaten in einer konkreten Kampfsituation. Einen sinnvollen sozialen Kontext vorausgesetzt, ist das Funktionieren des Systemzusammenhanges von Produktivkräften und Produktionsverhältnissen oder von Basis und Überbau einfacher darstellbar als der Funktionsmechanismus eines Produktionszweiges und seiner Entwicklungsbedingungen.

Eine weitere, häufig benutzte Methode der Gegenüberstellung ist die von "Makro-Bereich" und "Mikro-Bereich". Dabei wird meist davon ausgegangen, daß mikro-soziologische bzw. mikro-ökonomische Prozesse Vorgänge in kleineren Systemen sind, die, von gesamtgesellschaftlichen Prozessen determiniert, die soziale Bewegung im Einzelfall ausmachen, selbst aber keine Makro-Bedeutung haben. Für eine Reihe von Vorgängen erscheint eine solche methodische Gegenüberstellung nützlich,[7] für das, was ihrem Gebrauch konzeptionell und methodologisch vorausgesetzt ist, ist sie sehr ungenau, wenn nicht falsch. Der soziale Mikrobereich ist je nicht nur dieses oder jenes Einzelsystem, er ist derjenige Bereich, in dem sich soziale Prozesse empirisch-kommunikativ bzw. personal-kommunikativ vollziehen. Er ist der Bereich der unmittelbaren Kommunikation des gesellschaftlichen Menschen, in dem die elementaren Vorgänge stattfinden, die nicht nur vom Makro-System determiniert sind, sondern sich auch a posteriori zu Makro-Prozessen verflechten. Die Familie z. B. ist ein solches mikro-soziales Gebilde, aber die "familiäre Existenzweise" des Menschen hat makrosoziale Dimensionen, oder, wenn man so will, ist ein makro-sozialer Faktor. Gleiches gilt für den Funktionsmechanismus der unmittelbaren empirischen Kommunikation in den Produktionskollektiven.

Das soziale Determinismus-Prinzip und sein Sonderfall, die Triebkraftproblematik, können nicht vollständig beschrieben werden, wenn man es lediglich als gesamtgesellschaftliche Systemverflechtungen wie z. B. die Dialektik von Produktivkräften und Produktionsverhältnissen, das Verhältnis von Basis und Überbau bzw. andere große Systembereiche oder, unser engeres Thema betreffend, als Dialektik von gesellschaftlichen und individuellen Interessen auffaßt.

Die einzelnen Produktionskollektive und Produktionsbetriebe sind mehr als nur eine Mikro-Sphäre, in denen sich Makro-Prozesse als konkret einzelne Ereignisse vollziehen und damit gegenüber der schon gewonnenen Aussage über das Gesamtsystem nichts Neues bieten. Ökonomisches Wachstum ist zweifelsohne ein makro-ökonomischer Effekt, der mehr ist als die Summe des ökonomischen Verhaltens der einzelnen Betriebe, denn erst durch die gesamtgesellschaftliche Verflechtung der einzelnen Produktionsstätten ist das leistungsfähige Verhalten des einzelnen Betriebes oder des einzelnen Produktionskollektivs möglich.

Aber eine Anzahl sozialer Triebkräfte hängt unmittelbar ab von den systemspezifischen Prozessen, die sich nicht in der Verflechtung zwischen Subsystemen, sondern in der personalen Kommunikation der Produktionskollektive und in deren Zusammenfassung durch eine eigenständige Organisations- und Leitungspyramide vollziehen. Aus diesen Prozessen wird der makro-soziale Bereich in einem sehr wesentlichen Ausmaß gespeist.

In der Tat lassen sich verschiedene Systemebenen nicht mit ein und demselben Abstraktionsprozeß erfassen. So verliert die Gegenüberstellung von gesellschaftlichen und individuellen Interessen in einem konkreten Produktionskollektiv den Sinn, den ihre Formulierung als ein widersprüchliches Doppelsystem im Metasystem hat, denn die gesellschaftlichen Interessen werden von eben den Individuen wahrgenommen und realisiert, die z. B. im gesellschaftlichen Bereich Produktionssphäre-Konsumtionssphäre als Träger individueller Interessen auftreten. Gelegentlich unterlaufen Vereinfachungen solcher Art, in denen die

Arbeiter die individuellen Interessen, die Leiter die gesellschaftlichen Interessen repräsentieren. Solche Forderungen der Werktätigen jedoch, wie Verbesserung der Arbeitsbedingungen, hoher Lohn durch kontinuierlichen Produktionsfluß, mehr soziale Leistungen für die werktätige Frau, stärkere Einbeziehung der Arbeiter in den Vorbereitungs- und Entscheidungsprozeß u. a. m., sind gesellschaftliche Interessen, auch wenn sie zwangsläufig individuell motiviert sind. Es erscheint auch irreführend, angesichts solcher Sachverhalte vom bereits erfolgten Zusammenfallen von individuellen und gesellschaftlichen Interessen zu sprechen, da so betrachtet der Begriff des Individuellen seinen Sinn verliert. Schließlich ist auch die Forderung nach Verkürzung der Arbeitszeit, nach mehr und besseren Konsumtionsmitteln usw. ein gesellschaftliches Interesse und kein individuelles im Unterschied zum gesellschaftlichen.

Das gesellschaftliche Interesse als ein vom individuellen zu unterscheidendes Spezifikum kann nur Ausdruck systemspezifischer Forderungen sein, die aus dem Gesamtsystem hervorgehen, das eine Ganzheit ist und nicht die Summe seiner Teile. Wenn man diese Konzeption jedoch auf beliebige Systemebenen, u. a. auf den Mikro-Bereich, überträgt und etwa schlechthin zum Hauptinhalt jeder gesellschaftlichen Leitungstätigkeit erklärt, so erhält das in der konkreten Wirklichkeit als Interesse von Individuen auftretende soziale Interesse den Beigeschmack von Egoistischem, Asozialem, Egozentrischem, dem man mit einem geschickten Erziehungsprozeß beikommen muß. Natürlich gibt es solche Erscheinungen, aber doch als sozialen Sonderfall, den man nicht zum Hauptprinzip des sozialen Triebkraftmechanismus in gesellschaftlichen Subsystemen machen kann.[8]

Worum es in Wirklichkeit geht, zeigt sich erst, wenn man die Systemebenen und ihre spezifischen Erfordernisse voneinander abhebt und ihr Determinismus-Prinzip methodisch trennt. Dann zeigt sich nämlich, daß sich in einem konkreten Subsystem als eigentliche Triebkraft gruppenspezifische Interessen herausbilden, die den subjektiven Ausdruck der Existenzweise verschiedener Systemebenen darstellen. Im Produktionsprozeß handelt es sich um Interessenkomplexe von Produktkonskollektiven, die Leiter, Funktionäre, Meister und Arbeiter einschließen und die aus den unmittelbaren Arbeitsbedingungen, wozu auch die individuellen Verdienstmöglichkeiten u. a. gehören, hervorgehen. Insofern produzierende Einheiten ein System bilden, existieren objektive, systemimmanente Erfordernisse, die sich in gruppenspezifischen Interessen äußern. Die beteiligten Individuen sind naturgemäß Träger dieser Interessen, wobei sie die objektiven Erfordernisse oder Möglichkeiten mehr oder weniger genau erfassen und ausdrücken. Der Arbeiter ist als Träger des Produktionsprozesses auch Träger bestimmter Interessen, die der von ihm gebildeten Systemebene entsprechen. Als produzierendes Individuum vertritt er die Interessen der produzierenden Individuen und nicht im wesentlichen Interessen, die die Individuen außerhalb des

Produktionsprozesses hervorbringen. Daß letztere eine bedeutende Rolle spielen, kann unterstellt werden. Um jedoch die Rolle des Individuums im Produktionsprozeß richtig zu beurteilen, muß man es als produzierendes Individuum betrachten. Die Rückführung dieser ganzen Problematik auf das Verhältnis von gesellschaftlichem und individuellem Interesse deckt die Spezifik zu statt auf.

Betrachten wir diese Fragestellung unter dem Aspekt der Triebkräfte des ökonomischen Wachstums. Setzen wir, auf den obigen Zusammenhang bezogen, voraus, daß die unmittelbar sich im Arbeitsprozeß äußernden Interessen der Individuen wie kontinuierlicher Produktionsfluß und, im Zusammenhang damit, stabiler Lohn, angenehme Arbeitsbedingungen u. a. m. als Triebkräfte bewußt eingesetzt und wirksam werden sollen, dann ist es,aus der Bezugsebene des Subsystems gesehen,wenig stinnvoll, die Herstellung der Übereinstimmung mit den gesellschaftlichen Interessen zu fordern. Wir können nämlich in sinnvoller Weise unterstellen, daß gerade in der Abhängigkeit von Produktionsfluß und Einkommenshöhe, um nur diesen einen Faktor zu wählen, der individuelle Ausdruck eines gesellschaftlichen Erfordernisses möglichst niedrig liegen zu lassen. Die Forderung, eine Übereinstimmung ungrenze möge möglichst niedrig liegen zu lassen. Die Forderung, eine Übereinstimmung unterschiedlicher Interessenssphären "herzustellen", verlangt, einen Mechanismus einzuführen, der in unserer sozialistischen Volkswirtschaft seit langem und immer vollkommener funktioniert, der nämlich das Wesen sozialistischer Produktionsverhältnisse ausmacht. Das schließt nicht die Existenz von Sonderinteressen aus, die den Erfordernissen des gesellschaftlichen Systems, auf welcher Ebene auch immer, entgegenstehen. Aber auch das ist ein Sonderfall und nicht das Grundprinzip, auf dem man die soziale Triebkraftproblematik aufbauen müßte.

Das Problem der sozialen Triebkräfte erfordert aber noch ein weiteres: Es geht nicht nur darum, daß durch die Gewährleistung eines geeigneten Mechanismus die Bereitschaft und das Interesse der Individuen an hohen Produktionsleistungen geweckt werden. Eine solche Bereitschaft ist zunächst nur eine potentielle Kraft,und eine kurzlebige dazu, wenn sie sich nicht entfalten kann. Die Triebkraftproblematik stellt sich aus dieser Sicht folglich dar als das Problem, ein hohes und kontinuierliches Leistungsverhalten zu realisieren. Bekanntlich ist jedoch die Leistungsbereitschaft nur eine der dafür erforderlichen Komponenten. Die wesentlichere liegt - die materiellen, produktionstechnischen Bedingungen vorausgesetzt - in der Art und Weise, wie der gesellschaftliche Produktionsprozeß in der Mikro-Sphäre organisiert und geleitet wird.

Wir haben es scheinbar mit einem methodischen Zirkel zu tun: Die Interessen sozialer Gruppen geben dem gesellschaftlichen Leitungs- und Entscheidungsmechanismus Zielkriterien, Formen und Inhalt vor, die Realisierung sozialer Interessen (als Triebkraft = produktives Leistungsverhalten) setzt einen zielstrebigen Leitungs- und Entscheidungsmechanismus voraus. Dieser scheinbare Zirkel löst sich jedoch sehr schnell auf, wenn man die objektiven Bezugssysteme voneinander trennt. Der Typus sozialer Interessen, mit dem es der Sozialismus zu tun hat, entsteht aus dem Charakter der Produktionsverhältnisse (dazu gehören auch die Art und Weise, wie der Produktionsprozeß vergesellschaftet ist) und den daraus folgenden sozialen Beziehungen, die sich in der Art und Weise der Verfügung über die Produktionsmittel und der Aneignung der Ergebnisse der Produktion ergeben.[9]

Die Triebkraftproblematik betreffend, geht es schon nicht mehr um die Erklärung, welche Funktionen soziale Interessen allgemein haben, sondern wie ein bestimmter Typus sozialer Interessen entsteht, wie die Interessen einen bestimmten spezifischen Inhalt, eine bestimmte spezifische Zielstrebigkeit erhalten. Die Frage jedoch, wie die Zielstrebigkeit menschlichen Verhaltens, die aus dem gesamtgesellschaftlich entstandenen Interessentypus hervorgeht, sich in ein effektives Leistungsverhalten der Werktätigen in der entwickelten sozialistischen Gesellschaft umsetzt, ist ein Sachverhalt, der nur dann erklärt und beeinflußt werden kann, wenn es gelingt, die Faktoren zu finden, die in konkreten Produktionseinheiten unmittelbar auf den Menschen und sein soziales Verhalten einwirken. Darunter ist an erster Stelle der Leitungs- und Entscheidungsmechanismus zu nennen. Die Gründe dafür sind bekannt und brauchen nicht ausführlich abgeleitet zu werden.

Im wesentlichen handelt es sich darum, daß der Produktionsprozeß gesellschaftlicher Natur ist, weshalb einer individuellen Leistung in einer Vielzahl von kooperativen Handlungen ein nahezu infinitesimal kleiner Stellenwert zukommt. Der eigentliche Leistungseffekt entsteht aus der Kooperation, und diese ist nur möglich bei Vorhandensein einer "informationellen Gesamtschaltung", einer Koordination aller Einzelhandlungen. Genau genommen geht es jedoch nicht so sehr um Kooperation und Organisation individueller Tätigkeiten - dies ist bei dem heutigen Stand der Entwicklung der Produktion vorauszusetzen-, sondern um eine Gesamtschaltung verschiedener Subsystem-Bereiche wie: technische Systeme, Systeme der Mensch-Maschine-Symbiose, ökonomische Systeme, Systeme zwischenmenschlicher Beziehungen.[10]

Die Triebkraftwirkung der in diesen Systemen fungierenden Prozesse ergibt sich insbesondere daraus, daß in diesen Systemen und in den Beziehungen zwischen ihnen ein hohes Maß von Ordnung und Organisiertheit gewährleistet ist. Darauf eben ist objektiv die gesellschaftliche Leitung als praktische Tätigkeit gerichtet.

Das Wesen jedes Leitungs- bzw. Lenkungsprozesses ist die Entscheidungsfindung. Insofern ist zu dem bereits Gesagten hinzuzufügen, daß nicht soziale Interessen schlechthin die ökonomischen und jede andere soziale Entwicklung vorantreiben, sondern solche, die in einen sozialen Entscheidungsprozeß übergehen. Man darf sich die gesellschaftlichen

Triebkräfte im Sozialismus nicht als unorganisiert und spontan wirkende Faktoren vorstellen, etwa in der Art, daß sich im Produktionsbetrieb Tausende Menschen mit beliebigen individuellen Interessen und ein Apparat von leitenden Kadern mit der Fähigkeit gegenüberstehen, diese Interessenvielfalt in Leistungsanreize zu verwandeln. Triebkraftfunktion erhält immer erst das Handeln von Menschen in solchen Systemen, die auf eine bestimmte Art zweckmäßig organisiert sind. Das Niveau dieser Organisiertheit unterliegt allerdings selbst einem Reifeprozeß, der aus der Sicht der gesellschaftlichen Entscheidungsfindung als ein Lernprozeß definiert werden kann. Dieser Reife- und Lernprozeß der sozialen Organisation ist ein weiteres Moment dafür, daß Triebkraftfaktoren objektive Gegebenheiten sind.

Die Frage nach dem effektiven Leistungsverhalten hat sich inzwischen um die Frage nach den Voraussetzungen eines effektiven Entscheidungsprozesses erweitert. Dabei erfaßt der Entscheidungsprozeß zwei Bereiche: Er muß die technischen und ökonomischen Möglichkeiten bewältigen,und er muß die Faktoren entwickeln, die als Leistungsanreize auf die am Produktionsprozeß beteiligten Individuen wirken.

Bekanntlich geht die marxisitsche Soziologie davon aus, daß die Menschen materielle und ideelle Interessen - als Ausdruck ihrer Bedürfnisse - hervorbringen und im Arbeitsprozeß die Möglichkeit erhalten, sie in Übereinstimmung mit den gesellschaftlichen Interessen zu verwirklichen. Den materiellen Interessen wird gegenüber den ideellen Interessen das Primat zugesprochen. Zunächst ist der Ausdruck "materiell" in Verbindung mit dem Begriff des Interesses nicht ganz exakt. Interessen sind stets etwas Ideelles, nämlich eine Wertung möglicher Zielfunktionen des menschlichen Handelns. In einer warenproduzierenden Gesellschaft auf hohem Niveau, wie der Sozialismus sie darstellt, ist das Streben nach hohem Einkommen als Äußerung eines sozialen Interesses theoretisch bei weitem nicht so aufschlußreich wie die Frage, welchen Zwecksetzungen die Verausgabung des persönlichen Budgets folgt. Das sind, die Sicherung der unmittelbaren Existenzbedingungen vorausgesetzt, die Befriedigung von Ansprüchen, die aus sozialen Wertungen herrühren, also Bedürfnisse, die auch dann die ideelle Sphäre durchlaufen und von ihr geformt werden, wenn sie den Erwerb oder die Benutzung materieller Güter erfordern. Die Gegenüberstellung von materiellen und indeellen Interessen hat dann auch meist den praktischen Zweck, zwischen solchen Leistungsanreizen zu unterscheiden wie einerseits Geld-Lohn oder Geld-Prämie und andererseits Auszeichnungen, sozialer Anerkennung, Befriedigung des sozialen Aufstiegsstrebens u. a. m. Aber auch diese Trennung ist, als Leitungsmethode zur Steuerung der Leistungsanreize gesehen, noch unscharf und problematisch.

Nicht nur, daß die Wirksamkeit einer Geldmenge von der inneren Organisiertheit des Produktionskollektivs abhängt; sie ist auch abhängig von den allgemeinen sozialen

Haltungen, die sich dem Erwerb oder Besitz materieller Güter gegenüber ergeben. Eine in Aussicht stehende Geldmenge kann durchaus eine Fehlentwicklung des Leistungsverhaltens bewirken. Wir erinnern nur an die Diskussionen, die es mit nicht wenigen begabten Jugendlichen gibt, die das schnelle Geldverdienen einem soliden,aber länger andauernden Qualifizierungsprozeß vorziehen. Zum anderen ist die für Leistungsanreize zur Verfügung stehende Geldmenge eines jeden Betriebes relativ feststehend und hinsichtlich der Möglichkeiten für den einzelnen in den Produktionskollektiven ziemlich gut bekannt.[11]

Das betrifft ihre Grenzen nach oben und unten, das betrifft aber auch die Schwierigkeiten, individuelle Leistungen exakt in einer Lohnmenge auszudrücken. In den Produktionskollektiven ist ferner gut bekannt, daß die Geldleistungen des Betriebes von der Kontinuität und Qualität des Produktionsflusses abhängen. Deshalb kann man beobachten, daß sich die Aufmerksamkeit der Werktätigen immer stärker auf die Sicherung der günstigsten Produktionsbedingungen richtet.[12] Leiter und Arbeiter sind der Meinung, wie soziologische Untersuchungen ergaben, daß die Stabilität des Leistungsverhaltens am stärksten von der Kontinuität des Produktionsflusses bestimmt wird. Unterbrechungen durch Havarien, Stockungen im Materialfluß, technische und andere Umorganisationen usw. wirken sich auf das Leistungsverhalten viel stärker negativ aus als z. B. ökonomische oder andere Schwierigkeiten des Betriebes, die durch Unterschreitung der Planziele nachteilig auf die Verdienstmöglichkeiten wirken. Einen gut organisierten Arbeitsprozeß vorausgesetzt, wird man die Mehrheit der Werktätigen stets für die Überwindung von Schwierigkeiten mobilisieren können, wenn diese Schwierigkeiten unvermeidlich bzw. nicht abhängig vom Verhalten der Leiter sind. Dagegen breiten sich Nachlässigkeiten im Leitungs- und Verwaltungsgeschehen, die zu unregelmäßiger, kampagneartiger Arbeitsweise führen, rasch aus und ermüden die Leistungsbereitschaft. Unter solchen Umständen wirken materielle Anreize wenig und gelegentlich sogar demoralisierend.

Für alle Leistungsanreize gilt, daß sie in einem System optimaler Leistungsbedingungen stehen müssen. Das richtig abgestimmte Gesamtsystem von Leistungsbedingungen ergibt sich aus mindestens folgenden Faktoren:

1. Gut organisiertes Produktionsgeschehen
2. Klare gesellschaftlich-politische Aufgabenstellung hinsichtlich der Arbeits- und Produktionsziele
3. Ausreichende Information über Produktionsergebnisse, Ursache von Störungen, Aufgabenbereich und Verantwortlichkeit der Leiter
4. Vielfältige Möglichkeiten der Mitentscheidung und Mitgestaltung des gesamten betrieblichen Geschehens

5. Soziale Prestigeskala auf der Grundlage echter Leistungskriterien (vielseitige und echte Anerkennungen der erbrachten Leistung)

6. Vielfältige Möglichkeiten des sozialen Aufstiegs, darunter besonders der Qualifizierung und des Aufstiegs Verantwortungsbereichen höheren Niveaus

7. Achtung der Persönlichkeit des Werktätigen bei allen unmittelbaren Kontaktgelegenheiten ("gutes" Verhältnis in den Produktionskollektiven)

8. Möglichkeiten fühlbarer materieller Besserstellung bei Leistungssteigerung, ausgedrückt in Lohn und Prämien

9. Möglichkeiten zur Verbesserung der Arbeitsbedingungen, der materiellen Versorgung am Arbeitsplatz; Einführung von Arbeitserleichterungen[13]

Diese Faktorenreihe stellt keine Rangreihe dar. Unter konkreten Umständen ist es durchaus möglich, daß die Gewichtigkeit der einzelnen Momente auch in vergleichbaren Systemen verschieden, ja sogar gegenläufig ist.

Zumindest ist zu sagen: Die materielle Zielgerichtetheit sozialen Verhaltens ist die letztmögliche Reduktion des sozialen Determinismus, die Definition des "Beginns" der Kausalkette im gesamtgesellschaftlichen System der sozialen Triebkräfte. Alle sozialen Interessen sind erklärbar durch und rückführbar auf die in einem historisch bestimmten Sozialsystem sich verwirklichenden materiellen Existenzbedingungen und Bedürfnisse. Die Postulierung dieses Ausgangspunktes ist ein methodologisches Erfordernis, das Primat der Triebkraftfaktoren für das gesamtgesellschaftliche System richtig zu formulieren.

Bei der Feststellung des Mechanismus der Triebkräfte im Bezugsraum praktisch zu handhabender Regelsysteme verliert diese mögliche Reduktion ihre absolute Bedeutung; denn:

1. ist jedes soziale Subsystem in ein gesamtgesellschaftliches Metasystem eingeordnet und hat das jeweilige Grundprinzip des sozialen Determinismus zur Voraussetzung, so daß für die Analyse eines spezifischen Systems weniger die Durchführung der Reduktion als vielmehr die Aufdeckung der Formenvielfalt, wie sich dieses Grundprinzip in der Hierarchie der sozialen Wertungen und Interessen durchsetzt, von praktischer Bedeutung ist. Und folglich sind

2. soziales Verhalten und insbesondere Leistungsverhalten im Arbeitsprozeß Ausdruck einer Multiplizität sozialer Zielkriterien, die sich aus der Sicht der handelnden Individuen als Formenvielfalt akzeptierter gesamtgesellschaftlicher, systemspezifischer und gruppenspezifischer Zielkriterien zusammensetzen.[14]

Wir möchten nicht mißverstanden werden: Wirksame Leistungsanreize und damit starke soziale Triebkräfte sind nicht nur unter vollkommenen sozialen bzw. produktionstechnischen

Bedingungen möglich. Das Leistungsverhalten kann sich vielmehr gerade auf die Überwindung unzulänglicher Zustände richten. Immer aber wird es eines Systems von Faktoren bedürfen, das, etwas zugespitzt ausgedrückt, so stark ist wie das schwächste seiner notwendigen Elemente. Das schließt die Möglichkeit nicht aus, daß dieser oder jener Wirkungsfaktor austauschbar ist, kompensiert oder auch überkompensiert werden kann. Aber stets wird der soziale Triebkraftmechanismus dort am wirksamsten sein, wo das System der sozialen Erfolgschancen in der dem einzelnen Werktätigen unmittelbar zugänglichen kommunikativen Systemebene am vollkommensten ausgebildet ist, seine einzelnen Elemente einander am vollkommensten entsprechen und aufeinander abgestimmt sind. Der Vorzug des entwickelten gesellschaftlichen Systems des Sozialismus besteht darin, daß durch die hohe Organisiertheit aller gesellschaftlichen Kräfte dieser notwendige Zustand sozialer Leistungsbedingungen bewußt hergestellt und planmäßig vervollkommnet werden kann.

FUSSNOTEN

1 Vgl. z.B. L. V. Smirnov, Mathematische Modellierung der Entwicklung, in: Voprosy filosofii, Moskau, H. 1/1965, S. 73: "Wenn die Entropie S das Maß der Des(Nicht-)Organisiertheit, Unordnung des Systems darstellt, so ist die Negentropie (welche gleich der Entropie ist, allerdings mit umgekehrten Vorzeichen) das Maß der Ordnung und Organisiertheit. Entropie (und Negentropie) sind jedoch gerade das Wesen des Wahrscheinlichkeitscharakters des Systems... Von diesem Standpunkt ist der Entwicklungsprozeß der Übergang von mehr wahrscheinlichen (d. h. weniger geordneten, relativ einfachen, nichtorganisierten Zuständen) zu immer weniger wahrscheinlichen (d. h. mehr geordneten, relativ komplizierten, hochorganisierten Zuständen)." (Nichtautorisierte Übers.)
Im Wörterbuch der Kybernetik (hrsg. von Georg Klaus, Berlin 1967, S. 177) heißt es zum informationstheoretischen Entropiebegriff: "Wegen der Wesensverschiedenheit der beiden durch analoge mathematische Beziehungen ausgedrückten realen Zusammenhänge ist der Gebrauch der Termini 'Entropie' bzw. 'Negentropie' im Rahmen informationstheoretischer Betrachtungen nicht zu empfehlen." Auch bürgerliche Autoren, z. B. Colin Cherry, warnen vor dem informationstheoretischen Entropie-Begriff. Leider wird dabei meist unterlassen, einen anderen Begriff zu empfehlen, der den Sachverhalt unmißverständlicher ausdrückt. Benötigt wird ein Begriff zur Charakterisierung des Zustandes des inneren Determinismus eines Systems, d. h. des Niveaus

der wechselseitigen Abhängigkeit der Elemente, des Maßes der Wahrscheinlichkeit ihres Ordnungszustandes.

2 Die erweiterte Reproduktion führt neben anderen Wirkungen auch zur Erhöhung des Grades der Vergesellschaftung der Produktion und ist insofern Triebkraft der Entwicklung ökonomischer Systeme

3 K. Marx, Grundrisse der Kritik der politischen Ökonomie, Berlin 1953, S. 387

4 W. I. Lenin, Werke, Bd. 38, Berlin 1964, S. 338 f.

5 W. Ulbricht, Das Programm des Sozialismus und die geschichtlichen Aufgaben der Sozialistischen Einheitspartei Deutschlands, Berlin 1963, S. 219

6 Der Begriff des "sozialen Interesses" hat einen außerordentlich komplexen Umfang, der hier noch nicht ausreichend präzisiert werden kann. Wie sich aus dem Kontext ergibt, handelt es sich um mindestens zwei Bedeutungsbereiche: "Soziales Interesse" ist einerseits ganz allgemein ein Begriff für die gesellschaftlich bedingte Zielstrebigkeit menschlichen Verhaltens, andererseits kennzeichnet er den (engeren) Sachverhalt, daß das Interesse an technischen oder ökonomischen Vorgängen niemals autonom ist, sondern stets unter dem Einfluß allgemeiner sozialer Zielstellungen steht, die den technischen bzw. ökonomischen Interessen die entscheidende Ausrichtung geben

7 Letztlich ist die Gegenüberstellung von Mikro- und Makro-Bereichen eine etwa unscharfe Widerspiegelung des dialektischen Verhältnisses von Allgemeinem, Besonderem, Spezifischem und Einzelnem. Einen Bereich, in dem sich ausschließlich Spezifisches oder Einzelnes abspielen, gibt es ebensowenig wie einen Bereich des Nur-Allgemeinen. In den sogenannten Mikro-Systemen vollziehen sich sowohl Allgemeines wie Spezifisches und Einzelnes, Einmaliges eines sozialen Prozesses. Insofern gibt es Vorgänge, die tatsächlich auf Mikro-Systeme beschränkt bleiben und nicht in die größeren Systemzusammenhänge übergehen. Solch ein Vorgang ist z. B. der soziale Prozeß der Konstituierung und Festigung der inneren Autoritäts-Struktur von Produktionskollektiven, der, zwar beeinflußt von gesellschaftlichen Normen und Wertebildungen, jedoch für jede Gruppe äußerst spezifisch und weitgehend autonom verläuft.

8 Wir lassen hier außer acht, daß dieser Sonderfall ein häufiges Ereignis darstellt. Das Problem der Entwicklung und Erziehung von Interessen als ein objektiv erforderlicher Prozeß beim Aufbau des Sozialismus ist allerdings umfassender als die Aufgabe, rückständige und gesellschaftlich unvereinbare Verhaltensweisen zu überwinden. Es soll an dieser Stelle jedoch nicht näher darauf eingegangen werden

9 Vgl. Fußnote 4

10 Wir haben unsere Darstellung des komplizierten Charakters der sozialen Tätigkeit, die man Organisieren nennt, an anderer Stelle ausführlicher dargelegt.
Vgl. K. Braunreuther und H. Meyer, Zu konzeptionellen Fragen einer marxistischen soziologischen Organisationstheorie, in: Probleme der Politischen Ökonomie, Jahrbuch des Instituts für Wirtschaftswissenschaften der Deutschen Akademie der Wissenschaften zu Berlin, Bd. 10, insbesondere S. 233 - 241

11 In einer soziologischen Untersuchung eines Industriebetriebes im Norden der DDR wurde die Frage nach der gewünschten Verdiensthöhe gestellt. Die Gesamtsumme, geteilt durch die Anzahl der Befragten (etwa zwei Drittel der Belegschaft) ergab einen Durchschnittsverdienst, der nur um ein Geringes über der betrieblichen Plankennziffer lag.
Vgl. H. Meyer, Zu einigen Methoden der Auswertung soziologischer Umfragen, in: Probleme der Soziologie, hrsg. von Klein/Krüger/Seemann, Rostock 1965

12 Eine soziologische Umfrage bei qualifizierten Arbeitern im Bereich der Braunkohlenindustrie ergab folgende auffallende Häufigkeiten: (n = 405)

Wovon hängt Ihr Lohn vor allem ab?	absolut	Prozent
Von den eigenen Leistungen	201	49,2
Von der Arbeitsorganisation	167	41,2
Von der Art des Abrechnungssystems	130	32,1
Von äußeren Faktoren, wie z. B. Wetter, natürlichen Bedingungen	106	26,2
Von den Leistungen der anderen	73	18
Ich weiß nicht	12	2,9
Halten Sie es für richtig, daß auch die Arbeiter an der Verbesserung der Arbeitsorganisation aktiv mitarbeiten?		
Ja	298	73,6
Nein, das ist Sache der Leitungskräfte	37	8,2
Ja, aber ich wüßte nicht wie	29	7,1
Ich weiß nicht	4	0,9

13 Es folgen einige Werte aus der obengenannten Untersuchung: (n = 405)
Worüber möchten Sie besonders informiert werden?

Über die Ursachen von Störungen im Produktionsablauf	207	51,1
Über den Lohn von Kollegen in anderen Werken	189	46,6

	absolut	Prozent
Über die vorgesehenen Rationalisierungsmaßnahmen des Betriebes	169	41,7
Über die Kosten des Betriebes	140	34,5
Über den Lohn von Kollegen im Werk	124	30,6
Darüber, wofür die Leiter zuständig sind	112	27,6
Was ist nach Ihrer Meinung im Betrieb am wichtigsten?		
Stabiler hoher Lohn	209	51,6
Klare Anleitung durch die Vorgesetzten	210	51,7
Mehr Auseinandersetzungen über Mängel in der Arbeitsorganisation	174	42,9
Die Brigaden müßten sich mehr mit der Arbeitsdisziplin befassen	119	29,4
Gute Möglichkeiten, sich zu qualifizieren, damit man eine Arbeit übernehmen kann, bei der mehr verlangt wird	76	18,7
Nicht so viele Auseinandersetzungen; man hat nur Ärger davon	39	9,6
Was ist am wichtigsten, um die Produktion des Betriebes zu erhöhen?		
Es ist vor allem eine Frage der Arbeitsorganisation	272	67,1
Wir brauchen mehr Arbeitskräfte	117	28,9
Die Arbeiter müssen die Arbeitszeit viel besser ausnutzen	114	28,1
Wir brauchen mehr Geld, um die technische Ausrüstung großzügig zu verbessern	85	20,9

14 Wir meinen, daß es nicht sinnvoll ist, von individuellen Zielen im Unterschied zu Gruppenzielen zu sprechen. Die Individuen bilden immer entweder eine kommunikative oder eine statistische Gruppe. Handlungsaspekte, die keine statistische Gruppenbildungen zulassen, also bei 100 Menschen 100mal unvergleichbar verschieden sind, bilden keine relevanten soziologischen oder ökonomischen Sachverhalte

ALFRED TOMM

Die Interessen als Einflußgrößen des Nutzeffekts der gesellschaftlichen Arbeit

Politökonomische Untersuchungen, die sich auf den Prozeß der Herausbildung und Verwirklichung von Interessen im Reproduktionsprozeß der sozialistischen Wirtschaft beziehen, wurden bisher von Ökonomen in der Deutschen Demokratischen Republik nur unzureichend durchgeführt. Es blieb Vertretern anderer wissenschaftlicher Disziplinen überlassen, zum Beispiel philosophische, psychologische, soziologische und andere Aspekte der Interessen zu erforschen. In der ökonomischen Forschung wurden vorwiegend wirtschaftspolitische Fragen der materiellen Interessiertheit und der moralischen Impulse, so der Anwendung ökonomisch zweckmäßiger Lohn- und Prämienformen, behandelt.

Mit der schrittweisen Verwirklichung des ökonomischen Systems des Sozialismus reifen in der Deutschen Demokratischen Republik qualitativ neue Bedingungen heran, die spezielle Untersuchungen und rationelle Lösungen zur Erhöhung der Wirksamkeit der Interessen im Reproduktionsprozeß der sozialistischen Wirtschaft erfordern. Davon ausgehend werden im vorliegenden Beitrag bestimmte Seiten des Zusammenhanges zwischen der Herausbildung und der Übereinstimmung bzw. Verwirklichung von persönlichen, kollektiven und gesellschaftlichen Interessen dargestellt. Es wird versucht, die Erfordernisse und Bedürfnisse als Ergebnisse der Wirkungsweise der Interessen und als bestimmende Elemente des Gesamtsystems der ökonomischen Gesetze zu charakterisieren. Die differenzierte Struktur vor allem der ökonomischen Interessen wird ebenfalls umrissen und der Einfluß der ökonomischen Interessen auf die Erhöhung des Nutzeffekts der gesellschaftlichen Arbeit analysiert. Schließlich werden auch Fragen der Stimulierung von persönlichen und kollektiven Interessen herausgestellt. Dagegen werden psychologische, philosophische, soziologische und andere Aspekte der Interessen nur angedeutet, wenn es die vorgesehene Aufgabenstellung erfordert.

I. Grundlagen der Interessenbildung

Die im Reproduktionsprozeß der Stufen und Ebenen der sozialistischen Wirtschaft planmäßig vorzunehmende Nutzung des Gesamtsystems der ökonomischen Gesetze wird von der Wirkungsweise der Interessen beeinflußt. Sie äußert sich in einem bestimmten Verhalten und ökonomischem Handeln der Menschen im Reproduktionsprozeß. Entspricht dieses weitgehend den gesellschaftlichen Erfordernissen, wird die Wirkungsweise der Interessen, d. h. ihre Wirkungs- bzw. Zielrichtung und ihr Wirkungsgrad, zur Nutzung des Gesetzes der Ökonomie der Zeit, das Marx als "erstes ökonomisches Gesetz auf Grundlage der gemeinschaftlichen Produktion"[1] ansieht, beitragen. Ein Ausdruck hierfür ist die Ökonomisierung von lebendiger und vergegenständlichter Arbeit in Form von Einsparungen an Zeit, Material und Kosten auf jeder Stufe und Ebene des ökonomischen Reproduktionsprozesses.

Wirkungsrichtung und Wirkungsgrad der Interessen werden durch den werktätigen Menschen bestimmt, und zwar durch sein Verhalten und seine Aktivität (Handeln) im ökonomischen Reproduktionsprozeß. Demzufolge stehen die Interessen in enger Beziehung zum Gesamtsystem der ökonomischen Gesetze des Sozialismus; der Prozeß der Herausbildung von persönlichen, kollektiven und gesellschaftlichen Interessen ist als sozial-ökonomische Erscheinung zu charakterisieren.

Die Herausbildung von persönlichen Interessen der Menschen als gesellschaftlicher Individuen vollzieht sich unmittelbar im Rahmen ihrer klassenmäßigen und sozialen Stellung der jeweiligen historisch konkreten Gesellschaftsformation. Auf dieser Grundlage beeinflussen die persönlichen (individuellen) Interessen den zeitlichen und räumlichen Ablauf der ökonomischen Reproduktion. Dem liegt ein differenzierter, komplizierter und dynamischer Prozeß zugrunde, der allgemein als ein Wirkungs- und Rückwirkungsverhältnis zwischen den gesellschaftlichen Individuen und ihren Umweltbedingungen, d. h. einer bestimmten gesellschaftlichen Entwicklungsstufe der Produktionsweise, anzusehen ist. Der im Bewußtsein der Menschen sich objektiv vollziehende Prozeß der Herausbildung von persönlichen Interessen beruht auf bestimmten Erkenntnisvorgängen über das gesellschaftliche Sein, auf die insbesondere die klassenmäßige und soziale Stellung sowie die praktischen Erfahrungen der Werktätigen auf Grund ihrer Arbeits- und Lebensbedingungen einen aktiven Einfluß ausüben.

Die Erkenntnisvorgänge sind Ergebnisse der Aufnahme, Speicherung, Verarbeitung und Übertragung von Informationen im menschlichen Gehirn über eine bestimmte Umweltsituation, die den jeweils historisch konkreten Stand der gesellschaftlichen Entwicklungsstufe widerspiegelt. Im Prozeß der Informationsumwandlung in den Nervenzentren führen die gewonnenen Erkenntnisse zu einem inneren Modell der Umwelt des Menschen.

Von der Umwelt bzw. Außenwelt (objektive Realität) gehen Reize auf die menschlichen Sinnesorgane aus. Sie stellen die Grundlage der Erkenntnisvorgänge dar und verbinden die Umwelt bzw. Außenwelt mit den Menschen sowie umgekehrt die Menschen mit der Umwelt.

Es handelt sich also um spezifische Formen der Objekt-Subjekt-Relation bzw. Subjekt-Objekt-Relation.

Charakteristisch für das innere Modell der Umwelt der Menschen ist die Herausbildung von bestimmten Motiven bzw. Zielstellungen. In Form von persönlichen Interessen führen diese im Zuge ihrer Verwirklichung, zum Beispiel im ökonomischen Reproduktionsprozeß, zur Veränderung der Umwelt, d. h. letzthin zur Befriedigung materieller und nichtmaterieller Bedürfnisse. Den persönlichen Interessen liegt eine Relation zwischen Subjekt und Objekt zugrunde. Sie sind ein Ergebnis menschlicher Erkenntnisvorgänge, und zwar auf jener Erkenntnisebene, auf der sich die Motive bzw. Zielstellungen für das Denken und Verhalten bzw. Handeln der Menschen herausbilden.[2]

Die im Prozeß der Verwirklichung von Interessen auftretenden Widersprüche wirken als Triebkraft für die zielgerichtete und zweckmäßige Tätigkeit der Menschen bei der Herstellung von Gebrauchswerten und sog. nichtmateriellen Leistungen, die für die gesellschaftliche und individuelle Bedürfnisbefriedigung bestimmt sind. Diese Triebkraft hat objektiven Charakter und bestimmt das Denken, das Verhalten und das Handeln der Menschen.[3]

Die persönlichen Interessen können zugleich durch die soziale Umwelt determinierte Normativ- bzw. Sollgrößen[4] widerspiegeln. Letztere formen den Denkprozeß und führen zu bestimmten Verhaltensweisen, die sich in Handlungen entsprechend den gesetzten Normativ- bzw. Sollgrößen äußern können. Ergeben sich Abweichungen zwischen den effektiven Ergebnissen des Handelns und den Normativ- bzw. Sollgrößen der persönlichen Interessen, so sind die geplanten Handlungen im Rahmen des Erkenntnisprozesses, d. h. in dem jeweiligen Denkmodell, zu überprüfen. Hierbei kann sich ergeben, daß sowohl die Interessenziele als auch das Handeln selbst korrigiert werden müssen. Das von den persönlichen Interessen bestimmte mehr oder auch weniger rationelle Handeln der Menschen führt gleichtzeitig zu Veränderungen in der Umwelt, d. h., es erfolgt eine bestimmte Einflußnahme auf die jeweilige soziale Umweltsituation. In diesem Prozeß treten sowohl Wirkungen als auch Rückwirkungen auf.

Die Herausbildung von persönlichen Interessen der Menschen steht unmittelbar im Zusammenhang mit dem Entwicklungsstand der Bedürfnisse der jeweilig historisch konkreten Gesellschaftsformation. Die Bedürfnisse sind als sozial determinierte subjektive Verlangen bzw. Triebe anzusehen, die die Relation von Subjekt und Objekt charakterisieren. Dagegen widerspiegeln die Erfordernisse die objektiv notwendigen Ziele der gesellschaftlichen Entwicklung und damit jedes einzelnen Menschen. Die Erfordernisse sind für die Relation von Objekt und Subjekt bestimmend.[5]

Die Erfordernisse bzw. Bedürfnisse umfassen eine Vielzahl differenzierter materieller und nichtmaterieller Formen. Von ihrem Entwicklungsniveau hängt ab, in welchem Umfang zum Beispiel qualitativ neue materielle und auch nichtmaterielle Bedürfnisse entstehen.[6] Die persönlichen Interessen sind sowohl auf die Befriedigung wie auch auf die Erweiterung bzw. Vervollkommnung der Bedürfnisse gerichtet. Der menschlichen Bedürfnisbefriedigung sind durch den Entwicklungsstand der Produktivkräfte und die historisch konkreten Formen der Produktionsverhältnisse bestimmte objektive Grenzen gesetzt.

Inwieweit die Erfordernisse bzw. Bedürfnisse die Interessenausbildung beschleunigen, hängt auch davon ab, ob Emotionen hervorgerufen werden, die dazu führen, daß die Menschen (als Träger und Vollstrecker der Interessen) diese mit einem bestimmten Grad der Beharrlichkeit, Heftigkeit, Leidenschaft, Ausdauer usw. zu verwirklichen suchen. So formuliert Marx:
"Die Leidenschaft, die Passion ist die nach seinem Gegenstand energisch strebende Wesenskraft des Menschen."[7] Das aktive Verhältnis der Menschen zur Umwelt wird im Zuge der Verwirklichung von Interessen in dem Grade (z. B. während des Arbeitsprozesses) stimuliert, wie es gelingt, die emotionalen Bestrebungen zur Verwirklichung der Erfordernisse bzw. zur Befriedigung der Bedürfnisse zu verstärken.

In jeder historisch konkreten Gesellschaftsformation, die auf Klassen beruht, widerspiegeln die persönlichen Interessen zugleich wesentliche Züge von Grundinteressen der Klassen und sozialen Schichten bzw. Gruppen. So weist Engels nach, daß die ökonomischen Verhältnisse einer gegebenen Gesellschaft sich zunächst als Interessen darstellen.[8] Demzufolge werden die historisch konkreten Formen der Produktionsverhältnisse, die die soziale Stellung der Menschen, die Art ihrer Tätigkeit in der Gesellschaft, die ökonomischen Formen der Aneignung und Verteilung des Mehrprodukts, die Verhältnisse zu anderen Menschen u. ä. kennzeichnen, durch die Interessen der Klassen und sozialen Schichten unmittelbar beeinflußt. Die klassenmäßige und soziale Stellung der Menschen führt zur Herausbildung von Grundinteressen, die für das Verhalten und das aktive Handeln der einzelnen Klassen und Schichten bestimmend sind. Die persönlichen Interessen sind deshalb mit den Klasseninteressen eng verbunden. Die Arbeits- und Lebensbedingungen, die Erziehung und Ausbildung sowie die berufliche Entwicklung jedes Menschen werden von den Klasseninteressen weitgehend geprägt. Dabei ist jedoch zu berücksichtigen, daß die Interessen der Angehörigen einer Klasse bzw. sozialen Schicht nicht immer identisch mit den konkreten persönlichen Interessen des einzelnen Menschen sind.[9] Die persönlichen Interessen von Angehörigen einer Klasse bzw. sozialen Schicht stellen zwar mit den Klassen- und Gruppeninteressen eine Einheit dar, sie sind aber mit ihnen nicht absolut identisch.

Bei Bestehen sozialistischer Produktionsverhältnisse, die die Ausbeutung des Menschen durch den Menschen ausschließen, sind die Grundinteressen der Werktätigen auf die Mehrung und den rationellen Einsatz des sozialistischen Eigentums, die Festigung der Produktionsverhältnisse sowie der staatlichen und gesellschaftlichen Organe, die Sicherung einer effektiven wirtschaftlichen, sozialen und kulturellen Entwicklung sowie die weitere Verbesserung der Arbeits- und Lebensbedingungen der Werktätigen auszurichten. Die Grundinteressen der herrschenden Klasse in der sozialistischen Gesellschaftsordnung, der Arbeiterklasse im Bündnis mit allen Werktätigen, werden damit zum bestimmenden gesellschaftlichen Interesse, das zugleich die Erfordernisse an der gesamtgesellschaftlichen Entwicklung widerspiegelt und vom sozialistischen Staat wahrgenommen wird. Marx spricht auch vom gemeinschaftlichen Interesse.[10] Er betrachtet es vor allem auch unter dem Aspekt der gegenseitigen Abhängigkeit der Menschen auf Grund des gegebenen und sich verändernden Systems der gesellschaftlichen Arbeitsteilung.[11]

Die allseitige Wahrung und Förderung dieses gemeinschaftlichen bzw. gesellschaftlichen Interesses im Sozialismus setzt voraus, daß es möglichst allen Werktätigen bewußt wird, d. h. zum grundlegenden Motiv ihres Denkens, Verhaltens und Handelns wird. Dadurch wird gesichert, daß eine aktive Einflußnahme auf die Lösung der Widersprüche der gesellschaftlichen Entwicklung erfolgt und eine weitgehende Übereinstimmung zwischen persönlichen und gesellschaftlichen Interessen herbeigeführt werden kann. Von dem Grad dieser Übereinstimmung wird die Entwicklung der sozialistischen Gesellschaftsordnung in jeder Periode ihres Aufbaus entscheidend beeinflußt.

Die gesellschaftlichen Interessen sind objektive Erfordernisse für die Sicherung der Zielfunktion des sozialistischen Wirtschaftens - die Maximierung des Wohlstandes der Bevölkerung. Ihre planmäßige Verwirklichung wird zur Triebkraft und führt zur allseitigen Entwicklung des gesellschaftlichen Gesamtsystems und der einzelnen Teilsysteme im Sozialismus. Die gesellschaftlichen Interessen sind auch dann objektiv gegeben und wirksam, wenn einzelne Menschen sie noch nicht erkannt haben oder sie sogar mit ihrem Handeln verletzen. Die gesellschaftlichen Interessen als objektive Zielstellungen der Arbeiterklasse und ihrer Verbündeten in der sozialistischen Gesellschaft erfordern, daß ihre Verwirklichung zur bewußten Nutzung des Gesamtsystems der ökonomischen Gesetze auf allen Stufen und Ebenen der sozialistischen Wirtschaft führt. Dies erfolgt mit einem optimalen Nutzeffekt der gesellschaftlichen Arbeit, wenn ihr Entstehungsprozeß und ihre Wirkungsweise erforscht und planvoll geregelt werden. Unter dieser Voraussetzung kann bei weitgehender Ausschaltung von volkswirtschaftlichen Verlusten, d. h. aller Formen von Vergeudung gesellschaftlicher Arbeit, der sozialistische Aufbau beschleunigt werden.

Im Rahmen der gesellschaftlichen Interessen wurde noch keine Differenzierung nach einzelnen Formen von Interessen vorgenommen. Ausgangspunkt war ihre Gesamtstruktur. Hierbei handelt es sich um Interessen, die auf der Gesamtheit der gesellschaftlichen Erfordernisse (sowohl materieller als auch nichtmaterieller Art) beruhen. Neben den materiellen Interessen, denen zum Beispiel technische, technologische, organisatorische, ökonomische und andere Erfordernisse zugrunde liegen, wirken als Triebkraft auch nichtmaterielle, geistige Interessen, die Erfordernisse wissenschaftlicher, politischer, ideologischer, kultureller und sozialer Art zum Ausdruck bringen.

Auf die Entwicklung der verschiedenen Gesellschaftsformationen wirken spezielle Arten der Interessen; bestimmenden Einfluß haben dabei die ökonomischen Interessen. Ihre Wirksamkeit hängt jedoch weitgehend davon ab, ob sie sich in Verbindung mit den übrigen Interessen weitgehend störungsfrei in den jeweiligen Teilsystemen sowie im Gesamtsystem der sozialistischen Wirtschaft durchsetzen können.

II. Aspekte der ökonomischen Interessen in der sozialistischen Gesellschaftsordnung

Die ökonomischen Interessen sind ein objektiver Ausdruck des Willens von Millionen Menschen, die als Motive deren Verhaltensweise, d. h. deren rationelles Handeln im ökonomischen Reproduktionsprozeß, bestimmen. Sie vermitteln eine Anleitung zum Handeln, und zwar zur effektivsten Befriedigung der ökonomischen Erfordernisse der sozialistischen Gesellschaft und damit letztlich zur Bedürfnisbefriedigung der Werktätigen. Die ökonomischen Interessen sind ein wirkungsvolles Element für die aktive Betätigung der Werktätigen im Reproduktionsprozeß, d. h. für die effektive Durchsetzung ihrer persönlichen Interessen als Produzenten im Arbeits- und Wertbildungsprozeß und als Konsumenten zur Sicherung ihrer ständigen und vollständigen Reproduktion.

Die ökonomischen Interessen umfassen in der sozialistischen Gesellschaftsordnung neben den gesellschaftlichen und persönlichen auch die kollektiven bzw. Gruppeninteressen. Letztere beziehen sich zum Beispiel auf Arbeitskollektive in Arbeitsbrigaden, Meisterbereichen, Betrieben, VVB, territorialen Organen, Institutionen u. ä. Vor allem stellen die sozialistischen Betriebe und ihre kollektiven Interessen unter den Bedingungen des ökonomischen Systems des Sozialismus die wichtigsten Glieder für den störungsfreien Ablauf des ökonomischen Reproduktionsprozesses dar. Sie verbinden ihre kollektiven Interessen erstens mit den gesellschaftlichen Erfordernissen und zweitens mit den persönlichen Interessen der Werktätigen. Die Betriebe und Einrichtungen der sozialistischen Wirtschaft müssen ihre kollektiven Interessen so entwickeln und regeln, daß die persönlichen Interessen der Werktätigen entsprechend den gesellschaftlichen Erfordernissen wirksam werden. Dies erfordert, die aktive Mitarbeit der Werktätigen zur Lösung der ökonomischen, kulturellen politischen und sozialen Aufgaben der Betriebe planmäßig zu organisieren. Diese Form der sozialistischen Leitungstätigkeit wird im Zuge der Verwirklichung der festgelegten Planziele zu einer solchen Interessenübereinstimmung führen, daß die Entwicklung optimaler Arbeitsergebnisse an jedem Arbeitsplatz, für jedes Arbeitskollektiv, für jeden Betrieb und Wirtschaftszweig und schließlich für die gesamte Volkswirtschaft gesichert wird.

Soweit persönliche und kollektive ökonomische Interessen den gesellschaftlichen Erfordernissen nicht entsprechen, zeugt dies davon, daß den betreffenden Werktätigen die objektive Notwendigkeit des Bestehens und der Durchsetzung der gesellschaftlichen Erfordernisse noch nicht voll bewußt geworden ist. Demzufolge können im Rahmen des ökonomischen Handelns Verhältnisse eintreten, daß bestimmte persönliche oder auch kollektive Interessen den Zielkriterien der gesellschaftlichen Erfordernisse widersprechen. Solche nichtantagonistischen Widersprüche können als Ergebnis nicht ausreichend stimulierten ökonomischen Handelns vorliegen, wenn zum Beispiel keine bedarfs- und qualitätsgerechte Produktion erfolgt, Material und Energie nicht sachgemäß verbraucht werden, der Arbeitskräfteeinsatz und die Arbeitszeitausnutzung nicht rationell verlaufen, die Kapazität der Maschinen und Anlagen unzureichend ausgelastet ist, die aktive Mitarbeit der Werktätigen bei der Planung und Leitung der Produktion ungenügend gefördert wird u. ä. Auch Verletzungen des Leistungsprinzips charakterisieren Widersprüche zwischen persönlichen und kollektiven bzw. gesellschaftlichen Interessen.

Eine weitere Gruppe von Interessenwidersprüchen bzw. -konflikten ergibt sich aus den Problemen der Vorwärtsbewegung unserer Gesellschaftsordnung,[12] z. B. aus der wissenschaftlich-technischen Revolution und ihrer Auswirkung auf die Technik, die Technologie, die Organisation, den Arbeitskräfteeinsatz, die Qualifikation usw.

Der Prozeß des Bewußtwerdens der gesellschaftlichen Interessen ist bei jedem Mitglied der sozialistischen Gesellschaftsordnung aktiv zu fördern. Dies geschieht zum Beispiel durch die Verstärkung der politisch-ideologischen Arbeit, die Vervollkommnung des Systems der ökonomischen Hebel, die Verbesserung der Volksbildung und Erwachsenenqualifizierung, die Verbesserung der kulturellen Arbeit, der Wissenschaft, des Gesundheitswesens, der Erholung u. ä. Daß die persönlichen und kollektiven ökonomischen Interessen zur weitgehenden Übereinstimmung mit den gesellschaftlichen Erfordernissen im Sozialismus führen, darauf haben insbesondere auch die praktischen Erfahrungen der Werktätigen im Rahmen ihres aktiven Mitwirkens bei der Analyse, der Prognose, der Planung und Leitung der Wirtschaft und der Entwicklung der sozialistischen Demokratie einen entscheidenden Einfluß.

In der sozialistischen Gesellschaftsordnung liegt auf Grund des gesellschaftlichen Eigentums an den Produktionsmitteln und der gesellschaftlichen Aneignung der Arbeitsergebnisse ein hoher Grad der Organisiertheit der Interessen bei den Werktätigen, zum Beispiel im Rahmen der Brigaden, Meisterbereiche, Betriebe usw., aber auch in den verschiedenen politischen Organisationen der Werktätigen (Parteien, Gewerkschaft, Genossenschaften, Frauenorganisation, Jugendverband usw.) vor. Diese konzentrierten und organisierten Formen der Interessen verkörpern hinsichtlich des Grades der Übereinstimmung zwischen persönlichen und kollektiven Interessen sowie gesellschaftlichen Erfordernissen einen Vorzug der sozialistischen Gesellschaftsordnung. Die im Zuge der Interessenübereinstimmung zu lösenden Widersprüche äußern sich als Haupttriebkraft der Entwicklung der sozialistischen Gesellschaftsordnung.

Ausgangspunkt der ökonomischen Grundinteressen ist die Existenz gesellschaftlicher Erfordernisse, die in unserem Fall als ökonomische Erfordernisse, d. h. als objektive Notwendigkeit zur Vervollkommnung des ökonomischen Systems des Sozialismus, vorliegen. Die durch die Wissenschaft erkannten, durch die zweckmäßige Tätigkeit der Werktätigen und von den Organen der sozialistischen Wirtschaftsführung genutzten ökonomischen Gesetzmäßigkeiten erfordern in der sozialistischen Gesellschaftsordnung, daß die gesellschaftlichen Erfordernisse analysiert, prognostiziert und geplant werden.

Die gesellschaftlichen Erfordernisse finden im ökonomischen Grundgesetz des Sozialismus ihren sichtbaren Ausdruck; sie umfassen grundsätzlich

1. die ständige Entwicklung und Vervollkommnung der Produktion auf der Grundlage der fortgeschrittensten Wissenschaft und Technik und
2. die immer bessere Befriedigung der materiellen und geistigen Bedürfnisse der Werktätigen und die allseitige Entwicklung der Menschen der sozialistischen Gesellschaft.[13]

In den einzelnen Etappen des sozialistischen Aufbaus sind demzufolge die gesellschaftlichen Erfordernisse durch zwei grundlegende Seiten charakterisiert: Das ist erstens die objektiv notwendige qualitäts- und bedarfsgerechte Erweiterung des Produktions- und Leistungsvolumens. Maßstab hierfür ist die Anwendung des Höchststandes der Technik, der Technologie, der Organisation, des Informationssystems, der Analyse, der Prognose, der Planung, der Leitungsmethoden. Diese Kriterien zur Bestimmung der ersten Seite der gesellschaftlichen Erfordernisse stellen zugleich die Grundlagen für die Entwicklungsrichtung der kollektiven und auch der persönlichen Bedürfnisse dar. Die Sicherung von kollektiven Bedürfnissen der VVB, der Betriebe, der Meisterbereiche, der Arbeitsbrigaden u. ä. erfordert, daß zum Beispiel auf dem Wege der komplexen sozialistischen Rationalisierung bei gleichzeitiger Minimierung des Aufwandes an lebendiger und vergegenständlichter

Arbeit die Effektivität der Produktion bzw. der Leistungen erhöht, d. h. bedarfs- und qualitätsgerecht produziert wird. Auch die Sicherung der persönlichen Bedürfnisse erfordert von den einzelnen Werktätigen - da sie als Produzenten und als Konsumenten im Reproduktionsprozeß auftreten -, daß sie in ihrem Arbeitsbereich solche Bedingungen schaffen, die der Aufgabenstellung der ersten Seite der gesellschaftlichen Erfordernisse entsprechen. Unter diesem Aspekt erfordern die persönlichen Bedürfnisse, daß im Ergebnis des wissenschaftlichen Arbeitsstudiums eine rationelle Arbeitsplatzgestaltung erfolgt, der Einsatz lebendiger und vergegenständlichter Arbeit genormt, Verbesserungsvorschläge angewandt, Neuerermethoden eingeführt, Ausschuß und Nacharbeit verhindert, die Möglichkeiten zur Mehrmaschinenbedienung genutzt, die Kapazität ausgelastet, Materiel, Zeit und Geld eingespart werden u. ä.

Die zweite Seite der gesellschaftlichen Erfordernisse umfaßt die Konsumtionsdynamik einschließlich der Entwicklung der nichtmateriellen, d. h. geistigen, kulturell-sozialen Bedürfnisse der Gesellschaft. Diese Seite der Sicherung der gesellschaftlichen Erfordernisse steht unmittelbar im Zusammenhang mit der ersten Seite, der ständigen Entwicklung und Vervollkommnung der Produktion auf der Grundlage des Höchststandes von Wissenschaft, Technik und Ökonomie. Zwischen beiden Seiten der gesellschaftlichen Erfordernisse besteht eine Wechselwirkung.

Unter dem Aspekt der zweiten Seite der gesellschaftlichen Erfordernisse nehmen die persönlichen Bedürfnisse weitgehend den Charakter von Konsumentenbedürfnissen an. Als Konsumenten können die Werktätigen jedoch, die persönlichen Bedürfnisse nur in dem Ausmaß befriedigen, wie sie als Produzenten zur Sicherung der gesellschaftlichen Erfordernisse beigetragen haben. Die Zunahme der persönlichen Bedürfnisse hinsichtlich der Verbesserung der Gesamtheit der Arbeits- und Lebensbedingungen der Werktätigen ist nur im Rahmen der gesteckten und verwirklichten Ziele der gesellschaftlichen Erfordernisse möglich.

Den von den Ausbeutungsverhältnissen des Kapitalismus befreiten Menschen in der sozialistischen Gesellschaft erschließen sich qualitativ neue Bedürfnisse nicht nur materieller Art, sondern auch auf dem Gebiet der Kultur, der Volksbildung, des Gesundheitswesens, des Arbeitsschutzes, der Arbeitserleichterung, der Erholung, des Sports usw. Diese neuen Bedürfnisse und ihre planmäßig bessere Befriedigung sind eine Errungenschaft der sozialistischen Gesellschaft. Gleichzeitig bestehen jedoch persönliche Bedürfnisse, für deren Befriedigung die objektiv notwendigen Voraussetzungen durch die sozialistische Gesellschaft noch nicht geschaffen sind. Erst in der kommunistischen Gesellschaft wird eine solche materielle Basis für die Entwicklung der Produktivkräfte vorhanden sein, daß die volle Befriedigung der persönlichen Bedürfnisse aller Gesellschaftsmitglieder gesichert ist und das

Prinzip der Verteilung nach der Arbeitsleistung durch das Prinzip der Verteilung nach den Bedürfnissen schrittweise ersetzt werden kann. Somit bleibt es der kommunistischen Gesellschaft vorbehalten, eine vollständige Einheit von persönlichen und kollektiven Interessen sowie gesellschaftlichen Erfordernissen herbeizuführen.[14]

Die Hauptform der ökonomischen Interessen sind die materiellen Interessen,[15] die als Triebkraft zur Entwicklung und Vervollkommnung der Produktion auf der Grundlage des Höchststandes von Wissenschaft und Technik in der sozialistischen Gesellschaft wirken, vorausgesetzt, daß die Widersprüche zwischen den gesellschaftlichen Erfordernissen sowie den kollektiven und persönlichen materiellen Interessen weitgehend überwunden werden.

Mit der Beseitigung der Formen der kapitalistischen Aneignung und damit der Ausbeutungsverhältnisse wurden die objektiv notwendigen Bedingungen geschaffen, die eine Übereinstimmung zwischen den persönlichen und kollektiven materiellen Interessen sowie den gesellschaftlichen Erfordernissen in unserer Gesellschaftsordnung ermöglichen. Damit sind die antagonistischen Widersprüche in der Wirkung der materiellen Interessen für immer beseitigt. Es entwickelt sich erstmalig "ein einheitliches materielles Interesse aller Mitglieder der Gesellschaft an der Entwicklung der gesellschaftlichen Produktion und ihrer politischen Sicherung. Darin besteht das grundlegende materielle Interesse im Sozialismus."[16]

Das Bestehen sozialistischer Produktionsverhältnisse ist auch die Grundlage dafür, daß die Herausbildung und Verwirklichung von qualitativ neuen materiellen Interessen durch nichtmaterielle (zum Beispiel geistige Interessen) wesentlich stimuliert werden. Die nichtmateriellen Interessen in der sozialistischen Gesellschaft wirken als moralisch-ideelle Triebkräfte bzw. als bewußtseins- und gefühlsmäßige Impulse, zum Beispiel in Form der neuen Einstellung zur Arbeit, die sich in hohem Verantwortungsbewußtsein, der Teilnahme am sozialistischen Wettbewerb, der Anwendung von Neuerermethoden, der Förderung der sozialistschen Gemeinschaftsarbeit, der Einführung wissenschaftlich begründeter Normen für den Einsatz lebendiger und vergegenständlichter Arbeit, im Produktivitäts- und Kostendenken u. ä. ausdrückt. Diese aus den nichtmateriellen Interessen entstehenden neuen Impulse bei den Werktätigen bewirken, daß die materiellen Interessen zur Erzielung eines hohen Nutzeffekts der gesellschaftlichen Arbeit (ausgedrückt in der Steigerung der Arbeitsproduktivität, der Senkung der Selbstkosten, der Erhöhung der Rentabilität, dem Zuwachs an verfügbarem Nationaleinkommen) stimuliert werden. Dadurch kann die Befriedigung der materiellen Bedürfnisse weiter beschleunigt werden. Die Herausbildung und Verwirklichung der moralisch-ideellen Triebkräfte sowie der bewußtseins- und gefühlsmäßigen Impulse ist in der sozialistischen Gesellschaftsordnung von zunehmender Bedeutung. In Verbindung mit den materiellen Interessen der Gesellschaft stellen sie eine dialektische Einheit dar, d. h. ein System von Wirkungen und Rückwirkungen.

Die ökonomischen Interessen als die bestimmenden Lebensinteressen der Menschen werden in der sozialistischen Gesellschaft durch weitere differenzierte Gruppierungsmerkmale charakterisiert. Als solche sind hervorzuheben:

1. Grund- bzw. Hauptinteressen und Teilinteressen
2. kurz- und langfristige Interessen
3. egoistische und altruistische Interessen
4. primäre und sekundäre Interessen
5. mobile und immobile Interessen
6. mittelbare und unmittelbare Interessen
7. allgemeine und konkrete Interessen
8. reale und unreale Interessen

Je nach der konkreten Aufgabenstellung ist zu entscheiden, ob die ökonomischen Interessen nach weiteren Gruppierungsmerkmalen, zum Beispiel dem Grad der Beeinflußbarkeit bzw. Nichtbeeinflußbarkeit seitens der Werktätigen, dem Grad der Intensität, der zeitlichen Dauer ihrer Wirksamkeit u. ä. zu ermitteln, auszuwerten und zu verallgemeinern sind. Eine wissenschaftlich begründete Analyse, Prognose und zweckmäßige Entscheidungsfindung erfordert, daß der komplizierte und differenzierte Herausbildungsprozeß von ökonomischen Interessen erforscht wird.

III. Wirkungsweise und Stimulierung der ökonomischen Interessen zur Erhöhung des Nutzeffekts der gesellschaftlichen Arbeit

Die Ergebnisse des ökonomischen Handelns der Werktätigen drücken u. a. aus, in welchem Grade eine Übereinstimmung zwischen persönlichen, kollektiven und gesellschaftlichen Interessen im Reproduktionsprozeß der sozialistischen Wirtschaft herbeigeführt werden konnte. Auf Grund des Bestehens von sozialistischem Eigentum an den Produktionsmitteln sind objektiv die Voraussetzungen für die Einheit von Interessen bzw. die Übereinstimmung der Interessen des einzelnen Werktätigen mit denen der Gesellschaft geschaffen.[17] Somit kann die Nutzung des Gesamtsystems der ökonomischen Gesetze auf allen Stufen und Ebenen der sozialistischen Wirtschaft unter qualitativ neuen Bedingungen erfolgen, so daß die Hemmnisse für das Wirken des Gesetzes der Ökonomie der Zeit bzw. alle Formen von Vergeudung gesellschaftlicher Arbeit weitgehend beseitigt sind. Dies zeugt zweifellos von einem Vorzug der sozialistischen Gesellschaftsordnung gegenüber dem kapitalistischen

Wirtschaftssystem, das durch den antagonistischen Widerspruch zwischen gesellschaftlicher Produktion und privater Aneignung der Arbeitsergebnisse und damit durch unüberbrückbare Interessenkonflikte charakterisiert wird.

Die ökonomischen Interessen der Werktätigen formen weitgehend zum Beispiel ihr Arbeitsbewußtsein, ihre Arbeitsmoral und Arbeitsdisziplin, ihre Einsatzbereitschaft, ihre Arbeitsintensität, ihre Opferbereitschaft, ihren Fleiß und ihre Ausdauer, d. h. alle wichtigen Motive bzw. Zielstellungen, die mit der Rationalität des ökonomischen Handelns im Reproduktionsprozeß eng verbunden sind. Der Wirkungsgrad der Arbeit der Werktätigen wird von ihren ökonomischen Interessen in dem Ausmaß positiv beeinflußt, wie es gelingt, die persönlichen Interessen mit den gesellschaftlichen Erfordernissen in Übereinstimmung zu bringen. Das durch die ökonomischen Interessen geformte und bestimmte Verhalten und Handeln befähigt die Werktätigen in der sozialistischen Gesellschaft in immer stärkerem Maße zu großen Leistungen in der Wissenschaft, der Technik, der Produktion und auf allen anderen Gebieten des gesellschaftlichen Lebens und spornt sie an, aktive Mitgestalter der sozialistischen Gesellschaft zu sein.

Die Verwirklichung der ökonomischen Interessen im Reproduktionsprozeß erfolgt im Rahmen der Stellung, die die Werktätigen auf Grund des Entwicklungsstandes der gesellschaftlichen Arbeitsteilung und des auf ihm beruhenden Prozesses der Spezialisierung, der Konzentration und Kooperation der Produktion und der Arbeit einnehmen. Die Wirkungsweise der ökonomischen Interessen vollzieht sich durch die zweckmäßige Tätigkeit der Arbeitskräfte bei der Gewinnung, Formung und Realisierung von Erzeugnissen und Leistungen zur materiellen und nichtmateriellen Bedürfnisbefriedigung der sozialistischen Gesellschaft. Die Zusammenhänge und Verflechtungen zwischen den ökonomischen Interessen als Einheit von Produzenten- und Konsumenteninteressen sowie dem Reproduktionsprozeß der sozialistischen Wirtschaft sind deshalb noch näher zu charakterisieren.

Die untrennbare Verbindung der Elemente bzw. Faktoren Arbeitsmittel, Arbeitsgegenstand und Arbeitskraft - letztere als Träger und Vollstrecker der Interessen - erfordert im Reproduktionsprozeß der sozialistischen Wirtschaft ein solches ökonomisches Verhalten und Handeln der Werktätigen, daß sie sich bestimmter Organisations-, Leitungs- und Planungsprinzipien bedienen. Das trifft nicht nur für die Organisation, Planung und Leitung der Arbeitskräfte bzw. der Arbeit zu (z. B. in bezug auf eine rationelle Arbeitsplatzgestaltung, wissenschaftlich begründete Arbeitsnormung, Anwendung von unterschiedlichen Lohn- und Gehaltsformen), sondern auch für die Organisation, Planung und Leitung des Einsatzes der Arbeitsmittel (z. B. technologische Durchlaufpläne, Maschinenauslastungsnormen) sowie der Arbeitsgegenstände (Materialeinsatzpläne, Materialvorrats- und Verbrauchsnormen usw.). Die Interessen der Werktätigen sind in diesem Prozeß auf die Nutzung des Gesamtsystems der ökonomischen Gesetze zu konzentrieren. Dadurch können die genannten Faktoren im Hinblick auf die zu erzielenden Arbeitsprodukte und Leistungen ökonomisch zweckmäßig auf den Stufen und Ebenen der sozialistischen Wirtschaft eingesetzt werden, was sich in der Nutzung des Gesetzes der Ökonomie der Zeit, insbesondere in der Senkung des Aufwandes an lebendiger und vergegenständlichter Arbeit bzw. in der Erhöhung des Nutzeffekts der gesellschaftlichen Arbeit (Steigerung der Arbeitsproduktivität, Senkung der Kosten, Zunahme der Rentabilität, Wachstum des Nationaleinkommens) äußert.

Die planmäßige Verwirklichung der ökonomischen Interessen kann weitgehend störungsfrei erfolgen, wenn die genannten Faktoren in einem geschlossenen bzw. synchronisierten System auf den Stufen und Ebenen der sozialistischen Wirtschaft funktionieren, in dem jeder Faktor in objektiv notwendigen Proportionen, Wirkungen und Rückwirkungen zu den übrigen Faktoren steht. Tragen die Wirkungen und Rückwirkungen zwischen dem Gesamtsystem der Faktoren nicht voll den objektiv notwendigen Proportionen Rechnung, so können Störungen bzw. Verluste während des Arbeitsprozesses, der unter den Bedingungen der sozialistischen Warenproduktion zugleich Wertbildungsprozeß ist, eintreten. Das komplexe Zusammenwirken der Faktoren erfolgt in den erforderlichen Proportionen und demzufolge kontinuierlich und weitgehend störungsfrei, wenn der Umfang, der Wirkungsverlauf sowie der Wirkungsgrad der Faktoren wissenschaftlich exakt begründet und koordiniert worden sind.

Das komplexe Zusammenwirken des Gesamtsystems der Faktoren auf den einzelnen Stufen und Ebenen erfordert seine bewußte und planmäßige Gestaltung. Beispielsweise können mangelhaft entwickelte Formen der Stimulierung von ökonomischen Interessen in diesem Prozeß bewirken, daß die Arbeitsmittel nicht voll ausgelastet werden. Dies kann wiederum zur Folge haben, daß in der Materialversorgung Überhänge auftreten oder zusätzliche Arbeitskräfte eingestellt bzw. Überstunden geleistet werden müssen. Auch im Hinblick auf die Organisation der Arbeit und der Produktion können auf Grund nicht ausreichend stimulierter Interessen Widersprüche auftreten, die erhebliche Störungen in der Schichtarbeit, in der Fließfertigung, der Mehrmaschinenbedienung usw. nach sich ziehen. Im Zuge der Verwirklichung der Interessen im ökonomischen Reproduktionsprozeß kommt der politisch-erzieherischen und wirtschaftlich-organisatorischen Tätigkeit durch die Leitungsorgane größter Bedeutung zu. So können durch die Erhöhung des Niveaus der Organisations-, Planungs- und Leitungstätigkeit Ursachen störender Einflüsse weitgehend ausgeschaltet, kann die Kontinuität des Produktions- und Arbeitsablaufs verbessert und der Nutzeffekt der gesellschaftlichen Arbeit gesteigert werden.

Die Wirkungsweise der Interessen innerhalb des in sich geschlossenen Systems der Faktoren ist unmittelbar an die Verausgabung von lebendiger Arbeit und den Verbrauch von vergegenständlichter Arbeit gebunden. Demzufolge unterscheiden sich die Faktoren jedoch im Reproduktionsprozeß - als Einheit von Arbeits- und Wertbildungsprozeß gesehen - grundsätzlich voneinander. Nur durch die produktive, konkret nützliche Arbeit der Arbeitskräfte werden die Faktoren, in denen vergegenständlichte Arbeit in Form der Arbeitsmittel und Arbeitsgegenstände verkörpert ist, in Bewegung gesetzt bzw. genutzt. In diesem Prozeß schafft die lebendige Arbeit als produktive, konkret nützliche Arbeit das gesellschaftliche Gesamtprodukt in Naturalform und unter den Bedingungen der sozialistischen Warenproduktion zugleich in Äquivalentform, d. h. seinen Geldausdruck zum Beispiel in Form der Preise. Von der produktiven, konkret nützlichen Arbeit wird zugleich die gesellschaftlich notwendige, abstrakte Arbeit, die in den Produktionsmitteln als vergegenständlichte Arbeit verkörpert ist, in Kostenform für den Materialverbrauch und für die Abschreibungen der vernutzten Arbeitsmittel auf die hergestellten neuen Arbeitsprodukte bzw. geschaffenen Leistungen übertragen.

Dem in sich verbundenen System der Fəktoren liegen bestimmte ökonomische Aufwandsgrößen zugrunde, die eine Summierung und, je nach den Erfordernissen, einen erzeugnisgebundenen oder arbeitsbereichbezogenen Vergleich ermöglichen. Die Relationen zwischen den erzielten Arbeitsprodukten bzw. Leistungen und Aufwandsgrößen lassen sich ausdrücken:

erstens in Naturalform als Relation

- zwischen dem Umfang der für die gesellschaftliche Bedürfnisbefriedigung brauchbaren und realisierbaren qualitäts- und bedarfsgerechten Gebrauchswerte und Leistungen (Q) und
- der zu ihrer Gewinnung bzw. Herstellung benötigten qualitativen und quantitativen Arbeitsmenge (kT);

zweitens in Äquivalentform als Relation

- zwischen dem wert- bzw. preismäßigen Umfang der für die menschliche Bedürfnisbefriedigung brauchbaren und realisierbaren qualitäts- und bedarfsgerechten Gebrauchswerte bzw. Leistungen (Q.pc) und
- der zu ihrer Gewinnung bzw. Herstellung benötigten Summe von ökonomischen Aufwandsgrößen, die der lebendigen und vergegenständlichten Arbeit in Form der abstrakten, gesellschaftlich notwendigen Arbeit (aT) zugrunde liegen.

Die Relationen zwischen dem naturalen bzw. preismäßigen Umfang der abgesetzten und für den gesellschaftlichen und persönlichen Verbrauch bestimmten Arbeitsprodukte und Leistungen während eines gegebenen Zeitraumes und der für ihre Herstellung benötigten Arbeitsmenge bzw. ökonomischen Aufwandsgrößen charakterisieren den Nutzeffekt der gesellschaftlichen Arbeit erstens in Naturalform = Q : kT (zum Beispiel die Arbeitsproduktivität) und zweitens in Äquivalentform = Q.pc :aT (zum Beispiel die Selbstkosten, der Gewinn, die Rentabilität, das Nationaleinkommen je 1.000 Mark Arbeits- bzw. Reineinkommen).

Der Wirkungsgrad der ökonomischen Interessen drückt sich im erzielten Nutzeffekt der gesellschaftlichen Arbeit aus, der die Grundlage für die Akkumulations- und Konsumtionsdynamik, d. h. letzthin auch für die Befriedigung der materiellen und nichtmateriellen Bedürfnisse der Gesellschaft, ist. Durch eine ökonomisch zweckmäßige Stimulierung der persönlichen Interessen wird den gesellschaftlichen Interessen der Arbeiterklasse und ihrer Verbündeten in der Deutschen Demokratischen Republik wirkungsvoll Rechnung getragen.

Die Stimulierung der ökonomischen Interessen ist auf die optimale Nutzung der Wirkungsweise des Gesamtsystems der ökonomischen Gesetze auszurichten. Da unter den Bedingungen der sozialistischen Warenproduktion der Reproduktionsprozeß in naturaler und zugleich in wert- bzw. preismäßiger Form sich vollzieht, sind die ökonomischen Interessen so zu stimulieren, daß die Rationalität sowohl in bezug auf die naturalen als auch auf die wert- bzw. preismäßigen Eingangs- und Ausgangsgrößen (Faktoren und Effekte) des Arbeits- und Wertbildungsprozesses gesichert wird. Ausgehend von den gesellschaftlichen Interessen, haben z. B. die Betriebe ihre kollektiven Interessen in der Form durchzusetzen, daß die Einwirkung der persönlichen Interessen zur Optimierung der naturalen und wert- bzw. preismäßigen Eingangs- und Ausgangsgrößen im Reproduktionsprozeß führt. Das bedeutet für die Betriebe, ihre kollektiven Interessen auf das störungsfreie Funktionieren der ökonomischen Hebel, zum Beispiel der wirtschaftlichen Rechnungsführing hin, auszurichten.

Das System der ökonomischen Hebel hat die Wahrnehmung der gesellschaftlichen Erfordernisse zu gewährleisten und muß demzufolge in der Form funktionieren, daß die persönlichen Interessen gleichzeitig auf die Einsparung von lebendiger und vergegenständlichter Arbeit in Natural- und Preisform, d. h. auf die Optimierung des Nutzeffekts der gesellschaftlichen Arbeit, konzentriert werden. Unter dieser Voraussetzung vermittelt das System der ökonomischen Hebel zwischen gesellschaftlichen Erfordernissen sowie kollektiven und persönlichen Interessen. Es verbindet die Nutzung des Gesamtsystems der ökonomischen Gesetze mit der zweckmäßigen Tätigkeit jedes einzelnen Werktätigen im Reproduktionsprozeß. Auf diese Weise werden die persönlichen Interessen vereinigt und als Triebkraft entsprechend den kollektiven Interessen bzw. gesellschaftlichen Erfordernissen wirksam. Eine solche durch das System der ökonomischen Hebel herbeigeführte Interessenübereinstimmung drückt aus, daß die persönlichen Interessen als unmittelbare Bestandteile der kollektiven Interessen bzw. als gesellschaftliche Erfordernisse erscheinen.

Das in sich geschlossene System ökonomischer Hebel ist jedoch nur voll funktionsfähig, wenn es mit einem System bewußtseinsmäßiger und emotionaler bzw. moralischer reize verbunden wird. Die Beseitigung des antagonistischen Widerspruchs zwischen gesellschaftlichen Erfordernissen und persönlichen Interessen bedingt eine Übereinstimmung des Systems der ökonomischen Hebel mit dem der bewußtseinsmäßigen und emotionalen Hebel. Letztere Gruppe umfaßt zum Beispiel solche Anreize und Impulse, die zur Erhöhung der Arbeitsdisziplin führen, die Freude und das Bedürfnis zur Arbeit fördern, das sozialistische Arbeitsbewußtsein festigen, die kameradschaftliche Zusammenarbeit und gegenseitige Hilfe der Werktätigen entwickeln, die sozialistische Moral heben u. ä. Aber auch Anreize und Impulse, die zur Stärkung der internationalen Solidarität führen, die Bereitschaft zur Verteidigung der sozialistischen Errungenschaften erhöhen, den Kampf um die Erhaltung des Friedens fördern, sind unmittelbar mit dem System der ökonomischen Hebel zu verbinden. Zwischen beiden Systemen von Hebeln zur Stimulierung der persönlichen Interessen entsprechend den gesellschaftlichen Erfordernissen bestehen enge Zusammenhänge und Wechselwirkungen. Die zweckmäßige Verbindung beider Systeme von Hebeln ermöglicht ihre optimale Funktionsfähigkeit und sichert ein schnelles wirtschaftliches Wachstum, das in der Maximierung des verfügbaren Nationaleinkommens seinen Ausdruck findet.

Demzufolge ist die Übereinstimmung von gesellschaftlichen Erfordernissen und persönlichen Interessen, die über das Wirken der kollektiven Interessen der Betriebe und VVB vermittelt wird, auf die optimale Effektivität der Kategorien des Arbeits- und Wertbildungsprozesses hin (die auf der Gesamtheit der materiellen und nichtmateriellen Anreize und Impulse beruht) auszurichten. Die persönlichen Interessen sind nicht direkt mit den gesellschaftlichen Erfordernissen verbunden, sondern sie werden über ein Zwischenglied (die kollektiven Interessen) in Übereinstimmung gebracht. Die kolleitven Interessen sind Vermittler zwischen den gesellschaftlichen Erfordernissen und den persönlichen Interessen. Die Vermittlerfunktion der kollektiven Interessen der Betriebe kann nur voll wahrgenommen werden, wenn die persönlichen Interessen durch sie stimuliert werden und umgekehrt.

Die optimale Nutzung des Gesamtsystems der ökonomischen Gesetze im Rahmen der Betriebe ist weitgehend gesichert, wenn die persönlichen Interessen sich mit den kollektiven Interessen in Übereinstimmung befinden und diese wiederum den gesellschaftlichen Erfordernissen entsprechen. Die Sicherung der kollektiven Interessen auf dem Wege der optimalen Nutzung des Systems der ökonomischen Gesetze findet in den erzielten Ergebnissen der wirtschaftlichen Rechnungsführung (z. B. der Selbstkosten-, der Gewinn-, der Rentabilitätsrechnung) den zeit- bzw. mengenmäßigen Einsparungen an lebendiger und vergegenständlichter Arbeit (z. B. der Arbeitsproduktivitätssteigerung, der Effektivität der Grundfonds, des Material- und Energieverbrauchs) ihren Ausdruck. Solche ökonomischen Effektivitätskriterien widerspiegeln in konzentrierter Form auch den Wirkungsgrad der Gesamtheit der persönlichen ökonomischen Interessen im Reproduktionsprozeß der sozialistischen Wirtschaft.

Die Stimulierung der persönlichen ökonomischen Interessen, die von der Verwirklichung der kollektiven Interessen abhängig und in Übereinstimmung mit den gesellschaftlichen Erfordernissen zu organisieren ist, erfolgt im Sozialismus auf der Grundlage des Gesetzes der Verteilung nach der Arbeitsleistung. Dieses ökonomische Gesetz vereint die persönlichen, kollektiven und gesellschaftlichen Interessen und spiegelt die konkreten Formen der Aneignung der Produktion wider. Die allseitige Nutzung dieses Gesetzes sichert, daß die persönlichen Interessen - ausgerichtet auf hohe quantitative und qualitative Arbeitsleistungen - der Durchsetzung der kollektiven Interessen bzw. gesellschaftlichen Erfordernisse wirkungsvolle Impulse verleihen. Dies äußert sich auf der Ebene der Betriebe z. B. in den erzielten Ergebnissen der wirtschaftlichen Rechnungsführung in Form der Selbstkostensenkung, der Gewinnzunahme, der Rentabilitätserhöhung und auf der Ebene des Arbeitsplatzes bzw. der Arbeitsbrigaden im Haushaltsbuch, z. B. in Form der von den Werktätigen beeinflußbaren mengen- und kostenmäßigen Einsparungen an Zeit, Grund- und Umlaufmitteln.

Die entsprechend der Quantität und Qualität der Arbeit der einzelnen Werktätigen zu sichernde materielle Stimulierung, die unmittelbare Auswirkungen auf die Befriedigung ihrer materiellen und nichtmateriellen Lebensbedürfnisse hat, äußert sich als Triebkraft zur Erhöhung des Nutzeffekts der gesellschaftlichen Arbeit. Da sie gleichzeitig das Zusammenwirken der einzelnen Faktoren und damit den Prozeß der Übereinstimmung zwischen persönlichen und kollektiven Interessen sowie gesellschaftlichen Erfordernissen fördert, wird ein rationeller Wirkungsverlauf des Gesamtsystems der ökonomischen Gesetze herbeigeführt.[18] Die volle Nutzung des Gesetzes der Verteilung nach der Arbeitsleistung ermöglicht, daß die übrigen ökonomischen Gesetze in ihrer Wirkungsweise optimiert werden. Das Funktionieren des Gesamtsystems der ökonomischen Gesetze in geschlossener und synchronisierter Form führt schließlich zu dem Ergebnis, daß die persönlichen und kollektiven Interessen den gesellschaftlichen Erfordernissen immer wirksamer Rechnung tragen.

Unter den Bedingungen des Bestehens von Ware-Geld-Beziehungen im Sozialismus erfolgt die Stimulierung der persönlichen Interessen auf der Grundlage des Gesetzes der Verteilung nach der Arbeitsleistung bei gleichzeitiger Anwendung und Nutzung von Wert- bzw. Preiskategorien. Als solche Kategorien sind der Arbeitslohn und die Prämie als Grundelemente des Prinzips der materiellen Interessiertheit anzusehen. Sie sind als Hauptformen des Arbeitseinkommens im Sozialismus (neben den Aufwendungen aus dem gesellschaftlichen Konsumtionsfonds) die Grundlage für die ständige und vollständige Reproduktion der Werktätigen und ihrer Familienangehörigen und damit für die immer bessere Befriedigung ihrer materiellen und nichtmateriellen Bedürfnisse. In der sozialistischen Gesellschaftsordnung hat deshalb jeder Werktätige ein echtes persönliches Interesse daran, daß der Gewinn und die Rentabilität der VEB sowie das Nationaleinkommen der Deutschen Demokratischen Republik zunehmen, da dies eine Voraussetzung für die Erhöhung des Arbeitseinkommens, der Verbesserung der Arbeits- und Lebensbedingungen der Werktätigen überhaupt ist.

Die Befriedigung von Bedürfnissen und ihr Einfluß auf die Herausbildung und Verwirklichung von persönlichen und kollektiven Interessen entsprechend den gesellschaftlichen

Erfordernissen verläuft beim Bestehen von Ware-Geld-Beziehungen nicht direkt, sondern sie wird über das Arbeitseinkommen, d. h. einen geldmäßigen Ausdruck, herbeigeführt.[19] Die materielle Stimulierung von persönlichen Interessen erfolgt demzufolge über einen Vermittler - das Arbeitseinkommen.

Unter der Voraussetzung, daß die Preise für die Erzeugnisse bzw. Leistungen zur Befriedigung der materiellen und nichtmateriellen Bedürfnisse unverändert bleiben, kann durch eine Erhöhung des Arbeitseinkommens eine Stimulierung der persönlichen Interessen, z. B. in Form der Erhöhung des Leistungswillens und der Einsatzbereitschaft, der Festigung des Produktivitäts- und Kostendenkens, erfolgen. Diese Form der Stimulierung kann zielgerichtet für bestimmte Berufs- und Beschäftigtengruppen sowie differenziert nach Zweigen und Bereichen der Volkswirtschaft vorgenommen werden. Andererseits werden auch die persönlichen Interessen stimuliert, wenn bei gleichbleibenden Arbeitseinkommen die Preise für Erzeugnisse gesenkt werden. Die Auswirkungen einer solchen Form der Stimulierung kommen in der Regel den Werktätigen in allen Einkommensgruppen, auch wenn sie nur einen geringen Anteil am Produktivitätsfortschritt haben, zugute. In gleicher Weise werden Arbeitszeitverkürzung und verbesserte Urlaubsregelung, die Erleichterung der Arbeitsbedingungen, die Vervollkommnung des Gesundheits- und Sozialwesens, die Erweiterung der kulturellen Betreuung, des Bildungssystems, des Erholungswesens und des Sports wirksam.

Die Realisierung von Bedürfnissen über das Arbeitseinkommen, d. h. die auf diesem Wege erfolgte Stimulierung von persönlichen Interessen ist ein differenzierter und komplizierter Prozeß. In der Regel erfolgt die Befriedigung von Bedürfnissen nicht über das persönliche bzw. individuelle Arbeitseinkommen, sondern über das Familieneinkommen. Letzteres hat auf die Herausbildung und Verwirklichung von persönlichen Interessen wiederum erhebliche Auswirkungen. Darauf kann jedoch nicht näher eingegangen werden.

Die in der planmäßigen Bestimmung des gesellschaftlichen Bedarfs zum Ausdruck kommenden Bedürfnisse materieller und nichtmaterieller Art können - soweit es sich nicht um die Bedürfnisbefriedigung aus dem gesellschaftlichen Konsumtionsfonds handelt - nur über die Gesamtheit der Arbeitseinkommen realisiert werden. Wenn wir die Summe der Arbeitseinkommen als den Hauptbestandteil der Kaufkraft ansehen[20], so ergibt sich, daß zwischen der Bedürfnisstruktur, dem Bedarf und der Kaufkraft bestimmte Proportionen vorliegen müssen. Ist der Bedarf als Ausdruck des erreichten Entwicklungsstandes der gesellschaftlichen Bedürfnisse planmäßig bestimmt, so kann die Kaufkraft nur im Rahmen dieser geplanten Bedarfsentwicklung realisiert werden. Werden in diesem Prozeß Teile der Kaufkraft nicht wirksam, führen sie zu einem Überhang. Die Stimulierung der persönlichen Interessen ist demzufolge nicht nur eine Frage der Erhöhung bzw. der Zunahme der Kaufkraft auf

Grund der Entwicklung des Arbeitseinkommens, sondern zugleich abhängig von der Erweiterung und Vervollkommnung der Erzeugnisse und Leistungen für die Bedürfnisbefriedigung.

Bevor jedoch die Kaufkraft wirksam wird, muß für den Bedarf eine Nachfrage seitens der gesellschaftlichen und individuellen Verbraucher bestehen. Sie stellt eine Realisierungsbedingung für den gesellschaftlichen Bedarf dar. Die in der Nachfrage sich widerspiegelnden persönlichen und kollektiven Interessen der Konsumenten üben wiederum auf die Verausgabung des Arbeitseinkommens (z. B. in Form der Kaufkraft und je nach dem Grad, wie sie sich mit dem Bedarf deckt) Einfluß aus.

Die in der Nachfrage zum Ausdruck kommenden persönlichen Interessen können entsprechend den gesellschaftlichen Erfordernissen, z. B. über Käuferberatungen, Werbemaßnahmen, Teilzahlungssysteme, aktiv beeinflußt werden. Dies muß besonders dann der Fall sein, wenn zwischen Bedarf und Nachfrage Widersprüche bestehen. Solche treten auf, wenn die Rückwirkungen, die von der Nachfrage, d. h. den persönlichen bzw. Familieninteressen ausgehen, im Rahmen der Produktions- und Bedarfsentwicklung ungenügend berücksichtigt werden. Auch in solchen Fällen, in denen das Arbeitseinkommen schneller wächst als die Möglichkeiten zur Deckung des Bedarfs, ergeben sich zwischen Nachfrage und Bedarf Widersprüche.

Die Übereinstimmung von gesellschaftlichen und persönlichen Interessen wird unter den Bedingungen der Ware-Geld-Beziehungen durch die Nutzung der Wertkategorien erreicht. Dabei ist die planmäßig zu sichernde Proportionalität (ausgehend von den gesellschaftlichen Erfordernissen) für die Festlegung von Angebot und Bedarf, die Einflußnahme auf die Nachfrage und die notwendige Stimulierung des Arbeitseinkommens die Grundlage für diesen dynamischen Prozeß. Sein Ablauf zeigt, inwieweit durch eine planvolle Regelung die objektiv notwendigen Proportionen zwischen den Bedürfnissen, dem Angebot, der Nachfrage, dem Arbeitseinkommen bzw. der Kaufkraft und den Interessen hergestellt werden konnten. Dieser Prozeß spiegelt den erreichten Stand der Übereinstimmung zwischen gesellschaftlichen Erfordernissen und persönlichen Interessen wider und zeigt evtl. Nahtstellen, die eine Verletzung von gesellschaftlichen Erfordernissen erkennen lassen. Für die Planung als Instrument zur optimalen Nutzung des Gesamtsystems der ökonomischen Gesetze der sozialistischen Produktionsweise ergibt sich die Aufgabe, die wichtigsten Seiten dieses Prozesses, der sich zwischen dem Bestehen der Erfordernisse bzw. Bedürfnisse, der Bestimmung des Bedarfs, der Gestaltung der Nachfrage und der Bereitstellung der Kaufkraft vollzieht, zu erfassen und so zu gestalten, daß er weitgehend störungsfrei, d. h. ohne volkswirtschaftliche Verluste, verläuft. Im Zuge des planmäßigen Ablaufs dieses Prozesses ist die Akkumulations- und Konsumtionsdynamik zu optimieren, d. h., ist den gesellschaftlichen Erfordernissen sowie den kollektiven und persönlichen Interessen der Werktätigen Rechnung zu tragen.

Die gesellschaftlichen Erfordernisse, die kollektiven und persönlichen Interessen haben als gemeinsame Zielstellung einen maximalen Zuwachs an mengenmäßig verfügbarem Nationaleinkommen und die Sicherung einer ökonomisch effektiven Verwendung. Demzufolge kann den gesellschaftlichen Erfordernissen, z. B. der intensiven erweiterten Reproduktion, nur dauerhaft entsprochen werden, wenn zugleich eine Stimulierung der persönlichen Interessen über die materiellen, bewußtseinsmäßigen und emotionalen bzw. moralischen Impulse und Anreize erfolgt. Diese Stimulierung erfordert jedoch, daß die Kategorien der sozialistischen Warenproduktion (insbesondere die Wert- bzw. Preiskategorien), die der Bestimmung des Bedarfs, der Einflußnahme auf die Nachfrage und der Entwicklung der Kaufkraft zugrunde liegen, voll genutzt werden.

FUSSNOTEN

1 K. Marx, Grundrisse der Kritik der politischen Ökonomie, Berlin 1953, S. 89

2 Es wird nicht als Aufgabe dieser Arbeit angesehen, auf das Verhältnis von unbewußten, unterbewußten und bewußten Prozessen im Denken und Verhalten der Menschen, insbesondere im Zuge der Herausbildung von Interessen, einzugehen. Siehe Näheres hierzu bei G. Klaus, Kybernetik und Erkenntnistheorie, Berlin 1966, S. 43 ff.

3 Im Rahmen dieser Arbeit ist nicht vorgesehen, eine Darstellung und Analyse der Handlungsbereiche, der Aktionsparameter, der Zielhierarchie, des Strategienreichtums, der Handlungsebenen u. ä. vorzunehmen

4 Dafür könnten auch die Begriffe Planziele bzw. Zielgrößen gesetzt werden

5 "Das Erfordernis charakterisiert die Bewegungsrichtung vom Objekt zum Subjekt..." W. Maltusch, Materielles Interesse als Motiv, Berlin 1966, S. 21

6 Wie Marx feststellt, ermöglicht die Produktion nicht nur, bestimmte Bedürfnisse zu befriedigen, sondern sie schafft auch das Bedürfnis selbst. Vgl. K. Marx/F. Engels, Werke, Bd. 13, Berlin 1961, S. 624

7 K. Marx/F. Engels, Die heilige Familie und andere philosophische Frühschriften. Berlin 1953, S. 86

8 Vgl. K. Marx/F. Engels, Werke, Bd. 18, Berlin 1962, S. 274

9 Vgl. ebenda

10 "Jede neue Klasse nämlich, die sich an die Stelle einer vor ihr herrschenden setzt, ist genötigt, schon um ihren Zweck durchzuführen, ihr Interesse als das gemeinschaftliche Interesse aller Mitglieder der Gesellschaft darzustellen ..." K. Marx/F. Engels, Werke, Bd. 3, Berlin 1958, S. 47

11 So weist Marx nach, daß "mit der Teilung der Arbeit zugleich der Widerspruch zwischen dem Interesse des einzelnen Individuums oder der einzelnen Familie und dem gemeinschaftlichen Interesse aller Individuen, die miteinander verkehren, gegeben..." ist. Ebenda, S. 32/33

12 Vgl. W. Berger/O. Reinhold, Ökonomische Gesetze und ökonomische Triebkraft in der sozialistischen Gesellschaft, Einheit, Heft 1/1967, S. 25

13 Vgl. Programm der Sozialistischen Einheitspartei Deutschlands, Berlin 1963, S. 323

14 Zu dieser Frage wird im Programm der KPdSU festgestellt: "Auf der Grundlage der Einheit der gesellschaftlichen und der persönlichen Interessen werden sich die Beziehungen zwischen Persönlichkeit und Gesellschaft harmonisch gestalten." Programm und Statut der KPdSU, Berlin 1961, S. 60

15 Der Begriff materielle Interessiertheit wird vom Verfasser unter dem Aspekt des wirtschaftspolitischen Instrumentariums zur Stimulierung der materiellen Interessen angewandt

16 W. Kalweit/H. Swoboda, Grundfragen der materiellen Interessiertheit beim umfassenden Aufbau des Sozialismus in der DDR, Wirtschaftswissenschaft, Heft 1/1966, S. 4

17 Was jedoch die Austausch-, Verteilungs- und Konsumtionsdynamik anbetrifft, muß die Interessenübereinstimmung im Verlaufe des ökonomischen Reproduktionsprozesses, zum Beispiel auf Grund der Anwendung des Prinzips der materiellen Interessiertheit sowie anderer ökonomischer Hebel und moralischer Anreize, immer wieder hergestellt werden. Beispielsweise spricht Maltusch in diesem Falle von einer mittelbaren Interessenübereinstimmung. Vgl. W. Maltusch, Materielles Interesse als Motiv, a.a.O., S. 97 f.

18 "Das System der ökonomischen Gesetze wird praktisch über den Wirkungsmechanismus des ökonomischen Gesetzes des Erwerbs (Verteilung) nach der Arbeitsleistung in Gang gesetzt und gehalten." W. Berger/O. Reinhold, a.a.O., S. 26

19 Das trifft nur für die materiellen und nichtmateriellen Bedürfnisse zu, deren Befriedigung nicht über die gesellschaftliche Konsumtion, sondern über das Arbeitseinkommen erfolgt

20 Das bezieht sich nur auf die Nettoeinkommen der Erwerbstätigen. Kaufkrafterhöhende Größen sind weiterhin zum Beispiel Stipendien, Renten und andere Formen von Nettogeldeinnahmen

WALTER GELLRICH

Kennziffern im Dienste der Messung, Regelung und Steuerung in der sozialistischen Wirtschaft

Auf dem erreichten hohen Niveau in der Entwicklung der Produktivkräfte und der Produktionsverhältnisse werden mit der Vollendung des Sozialismus in der DDR unter den Bedingungen der technischen Revolution Planung und Leitung des gesellschaftlichen Reproduktionsprozesses in der DDR qualitativ weiter entwickelt.

In dieser Periode ist das ökonomische System des Sozialismus - als das Kernstück des entwickelten gesellschaftlichen Systems des Sozialismus - das Mittel, die Effektivität der gesellschaftlichen Arbeit so zu erhöhen, daß durch einen maximalen Zuwachs an verfügbarem Nationaleinkommen und seine sparsamste und zweckmäßigste Verwendung "... die ständig bessere Befriedigung der materiellen und geistigen Bedürfnisse der Mitglieder der Gesellschaft, die Entfaltung der sozialistischen gesellschaftlichen Beziehungen und der Persönlichkeit der Menschen, ihrer schöpferischen Fähigkeiten und die Stärkung ihrer politischen Organisation, des Staates und der Gesellschaft" möglich werden.[2]

Mit der Entwicklung des neuen ökonomischen Systems der Planung und Leitung begann ein komplizierter Prozeß des Umdenkens. Das tiefe Eindringen in die objektiven ökonomischen Zusammenhänge und Gesetzmäßigkeiten erfordert größere Fähigkeiten, um das Wirken der ökonomischen Gesetze des Sozialismus besser zu erkennen und diese Erkenntnisse in der theoretischen und praktischen Tätigkeit anzuwenden. Sie finden ihren Niederschlag in qualitativ neuen und höheren Formen und Methoden der Planung und Leitung.

Das Neue im System der Planung und Leitung besteht darin, daß alle Maßnahmen für die Gesamtentwicklung der Volkswirtschaft vom Standpunkt des gesellschaftlichen Systems des Sozialismus begriffen und begründet werden.

Im ökonomischen System des Sozialismus, das alle Seiten des gesellschaftlichen Reproduktionsprozesses umfaßt, bilden Planung und Leitung eine untrennbare Einheit. Die neuen Formen und Methoden der Planung und Leitung - unbeschadet ihrer unterschiedlichen funktionellen Aufgaben - verfolgen das Ziel der Optimierung des volkswirtschaftlichen Reproduktionsprozesses mit ökonomischen Mitteln.

Ihre Entwicklung und Verwirklichung vollziehen sich in einem dynamischen Prozeß, der bestimmt wird durch die ständige Entwicklung der sachlichen und subjektiven Produktivkräfte, durch die mit der ständig steigenden Arbeitsproduktivität und Effektivität wachsenden

Produktionsergebnisse und durch das ständig wachsende politisch-ideologische Bewußtsein der Werktätigen, dessen qualitatives Niveau durch die wissenschaftlich fundierte Führungstätigkeit planmäßig erhöht wird.

Die durch den VII. Parteitag der SED eingeleitete höhere Stufe der Planung und Leitung des Prozesses der sozialistischen erweiterten Reproduktion trägt dazu bei, in der DDR die moderne, harmonische und leistungsfähige Volkswirtschaft aufzubauen, die einem modernen sozialistischen Industriestaat mit hochindustrialisierter Landwirtschaft entspricht. Sie demonstriert die Überlegenheit des Sozialismus gegenüber dem Kapitalismus auf allen Gebieten des Lebens der sozialistischen Gesellschaft.

Das Neue in der Planung besteht darin, daß die Entwicklungslinie durch verschiedene miteinander verbundene Planungsphasen vorgezeichnet wird.

Diese Planungsphasen bestehen als

- generalperspektivische Prognosen,
- Perspektivplanung,
- Jahresplanung (kurzfristige Planung).

Die generalperspektivische Prognose umfaßt je nach dem Teilgebiet und Teilbereich Zeiträume von 10 bis 30 und mehr Jahren.

Unter Berücksichtigung der Entwicklungstendenzen von Wissenschaft und Technik in den sozialistischen Bruderländern, der hochentwickelten kapitalistischen Industriestaaten und der Entwicklung und Erschließung neuer Rohstoffquellen in den anderen Ländern der Erde geht es bei der Ausarbeitung der Prognosen um die Ermittlung der Hauptlinien der Entwicklung des Lebensstandards, der Entwicklung von Wissenschaft und Technik, der Produktivkräfte und der Ökonomie im Zusammenhang mit der allgemeinen Gesellschaftsprognose.

Die Herausarbeitung und Fixierung der Hauptentwicklungslinien ist ein fließender Prozeß zwischen vorausschauenden Berechnungen und ständiger Rückrechnung mit dem Ziel, optimale Lösungen zu suchen, nach denen Vorentscheidungen über die Strukturentwicklung und Strukturveränderung in der Volkswirtschaft der DDR für einen Zeitraum von 15 bis 20 Jahren getroffen werden können.

In den Prognosen für die Entwicklung der sozialistischen Gesellschaft werden Forschungsarbeiten und Prognosen der Naturwissenschaften in den Dienst der realen Möglichkeiten der ökonomischen Entwicklung gestellt. Erstmalig werden Arbeiten und Ergebnisse naturwissenschaftlich-technischer Entwicklung den Zielen angepaßt, die sich die Gesellschaft freier Menschen stellt. Die sozialistische Gesellschaft stellt für die jeweiligen Etappen der Entwicklung - dabei auch für Prognosezeiträume von 30 Jahren und mehr - Ziele, die auf den objektiven materiellen und subjektiven, auch bis dahin weiterentwickelten Grundlagen beruhen; naturwissenschaftlich-technische Prognosen werden dabei unmittelbar mit der Ökonomie verbunden.

Die Prognose führt zu solchen Aussagen, die es gestatten, die grundlegenden Strukturentscheidungen im Perspektivplan der Volkswirtschaft zu präzisieren, zu optimieren und zu bilanzieren.

"Die Prognostik schafft jene Kenntnisgrundlagen, die es gestatten, von den Strukturentscheidungen ausgehend, die Schwerpunkte der wissenschaftlich-technischen Arbeit zentral zu bestimmen und vorzugeben."[2]

Das neue Planungssystem ist gekennzeichnet durch die Ausarbeitung langfristiger Programme für die allseitige perspektivische Entwicklung der Volkswirtschaft der DDR. Ausgehend von der Prognostik über die Entwicklung und Verbesserung der Lebensverhältnisse der Menschen in der DDR, besteht eine untrennbare Verbindung von der prognostischen Ausarbeitung der Grundkonzeptionen für die Entwicklung der Zweigstruktur und für die Entwicklung der Territorialstruktur über die Ausarbeitung der Programme der Entwicklung der Zweigstruktur, besonders der strukturbestimmenden Zweige, und der Programme zur Entwicklung der Wirtschaftsgebiete - abgestimmt mit der prognostischen Planung des wissenschaftlichen Vorlaufs - bis zur Ausarbeitung der wissenschaftlich-technischen Konzeption für die Entwicklung der Haupterzeugnisse und -gruppen und der Konzeptionen des wissenschaftlich-technischen Fortschritts im Perspektivplan. Diese Verbindung findet im Jahresplan in der im einzelnen und im Konkreten festgelegten Entwicklung aller Seiten des gesellschaftlichen Lebens des jeweiligen Zeitabschnittes ihren Niederschlag.

Die prognostische Arbeit gilt für alle Ebenen der Volkswirtschaft. Auch die Betriebe sind verpflichtet, Prognosen über die Entwicklungstendenzen der Erzeugnisse, insbesondere der Haupt- und Spitzenerzeugnisse, der Technologie sowie der Organisation auszuarbeiten. Dasselbe gilt für die Perspektivplanung. Die Betriebe müssen über den Gesamtplan und seine Problematik informiert sein und Kenntnis haben über den Stand der Entwicklung innerhalb ihrer Erzeugnisgruppe bis hin zum Weltbeststand. Daher werden die Betriebe direkt mit den Weltmarktbedingungen konfrontiert. Im § 17 der VO über die Aufgaben, Rechte und Pflichten des volkseigenen Industriebetriebes heißt es:

"Der Betrieb ist verpflichtet, Prognosen über die Entwicklungstendenzen der Erzeugnisse, insbesondere der Haupt- und Spitzenerzeugnisse, der Technologie sowie der Organisation auszuarbeiten.

Der Direktor des Betriebes hat einen ständigen Überblick über den Weltstand der Produktion und der Kosten der betreffenden Erzeugnisse zu gewährleisten und ständig Vergleiche zwischen dem Weltstand und den eigenen Erzeugnissen anzustellen."[3]

Der Jahresplan ist das in festen und konkreten Zielen formulierte Arbeitsprogramm des Entwicklungszeitraumes. Seine Verwirklichung in jedem einzelnen Betrieb und in jeder einzelnen Institution sichert die in der staatlichen Aufgabe fixierte planmäßige proportionale Entwicklung, die den objektiven ökonomischen Gesetzmäßigkeiten der Entwicklung der sozialistischen Gesellschaft entspricht.

Die dem Gesamtbetrieb gestellten Planaufgaben werden entsprechend den Produktions- und Arbeitsprogrammen auf die Abteilungen bis zu den Arbeitsplätzen der Kollektive und Einzelpersonen bei Beachtung der persönlichen Verantwortung unter aktiver Mitsprache und Mitbeteiligung der Gewerkschaften aufgeschlüsselt.

Mit der Ausarbeitung der Jahresvolkswirtschaftspläne werden gleichzeitig Hauptkennziffern des Perspektivplanes, zum mindesten für das nächstfolgende Jahr, erarbeitet.

Diese sind, von einer optimalen Entwicklung ausgehend, ebenfalls aufeinander abgestimmt und können bereits weitestgehend bilanziert werden. Dabei bleiben die von den Betrieben und VVB für die perspektivische Entwicklung vorgeschlagenen Hauptkennziffern so beweglich, daß neueste Erkenntnisse wissenschaftlich-technischer Entwicklungen eine ständige Präzisierung und Verbesserung der konkreten Kennziffern gestatten.

So fördert das System der Planung selbst die dynamische Entwicklung der Produktivkräfte optimal und ist ständig der Weiterentwicklung angepaßt. Jahresplan und Perspektivplan werden so zu wahrhaft ökonomischen Instrumenten der Entwicklung. In den Kennziffern des Planes spiegeln sich die realen Möglichkeiten der ökonomischen Weiterentwicklung wider, so daß der Plan mit seinen beweglichen und auf die ständige Weiterentwicklung gerichteten Kennziffern zur von allen erarbeiteten und bestätigten Richtschnur des ökonomischen Handelns wird, das die maximale Steigerung der Effektivität der Volkswirtschaft in ihrer Allseitigkeit zum Ziele hat.

Die Ausarbeitung wissenschaftlich begründeter Jahres- und Perspektivpläne ist ein wesentlicher Bestandteil der Führungstätigkeit auf allen Ebenen der Volkswirtschaft.

Im Prozeß der Planaufstellung und Plandiskussion wird die kollektive Verantwortung für gemeinsame und nur in kollektiver Arbeit zu lösende Aufgaben entwickelt und gefördert. Hier und bei der Plandurchführung werden immer breitere Kreise der Werktätigen in die volle Verantwortung der über den Bereich des Einzelnen hinausgehenden Aufgaben einbezogen.

Die direkte und unmittelbare Mitarbeit der Werktätigen bei der Aufstellung der Jahres- und Perspektivpläne sowie bei der Entwicklung von Prognosen auf Teilgebieten und -bereichen ist untrennbar mit der schöpferischen Initiative der Werktätigen verbunden.

Daher ist der umfassende sozialistische Wettbewerb um den Weltbeststand und um höchste Qualität der Erzeugnisse, um den niedrigsten Stand der Selbstkosten und um hohe Rentabilität - verbunden mit der wirksamsten Anwendung der materiellen und moralischen Stimuli - nicht nur Ausdruck der aktiven Teilnahme der Werktätigen an der unmittelbaren Durchführung und Realisierung der Planaufgaben, sondern zugleich Ergebnis der Plandiskussion und der sichtbare Ausdruck für die bewußte Ausnutzung der ökonomischen Gesetze des Sozialismus.

Mit den eingehenden Berechnungen und Analysen über das Ziel der perspektivischen Entwicklung werden gleichzeitig die realen Möglichkeiten und Potenzen zur Erreichung der erforderlichen Teilziele berechnet und analysiert, so daß auf jeder Stufe der einzelnen Planungsphasen Notwendigkeit und Möglichkeit der Entwicklung bilanziert werden.

Das Grundprinzip der Bilanzierung des Planes ist die Gewähr für die Aufstellung realer Pläne.

Unter diesen neuen Bedingungen gewinnt die Arbeit mit ökonomischen Analysen eine hervorragende Bedeutung. Die Analyse der erreichten und gegebenen Möglichkeiten muß sich auf ein zuverlässiges statistisches Zahlenmaterial stützen, das - auf jeder und für jede Ebene in der erforderlichen Weise differenziert - mit Hilfe eines nach modernsten technischen, organisatorischen und methodischen Gesichtspunkten aufgebauten Informationssystems zur Verfügung steht.

Ein in sich geschlossenes Informationssystem ist ein immanenter Bestandteil der Planung und Leitung und damit ein unentbehrliches Instrumentarium für die bewußte Ausnutzung der objektiven ökonomischen Gesetze, für die Beherrschung der ökonomischen Prozesse und für die Verwirklichung der von Partei und Regierung des sozialistischen Staates gestellten Ziele.

Die auf die Perspektive gerichtete Planung setzt voraus, daß der tatsächliche Verlauf des gesellschaftlichen Reproduktionsprozesses in seinen inhaltlich unterschiedlichen ökonomischen Erscheinungen klar und übersichtlich erfaßt und dargestellt wird. Ein der ökonomischen Wirklichkeit entsprechendes Spiegelbild bildet die Grundlage für Analysen über die ökonomischen Erscheinungen, ihrer Zusammenhänge und wechselseitigen Abhängigkeit.

Diese Analysen dienen dazu, die Wirksamkeit der durch die Tätigkeit der Menschen im Reproduktionsprozeß erreichten ökonomischen Ergebnisse und Fakten in ihrer Gesetzmäßigkeit zu erkennen und die progressive Entwicklung durch gezielte Entscheidungen zu fördern.

Die neue Qualität der Planung und Leitung der sozialistischen Wirtschaft, die mit einer weitgehenden Einschränkung administrativer Methoden verbunden ist und den Übergang zur Leitung mit ökonomischen Mitteln progressiv fördert, stellt daher nicht nur höchste Anforderungen an die Qualifizierung der Leiter und Mitarbeiter (in zentralen und in betrieblichen

Funktionen), sondern erfordert dringend die Entwicklung eines einheitlichen volkswirtschaftlichen Informationssystems.[4]

Die umfassenden Belange der Leitungsorgane aller Ebenen der Volkswirtschaft für operative und perspektivische Entscheidungen müssen durch ein Informationssystem gesichert werden, das

- inhaltlich den Partei-, staats- und wirtschaftsleitenden Organen zu den erforderlichen Zeitpunkten wahrheitsgetreuen Überblick über Gesamt- und Einzelerscheinungen im Ablauf des Reproduktionsprozesses vermittelt,
- methodisch die Belange der Planung, Abrechnung, Analyse und Kontrolle auf allen Ebenen der Leitung in sich vereint,
- organisatorisch innerhalb der Volkswirtschaft nach einheitlichen Prinzipien aufgebaut ist (einschließlich der Organisation der Primärdokumentation),
- technisch den rationellsten Einsatz modernster Rechen- und Datenverarbeitungsanlagen, Speicher- und Übertragungseinrichtungen für Informationen gewährleistet und die noch vorhandenen unterschiedlichen technischen Systeme und Verfahren koordiniert.

Hierbei geht es letztlich auch um die Kenntnis und Beherrschung des Funktionsmechanismus im volkswirtschaftlichen Reproduktionsprozeß. Es geht um das informative "Nervensystem" des Reproduktionsprozesses in seinen Grobrissen wie in seinen Filigranen und Verästelungen, das über Zustand und Funktion, über Stärken und Schwächen der einzelnen Zellen und Glieder des Gesamtorganismus der Volkswirtschaft informiert, um auf den jeweiligen Ebenen der Volkswirtschaft das optimale Wachstum der Volkswirtschaft entsprechend dem Gesetz der planmäßigen proportionalen Entwicklung zu sichern.

Das einheitliche volkswirtschaftliche Informationssystem umfaßt als Kernstück ein in sich geschlossenes System von Kennziffern, die zur Messung, Regelung und Steuerung ökonomischer Erscheinungen und Prozesse dienen. Es muß für alle Bereiche, Zweige und Ebenen der Volkswirtschaft einheitlich und im grundsätzlichen Inhalt und Aufbau in gleicher Weise für die Aufgaben der Planung, Abrechnung, Information, Analyse und Kontrolle anwendbar sein.

Bei der Entwicklung eines einheitlichen Kennziffernsystems geht es:

1. um die Bestimmung, Definition, Abgrenzung, Klassifizierung und Gruppierung der inhaltlich unterschiedlichen ökonomischen Bestandteile und Elemente entsprechend dem Inhalt und Ablauf des volkswirtschaftlichen Reproduktionsprozesses,

2. um die einheitliche Kennzeichnung und Chiffrierung inhaltlich gleichartiger ökonomischer Erscheinungen unter dem Gesichtspunkt hochmechanisierter Erfassungs-, Speicherungs- und Informationsübermittlungsanlagen,

3. um die Bestimmung des Inhalts und Umfangs der Kennziffern, d. h. den Informationsgehalt, die Informationsbreite und -tiefe, und um die Periodizität ihrer Weitergabe, Auswertung und Gültigkeit.

Unabhängig davon, welche der verschiedensten Angaben - ausgedrückt in Kennummern oder Kennziffern - für welche Zwecke und für welche Ebenen der Leitung benötigt werden - auch Form und Zeitpunkt der zu vermittelnden Informationen dabei außer acht gelassen -, ist von der Tatsache auszugehen, daß alle ökonomischen Erscheinungen des volkswirtschaftlichen Reproduktionsprozesses in ihren vielfältigsten und unterschiedlichsten Formen, Quantitäten und Qualitäten in den Betrieben und Einrichtungen der produktiven und nichtproduktiven Bereiche der Volkswirtschaft ihre konkrete Basis haben.[5]

In diesem Sinne erstreckt sich der Begriff "Betrieb" nicht nur auf die Betriebe im Bereich der materiellen Produktion, nicht nur auf Betriebe und Institutionen mit wirtschaftlicher Rechnungsführung, sondern auf alle Einrichtungen in der sozialistischen Volkswirtschaft, in denen die Werktätigen bei ihrer Tätigkeit sozialistisch wirtschaften und eine strenge Rechnungsführung und Kontrolle über die zweckmäßigste Verwendung der materiellen und finanziellen Mittel ausüben.

Eine entscheidende Grundfrage ist dabei der lückenlose, dokumentarisch belegte Nachweis über jede Verausgabung, Inanspruchnahme, Verwendung und Vereinnahmung aller unterschiedlichen konkreten Arten der den Betrieben und Institutionen für die Durchführung ihrer unterschiedlichsten Aufgaben übergebenen und in voller Eigenverantwortung gegenüber der sozialistischen Gesellschaft zu verwaltenden Vermögenswerte. Der Schutz, die Sicherung und die Verwaltung des sozialistischen Eigentums, sein nutzbringender und effektivster Einsatz sowie der effektivste Einsatz der Arbeitskraft und die maximale Ausnutzung der der Gestellschaft zur Verfügung stehenden Arbeitszeit für nutzbringende Tätigkeit sind die elementaren Bedingungen für die Erhaltung und Entwicklung der Existenzgrundlagen der sozialistischen Gesellschaft, die damit auch die Art und Weise und die Methoden der Rechnungsführung und Kontrolle über die Verwaltung, Verwendung und Mehrung des jeweiligen Eigentums bestimmen.

Mit der strengen Rechnungsführung, die nicht nur Bestandteil der sozialistischen Wirtschaftsführung, sondern auch untrennbares Element der sozialistischen Disziplin ist, wird das Prinzip der persönlichen Verantwortung verwirklicht. Je nach dem Aufgabenbereich werden alle Aufgaben klar und eindeutig voneinander abgegrenzt und aufeinander abgestimmt nach dem Grundsatz, daß jeder für die Aufgaben verantwortlich ist, für die er die erforderlichen fachlichen und charakterlichen Fähigkeiten besitzt. Damit übernehmen die Leiter und Kollektive die materielle Verantwortung für die ihnen übergebenen materiellen Mittel.

Die unmittelbare verantwortliche Teilnahme der Werktätigen an der Rechnungsführung und Kontrolle über die Verwendung der ihnen anvertrauten materiellen und finanziellen Fonds - sichtbarer Ausdruck dafür ist das Haushaltsbuch - ist zugleich eine unmittelbare und direkte Information über die Ergebnisse der mit der ausgeübten Tätigkeit ausgelösten und abgelaufenen ökonomischen Prozesse zunächst im Rahmen des Bereichs ihres Arbeitsplatzes, ihrer Brigade und Abteilung. Hier werden Aufwand und Leistung, Einsatz und Verbrauch von Arbeitszeit, Arbeitsinstrumenten und Material an Ort und Stelle gemessen, in Daten festgehalten und mit den entsprechenden Planvorgaben, Plannormativen verglichen. Hier entstehen die Grunddaten für Informationen, mit denen ökonomische (aber auch technische) Tatbestände reflektiert werden.

Die Erfassung jedes ökonomischen Prozesses auf der Ebene und innerhalb jedes Betriebes und jeder Institution und die systematische Ordnung der unterschiedlichsten Einzelprozesse ist aber nicht nur Teil der ökonomischen Tätigkeit, sondern auch ein juristischer Akt der Rechnungslegung, eine Aufgabe, die elementarer Bestandteil jeder sozialistischen Leitungstätigkeit ist.

Damit erfüllen Rechnungsführung und Statistik zunächst die elementare Aufgabe, die quantitativen - in Mengen-, Zeit- und Geldeinheiten gemessenen -, im vergangenen Kalender- bzw. Abrechnungszeitraum stattgefundenen Veränderungen der Elemente des Reproduktionsprozesses zu erfassen und nachzuweisen, gestützt auf die allen Nachprüfungen, Kontrollen und Revisionen genügende Primärdokumentation.

Im Zusammenhang mit dem Grundsatz der strengen Rechnungsführung und Kontrolle über Einsatz und Verwendung des sozialistischen Eigentums, über die Leistungen und Ergebnisse der menschlichen Tätigkeit und über die Effektivität der gesellschaftlichen Arbeit besteht die Notwendigkeit und Pflicht, daß jeder vollzogene ökonomische Prozeß - unabhängig von seiner betrieblichen, volkswirtschaftlichen, augenblicklichen (operativen) oder späteren Bedeutung - mit Hilfe einer Aufzeichnung fixiert, d. h. signalisiert wird. Die Bewältigung der Vielzahl der Signale und ihre Transformation zu Informationen berührt dabei die methodische, organisatorische und technische Seite der Datenverarbeitung.

Grundlage aller Kennziffern und Ausgangspunkt jeder Information ist die Primärdokumentation der ökonomischen Einzelerscheinungen des Reproduktionsprozesses. Sie ist unmittelbarer Ausdruck der Rechnungslegung, bei der Urheber, Gegenstand und Art, Grund und Zweck, Zeitpunkt der Verausgabung bzw. Vereinnahmung wirtschaftlicher Mittel in den jeweiligen konkreten Maßeinheiten dokumentarisch belegt werden.

Ausgehend davon, daß der Ablauf aller ökonomischen Erscheinungen in den Betrieben mit Hilfe der gesetzlich vorgeschriebenen Primärdokumentation in Mengen-, Zeit- und Geldeinheiten aufgezeichnet worden ist, werden am Ende eines Abrechnungszeitraumes inhaltlich gleiche Erscheinungen zu entsprechenden Summenbeträgen aggregiert und bereits in Komplexübersichten zusammengestellt (z. B. Bilanzen). Einzel- und Gesamtdarstellungen der Betriebe bilden die originäre Quelle aller Informationen über das ökonomische Geschehen in den Betrieben und in entsprechenden Zusammenfassungen und Gesamtdarstellungen im Maßstab der Bereiche und Zweige der Volkswirtschaft.

Die volle Erfassung und präzise Darstellung des geschlossenen Wirtschaftskreislaufes der Betriebe ist bestimmend für die Entwicklung eines in sich geschlossenen, für die verschiedensten Bedürfnisse der Messung, Regelung und Steuerung des Reproduktionsprozesses geeigneten Kennziffernsystems.

Eine wesentliche Aufgabe besteht darin, die abgelaufenen ökonomischen Prozesse am Ende eines Abrechnungs- oder Planungszeitraumes in ihrer Gesamtheit darzustellen, ohne auf die Darstellung spezifischer Prozesse zu verzichten.

Die Auswahl der für die Planung und Leitung erforderlichen Hauptkennziffern, die in ihrem Umfang und in ihrer Bedeutung für die verschiedenen Leitungsebenen und für differenzierte Aussagen und Analysen unterschiedlich sein können, setzt die konkrete Kenntnis der Zusammenhänge voraus, die objektiv zwischen den Bestandteilen und Elementen des Reproduktionsprozesses bestehen.

Von der Qualität und Komplexität des zusammengetragenen Zahlenmaterials hängt es ab, wie schnell und präzise die wirklichen Zusammenhänge erkannt werden, um die in Zahlenangaben fixierten Fakten anderen gleichartigen, gleichwertigen oder ungleichen gegenüberzustellen und Schlußfolgerungen zu ziehen, die für die Planung und Leitung erforderlich sind.

In der methodisch-technischen und organisatorischen Gestaltung der Primärdokumentation liegt aber auch der Schlüssel für den rationellsten Aufbau des betrieblichen und überbetrieblichen Informationssystems.

Signale und Informationen im Reproduktionsprozeß

In der Informationstheorie gilt, "daß die materiellen Prozesse insofern das Primäre sind, als sie Erzeuger und Träger der Informationen sind, die Informationen hingegen sekundär abgeleitet. Einmal entstanden, können Informationen allerdings selbst wieder (und das lehrt uns schon jeder elementare Regelkreis) auf die materiellen Prozesse steuernd und regelnd zurückwirken und neue materielle Prozesse hervorrufen."[6]

In der sozialistischen Wirtschaft muß man zunächst davon ausgehen, daß der gesellschaftliche Reproduktionsprozeß unter Beachtung und Ausnutzung der ökonomischen Gesetze des Sozialismus planmäßig gestaltet und das Gesamtsystem des Sozialismus bewußt weiter entwickelt und vervollkommnet werden. Dazu ist es notwendig, die ökonomischen Kategorien zentral festzulegen, die als Steuerungsgrößen fungieren und die zugleich die Maßstäbe setzen, an und mit denen die geplante und tatsächliche Entwicklung gemessen wird. Zu diesen ökonomischen Kategorien zählen:

Preise für Waren, Tarifsätze für Leistungen, Lohntarife, Zinssätze, an den Staat abzuführende Abgaben und Steuern, die gesellschaftlich notwendige und gesetzlich geregelte Arbeitszeit sowie auch das physische Volumen der in den Abteilungen I und II zu produzierenden strukturbestimmenden Haupterzeugnisse.

Diese Kategorien sind ihrem Charakter nach gesetzliche Normative und Steuerungsgrößen, die im allgemeinen von den unmittelbar wirtschaftsleitenden Organen und von den Betrieben nicht selbständig verändert werden können, sondern in ihren zentral festgelegten Größen streng eingehalten werden müssen, um die planmäßige proportionale Entwicklung der Volkswirtschaft zu gewährleisten.

Die zur Steuerung des Gesamtprozesses bestimmten und angewendeten Größen wirken in Verbindung mit der aktiven und bewußten Arbeit aller Werktätigen wie Regulatoren.

Je besser es die Leitungsorgane verstehen, die schöpferischen Kräfte der Werktätigen in die Bahnen zu lenken, die für die Einhaltung der in den Jahres- und Perspektivplänen fixierten proportionalen Entwicklung vorgezeichnet sind, und je effektiver die von den Werktätigen vollzogene operative Tätigkeit ist, um so mehr entsteht der Eindruck einer Selbstregulierung aus der Sicht überbetrieblicher Leitungsorgane.

Die tatsächlich erreichten ökonomischen Ergebnisse in Menge und Qualität, in Stunden und Mark gemessen,sind der sichtbare Ausdruck der aktiven Teilnahme der Werktätigen an den ihren Arbeitskollektiven gestellten Aufgaben, das Resultat geleisteter menschlicher Arbeit, sind aber auch Prüfstein für die Qualität der wissenschaftlichen Führungstätigkeit und gleichzeitig der Maßstab dafür, wie es die Leitungsorgane verstanden haben, den Werktätigen ihr ökonomisches Handeln bewußt zu machen und sie für die Erfüllung der immer höheren Aufgaben qualifiziert zu haben.

Die konsequente Verwirklichung einer verantwortungsvollen betrieblichen Leitungstätigkeit, bei der nur in Ausnahmefällen von außen oder von übergeordneten Leitungsorganen in den Prozeß der operativen Leitungstätigkeit administrativ eingegriffen wird, bedingt das ständige Informiertsein über den Ablauf und Fortgang der betrieblichen ökonomischen Prozesse mit Hilfe eines absolut sicher und gut funktionierenden Signal- und Informationssystems.

Geht man von der Notwendigkeit aus, bei der Planung und Leitung des Reproduktionsprozesses kybernetische Methoden anzuwenden,und stellt dabei die Primärdokumentation über die in den Betrieben und Institutionen aufgetretenen ökonomischen Erscheinungen bzw. ablaufenden und abgelaufenen ökonomischen Prozesse in den Rahmen der Informationstheorie, so sind die in den Primärdokumenten (ihre organisatorische, methodische und formelle Vereinheitlichung mit dem weiteren Ausbau des ökonomischen Systems des Sozialismus ist zu einer wichtigen Tagesaufgabe geworden) fixierten Angaben (Daten) nichts anderes als die zu Signalen gewordenen Abbilder der ökonomischen Realität, wobei die Primärdokumentation einschließt, daß die ökonomischen Fakten in technischen Mengen-, Zeit- und Preismaßstäben gemessen worden sind.

In und mit den Daten (Signalen) wird die erfolgte Messung der ökonomischen Erscheinungen und Prozesse gleichzeitig in einer formalisierten Sprache niedergeschrieben und sichtbar gemacht. Die Daten demonstrieren, daß die Menschen von den durch ihre Tätigkeit im Reproduktionsprozeß hervorgerufenen und geschaffenen Veränderungen Kenntnis genommen haben. Die die geschaffenen ökonomischen Tatsachen abbildenden "Signale" sind die Substanz und die Grundlagen der Informationen für weitere und umfassendere Erkenntnisse. Dabei gilt die Bedingung, daß die wirklichen Tatbestände weder durch subjektive Mängel noch durch technische Unzulänglichkeiten falsch fixiert werden.

Bei der Gewinnung der Signale (Daten) muß jedem Informationsverlust vorgebeugt werden. Informationsverluste auf Grund unvollständiger oder fehlender Daten (Signale) bergen die Gefahr mangelhafter und fehlerhafter Analysen und Entscheidungen in sich. Es ist durchaus berechtigt, das Fehlen einer Information (bzw. eines Signals) bei einer betrieblichen oder volkswirtschaftlichen Gesamtrechnung mit dem Fehlen eines relativ kleinen Einbauteiles in einem großen Aggregat zu vergleichen. In beiden Fällen ist die Funktionsfähigkeit gestört. Das Fehlen oder die Mangelhaftigkeit einer Information kann sowohl im Gesamtsystem als auch auf der Ebene eines kleinen Arbeitskollektivs zu ernsten Folgeerscheinungen führen.

Von grundlegender Bedeutung sind Systematisierung und Ordnung der zu Signalen werdenden Daten, die primär über die Mannigfaltigkeit und Vielfältigkeit der unterschiedlichen ökonomischen Tatbestände informieren.

Unter dem Aspekt der Informationstheorie ist diese Aufgabe gleichbedeutend mit der Schaffung eines einheitlichen Signalsystems, in dessen Rahmen die formal-technische Kennzeichnung der Plandaten und Istdaten methodologisch absolut übereinstimmt und der Anwendung hochmechanisierter Rechenanlagen angepaßt ist. Für die allgemeine Kennzeichnung der Daten bzw. Signale soll der Ausdruck "Kennummer" verwendet werden; die in sich geschlossenen Kennummern-Systematiken können die verschiedenen Seiten des Reproduktionsprozesses zum Ausdruck bringen.

Die methodologische Einheit von Plan- und Istdaten ist zwingend gegeben durch die Notwendigkeit des ständigen Vergleichs zwischen Plan (Vorgabe) und Ist, der Analyse der Abweichungen zwischen Plan und Ist und damit der Ursachenforschung und der Kontrolle über die Planerfüllung. Aus der Gegenüberstellung von Plan und Ist ergeben sich folgerichtig neue Daten, die die Abweichungen signalisieren und die vordringlich, in Informationen verwandelt, den für die Regelung des planmäßigen Verlaufs aller Prozesse Verantwortlichen zugeleitet werden.

Wenn man bei der Analyse feststellt, daß die tatsächlichen Ergebnisse der ökonomischen Prozesse nicht befriedigen oder die Prozesse nicht den in den Plankennziffern fixierten vorgesehenen Verlauf nehmen, so kann ein besseres Ergebnis oder ein besserer Verlauf nur durch ein rechtzeitiges Eingreifen der Menschen in den laufenden Prozeß mit Mitteln und Methoden der operativen Lenkung erreicht werden.

Eine sogenannte Selbstregulierung gibt es hierbei nicht. Die Durchführung entsprechender Maßnahmen wird auf Grund von Entscheidungen der Leitungsorgane geregelt (eine schematische Darstellung über den Zusammenhang zwischen Daten, Signalen und Informationen, Kennummern und Kennziffern zeigen wir in Anlage 1).

Informationen zur Regelung und Steuerung ökonomischer Prozesse in Form von Kennziffern gelangen in dem Umfang an die jeweiligen Leitungsorgane, wie sie für Analysen und sachkundige Entscheidungen benötigt werden.

Wesentlich dabei ist die Differenzierung der Kennziffern (Informationen) für Entscheidungen, die unmittelbar und operativ in die laufenden Prozesse eingreifen,und solchen, die für die Gestaltung künftiger Prozesse notwendig sind. Das Informationsbedürfnis ist nach diesen Anforderungen hin einzuschätzen.

Der Umfang der Kennziffern, die für die Information überbetrieblicher Leitungsorgane über rationell organisierte Informationsspeicher und -kanäle geleitet werden, wird variabel sein und im wesentlichen eingeschränkt, gegebenenfalls auch für operative Zwecke zusätzlich erweitert, um die Informationsbedürfnisse für eine wissenschaftliche Führungstätigkeit ständig befriedigen zu können.

Unter diesem Gesichtspunkt ist die Frage zu beantworten, wann und für welchen Zeitraum eine Abgabe und Weiterleitung von Informationen an die jeweiligen Leitungsorgane erfolgen muß.

Grundsätzlich muß man Unterschiede machen zwischen

1. regelmäßigen und gezielten Einzelinformationen, die für operative Leitungstätigkeit erforderlich sind, um die Leitungen in die Lage zu versetzen, im Laufe eines Planjahres (oder eines kürzeren Zeitraumes) Korrekturen vorzunehmen, die zur Sicherung der Erfüllung und Übererfüllung der gestellten Planaufgaben notwendig sind;

2. einmaligen und umfassenden Informationen, die am Ende des Planjahres einen Gesamtüberblick über die planmäßige Entwicklung gestatten und die gleichzeitig als Basis für die Rechenschaftslegung gelten. Diese Informationen dienen der Auswertung der Jahrespläne und bilden wesentliche Grundlagen für die Präzisierung von Kennziffern, die für die Perspektivaufgaben und -pläne festgelegt werden.

Bei den Informationen, die übergeordnete Leitungsorgane erhalten, geht es nicht mehr um die Beobachtung der Entwicklung jedes einzelnen Betriebes (und damit nicht um die Übermittlung umfassender betrieblicher Informationen), sondern um die Beobachtung und Kenntnis volkswirtschaftlicher Hauptproportionen bzw. um die Kenntnis von Planabweichungen, entstandener Disproportionen usw.

Die operative Leitungstätigkeit ist unmittelbare und verantwortliche Aufgabe der betrieblichen Leitungsorgane. Dazu bedarf es der täglich zur Verfügung stehenden Informationen

- über den täglichen und kontinuierlichen Produktionsausstoß - insbesondere in Mengenangaben,
- über den Umfang der täglichen Anwesenheits-, Arbeits- und Ausfallzeit und der Kennziffern über das Verhältnis von Arbeits- und Ausfallzeit,
- über den täglichen Eingang und Ausgang von Geldzahlungen an Hand der täglichen Kontoauszüge der Bank des Betriebes.

Die betriebliche Tätigkeit in ihrer Wirksamkeit und in ihren Verflechtungen nach außen findet ihren allgemeinsten Niederschlag in den auf den Bankkonten der Betriebe ein- und ausgehenden Geldbeträgen. Mit dem täglichen Bankauszug, in dem alle von der Bank des Betriebes täglich vermittelten Zahlungsgeschäfte im einzelnen wie insgesamt vermerkt sind, ist dem Leiter eines Betriebes ein vorzügliches und zuverlässiges Instrument für die operative Leitung in die Hand gegeben.

Die Bank selbst fungiert hier als operatives Finanzkontrollorgan und kann übergeordneten Leitungsorganen bei einem diskontinuierlichen Ablauf der Zahlungsprozesse unverzüglich Mitteilung machen, so daß die entsprechenden Organe noch im laufenden Zeitraum die Möglichkeit erhalten, sich rechtzeitig über offensichtliche Mängel und Schwierigkeiten des Betriebes zu informieren.

Die Sicherung der Kontinuität des Produktions- und Realisierungsprozesses in Übereinstimmung mit dem operativen Produktions-, Absatz- und Finanzplan ist wesentlich für die Verwirklichung der operativen ökonomischen Leitung.

Zu den Kennziffern der zweiten Kategorie, die ihren Ursprung in den Betrieben haben, gehören Wachstumskennziffern, mit denen die Struktur- und Effektivitätsentwicklung aufgezeigt und bestimmt werden. Mit der Analyse dieser Kennziffern wird der erreichte Stand der Entwicklung näher untersucht (Abrechnungskennziffern), wird z. B. innerhalb einer VVB der unterschiedliche Stand der Entwicklung der einzelnen Betriebe festgestellt, um daraus konkrete Schlußfolgerungen für die perspektivische Entwicklung der einzelnen Betriebe und des Industriezweiges zu ziehen. Zu solchen Kennziffern, die den Charakter von Hauptkennziffern annehmen, gehören unter anderem:

- Kennziffern über Entwicklung und Wachstum der Effektivität der gesellschaftlichen Arbeit,
- Kennziffern der Entwicklung des Mehrprodukts - darunter der Entwicklung des betrieblichen Reineinkommens - Brutto- und Nettogewinn -,
- Kennziffern der Entwicklung der Kosten und der Rentabilität,
- Kennziffern der Entwicklung der Fondsintensität und -effektivität,
- Kennziffern der Entwicklung des Lohnfonds,
- Kennziffern der Entwicklung des Gewinnanteils zur Eigenfinanzierung der erweiterten Reproduktion,
- Kennziffern der Arten und Mengen der produzierten Waren und Leistungen.

Sowohl in der Perspektivplanung als auch in der kurzfristigen Planung (Jahresvolkswirtschaftspläne) geht es um eine Verringerung der Anzahl "zentraler" Kennziffern.

Die Hauptaufgabe besteht darin, mit der Verringerung der Anzahl der Kennziffern solche Hauptkennziffern festzulegen, die unmittelbar auf die Steigerung der Effektivität der Wirtschaftsprozesse zielen und di. viele Möglichkeiten der Kombination zur Ausarbeitung der effektivsten Varianten zulass n.

Bei der Konzentration der Planungs- und Leitungstätigkeit auf die Eckpfeiler und Hauptkettenglieder der maximalen Effektivität einer modernen Volkswirtschaft sind es Kennziffern, mit deren Hilfe das Niveau der wissenschaftlich-technischen und ökonomischen Kader bestimmt wird, Kennziffern, mit denen das wissenschaftlich-technische Niveau der Produktionsausrüstungen, der Rohstoffe und der Produktionsverfahren, der Weltstand der Finalerzeugnisse zu bestimmen ist.

Für die staatlichen Organe auf regionaler und zentraler Ebene werden Informationen über die Entwicklung des Lebensstandards der Bevölkerung, des kulturellen Niveaus, der materiellen Versorgung, des Einkommens zu entsprechenden Hauptkennziffern.

In der Gesamtzahl der Informationskennziffern werden speziell für volkswirtschaftliche Zusammenfassungen die notwendigen Daten für die Entwicklung des Nationaleinkommens enthalten sein, Kennziffern also, die über das Entstehen und die Verwendung des Nationaleinkommens Auskunft geben.

Die Konzentration auf Kennziffern der Rentabilität, der Fondseffektivität, der persönlichen materiellen Interessiertheit am Nettogewinn, der Verwendung des realisierten Nettogewinns für die eigene Akkumulation werden dazu beitragen, die komplexe sozialistische Rationalisierung durchzusetzen, den Wettbewerb um größte Sparsamkeit bei der Verausgabung materieller und finanzieller Mittel, darunter auch der zweckmäßigsten Ausnutzung der Arbeitszeit und damit den Kampf um niedrigste Selbstkosten, zu fördern.

Die Begrenzung des Umfanges der Kennziffern auf Hauptkennziffern lenkt die Tätigkeit der Betriebe und der wirtschaftsleitenden Organe auf die bewußte Ausnutzung der objektiv wirkenden ökonomischen Kategorien, schränkt grundsätzlich das Reglementieren und das administrative Eingreifen in den sich nach ökonomischen Kriterien bewegenden Ablauf der ökonomischen Prozesse ein und fördert geradezu die mit dem Plan (und seinen Hauptkennziffern) gewollte Entfaltung einer allseitigen ökonomischen Tätigkeit.

Von großer Bedeutung ist die Schaffung von Teil- und Gesamtübersichten über die Entwicklung des Volksvermögens in seiner unterschiedlichen Struktur. In der Periode der Vollendung des Sozialismus gewinnen Kennziffern über Entwicklung und Wachstum des Vermögens nach unterschiedlichen Eigentumsformen an Bedeutung, um auch hier für die Perspektive auf die planmäßige proportionale Entwicklung Einfluß zu nehmen.

Grundlage für die Bildung volkswirtschaftlicher Wachstumskennziffern bilden die am Ende jedes Kalenderjahres von allen Betrieben und Einrichtungen aufzustellenden Vermögensbilanzen, deren inhaltlicher methodischer und auch formeller Aufbau in der sozialistischen Wirtschaft einheitlich sein kann, um vor allem auch das Informationssystem so rationell wie nur möglich zu gestalten. Die Kenntnis über das effektive Wachstum des Gesamtvermögens oder einzelner wichtiger Teile ergibt sich aus der Gegenüberstellung der Bilanzpositionen der jeweiligen Abrechnungszeiträume. Solche Jahresabschlußdokumente, die gleichzeitig Ausgangsbasis einer staatlichen Kontrolle und Revision sind, erlauben eine rationelle staatliche Berichterstattung. Die Analyse der Entwicklung der Struktur und der Zusammensetzung der Bilanzpositionen läßt qualitative Rückschlüsse auf die Verwirklichung der in den Jahres- und Perspektivplänen festgelegten Entwicklungskennziffern zu.

Bilanzen sind einheitliche Dokumente für jeden Betrieb, jede Institution und Organisation - unbeschadet deren Zugehörigkeit zu einem Wirtschaftszweig, zu einem territorialen Verwaltungsbereich, unabhängig von deren fachlicher Unterstellung und deren Eigentumsform.

Sie sind gleichzeitig die bestimmenden Hauptdokumente für die Finanzkontrolle, die von den jeweiligen Leitungs- und Finanzorganen ausgeübt wird.

Während die Bilanzen einerseits die Summe aller betrieblichen wirtschaftlichen Prozesse in konzentrierter Form am Ende eines Abrechnungszeitraumes systematisch in bestimmten Komplexübersichten zusammenfassen, bilden sie andererseits die Grundlage für ökonomische Kennziffern sowohl für die betrieblichen als auch für die überbetrieblichen Leitungsorgane.

Überträgt man die Ausführungen von G. Klaus ("Unter dem Aspekt des Abstraktionsprozesses betrachtet, ist Information nichts anderes als die Abstraktionsklasse gleichbedeutender Signalmengen"[7]) auf das Gebiet der ökonomischen Information, so gelangt man dabei zu einigen grundlegenden Erkenntnissen über den Aufbau eines Kennziffernsystems, das für die Messung, Regelung und Steuerung ökonomischer Prozesse zu entwickeln ist. Bei der Bildung von Kennziffern soll zugleich der Gesichtspunkt ihrer mechanischen Bearbeitung berücksichtigt werden. Wir meinen damit die zwingende Notwendigkeit, für die die ökonomischen Tatbestände widerspiegelnden und in einer Fachsprache abgefaßten Daten (Signale) mit Hilfe eines "formalisierten Zeichensystems" zu methodisieren, um mit dieser wohl einzigen Möglichkeit die Vorgänge maschinell imitieren und damit unser Gehirn von komplizierten Operationen mit Informationen, von unnötiger Speicherung usw. entlasen zu können.

Diese zwingende Notwendigkeit ist durch die Entwicklung der maschinellen Datenverarbeitung objektiv gegeben.

Es wird eine Ziffernsprache entwickelt, mit der sich nicht nur die Menschen über die ökonomischen Erscheinungen mit- und untereinander verständigen, sondern die auch die Datenverarbeitungsmaschinen "verstehen", um dem Menschen alle mechanischen Rechenarbeiten abzunehmen.

Unter diesem Gesichtspunkt ist es erforderlich, schon die "Signale" oder die auf den Primärdokumenten fixierten Daten in eine Zeichensprache zu transformieren, die gleichzeitig als "Maschinensprache" fungieren und demzufolge nur in Form von Ziffernsymbolen aufgebaut werden kann. G. Klaus schreibt dazu:

"In erster Linie geht es jedoch um ein Kommunikationsproblem, um ein, im allgemeinsten Sinne des Wortes gesprochen, Sprachproblem. Der Mensch muß das, was er von der Maschine will, aus einer M-Sprache in eine Maschinensprache, die M-Sprache, übersetzen."[8]

So sehr auch dieses Problem als ein praktisches Problem erscheint, der Aufbau eines hochmechanisierten, integrierten volkswirtschaftlichen Informationssystems ist ohne die theoretische Lösung dieser Frage nicht möglich, und gerade das Fehlen dieser methodisch-technischen Grundlagen hemmt nicht zuletzt auch die Verwirklichung des Programms für eine hochmechanisierte Datenverarbeitung.

Dabei ist die Lösung der methodisch-technischen Fragen eines einheitlichen volkswirtschaftlichen Informationssystems nur von zentraler Stelle aus möglich. W. Stoph forderte auf dem VII. Parteitag der SED:

"Die notwendigen Voraussetzungen für die einheitliche Anwendung der Datenverarbeitung bei der Planung und Bilanzierung sind unter der Leitung der Staatlichen Plankommission zielstrebig zu schaffen."[9]

Wenn man die Grundsätze der Sprache allgemein auch auf die "Ziffernsprache" (bzw. Maschinensprache) anwendet, kann und darf es keine spezielle "betriebliche" oder "kreisgebundene" Ziffernsprache geben. Das zur Zeit auf diesem Gebiet noch bestehende "Babylon" muß überwunden werden, sonst wird für Dolmetscherarbeiten nach wie vor eine erhebliche Summe an Nationaleinkommen verwendet werden müssen.

Dieses "Sprachproblem" ist aber zugleich auch ein Problem der Anwendung kybernetischer Methoden in der Ökonomie und damit ein Informationsproblem. Liebscher schreibt dazu:

"Damit aber der Apparat der Kybernetik und erst recht das hochentwickelte Instrument der Mathematik überhaupt angewandt werden können, ist es notwendig, den betreffenden Bereich zuallererst für die Anwendung solcher Methoden gewissermaßen aufzuschließen, zugänglich zu machen."[10]

Allerdings zwingt dies - und hier komme ich auf vorhergehende Ausführungen zurück - zu einer inhaltlichen und begrifflichen Klärung und exakten Bestimmung ökonomischer Erscheinungen. Dazu wiederum Liebscher:

"Kybernetische Analysen beginnen daher stets mit einer sorgfältigen logischen und begrifflichen Untersuchung. Ohne exakte Begriffe und Abgrenzungen der Begriffe, ohne genaue Definition von Sachverhalten ist es nicht möglich, moderne kybernetische oder mathematische Methoden anzuwenden."[11]

Zwischen den ökonomischen Erscheinungen und Prozessen und den darauf aufbauenden Informationen stehen die Signale bzw. "ökonomischen Daten" (besser: die gemessenen Angaben über ökonomische Erscheinungen und Prozesse).

Diese Signale sind, wie schon im vorhergehenden dargestellt, die Grundbausteine für die Informationen über das sich vollziehende, auf der Grundlage des Planes gesteuerte und geregelte Zusammenwirken aller Teilsysteme des gesellschaftlichen Reproduktionsprozesses.

Der Aufbau eines für die Leitung und Kontrolle erforderlichen einheitlichen volkswirtschaftlichen Informationssystems erfordert, daß die Signale - als seine Basis - im einzelnen wie in der Gruppierung in einer einheitlich formalisierten und logisch aufgebauten Ziffernsprache systematisiert werden.

Der methodisch-technische Aufbau eines geeigneten Kennziffernsystems - d. h. die formale Seite - ist nicht zu trennen von der inhaltlichen Aussage der Informationen, Kennummern und Kennziffern.

Da es im Rahmen dieses Beitrages nicht möglich ist, auf das (in einem Entwurf ausgearbeitete) Projekt für ein solches System ausführlicher einzugehen, sollen einige Grundgedanken für eine praktisch lösbare Methodologie skizzenhaft dargelegt werden.

1. Die Gesamtstruktur des Reproduktionsprozesses ließe sich in drei Strukturkomplexe gliedern:

a. Struktur der Bestandteile und Elemente des Reproduktionsprozesses;
b. Struktur der Art der Tätigkeit entsprechend dem Ablauf des Reproduktionsprozesses - in der Hauptgliederung nach materieller und nichtmaterieller Tätigkeit -;
c. Struktur der Bereiche, Zweige, der Unterstellung und der Eigentumsformen.

2. Die Signale oder Daten, die die verschiedenen Seiten des Reproduktionsprozesses widerspiegeln, werden in Form von Kennummern symbolisiert, gewissermaßen als Buchstaben einer Maschinensprache.

Für jede der obengenannten unterschiedlichen Strukturen wurde je eine in sich geschlossene Kennummern-Systematik entwickelt.

Dabei bildet die Kennummern-Systematik, in bzw. mit der die Bestandteile und Elemente des Reproduktionsprozesses gruppert bzw. chiffriert (kodiert) werden, die Grundlage für die Darstellung der quantitativen Seite der ökonomischen Erscheinungen.

Ausgehend von der von Marx gegebenen symbolhaften Darstellung der Kreisläufe des Geld-, Waren- und produktiven Kapitals und in Anlehnung daran, könnten die Bestandteile und Elemente - unter Einschluß der Darstellung von Aufwand und Ergebnis - in folgenden Kennummerngruppen systematisiert werden:

Arbeitskräfte, Bevölkerung	100
Arbeitszeit, Ausfallzeit	200
Arbeitsmittel, Instrumente	300
Arbeitsgegenstand, Material	400
Kosten, Aufwendungen	500
Reineinkommen	600
Produktionsergebnis, Erlöse	700
Geldmittel	800
Finanzierungsquellen, Fonds	900

So wie Marx die Zusammenhänge in den Kreisläufen des Geld-, Waren- und produktiven Kapitals in allgemeinster Form mit den bekannten Schemata dargestellt hat, können das Zusammenwirken und der Zusammenhang der obengenannten Bestandteile und Elemente die Form eines "kybernetischen Modells" annehmen.

Das in der Abb. 2 beigefügte Schema gibt eine Anregung zum Erkennen der Beziehungen, die zugleich die inneren Zusammenhänge der Erscheinungen widerspiegeln, wobei es sich vor allem um die Darstellung des Wertbildungsprozesses, der Kooperationsbeziehungen, Absatz- und Lieferbeziehungen, finanziellen Beziehungen und Zusammenhänge im Distributionsprozeß handelt.

Damit können ökonomische Erscheinungen in ihren Zusammenhängen mit vorgelagerten und mit folgenden Erscheinungen betrachtet werden. Die Bestandteile und Elemente des Reproduktionsprozesses sind selbst nur bestimmte Knotenpunkte im Gesamtsystem der Verflechtungen bzw. im Netzwerk des gesamten Reproduktionsprozesses.

Das "kybernetische Modell" zeigt die direkten und indirekten Verbindungen der einzelnen (hier in Gruppen zusammengefaßten) Bestandteile und Elemente, die dem Ablauf des Reproduktionsprozesses adäquat sind, d. h. diesen widerspiegeln.

Jede Veränderung der einen Kategorie muß je nach ihrer Beziehung und nach ihrem Verhältnis entsprechende Veränderungen nach der einen oder anderen Seite nach sich ziehen. Wo und an welcher Stelle in diesem Regelkreis zur Erzielung bestimmter Wirkungen jeweils Hebel angesetzt werden müssen, beruht auf der Kenntnis der Wirkungsweise der einzelnen Kategorien.

Der Grundgedanke der input-output-Modelle, den ökonomisch-technischen Zusammenhang zwischen Produktionsaufwand und Produktionsausstoß schematisch und formelmäßig darzustellen - dieser Gedanke liegt auch dem in der Abb. 2 beigefügten kybernetischen Modell des Zusammenwirkens der Elemente der Reproduktion zugrunde.

Die Methode der Planung der proportionalen Entwicklung der Volkswirtschaft, das Erkennen der Zusammenhänge zwischen den Abteilungen I und II, die methodische Darstellung des Prozesses der einfachen und erweiterten Reproduktion basieren auf den von Marx verwendeten Reproduktionsschemata. Marx hat demonstriert, wie man aus der Darstellung des Zusammenhangs verschiedener Bestandteile und Elemente (wir haben sie in der Maschinensprache symbolisiert) entsprechende Kennziffern bildet. Die von ihm verwendeten Buchstabensymbole sind dabei nichts anderes als Signale bzw. Daten, die für ihn sowohl Informationen als auch die Grundlage für die Bildung von Kennziffern sind. Das Verhältnis inhaltlich miteinander in einem bestimmten objektiv gegebenen (dialektischen) Zusammenhang stehender Erscheinungen führt zur Bildung aussagefähiger Relationskennziffern. (Relationskennziffern in diesem Sinne ist die ziffernmäßige Bezeichnung für die sich aus der Gegenüberstellung zweier inhaltlich zusammengehörender Fakten ergebenden Koeffizienten.)

So kennzeichnet die von Marx entwickelte Mehrwertrate m' das Verhältnis von $m : v$, die Profitrate p' das Verhältnis von $m : (c + v)$. Es ergeben sich Kennziffern über die organische Zusammensetzung des Kapitals, über das pro Arbeitskraft eingesetzte Kapital usw.

Analog kann man z. B. unter Zugrundelegung der obengenannten, für die Bestandteile und Elemente stehenden Ziffernsymbole bei Hinzunahme der in einer Kennummerngruppe enthaltenen Einzelkennummern Kennziffern mit folgender Aussagekraft bilden:

Die Relation

$$\frac{\text{Nettogewinn} \qquad = \text{Kennummer } 603}{\text{Selbstkosten} \qquad = \text{Kennummer } 505} \tag{1}$$

ergibt einen Rentabilitätskoeffizienten, der mit der Kennziffer 06503 gekennzeichnet ist;

Die Relation

$$\frac{\text{produziertes Nationaleinkommen} \qquad = \text{Kennummer } 608}{\text{Bevölkerung} \qquad = \text{Kennummer } 100} \tag{2}$$

ergibt das pro Kopf der Bevölkerung produzierte Nationaleinkommen, das man mit der Kennziffer 06108 bezeichnen kann;

Die Relation

$$\frac{\text{Bearbeitungskosten} \qquad = \text{Kennummer } 501}{\text{Bearbeitungszeit} \qquad = \text{Kennummer } 201} \tag{3}$$

ergibt die Bearbeitungskosten pro Stunde Bearbeitungszeit und würde mit der (Relations-)kennziffer 05201 gekennzeichnet.

In gleicher Weise lassen sich aus miteinander korrespondierenden Kennummern Kennziffern zur Darstellung der Effektivität (Effektivitätskennziffern) bilden.

Auch die Bildung von Wachstumskennziffern ist mit der vorgeschlagenen Methodik möglich. Dabei werden die Fakten, Leistungen und Ergebnisse des Berichtsjahres mit den inhaltlich gleichen, aber quantitativ unterschiedlichen Angaben des Vergleichsjahres in Relation zueinander gesetzt. In diesem Falle werden zwei inhaltlich gleiche Fakten aus zwei verschiedenen Zeiträumen gegenübergestellt. Quantitativ ergibt sich ein entsprechender Wachstumskoeffizient, der ebenfalls eine ziffernmäßige Signierung erhält, zum Beispiel:

Aus den Kennummern

$$\frac{\begin{array}{l}\text{verfügbares Nationaleinkommen}\\ \text{im Berichtsjahr} \qquad = \text{Kennummer } 609\end{array}}{\begin{array}{l}\text{verfügbares Nationaleinkommen}\\ \text{im Vergleichsjahr} \qquad = \text{Kennummer } 609\end{array}} \tag{4}$$

bildet man den Wachstumskoeffizienten, der die Wachstumskennziffer 00609 erhält.

Stellt man den Rentabilitätskoeffizienten des Berichtsjahres dem des Vergleichsjahres gegenüber - siehe (1) -:

$$\frac{06503 \;=\; \text{Rentabilitätskennziffer Berichtsjahr}}{06503 \;=\; \text{Rentabilitätskennziffer Vergleichsjahr}}, \tag{5}$$

so zeigt die mit der Wachstumskennziffer 006503 gekennzeichnete Größe die Veränderung der Rentabilität zwischen zwei Zeiträumen.

Für tiefergehende Analysen genügt es nicht, lediglich die in Kennummerngruppen quantitativ zu Summen aggregierten Größen miteinander zu vergleichen und aus dem Vergleich äußerlich und formal gleicher Kennziffern Rückschlüsse zu ziehen. Man muß berücksichtigen, daß die betrieblichen Gesamtsummen selbst bereits eine Zusammenfassung differenzierter Einzelgrößen und -angaben darstellen.

Innerhalb der obengenannten Kennummerngruppen sind Struktur und Zusammensetzung der Bestandteile und Elemente des Reproduktionsprozesses in den einzelnen Betrieben unterschiedlich, bedingt durch die unterschiedliche Aufgabenstellung, durch die Größe des Betriebes und andere Merkmale. Die verschiedene Struktur kennzeichnet auch in bestimmtem Maße den Charakter des Betriebes, den man beim Vergleichen der Leistung und der Ergebnisse mit anderen Betrieben berücksichtigen muß.

Aus der Kenntnis der Wirkungsweise der Faktoren, aus der Kenntnis darüber, unter welchen Umständen, in welchen Bereichen, unter welchen Bedingungen und in welchem Grade diese oder jene Faktoren wirken, läßt sich bestimmen, welche Kennziffern zu Hauptkennziffern erklärt werden müssen.

Marx hat vor hundert Jahren den komplizierten kapitalistischen Reproduktionsprozeß mit wenigen Symbolen in abstrakte Formeln gekleidet und methodisch allgemeingültige Kennziffern herausgearbeitet, die auch heute noch in methodischer Hinsicht Grundlage für die Analyse des Reproduktionsprozesses bilden.

Heute gestatten elektronische Rechenanlagen, umfangreiche Einzeldaten zu Summen zu aggregieren und zu speichern, Berechnungen in Sekundenschnelle zu bewältigen, gestatten modernste Nachrichtenkanäle Kennziffern in kürzester Zeit als Informationen weiterzuleiten und aus der Analyse der auf die ökonomische Entwicklung einwirkenden unterschiedlichen Faktoren (unter Herausarbeitung der wirksamsten Hauptfaktoren) die Kennziffern auszuwählen und zu bestimmen, die die zielgerichteten und mobilisierenden Erscheinungen der Leitungsorgane aller Ebenen am besten widerspiegeln.

Es ist noch hinzuzufügen, daß die Möglichkeit besteht, gewisse Kennummern und (aus inhaltlich zusammengehörenden Kennummern gebildete) Kennziffern (in der Maschinensprache formalisiert, und zwar auch optisch als Verbindung zweier oder mehrerer Kennummern gekennzeichnet) als Programmierungs- und Rechenbefehle für hochmechanisierte Rechenautomaten zu verwenden, da sie selbst bereits das Ergebnis logisch durchgeführter Berechnungen sind. Derartige Kennummern und Kennziffern üben die Funktionen von Algorithmen aus. Nach Eingabe einer solchen Kennummer bzw. Kennziffer in die Maschine werden die in den entsprechenden Speicherwerken gesammelten und festgehaltenen absoluten Angaben automatisch herausgesucht. Nach Prüfung der inhaltlichen Übereinstimmung vollzieht die Maschine die jeweiligen Rechenoperationen, die nach ihrer Beendigung sich als Rechenergebnis ablesen lassen bzw. wiederum gespeichert werden können. Vom Stand der entwickelten Rechen- und Speichertechnik aus ist die technische Lösung derartiger Aufgaben kein Problem mehr.

Die für die perspektivische Entwicklung festzulegenden und die volkswirtschaftlichen Belange berücksichtigenden Hauptkennziffern müssen so beweglich sein, daß sie die neuesten Erkenntnisse und Erfahrungen wissenschaftlich-technischer Entwicklungen berücksichtigen und eine ständige Präzisierung und Verbesserung der in den konkreten Kennziffern fixierten Angaben gestatten. Nur solche Kennziffern - in Form von Planvorhaben (Planungskennziffern) -, die eine optimale progressive Entwicklung zum Ausdruck bringen, sind geeignet, die Arbeit der Werktätigen in die für die Erfüllung der gestellten Ziele erforderliche Richtung zu lenken und die Initiative mit Hilfe des sozialistischen Wettbewerbs zu fördern. Erforderlich ist dazu, daß die für die Gesamtentwicklung der Volkswirtschaft in entsprechenden Wachstumskennziffern festgelegten Proportionen durch immer konkretere Aufgaben differenziert werden, so daß in der letzten Konsequenz volkswirtschaftliche Planziele in der Aufschlüsselung der betrieblichen Plankennziffern auf die einzelnen Arbeitsplätze ihren Niederschlag finden.

Gegenwärtig bilden sich die Konturen des pyramidenförmigen Aufbaus der Leitung auf allen Gebieten des gesellschaftlichen Lebens immer deutlicher heraus. Das plastische Bild der Pyramide bezieht sich auf die Methoden der Planung und der Leitung, auf die Formen und Methoden der Bilanzierung, der Kennziffern, des Informationssystems u. a. Inhaltlich bedeutet dies einerseits die optimale Einengung des Umfangs zentraler Weisungen, Kennziffern usw. bei bleichzeitiger Straffung und Qualifizierung und andererseits die breite Entfaltung der allseitigen demokratischen Mitarbeit und in bezug auf Methoden und Kennziffern die Entwicklung und Erschließung neuer vielfältiger Methoden, Formen und Varianten.

Das Leitmotiv der einen wie der anderen Seite ist dabei die Ausschöpfung aller materiellen und geistigen Ressourcen, um eine solche Effektivität der gesellschaftlichen Arbeit zu erreichen, die sich in einem maximalen Zuwachs an Nationaleinkommen niederschlägt.

Die Losung "Plane mit, arbeite mit, regiere mit!" bleibt die Losung in der Periode der Vollendung des Sozialismus, in der die Interessen des Einzelnen und des einzelnen Betriebes mit den Interessen der sozialistischen Gesellschaft unmittelbar zusammenwachsen.

Die allseitige Erfüllung der im Plan gestellten Aufgaben durch die bewußte Arbeit der Werktätigen - bei entsprechender politisch-ideologischer und fachlicher Anleitung - sichert auch den im voraus fixierten "Steuerungs- und Regelungsmechanismus".

FUSSNOTEN

1 W. Ulbricht, Die Bedeutung des Werkes "Das Kapital" von Karl Marx für die Schaffung des entwickelten gesellschaftlichen Systems des Sozialismus in der DDR und den Kampf gegen das staatsmonopolistische Herrschaftssystem in Westdeutschland, in: Neues Deutschland vom 13. September 1967, S. 5

2 W. Ulbricht, Die gesellschaftliche Entwicklung in der DDR bis zur Vollendung des Sozialismus, Berlin 1967, S. 112

3 Gesetzblatt der DDR, Teil II, Nr. 21 vom 9. Februar 1967

4 Vgl. W. Stoph, Die Durchführung der volkswirtschaftlichen Aufgaben, Berlin 1967, S. 44

5 Auf der 14. Tagung des ZK der SED wies W. Ulbricht darauf hin, daß "... die Betriebe die Hauptbasis des volkswirtschaftlichen Informationssystems" sind. - W. Ulbricht, Das neue ökonomische System und der Perspektivplan, Berlin 1967, S. 59

6 G. Klaus, Kybernetik und Erkenntnistheorie, Berlin 1966, S. 207

7 Ebenda, S. 281

8 Ebenda, S. 303

9 W. Stoph, Die Durchführung der volkswirtschaftlichen Aufgaben, a.a.O., S. 44

10 H. Liebscher, Kybernetik und Leitungstätigkeit, Berlin 1966, S. 6

11 Ebenda, S. 7

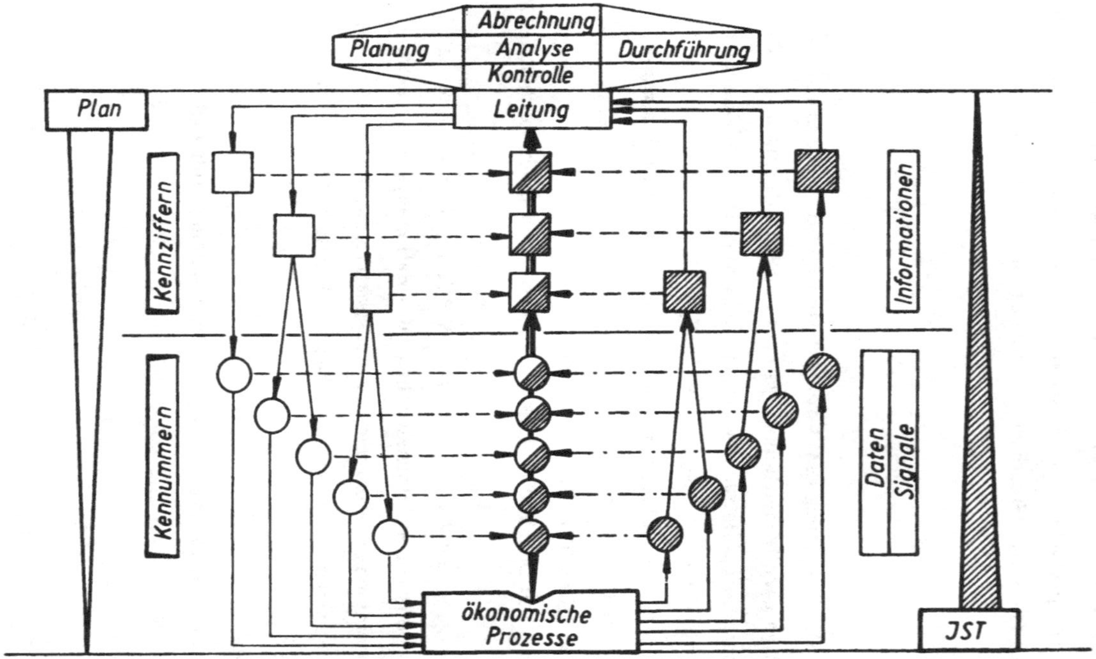

Abb. 1 Kennummern und Kennziffern im Signal- und Informationssystem

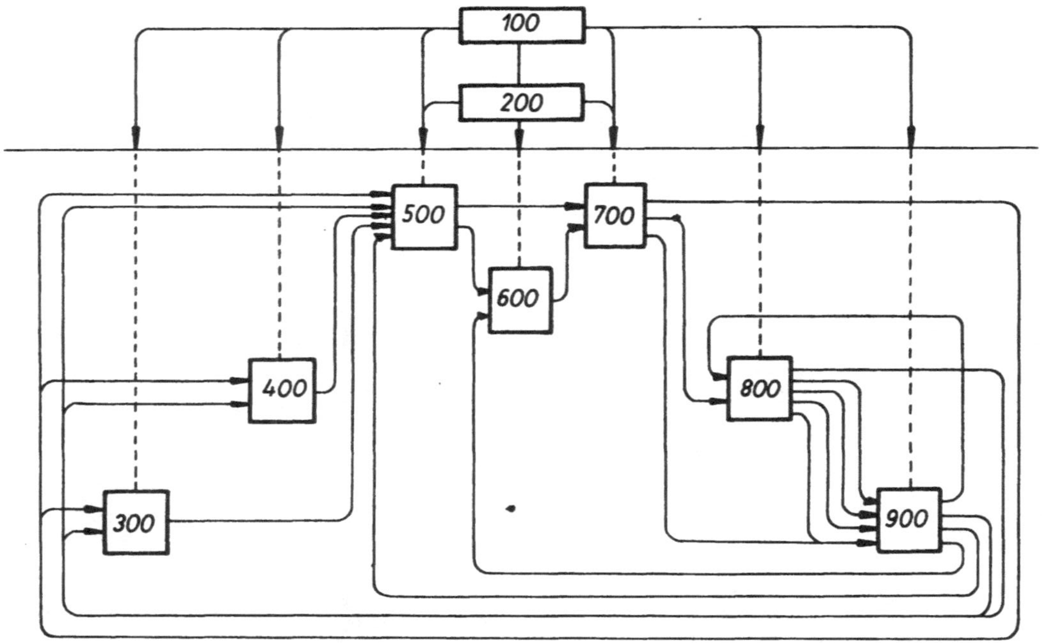

Abb. 2 Das kybernetische Modell des Zusammenwirkens der Elemente im Reproduktionsprozeß

KURT ZIESCHANG

Zum staatsmonopolistischen Regulierungsmechanismus

Wenn wir in den letzten Jahren wesentliche Fortschritte in der theoretischen Verallgemeinerung von Grundzusammenhängen des staatsmonopolistischen Kapitalismus und dadurch in der Erforschung seiner Auswirkungen auf den kapitalistischen Regulierungsmechanismus gemacht haben, dann lag eine entscheidende Ursache dafür in einem besseren Verstehen und tieferen Eindringen in die Marxsche ökonomische Theorie. Vor allem wurde die Marxsche Theorie besser und richtiger als, wie es Engels einmal ausdrückte, "Entwicklungstheorie" und sein System als ein "offenes System" begriffen.

Bei Marx' Absicht, mit seiner politischen Ökonomie den sich in der Gesellschaftsentwicklung vollziehenden gesetzmäßigen, unvermeidlichen Übergang des kapitalistischen Systems in eine höhere Gesellschaftsordnung zu erfassen, konnte er die von ihm formulierten Kategorien Mehrwert, Lohn, Preis, Profit usw. und ihre Bewegungsgesetze nicht als etwas Starres, ein für allemal Gegebenes darstellen. Marx kam es vielmehr darauf an, die innere Dynamik, den dialektischen Zusammenhang der <u>Entwicklung</u> und <u>Entfaltung</u> dieser Kategorien mit der Entwicklung des Kapitalismus zu zeigen. Gerade durch diese Marxsche Methode ist es möglich, die Marxsche Theorie zur Erforschung aller neuen Zusammenhänge im modernen Kapitalismus erfolgreich anzuwenden und weiterzuentwickeln. Dieses auch für die heutige Forschung erforderliche theoretische Vorgehen beruht u. a. auf der ständigen Beachtung des Zusammenhangs zwischen der Entwicklung der Produktivkräfte und der Produktionsverhältnisse, zwischen allgemeinen und spezifischen Gesetzen der gesellschaftlichen Produktion unter kapitalistischen Bedingungen, aus dem logischerweise auch folgt, daß die ökonomischen Kategorien und ihre Entwicklung Produkte der Entwicklung der Einheit von Arbeitsprozeß, Wertbildungs- und Verwertungsprozeß sind.

Die Beachtung dieser Zusammenhänge bildet auch den Ausgangspunkt für die Marxsche Darstellung des kapitalistischen Regulierungsmechanismus. Nach Marx besteht dessen allgemeinste Funktion in der Verteilung der gesellschaftlichen Gesamtarbeit in einem System, welches die gesellschaftliche Arbeitsteilung, den gesellschaftlichen Zusammenhang in der Produktion immer mehr ausdehnt und verdichtet, die Produktion immer mehr vergesellschaftet. Das Problem für die ökonomische Theorie beginnt jedoch erst mit der Frage nach den gesellschaftlichen Bedingungen, den Eigentumsverhältnissen, unter denen den Erfordernissen der Arbeitsteilung entsprochen werden kann (Marx' Brief an Kugelmann). Erst die Beantwortung dieser Frage erhellt das Wesen, den Charakter des Regulierungsmechanismus. Marx entwickelt diese für die Ökonomie entscheidende Frage zunächst durch Darlegung der Gesetze, die die Bewegung und Entfaltung des Mechanismus unter Bedingungen, unter denen der grundlegende Widerspruch zwischen Privatproduktion und gesellschaftlicher Arbeitsteilung herrscht, bestimmen Marx entdeckte, daß der Zusammenhang zwischen der gesellschaftlichen Arbeitsteilung und der Privatproduktion durch das Wertgesetz und seine Kategorien hergestellt und reguliert wird. Historisch entsprachen diese Bedingungen jedoch noch der einfachen Warenproduktion, offenbarten aber schon die entscheidenden allgemeinen Zusammenhänge und Anforderungen, um zum Wesen des kapitalistischen Mechanismus vorzustoßen.

Das Wesen des kapitalistischen Regulierungsmechanismus konnten diese Zusammenhänge allerdings nur sehr allgemein erklären, weil sie noch nicht die spezifischen kapitalistischen Privateigentumsbedingungen berücksichtigten: Kapitaleigentum und die daraus folgenden Beweggründe für jede Produktion, die Profiterzielung; gesellschaftliche Produktion zur Privatkapitalverwertung Aus diesen Bedingungen folgt, daß die gesellschaftlichen Produktionszusammenhänge nur hergestellt werden können, wenn das regelnde Prinzip des Regulierungsmechanismus so wirkt, daß der Charakter des Kapitals, für welches die gesellschaftlichen Zusammenhänge - vom Standpunkt seiner inneren Natur - an sich bedeutungslos sind, voll anerkannt wird, aber andererseits auch die gesellschaftlichen Zusammenhänge hergestellt werden, weil es sich nur dadurch verwerten kann.

Dies erfordert, daß der die gesellschaftlichen Zusammenhänge regulierende Mechanismus in der Richtung wirkt, daß das Streben nach höchstem Profit durchgesetzt wird und andererseits letztlich gleichgroße Kapitale gleichgroße Profite erhalten, eine bestimmte Summe Kapital deshalb unabhängig von ihrer konkreten Anlagesphäre überall als gleich gilt. Das offenbart schon die Fesseln, die dem Regulierungsmechanismus unter diesen Bedingungen angelegt sind. Hinzu kommt, daß dies aber auch ein Mechanismus ist, der - ganz anders als der Mechanismus der einfachen Warenproduktion - in enormem Maße den technischen Fortschritt stimuliert, zu einer Verteilung zu seinen Gunsten führt, die den technischen Fortschritt nicht erzeugende Produktion vernichtet und entwertet, weil sich Streben nach höchsten Profiten im Prinzip nur durch industrielle Produktion, durch ständige Einführung neuer Technik und Technologie, Entwicklung der Produktivkräfte und Umwälzung der Produktionsstruktur verwirklichen kann. Erst dadurch erhält auch eine Produktion als Profitproduktion ihre historische Berechtigung. Ausgehend von diesen Erfordernissen des Arbeitsprozesses, des Wertbildungs- und Verwertungsprozesses, entwickelte Marx die kapitalistische Form des Wertgesetzes mit ihren zentralen Kategorien Produktionspreis und Durchschnittsprofit. Sie enthüllen die Prinzipien, Wesen und Grundzüge des kapitalistischen Regulierungsmechanismus. Privatkapitalverwertung ist Streben nach höchsten Profiten. Zu diesem Zweck kämpfen die privaten Kapitale um die günstigste Anlagesphäre, um die Einführung neuer Technik und Technologie und stellen auf diese spezifische Weise den gesellschaftlichen Gesamtzusammenhang in der Produktion her. Dies ist gleichzeitig wesentlicher Inhalt und gesellschaftliche Funktion der kapitalistischen Konkurrenz, die Bedingung und Milieu dieses Mechanismus ist und ihm seine Dynamik verleiht.

Notwendigerweise folgt aus der inneren Natur des Kapitals, daß dieser Mechanismus ein spontan und anarchisch wirkender ist, der zur Regulierung der Produktion notwendigerweise der Krisen, der Kapitalentwertung und -vernichtung bedarf. Seine historische Mission zur ungehinderten Entwicklung des gesellschaftlichen Charakters der Produktivkräfte kann er solange erfüllen, wie freie kapitalistische Konkurrenz herrscht, die seine Prinzipien ungehindert durchsetzen kann.

Bemerkenswert für die Fortführung unseres Themas ist, daß der kapitalistische Mechanismus - eben auch wegen der Notwendigkeit, zum Zwecke der Profitproduktion die Produktivkräfte zu entwickeln und ständig neue Technik einzuführen - schon die Umverteilung (Kostpreis + Durchschnittsprofit = Produktionspreis) der ursprünglichen Verteilung (c + v + m) einschließt, auf der Grundlage der Mehrwertproduktion den Profit als zentrale kapitalistische Verteilungskategorie hat und das Verhältnis zwischen Arbeitslohn und Profit als grundlegende Beziehung enthält (letzteres soll nur darauf hinweisen, daß jede Regulierung gleichzeitig die Regulierung der Sozialverhältnisse beinhaltet).

Marx kam es bei der Darlegung dieser grundlegenden Beziehungen im kapitalistischen Regulierungsmechanismus nicht nur darauf an, die Triebkräfte dieses Mechanismus, seine Dynamik bloßzulegen. Für ihn war diese Klarstellung vor allem Anlaß, die Konsequenzen dieser Bewegung und aus ihr die ihr zugrunde liegende Entfaltung der Widersprüche zu verfolgen.

Die Konsequenz aus dieser Art der Regulierung der gesellschaftlichen Produktion - die sich innerhalb des Widerspruches zwischen der sich entfaltenden Vergesellschaftung der Produktion und den Privateigentumsverhältnissen bewegt - ist vor allem ein sich notwendigerweise mit der historischen Entwicklung zuspitzender Konflikt zwischen den Zielen der Produktion und den Mitteln, diese zu erreichen. Er drückt sich aus in der Tendenz zum Sinken der Profitrate und dem Steigen der Masse des angewandten Kapitals. Sein notwendiges Produkt sind die Konzentration und Zentralisation der Produktion und des Kapitals. Technischer Fortschritt, fortschreitende Arbeitsteilung, Ausdehnung und Verdichtung der Zusammenhänge zwischen den Bereichen und Zweigen der Produktion, Dimension der Produktivkraftentwicklung, die von den Kapitalverhältnissen selbst hervorgebracht wurden, zeigen mit ihrer Entwicklung die zunehmende Unmöglichkeit einer gesellschaftlichen

Regulierung der Produktion im Rahmen und durch kapitalistische Konkurrenzverhältnisse, einer Wirtschaftsführung und Organisation der vergesellschafteten Produktion, die in der Kapitalmacht der Kapitalbesitzer ihre Grenzen findet, nur darauf gerichtet ist, und die die immer mehr in den Vordergrund tretenden gesamtgesellschaftlichen Zusammenhänge nur über die spontane und anarchische Selbstregulierung herstellt.

Das einzige Mittel, welchem dem Kapitalismus entsprechend seinem inneren Wesen zur Verfügung steht, um diesem sich zuspitzenden Grundkonflikt des Systems zu begegnen, ist die Durchbrechung der Privatkapitalschranken mit Hilfe der Zentralisation von Kapitalmacht. Verstärkung der Kapitalmacht ist das einzige kapitalistische Mittel, um jenen Mechanismus zu durchbrechen, der letztlich den Profit immer auf den Durchschnittsprofit reduziert und damit zum Sinken der Profitrate führt. Diese Stoßrichtung der Entwicklung der Kapitalzentralisation und der mit ihr entstehenden neuen Formen der Kapitalmobilisierung und Kapitalanwendung zeigt, daß sie mit ihrer Entwicklung zunehmend auch gegen den sich aus ihrer eigenen Natur ergebenden Regulierungsmechanismus der Produktion rebellieren muß, das heißt, die Funktionsfähigkeit des Systems untergraben muß. Dieses historische Ergebnis der Entwicklung des Kapitalismus ist heute zu einem Zentralproblem der gesamten kapitalistischen Ökonomik geworden. Marx entwickelt zusammenfassend die Dialektik dieser Entwicklung des kapitalistischen Mechanismus in dem genialen 27. Kapitel des III. Bandes des "Kapitals", einer immer noch nicht voll ausgeschöpften Fundgrube für die Erforschung der Systemfragen des modernen Kapitalismus.

Marx zeigt hier diese Problematik an Hand der Bedeutung des Kreditsystems und der Aktiengesellschaften, indem er besonders die historische Rolle des Gesellschaftskapitals - als schon im Gegensatz zum Privatkapital stehend - herausarbeitet, das heißt, indem er diese Erscheinungen als kapitalistische Eigentumsprobleme behandelt, als Systemfragen. Engels - der übrigens auch das erwähnte Kapitel nach Manuskripten von Marx zusammengestellt hat - knüpft im Anti-Dühring an diese Gedanken an und zeigt, wie sich mit logischer Konsequenz aus dieser Entwicklung das Monopol und die Staatseinmischung ergibt - zu einer Zeit schon, als diese Erscheinungen noch nicht Produkte einer allgemeinen objektiven Entwicklung waren.

Inzwischen hat sich - von Lenin grundlegend charakterisiert - der Monopolkapitalismus als neue Qualität in der Entwicklung herausgebildet. In ihm herrscht im Regulierungsmechanismus die monopolistische Konkurrenz, im Gegensatz zur freien Konkurrenz, das heißt, die Regulierung der Produktion ist durch die Macht und Gewalt der Monopole charakterisiert. Der selbstregulierende kapitalistische Preis- und Profitmechanismus wird mit monopolistischer Macht und Gewalt durchbrochen, um der ganzen Gesellschaft einen Tribut zugunsten des Monopolprofits aufzuerlegen, das heißt, eine monopolistische Umverteilung herbeizuführen. Für die Marxisten ist demnach die Herrschaft der Monopole ein objektives Entwicklungsprodukt des Kapitalismus, welches sich herausbilden muß, weil die Anwendung der neuen, gesellschaftliche Regulierung und Zusammenfassung erfordernden Produktivkräfte nur noch bei gewaltsamer monopolistischer Durchbrechung des sich selbst regulierenden Preis- und Profitmechanismus angewandt und entwickelt werden können. Damit tritt der kapitalistische Regulierungsmechanismus nicht nur in die Periode seiner Untergrabung und Labilität ein, die zu wesentlichen neuen Bewegungsformen der kapitalistischen Widersprüche führt, sondern die gesamte Gesellschaft, die den Tribut für die kapitalistische Anwendung der Produktivkräfte bei dem Stand der Vergesellschaftung der Produktion zahlen muß, gerät objektiv in Konflikt zum herrschenden System. Mit dieser Entwicklung des Imperialismus entwickeln sich logischerweise gleichzeitig die Bedingungen für die Herausbildung des staatsmonopolistischen Kapitalismus.

Diese letzten Produkte der kapitalistischen Entwicklung wiesen (da es eine Kontiuität in der Entwicklung des Vergesellschaftungsprozesses zwischen Kapitalismus und Sozialismus gibt) den Klassikern des Marxismus-Leninismus auch den Weg, auf welche Weise den Erfordernissen aus der Entwicklung dieses Vergesellschaftungsprozesses, nach der Herstellung der Übereinstimmung von Produktivkräften und Produktionsverhältnissen, durch den Sozialismus entsprochen werden kann (wie zentrale Lenkung, bewußte gesamtgesellschaftliche Regulierung und Organisierung der Produktion, Rolle der Staatsmacht, Entwicklung der allseitigen Planung und Prognostizierung, Stellung des Wertgesetzes und der Märkte, Rolle der Selbstregulierung, der Preise u. ä.).

In der heutigen Niedergangsphase des kapitalistischen Systems bringt auch der kapitalistische Regulierungsmechanismus immer neue Formen hervor - oft auch recht eigenartige, die scheinbar schon außerhalb der Privatkapitalverhältnisse liegen. Es ergibt sich deshalb die Frage: Welchen Charakter hat der heutige kapitalistische Regulierungsmechanismus, ist es noch ein kapitalistischer Regulierungsmechanismus, oder entwickeln sich in ihm bereits Elemente, wie zum Beispiel die Planung, die bereits über ihn hinausreichen. Selbstverständlich haben wir mit vorstehenden Bemerkungen schon wesentliche Teile dieser Frage beantwortet, zum Beispiel: Aus bestimmten Eigentumsverhältnissen ergeben sich bestimmte ökonomische Kategorien. Dynamik ihrer Bewegung und Ziel dieser Bewegung ergeben sich ebenfalls daraus. Die kapitalistische Regulierung ist ihrem Wesen nach in jedem Falle eine Profitregulierung. Alle neuen Formen dieser Art Regulierung sind gleichzeitig objektive Produkte des sich entfaltenden grundlegenden Konfliktes zwischen Produktivkräften und Produktionsverhältnissen im Kapitalismus.

Der heutige kapitalistische Regulierungsmechanismus ist spezifisch durch die "Staatstätigkeit" charakterisiert, das heißt ein Mechanismus unter staatsmonopolistischen

Verhältnissen. Es ist klar, daß wir Antwort auf Wesen und Rolle aller neuen Erscheinungen, die dieser Mechanismus hervorbringt, nur bekommen können, wenn wir sie insgesamt als Produkte der Entwicklung des Kapitalismus im dargelegten Sinne betrachten.

Bei diesem Vorgehen zeigt sich, daß grundlegender Inhalt dieser Art von neuen Erscheinungen die Monopolisierung ist, speziell auch die staatliche Monopolisierung. Letztere vollzieht die staatliche monopolistische Umverteilung des Nationaleinkommens.

Mit der Herausbildung der staatlichen Monopolisierung, mit der wir uns im weiteren ausschließlich beschäftigen wollen, werden wesentliche neue ökonomische Beziehungen innerhalb der kapitalistischen Beziehungen konstituiert, für deren Einschätzung ebenfalls die Marxsche ökonomische Theorie den Leitfaden darstellt. Ohne auf ihre vielfältigen Seiten einzugehen, kann man ihre wesentlichen Seiten etwa wie folgt formulieren: Sie stellen insofern eine höhere Form der Monopolisierung dar (letztmögliche kapitalistische Form), als jetzt das politische Machtinstrument der kapitalistischen Gesellschaft, der imperialistische Staat, unmittelbar zur ökonomischen Potenz wird. Damit entfaltet sich der Wirkungsbereich der Monopolisierung auf einer höheren Ebene: Die Staatsmacht erfaßt mit staatlichen (im Gegensatz zur Kapitalmacht auch der größten Monopole) Mitteln die ganze Gesellschaft, alle ihre Bereiche. Insofern kann die monopolistische Unterordnung der Gesellschaft und ihrer objektiven Bedürfnisse unter die Kapitalverwertungsinteressen in ganz anderem Maßstab erfolgen als selbst durch das größte Monopol - die Herrschaft des Kapitals wird so auf seine höchstmögliche Spitze getrieben. Dadurch wird zum Beispiel auch der Grundzusammenhang jeder kapitalistischen Produktion, der auch für die kapitalistische Produktionsregulierung entscheidend ist, auf eine viel höhere Ebene gehoben. Er erscheint jetzt als speziell auch staatlich regulierter Zusammenhang zwischen dem Profit und dem Einkommen der ganzen Gesellschaft, wobei auch innerhalb der Profite und Einkommen Umverteilungen stattfinden. Methoden und Umfang dieser Umverteilung werden dadurch enorm gesteigert.

Die Entwicklung des Übergangscharakters der heutigen kapitalistischen Produktionsweise kommt u. a. darin zum Ausdruck, daß mit der ökonomischen Rolle des Staates eine ökonomische Potenz wirksam werden muß, die schon nicht mehr den inneren ökonomischen Zusammenhängen des privatkapitalistischen Systems entspringt. Das politische Organisationsorgan der Gesellschaft, im Imperialismus das politische Herrschaftsorgan der Finanzoligarchie, muß zur Regulierung der gesellschaftlichen Zusammenhänge in der vergesellschafteten Produktion eingesetzt werden. Durch diese Charakterzüge des heutigen kapitalistischen Systems erhält notwendigerweise der Kampf der Gesellschaft gegen dieses System nicht nur neue Impulse, sondern ebenso auch neue Stoßrichtungen und Möglichkeiten.

Ökonomische Rolle des umfassenden politischen Machtinstruments in der Gesellschaft bedeutet, daß alle Lebensinteressen der Gesellschaft in die Auseinandersetzung mit diesem

System hineingezogen werden (der unmittelbare Zusammenhang zwischen Profit und Lohn, die Grundlage der kapitalistischen Produktionsweise, dehnt sich mit der Staatstätigkeit enorm und auf viele Bereiche aus und berührt dementsprechend in breitem Maße viele Interessen). Notwendigerweise wird dadurch auch der Kampf um die Lebensinteressen zu einem Kampf gegen den Staat. Es kommt zu einem engen Verschmelzen der ökonomischen, politischen und sozialen Problematik in der Gesellschaft, wodurch der Kampf gegen das Gesamtsystem des Kapitalismus unmittelbarer wird und weitere Kreise umfaßt.

Andererseits wird durch die ökonomische Ausbeuterrolle des Staates das System auch anfälliger. Im Unterschied zu der einheitlich organisierten und einem einheitlichen Ziel dienenden Kapitalmacht der Kapitalisten und Monopole umfaßt z. B. die Staatstätigkeit viele Bereiche, sie ist auch zumeist regional gegliedert, hat verschiedene Organe - auch parlamentarische - und hat viele Funktionen der Aufrechterhaltung des gesellschaftlichen Lebens zu erfüllen. Deshalb können viele gesellschaftliche Interessen und Kräfte - auch antimonopolistische - auf den Staat und seine Tätigkeit Einfluß gewinnen. Hinzu kommt, daß, so wie der Staat eine politische Organisationsform ist, der Kampf um seine Tätigkeit ebenfalls von organisierten, meist auch von politisch organisierten Gruppen und Interessen geführt wird. Für die Arbeiterklasse entstehen daraus neue Möglichkeiten der Organisierung des Kampfes gegen das System. Durch die ökonomische Rolle des Staates rückt der friedliche Übergang zum Sozialismus - besonders auch durch die Ausnutzung der Staatstätigkeit - in den Bereich der Möglichkeit.

Die ökonomischen Potenzen aus der Einbeziehung der Staatstätigkeit in das impieralistische System ergeben sich einmal aus dem beschriebenen Wirkungsbereich des Staates, in erster Linie aber aus seinen Funktionen im Kapitalverwertungsmechanismus selbst.

Der Staat kann in ganz anderem Maße als beispielsweise ein noch so großes Monopol Kapital in der ganzen Gesellschaft mit staatlicher Gewalt mobilisieren und verwenden und damit die Enge der Privateigentumsbasis durchbrechen. Das Wesentliche bei dieser Funktion ist, daß er dabei nicht selbst der Notwendigkeit unterliegt, das von ihm mobilisierte und angewandte Kapital zu verwerten (da er eben als politischer Überbau mit seinen spezifischen Mitteln und Möglichkeiten im Kapitalverwertungsmechanismus fungiert). Dadurch ist er in seinen ökonomischen Funktionen von den Bedingungen der Kapitalverwertung - von denen bisher jede ökonomische Tätigkeit unmittelbar abhängig war - relativ unabhängig. Er vollzieht diese Funktion vielmehr für die Kapitalverwertung der Monopole.

Daraus ergibt sich die für die monopolistische Durchbrechung des kapitalistischen Regulierungsmechanismus bedeutungsvolle Wirkung, daß die Empfänger staatlichen Kapitals und die staatlich Begünstigten in der Bewegung ihres Privatkapitals ebenfalls von den unmittelbaren Kapitalverwertungsbedingungen relativ unabhängig werden - dies in Abhängigkeit vom Umfang des Einsatzes von staatlichem Kapital und staatlicher Begünstigung. Betrachten wir die Staatstätigkeit in der Ökonomik vom Standpunkt dieser entscheidenden ökonomischen Zusammenhänge, dann folgt daraus, daß die gesamten Konkurrenzverhältnisse in der Gesellschaft durch diese Art Monopolisierung beeinflußt werden: Die staatlich Begünstigten können den Konkurrenzmechanismus anders durchbrechen als ihre Konkurrenten, wobei auch innerhalb der Begünstigten eine breite Skala neuer Konkurrenzverhältnisse entsteht. Kapitalverwertung und ihr Umfang werden so auch von der Staatstätigkeit abhängen. Der Mechanismus der Kapitalverwertung enthält heute dadurch ein neues Element. Die ständige Ausdehnung der Staatstätigkeit läßt dieses Element anwachsen und zeigt, wie weit heute das ganze Funktionieren des Kapitalismus schon von der ökonomischen Rolle des Staates abhängt. Dabei - dies hier nur als Hinweis - beschränkt sich diese ökonomische Rolle des Staates keinesfalls und auch nicht in erster Linie auf die direkte Mobilisierung und Anwendung von staatlichem Kapital. Staatliche Gesetze und Verordnungen beispielsweise bringen die gleiche Wirkung hervor.

Von diesen Grundzusammenhängen aus müssen die vielfältigen Beziehungen und neuen Erscheinungen, die durch die staatliche Regulierung entstehen, betrachtet werden, Beziehungen und Erscheinungen, auf die wir in diesem Rahmen nicht eingehen können. Hierzu gehört u a. auch, daß diese Grundzusammenhänge natürlich noch nicht ausreichen, ein konkretes staatsmonopolistisches System in einem Lande, seine staatsmonopolistische Politik, seinen Machtapparat u. ä. in ihren konkreten Auswirkungen auf den Regulierungsmechanismus zu beurteilen. Sie bilden nur den allgemeinen theoretischen Ausgangspunkt zu ihrer Erforschung. Da es der imperialistische Staat ist, der zunehmend auch ökonomische Funktionen übernehmen muß, ist diese seine Tätigkeit von vielerlei Umständen der staatlichen Entwicklung abhängig. Die einzelnen Staaten sind historisch verschieden gewachsen, die Klassensituation weist in den einzelnen Ländern Unterschiede auf, ihre Stellung im Gesamtsystem des Imperialismus und ihre Stellung zu den sozialistischen Ländern ist unterschiedlich usw. Der jeweilige imperialistische Staat kann natürlich seine ökonomische Rolle nur innerhalb dieser gegebenen Verhältnisse spielen, wie insgesamt die Entwicklung des staatsmonopolistischen Kapitalismus wesentlich bestimmt wird von der Gesamtheit der Verhältnisse, wie sie durch die allgemeine Krise des kapitalistischen Systems hervorgebracht werden. Gerade für Westdeutschland spielt hier eine wesentliche Rolle, daß in der DDR sozialistische Verhältnisse geschaffen wurden.

Diese Rolle des Staates im Kapitalverwertungsmechanismus zeigt, daß mit ihr nicht eine ökonomische Größe außerhalb des kapitalistischen Systems entsteht, etwa eine Art Staatswirtschaft, und daß die eigentlichen Grundlagen des Systems die Kapitalverhältnisse, die Profitregulierung und die kapitalistische Konkurrenz sind. Es handelt sich um eine

Form der Entwicklung der Herrschaft der Monopole (wobei die durch sie hervorgebrachten Beziehungen nach wie vor die grundlegenden sind, es sich also nicht um eine Ersetzung dieser Beziehungen durch staatliche handelt; im Gegenteil, die Entwicklung der Monopole und ihrer Verwertungsbedürfnisse bildet erst die Grundlage für die Entwicklung der "Staatstätigkeit"). Deshalb treffen auch Charakterisierungen der heutigen Entwicklungsform des Kapitalismus als "Staatsinterventionismus", zunehmende "Staatstätigkeit" u. ä. nicht den Kern der Sache Es handelt sich vielmehr um staatsmonopolistischen Kapitalismus.

Mit dieser Entwicklung wird unmittelbar bewiesen, daß bei dem Stand der Vergesellschaftung der Produktion die erforderliche Wirtschaftsführung schon längst den Rahmen des Privatkapitals übersteigt Durch die Staatstätigkeit wird sie um ein weiteres über diesen Rahmen hinausgehoben. Es finden Zusammenfassungen und Beeinflussungen der Produktion im Maßstab der ganzen Gesellschaft statt. Der Staat kann dabei kraft der durch ihn entstehenden Potenzen den Ablauf ganzer "makroökonomischer" Prozesse beeinflussen und regulieren und muß dies in steigendem Maße tun. Damit wird gleichzeitig ein anderer für die gesamte Gesellschaftsentwicklung bedeutsamer Zusammenhang sichtbar

Marx zeigt, wie schon mit den Aktiengesellschaften die gesellschaftlich notwendige Funktion des Kapitalisten in der gesellschaftlichen Produktion (die historische Existenzberechtigung der Ausbeuterklasse) überflüssig wird. Schon mit der Entstehung der Aktiengesellschaften verwandelt sich der Kapitalist in einen bloßen Kapitalverwerter; hierin besteht seine eigentliche Funktion. Die Funktion der Beherrscher des "Gesellschaftskapitals" besteht nur noch darin, mit Hilfe dieses Kapitals möglichst viel gesellschaftliches Gesamtkapital zu beherrschen Die höchste und letzte Form dieser Entwicklung des "Gesellschaftskapitals", die ökonomische Rolle des Staates bei der Regulierung der gesellschaftlichen Produktion, beweist von allen Funktionen in der Produktion und in der Wirtschaftsführung am meisten die historische Überlebtheit und die heutige parasitäre Rolle der Beherrscher der vergesellschafteten Produktion. Beim heutigen Maßstab der Entwicklung der Produktivkräfte sind diese Beherrscher das Haupthindernis für die Durchsetzung der gesamtgesellschaftlichen Erfordernisse. Sie haben bei den heutigen Anforderungen an die Wirtschaftsführung und der heute erforderlichen gesellschaftlichen Regulierung der Produktion als Klasse objektiv keinen Platz mehr - unterwerfen sie sich aber, weil sie die Kapitalbeherrscher und damit die Beherrscher der gesellschaftlichen Produktion sind. Mit dem staatsmonopolistischen Kapitalismus wird damit die Existenz der Ausbeuterklasse ganz offensichtlich und unmittelbar für alle sichtbar in Frage gestellt.

Diese kurze Charakterisierung der grundlegenden neuen Erscheinungen im heutigen kapitalistischen Regulierungsmechanismus zeigt, daß es sich dabei um Profitregulierung handelt, aber eben um eine, die dem heutigen historischen Entwicklungsstand des Kapitalismus entspricht. Vom Standpunkt des kapitalistischen Systems aus beurteilt, zeigen diese neuen Erscheinungen von allen Seiten die Labilität des Systems. Privatkapitalverhältnisse, Unternehmertum, Konkurrenz und Entwicklung der Wirtschaft sowie Einsatz und Entwicklung der produktiven Kräfte nach den Verwertungsbedürfnissen des Privatkapitals sind heute bereits soweit überholt und der kapitalistische Regulierungsmechanismus und damit das Funktionieren des Systems soweit untergraben (müssen auf einer solchen hohen Stufe monopolistisch durchbrochen werden), daß es nur noch mit dem politischen Gewaltapparat, staatlicher Monopolisierung und staatlicher Wirtschaftsführung aufrechterhalten werden kann. Die wachsende Welle, die der Kapitalismus in seiner ganzen Entwicklung vor sich herschiebt (neue Technik, Fortschritte in der gesellschaftlichen Produktion und Arbeitsteilung, der nur mit steigender und sich ausdehnender Kapitalkonzentration, durch Kapitalmacht begegnet werden kann), führt zur Negation der eigentlichen Grundlagen dieses Systems (eben durch Kapitalzentralisation), zu Macht und Beherrschung der Gesellschaft durch eine immer kleinere Schicht. Nur ein anderer Ausdruck für diese Entwicklung ist der ständig zunehmende Enteignungsprozeß im Kapitalismus, der in verschiedenen Formen zunehmend auch die Kapitalistenklasse erfaßt. Durch ihn wird es überhaupt erst möglich, die vergesellschaftete Produktion noch kapitalistisch zu betreiben. Auch hier kann nur durch den Sozialismus das Eigentum der Produzenten an dem durch die Vergesellschaftung der Produktion geschaffenen Reichtum wiederhergestellt werden.

Aus unseren Darlegungen ergibt sich jedoch auch, daß die Durchbrechung des kapitalistischen Regulierungsmechanismus im staatsmonopolkapitalistischen Maßstab zu neueren Entwicklungen der Produktivkräfte führt, die den Vergesellschaftungsprozeß weiter vorantreiben. Dies bedeutet, daß auch das staatsmonopolistische System selbst der kapitalistischen dynamischen Entwicklung unterliegt, wodurch alte Widersprüche verschärft werden, neue Bewegungsformen der Widersprüche entstehen, ökonomische Zusammenhänge besonders in den Vordergrund treten u. a. Deshalb ist es notwendig, auf der Grundlage der bisherigen Erkenntnisse auch die Systemfragen, die Probleme der Entwicklung des kapitalistischen Gesamtsystems weiterzubehandeln und die theoretischen Erkenntnisse weiterzuentwickeln. Dies scheint von besonderer Bedeutung, um die sich verschärfenden und neu entwickelnden Gesellschaftskonflikte zu erfassen und daraus Schlußfolgerungen zu ziehen.

Dabei gibt es eine Reihe von Anzeichen, die darauf hindeuten, daß der Kapitalismus besonders durch die wissenschaftlich-technische Revolution heute an der Schwelle einer neuen Entwicklung steht, in gewissem Sinne eine Wende in seiner Entwicklung eintritt. Wir wollen abschließend nur einige Beispiele bringen, um diese Auffasung zu untermauern.

Mit dem Fortschreiten der wissenschaftlich-technischen Revolution beginnt sich immer mehr die Komplexität ihrer Auswirkungen in der Gesellschaft durchzusetzen und der ganze

Umfang dieser Komplexität sich gleichzeitig auf das Gesellschaftssystem auszuwirken.

Dies zeigt sich daran, daß die wissenschaftlich-technische Revolution immer mehr von einer Umwälzung und Ausdehnung der Produktionsstruktur begleitet wird, die neue Charakterzüge aufweist, zunehmend staatliches Eingreifen erfordert, um nicht den Zusammenhang insgesamt gesehen und seine weitere Entwicklung ernsthaft zu gefährden. Gleichzeitig vollziehen sich Umwälzungen in der Kapitalstruktur, den Markstrukturen u. ä., die als ganzer Komplex von Problemen auftauchen. In diesem strukturellen Wandel werden dabei auch die Bereiche immer bedeutungsvoller, deren Betrieb an sich schon über die unmittelbaren Kapitalverwertungszusammenhänge hinausreicht, die schon nicht mehr einfach als Profitproduktion betrieben werden können. Andererseits nimmt ihre Bedeutung für das Gesamtwachstum der Wirtschaft enorm zu, und sie müssen für die Aufrechterhaltung der Produktion entwickelt werden. Oftmals betrifft die Entwicklung dieser Bereiche auch unmittelbar gesellschaftliche Interessen, bzw. verlangt Berücksichtigung gesamtgesellschaftlicher Zusammenhänge, denen nicht mehr einfach durch den Preis- und Profitmechanismus entsprochen werden kann.

Zumeist werden alle diese Bereiche als Infrastruktur (im weitesten Sinne) bezeichnet. Es handelt sich sowohl um die Rolle der Wissenschaft, der Ausbildung und Bildung, die von grundsätzlicher Bedeutung für die Durchführung der wissenschaftlich-technischen Revolution sind, als auch um viele Fragen der Sozialordnung (angefangen von Problemen der Rentenversorgung über den Gesundheitsschutz bis hin zu Fragen der Freizeit und ihrer Gestaltung), der Raumordnung und des Städtebaus, der Energieversorgung, des Verkehrs u. ä. Schon aus diesen wenigen Beispielen kann man den Umfang der Komplexität dieser Entwicklung ableiten. Die Komplexität besteht aber auch darin, daß diese Entwicklungen alle Bereiche des gesellschaftlichen Lebens berühren. Nehmen wir z. B. eines der Grundprobleme der Gesellschaft im kapitalistischen System, den Kampf um die ökonomischen Lebensinteressen der Masse der Bevölkerung. Angesichts der heutigen Entwicklungen findet eine bedeutsame Ausweitung der diese Lebensinteressen umfassenden Bereiche statt, weit über die grundlegenden, durch Löhne und Einkommen zu realisierenden Bedürfnisse hinaus. Der Bereich erweitert sich z. B. durch die objektiv notwendigen Bedürfnisse nach Bildung und Ausbildung, nach Städtebau, Raum- und Verkehrsgestaltung, nach Maßnahmen im Zusammenhang mit den Wandlungen in der Beschäftigungsstruktur u. ä. Dies alles verlangt Lösungen im gesamtgesellschaftlichen Maßstab. Gleichzeitig entstehen durch die wissenschaftlich-technische Revolution eine Reihe von objektiven Bedürfnissen, die unmittelbar das physische Leben der Gesellschaft betreffen. Hierzu gehören die Wasser- und Luftversorgung, die Lösung der Abfallproduktprobleme, die Gestaltung der physischen und psychischen Umweltbedingungen bis zu den Freizeitproblemen, die Organisierung des Gesundheitsschutzes und vieler anderer Sozialaufgaben.

Bei dem Maßstab der Auswirkungen der wissenschaftlich-technischen Revolution ist es heute so, daß diese objektiven Bedürfnisse gleichzeitig mehr oder weniger zu Wachstumsbedingungen werden. Bei der Ausbildung, Umweltgestaltung, der Freizeit und all den anderen angeführten Beispielen geht es zunehmend nicht mehr nur darum, daß der Bevölkerung Zugeständnisse gemacht werden müssen. Ihre Berücksichtigung wird in zunehmendem Maße Bedingung für das Gesamtwachstum der Wirtschaft und damit letztlich auch für die Profiterzielung. Damit wird aber gleichzeitig der ganze antagonistische Klassengegensatz in der kapitalistischen Gesellschaft aufgerissen, der z. B. darauf beruht, daß Wachstum nur durch Profiterzielung möglich ist und die hier erwähnten neuen Wachstumsbedingungen mehr oder weniger gegen dieses Prinzip gerichtet sind. Angesichts der heutigen Rolle des Staates und des Umfangs der auftretenden Probleme werden damit sofort auch innen- und außenpolitische Reaktionen des Staates hervorgerufen, die zumeist innenpolitisch in einer Verstärkung des antidemokratischen Kurses und außenpolitisch in einer Verstärkung der Expansionspolitik bestehen - wenn nicht die antidemokratischen Kräfte die Entwicklung in eine andere, ihren Interessen entsprechende Richtung bringen können.

Wir ersehen daraus, daß die Auswirkungen der wissenschaftlich-technischen Revolution komplex die ökonomische, soziale und politische Struktur umfassen, ein Zusammenwachsen der ökonomischen, sozialen und politischen Problematik in bisher nicht gekanntem Ausmaße stattfindet. Dadurch wird die Frage des ganzen Gesellschaftssystems auf die Tagesordnung gesetzt; zwangsläufig entsteht die Frage nach dem Leitbild der Gesellschaftsentwicklung, die sich um die beiden Pole gruppiert: Demokratisierung von Wirtschaft und Gesellschaft oder formierte Gesellschaft.

Wir haben an einem Beispiel zu zeigen versucht, wie notwendig es ist, die sich entwickelnden neuen Spannungszentren in der Gesellschaft, ihre Dimension zu ergründen, um die Forschung auf dem Gebiet der Entwicklung des kapitalistischen Gesamtsystems voranzutreiben. Es werden dabei eine ganze Reihe neu auftretender Zusammenhänge in den Mittelpunkt des Interesses gerückt (wie zunehmende Rolle der Wirtschaftspolitik, Veränderungen in ihrer Richtung und in ihren Methoden, Wachstum und sein Zusammenhang mit der ökonomischen, sozialen und politischen Struktur, die Stabilität und Gleichgewichtsproblematik, neue Probleme der gesellschaftlichen Wirtschaftsführung u. ä.), deren Erforschung für die notwendige Weiterentwicklung der staatsmonopolistischen Theorie unerläßlich ist. Besonders aber wird der sich abzeichnenden Komplexität in der Entwicklung auch eine Komplexität in der Forschungsarbeit entsprechen müssen.

HARTMUT SCHILLING

Veränderungen in den Grundlagen des Kapitalexports in die Entwicklungsländer als Aspekt des Zusammenhangs zwischen Neokolonialismus und kapitalistischem Reproduktionsprozeß

In den ökonomischen Beziehungen zwischen dem Imperialismus und den postkolonialen Ländern und damit im Instrumentarium des Neokolonialismus nimmt der Kapitalexport eine zentrale Stellung ein. Er spielt als Vermittler der Wechselwirkung zwischen dem Wirtschaftswachstum in den Entwicklungsländern und der kapitalistischen Reproduktion sowie zwischen den Wachstumsprozessen in Entwicklungsländern und hochentwickelten kapitalistischen Ländern einerseits und dem Inhalt, der Richtung und dem Mechanismus der ökonomischen Beziehungen des Imperialismus zu den Entwicklungsländern andererseits als wesentlicher Bestandteil dieses Mechanismus eine hervorragende Rolle. Wenn also die Frage nach dem Zusammenhang von Neokolonialismus und kapitalistischem Reproduktionsprozeß gestellt wird, dann kann die Antwort darauf zwar nicht allein in den mit dem Kapitalexport in die Entwicklungsländer zusammenhängenden Erscheinungen und in den von ihm vermittelten Wirkungen gesucht werden, weil der Neokolonialismus sich nicht auf den neokolonialistischen Kapitalexport reduziert, aber diese Antwort wird sich zu sehr wesentlichen Teilen auf Erkenntnisse aus diesem Komplex stützen müssen, eben weil der Kapitalexport im Instrumentarium des Neokolonialismus überragende Bedeutung besitzt.

Bekanntlich stellt die Priorität des Kapitalexports gegenüber dem Warenexport eines der ökonomischen Grundmerkmale des Kapitalismus in seinem monopolistischen Stadium dar.[1] Unter den gegenwärtigen Bedingungen des staatsmonopolistischen Kapitalismus haben sich jedoch in bezug auf die Rolle des Kapitalexports beträchtliche Veränderungen vollzogen. Nicht selten wird in diesem Zusammenhang in der marxistischen Literatur von der "Erschütterung der traditionellen Grundlage der Kapitalausfuhr" und von der "Krise im Kapitalexport" gesprochen.[2] Die Veränderungen betreffen vornehmlich das Gewicht des Kapitalexports in der Ökonomik des Imperialismus und sein Verhältnis zum Warenexport im allgemeinen, den Kapitalexport in die Entwicklungsländer im besonderen und hier vor allem die Triebkräfte und - in Abhängigkeit davon - die Formen und Funktionen des Kapitalexports, das heißt seine Grundlagen und seinen Funktionsmechanismus. Für die Darstellung des funktionellen ökonomischen Zusammenhanges zwischen Neokolonialismus und kapitalistischem Reproduktionsprozeß ist die Untersuchung der wichtigsten dieser Veränderungen eine wesentliche Voraussetzung, wenngleich sie sich nicht darin erschöpfen kann.

I

Die marxistisch-leninistische Theorie des Kapitalexports geht bekanntlich davon aus, daß die Bewegung der Kapitalexporte der imperialistischen Länder zunächst einmal ganz allgemein jenen ökonomischen Gesetzmäßigkeiten folgt, die die Kapitalwanderung an sich bestimmen, unabhängig davon, ob sie im nationalen oder im internationalen Rahmen vor sich geht, ob es sich um eine Bewegung zwischen den einzelnen Sphären der Produktion oder zwischen verschiedenen Ländern handelt. Als Bedingungen dieser Bewegung und Wanderung des Kapitals gelten lediglich Verschiedenheit der Profitrate (und damit Streben nach Maximierung des Profits als Motiv und Triebkraft der Bewegung) sowie Disponibilität und Mobilität des Kapitals (und der Arbeitskraft).[3] Im Kapitalismus der freien Konkurrenz gewann die Kapitalwanderung auf diese Weise entscheidende Bedeutung für den Ausgleich der Profitraten der individuellen Kapitale zu einer allgemeinen Durchschnittsprofitrate. Im Prinzip waren ihre Bedingungen auch die Grundlage für den zwischenstaatlichen Kapitalverkehr.[4]

Mit dem Übergang des Kapitalismus in sein monopolistisches Stadium traten in dieser Hinsicht Veränderungen vorwiegend in zwei Richtungen ein. Einmal bewirkte die zunehmende Konzentration der Produktion und des Kapitals und die darauf beruhende Monopolbildung eine Einschränkung der Mobilität des Kapitals, damit auch der Kapitalwanderung und der Möglichkeiten zur sich ständig wiederholenden Nivellierung der individuellen Profite und der Herausbildung einer allgemeinen Durchschnittsprofitrate. An ihre Stelle trat als dominierender Faktor der Monopolprofit des in großen Konzernen und Trusts konzentrierten Kapitals. Zum anderen führte die Entstehung von Monopolveränden - in enger Beziehung zu dem zuerst genannten Moment - zu gewaltigen Dimensionen der Akkumulation des Kapitals. Im Zuge des Monopolisierungsprozesses erreicht die Akkumulation des Kapitals eine solche Stufe, wo sie die Bedürfnisse der erweiterten Reproduktion in den Zentren des Kapitalismus übersteigt und ein relativer Kapitalüberschuß entsteht.[5] Obwohl es verschiedene Möglichkeiten gibt, das Entstehen dieses relativen Kapitalüberschusses zu erklären,[6] kann man seine Existenz für die Interpretation des "klassischen" Mechanismus des Kapitalexports voraussetzen, wie das W. I. Lenin für die von ihm untersuchte Entwicklungsetappe des Kapitalismus mit vollem Recht getan hat.

Das überschüssige Kapital, das zwar im Inland Anlage und Verwendung (beispielsweise in der Landwirtschaft oder im sozialen Bereich) finden könnte, sich dann aber nicht verwerten, sondern die Profitrate auf das bereits fungierende Kapital vermindern würde, wird exportiert, und zwar dorthin, wo es höhere Profite abzuwerfen verspricht als im Inland.[7] Die damaligen Kolonien des Imperialismus und die anderen ökonomisch schwach entwickelten Länder des kapitalistischen Weltwirtschaftssystems wiesen in Gestalt billiger

Rohstoffvorkommen, niedriger Löhne und Bodenpreise, großer Kapitalnachfrage und dementsprechend hoher Zinsraten die günstigen Verwertungsbedingungen auf, die das anlagesuchende Kapital anzogen.

Die Relativität des Kapitalüberschusses beruht also darauf, daß Verschiedenheit der Profitrate gegeben ist, daß in den einen Zweigen bzw. Regionen höhere Profite erzielbar sind als in den anderen. Daraus folgt, daß sein Entstehen auf die strukturelle und regionale Ungleichmäßigkeit der kapitalistischen Entwicklung zurückzuführen und seine Reproduktion an dieses Phänomen geknüpft ist.

Für das Verständnis dieser Kategorie ist ferner von Bedeutung, daß es sich dabei keineswegs einfach um Kapital handelt, das für die (aus verschiedenen Gründen notwendige) volkswirtschaftliche Umverteilung mobilisiert und zentralisiert wird (und deshalb seinem ursprünglichen Anwender gegenüber als überschüssig erscheint), sondern um disponibles Kapital in den Händen eines Monopols (einer Monopolgruppe oder eines Monopolverbands), das in ein Bezugssystem unterschiedlicher Profitraten eingeordnet ist und sich im Rahmen dieses Bezugssystems in seiner Beziehung zu bestimmten Anlagemöglichkeiten als überschüssig erweist, da es andere Anlagemöglichkeiten gibt, die eine höhere Profitrate versprechen. Der relative Kapitalüberschuß existiert überhaupt nur in einem solchen Bezugssystem (weswegen er als relativ und nicht als absolut bezeichnet wird). Die Veränderung seiner Größe folgt mithin der Bewegung der Komponenten seines Bezugssystems. Aus der Logik dieser Auffassung ergibt sich außerdem, daß der relative Kapitalüberschuß nur dadurch als Triebkraft der Fluktuation des Kapitals fungieren kann, daß sein Auftreten mit wechselnder Intensität jeweils bei konkreten Monopolen, in konkreten Zweigen und in konkreten Ländern und keineswegs im kapitalistischen Weltsystem allgemein und gleichmäßig erfolgt.

Es wäre m. E. auch falsch, die Kategorie des zum Kapitalexport drängenden relativen Kapitalüberschusses allein mit jenem Fall zu identifizieren, für den Marx die "äußerste Voraussetzung"[8] setzt, nämlich absolute Überakkumulation von Kapital, die sich auf alle Produktionsgebiete erstreckt und bei der der (tendenziell allgemein wirkende) Fall der Profitrate begleitet wäre von einem ebensolchen Fall der Profitmasse, hervorgerufen vom "Steigen im Geldwert des variablen Kapitals (wegen der gestiegnen Löhne) und der ihr entsprechenden Abnahme im Verhältnis der Mehrarbeit zur notwendigen Arbeit".[9] Das ist jener Fall, der der "klassischen" zyklischen Krisensituation im Kapitalismus entspricht, das heißt zur Devalvation und Vernichtung von Kapital führt, um das wirtschaftliche Gleichgewicht wiederherzustellen. Im Verwertungsbedürfnis nur des in diesem Prozeß und in dieser Situation brachgelegten Kapitals den Stimulus des Kapitalexports zu sehen würde bedeuten, der Bewegung des Kapitals im Ausland selbst einen zyklischen Charakter zuzusprechen, den sie aber in der Tat nicht besitzt. Wenn man sich allein auf diese Interpretation der Entstehung des relativen Kapitalüberschusses und damit der ökonomischen Triebkräfte für den Kapitalexport beschränkt, könnten außerdem eine Reihe von Erscheinungen nicht erklärt werden, die eng mit dem Übergang des Kapitalismus der freien Konkurrenz in den Monopolkapitalismus verbunden sind. Bei der praktischen Analyse zeigt sich nämlich, daß die stärksten Monopole nicht nur diejenigen sind, die sich dem tendenziellen Fall der Profitrate am wirksamsten zu widersetzen in der Lage sind (einschließlich der Situation, daß Fall der Profitrate nicht mehr durch Steigen der Profitmasse kompensiert wird), sondern zugleich auch diejenigen, die absolut und relativ (und das sogar mit einer gewissen Stetigkeit auf allerdings sich in längeren Zeiträumen veränderndem Niveau) am meisten Kapital exportieren.

Auf der obigen Basis der Divergenz der Anlagemöglichkeiten zwischen imperialistischem "Inland" und den kolonialen, ökonomisch rückständigen Ländern entwickelte sich ein gewisser ökonomischer Automatismus, der die Überleitung des relativen Kapitalüberschusses in die Länder mit günstigeren Verwertungsbedingungen für das Kapital, das heißt den Kapitalexport in die Entwicklungsländer, regulierte. Seine Wirkung wurde zunächst nur dadurch in gewisser Hinsicht eingeengt, daß der monopolistische Kolonialbesitz, die Abschirmung der kolonialen Kapitalanlagesphäre der jeweiligen Metropole gegen den imperialistischen Rivalen und die konkurrierenden Monopole, die absolute Mobilität des Kapitals nicht zuließ. In der Periode zwischen den beiden Weltkriegen wirkten sich ferner die verschiedenen Maßnahmen der Devisenbewirtschaftung in den kapitalistischen Hauptländern hemmend auf die internationale Mobilität des Kapitals aus.

Aber im Prinzip war unter den damaligen Bedingungen der innere Funktionsmechanismus des Kapitalexports in die ökonomisch rückständigen, kolonialen Gebiete eindeutig. Seine beiden entscheidenden Komponenten waren die Existenz des beträchtlichen relativen Kapitalüberschusses in den führenden imperialistischen Staaten und das Vorhandensein außerordentlich günstiger Verwertungsbedingungen für das private Kapital in den Kolonien: Von der einen Komponente, dem relativen Kapitalüberschuß, wurde ein <u>ökonomischer Druck</u> auf die Monopolisten ausgeübt, Kapital zu exportieren, von der anderen Komponente, den günstigen Verwertungsbedingungen in den Kolonien, ging ein starker <u>ökonomischer Anreiz</u> zum Kapitalexport aus. Den äußeren Rahmen für das Funktionieren dieses Mechanismus gewährleistete die totale Beherrschung der Welt - und später, in der ersten Etappe der allgemeinen Krise, zumindest der "dritten" Welt - durch den Imperialismus, das Vorhandensein eines speziellen außerökonomischen Zwangsapparats des Imperialismus in den Kolonien und die nicht weniger feste Bindung der übrigen ökonomisch rückständigen Länder an den Imperialismus, selbst wenn sie formal selbständig waren. Wesentlich an diesem "klassischen"

Mechanismus war, daß der Kapitalexport unter diesen Bedingungen nahezug ausschließlich ökonomisch motiviert war, daß seine entscheidende Triebkraft in der unvermittelten, direkten Maximierung des Profits durch die Monopole bestand, das heißt, daß er unmittelbar und allein mit dem Profitmotiv verknüpft war[10] und daß er in gewisser Hinsicht selbstregulierend, ohne die Einwirkung exogener Faktoren, im ökonomischen Sinne automatisch verlief.

II

Beginnend mit der zweiten Etappe der allgemeinen Krise des Kapitalismus, änderten sich diese Bedingungen grundlegend. Der ökonomische Automatismus des Kapitalexports in die Entwicklungsländer wurde infolgedessen - obschon nicht zerstört oder gänzlich beseitigt - so doch beträchtlich deformiert.[11]

Was die allgemeinen Ursachen für diese Entwicklung angeht, so bedürfen sie hier keiner näheren Erläuterung. Sie sind in den Wirkungen zu suchen, die von der Entwicklung des Sozialismus zu einem Weltsystem und der Potenzierung seines Einflusses, vom Zerfall des imperialistischen Kolonialsystems und von der qualitativen Veränderung des internationalen Kräfteverhältnisses ausgingen und noch ausgehen.

Darüber hinaus sind jedoch spezifische Faktoren wirksam gewesen und heute noch wirksam, die zur Veränderung der Bedingungen für den Kapitalexport der Monopole in die Entwicklungsländer führten. Sie teilen sich erstens in solche, die im Innern der kapitalistischen Länder, und zweitens in solche, die in den Entwicklungsländern wirksam waren und sind. Sie beeinflussen beide Komponenten, die den ökonomischen Funktionsmechanismus des "klassischen" Kapitalexports bestimmen, wirken also gewissermaßen von zwei Seiten auf diesen Mechanismus ein.

Die inneren Faktoren, von denen hier die Rede ist, betreffen die Entwicklung des relativen Kapitalüberschusses in den kapitalistischen Hauptländern in der Nachkriegsperiode und damit die Intensität des ökonomischen Drangs bzw. Zwangs zum Export von Kapital in die Entwicklungsländer durch die Monopole. Die Entwicklung eines solchen relativen Kapitalüberschusses ist in der Periode seit dem zweiten Weltkrieg so verlangsamt worden,[12] daß sein Gewicht, sein Druck nicht ausgereicht hat, um die "Investitionsschwelle", die Barrieren für den Kapitalexport in die Entwicklungsländer, die im Prozeß des Zerfalls des Kolonialsystems entstanden, auf breiter Front überwinden zu können. Das betrifft - wenngleich in unterschiedlichem Grade - alle imperialistischen Länder, besonders stark aber Westdeutschland.

Bei der Begründung dieser Feststellung muß zunächst auf die Auswirkungen der außergewöhnlich starken und langanhaltenden Investitionskonjunktur in den kapitalistischen Ländern in der Nachkriegsperiode (besonders in Westdeutschland) hingewiesen werden.

In welchem Maße sich in der hier interessierenden Hinsicht Unterschiede gegenüber früheren Perioden ergaben und inwieweit sie besonders den westdeutschen Imperialismus betrafen, läßt sich zum Beispiel aus den folgenden Angaben entnehmen. In Großbritannien betrug der Anteil der Inlandinvestitionen am nationalen Bruttoprodukt im Jahresdurchschnitt 1900 bis 1913 ganze 7,7 Prozent, 1914 bis 1949 nur 7,6 Prozent, aber 1950 bis 1960 nicht weniger als 15,4 Prozent. In den Jahren 1925 bis 1937 machte dieser Anteil in Deutschland durchschnittlich 14,3 Prozent aus, 1950 bis 1960 dagegen in Westdeutschland rund 24,0 Prozent.[13]

Die sich rasch vergrößernden Möglichkeiten für eine profitable Anlage des Kapitals im Zuge des Nachkriegs-"Booms", deren Nutzung sich in diesen Zahlen ausdrückt, führten zur Verlangsamung der Entwicklung des relativen Kapitalüberschusses in dem Sinne, daß die Profiterwartung im Inland nicht unbedingt von profitableren Anlagemöglichkeiten im Ausland übertroffen wurde.[14] Der ökonomische Anreiz zum Kapitalexport in die Entwicklungsländer blieb deshalb gering.

Auf dieses Resultat der Nachkriegskonjunktur in den kapitalistischen Ländern weisen übrigens auch bürgerliche Theoretiker hin. So schreibt beispielsweise W. Guth:

"Der Anreiz zum Kapitalexport in die Entwicklungsländer ist dagegen auf der Seite der großen Industrieländer nicht allzu groß, solange im eigenen Land oder in den benachbarten, schon weitgehend entwickelten Ländern die Expansion immer noch weit schneller voranschreitet als in den wirklich entwicklungsbedürftigen Ländern anderer Erdteile."[15]

Die gleichen Auswirkungen auf den relativen Kapitalüberschuß wie die Nachkriegskonjunktur hat der Prozeß der wissenschaftlich-technischen Revolution in den kapitalistischen Hauptländern. Für ihn ist bekanntlich charakteristisch, daß sich die Maßstäbe der Produktion enorm erweitern, das Tempo des moralischen Verschleißes des fixen Kapitals erhöht und das Bestreben der Monopole verstärkt, durch Ausnutzung neuester Erkenntnisse der Wissenschaft Extraprofite zu erzielen.

Damit erfolgt eine beträchtliche Erweiterung der Voraussetzungen für neue große Kapitalanlagen der Monopole innerhalb der entwickelten kapitalistischen Länder.[16] Sie erreichen solche Dimensionen, daß sie zwangsläufig auch enorme Aufwendungen für die ökonomische und soziale Infrastruktur einschließlich der industriellen Forschung nach sich ziehen bzw. voraussetzen. Der Prozeß der wissenschaftlich-technischen Revolution hat auch vor der Landwirtschaft in den hochentwickelten kapitalistischen Ländern nicht haltgemacht. Während für die früheren Etappen der kapitalistischen Entwicklung eine gewisse technische

Rückständigkeit der Landwirtschaft charakteristisch war, erfolgt heute faktisch eine Industrialisierung des landwirtschaftlichen Produktionsprozesses. Dieser Bereich, der früher hohe Schranken für eine profitable Anlage von Kapital aufwies und wesentlich zum Entstehen des relativen Kapitalüberschusses beitrug, absorbiert heute Kapital in beträchtlichem Umfang.

Auf dieser Basis halten trotz der zyklischen Schwankungen, der Stagnationserscheinungen und des partiellen Absinkens der Wachstumsraten in den kapitalistischen Hauptländern die hemmenden Wirkungen auf die Herausbildung eines solchen relativen Kapitalüberschusses, der zur Anlage von Kapital in den Entwicklungsländern drängen könnte, an. Indem sich der Spielraum für die rentable Betätigung des Kapitals in den hochentwickelten kapitalistischen Ländern erweitert, schwächen sich die ökonomischen Stimuli für den Kapitalexport der Monopole in die Entwicklungsländer ab. Gleichzeitig verstärkt dieser Prozeß das tendenzielle Anwachsen der Kapitalbewegungen zwischen den kapitalistischen Hauptländern. Aber die Absorbierung des disponiblen Kapitals im Inneren der imperialistischen Länder und die zunehmende Bewegung des Kapitals zwischen den hochentwickelten kapitalistischen Ländern wird nicht nur durch konjunkturelle Faktoren und den Prozeß der wissenschaftlich-technischen Revolution bewirkt. Hierauf haben beispielsweise auch die Integrationstendenzen und -bestrebungen sowie die Verlagerung der Rohstoffinteressen der Monopole beträchtlichen Einfluß.[17]

Alle diese Momente zusammengenommen, schwächten und verringerten die ökonomischen Stimuli für den Kapitalexport der Monopole in die Entwicklungsländer und wirkten deformierend auf die erste Komponente seines "klassischen" Funktionsmechanismus ein.

Man könnte versucht sein, dem die Tatsache des enormen Anwachsens des Kapitals, das der imperialistische Staatsapparat in seinen Händen konzentriert hat, entgegenzuhalten, indem man sie als die moderne Form der Existenz des relativen Kapitalüberschusses ausgibt. Dafür spräche jedoch letztlich nur der Augenschein der optisch sehr wirksamen Anhäufung großer Kapitalien. Ihre Identifizierung mit dem relativen Kapitalüberschuß ist unbegründet, denn der imperialistische Staat zentralisiert Teile des Reichtums der kapitalistischen Gesellschaft nicht deshalb in wachsendem Maße, weil es für die Monopole keine profitablen Anlagemöglichkeiten gibt, sondern weil einmal der Maßstab der Produktivkräfte, die das isolierte Einzelkapital nicht zu bewältigen vermag, und die Dimension des Reproduktionsprozesses, zum anderen die Notwendigkeit systemerhaltender Maßnahmen, die sich aus der allgemeinen historischen Krisensituation des Kapitalismus ergibt, eine solche Zentralisation und Umverteilung erzwingen. Darauf deutet im übrigen auch die Verwendung der Mittel der kapitalistischen Budgets hin, die sich insgesamt nur zu einem geringen Teil auf Kapitalübertragung ins Ausland oder gar in die Entwicklungsländer erstreckt.

Die oben bereits erwähnten äußeren Faktoren der Deformation des "klassischen" Funktionsmechanismus des Kapitalexports der Monopole in die Entwicklungsländer betreffen die Verschlechterung der Verwertungsbedingungen für das in den Entwicklungsländern angelegte Auslandskapital. Diese Verschlechterung der Verwertungsbedingungen ist das gesetzmäßige Resultat des Zerfalls des imperialistischen Kolonialsystems, des Kampfes der Völker in den jungen Nationalstaaten um ihre ökonomische Unabhängigkeit und der Untergrabung und Durchlöcherung des imperialistischen Monopols auf die finanzielle Verbindung zu diesen Ländern durch das konkurrierende Auftreten und Wirken der sozialistischen Wirtschaftshilfe.

Diese Feststellung gilt mit einigen Ausnahmen für alle Entwicklungsländer, nicht etwa nur für diejenigen, die den nationaldemokratischen Entwicklungsweg bereits beschreiten,[18] obwohl die genannten Faktoren dort natürlich am stärksten und nachhaltigsten wirksam sind. Der Zerfall des "klassischen" imperialistischen Kolonialsystems hat in fast allen Entwicklungsländern mit der Gewinnung der nationalen Eigenstaatlichkeit zur Beseitigung der außerökonomischen Sicherungen für die Kapitalanlagen der Monopole geführt.[19] Damit haben die nationalen Kräfte gleichzeitig ein Instrument erhalten, das sie - durchaus aus unterschiedlichen Motiven, mit unterschiedlichen Absichten und mit unterschiedlicher Konsequenz - zur Beschränkung des Auslandskapitals benutzen.

Die negativ auf den Verwertungsprozeß des in den Entwicklungsländern angelegten privaten Auslandskapitals einwirkenden Faktoren sind zahlreicher, als gemeinhin angenommen wird. Sie erschöpfen sich keineswegs in Konfiskationen von Auslandsbetrieben und direktem Enzug von Profiten. Sie finden sich bereits im ideologischen Bereich, wo sie das "Klima", die "psychologische Situation" für die Investitionen der Auslandsmonopole und die Wirtschaftspolitik der Regierungen der Entwicklungsländer gegenüber den ausländischen Investitionen beeinflussen, selbst dort, wo man Auslandskapital aus praktischen Erwägungen zur wirtschaftlichen Entwicklung heranzuziehen sucht. Daraus resultiert häufig wirtschaftspolitisch zumindest die Ablehnung eines privilegierten Status für das Auslandsunternehmen. Die privilegierte Stellung, Vorrechte und Sonderrechte waren aber gerade das, was unter kolonialen Bedingungen einen großen Teil der Attraktivität der Entwicklungsländer als Anlagesphäre für das Kapital der Monopole ausgemacht hat.

Die Verwertungsbedingungen für das Auslandskapital werden ferner durch die allgemeine wirtschaftliche und politische Lage in den Entwicklungsländern ungünstig beeinflußt. So sind beispielsweise der - im allgemeinen - sinkende Trend der Rohstoffpreise auf dem kapitalistischen Weltmarkt mit seinen kontraktiven Wirkungen auch auf den inneren Markt und seiner Komplizierung der Haushaltssituation der Entwicklungsländer, ihre wachsende allgemeine Verschuldung oder inflationäre Prozesse mit kostensteigernden Effekten wenig geeignet, den Kapitalexport der Monopole zu stimulieren. Auf politischem Gebiet ist die Lage dadurch charakterisiert, daß mit fortschreitender nationaler, eigenstaatlicher Entwicklung und wachsenden ökonomischen Schwierigkeiten auch die sozialen Spannungen zunehmen. Vor allem die Zuspitzung der Gegensätze im Kampf um die Entscheidung über den künftigen gesellschaftlichen Entwicklungsweg bewirkt in der Mehrzahl dieser Länder eine beträchtliche politische Labilität, die im Gegensatz steht zu der erforderten Stabilität der kapitalistischen Herrschaftsverhältnisse als einer wesentlichen Voraussetzung für die profitable Kapitalanlage. Das trägt wesentlich bei zu jener "psychologischen Investitionsschwelle", jener Furcht vor dem Verlust des investierten Kapitals, die zum Beispiel im Falle Westdeutschlands noch verstärkt wird durch den Umstand, daß die deutschen Monopole in den beiden von ihnen entfesselten Weltkriegen die Beschlagnahme ihrer Auslandsanlagen und den Verlust ihres Auslandsvermögens an ihre Konkurrenten hinnehmen mußten.

Die Maßnahmen, die die Regierungen der Entwicklungsländer zur Einschränkung des Auslandskapitals durchführen und die im Endeffekt eben zur konkreten Verschlechterung der Verwertungsbedingungen des angelegten Kapitals führen, sind bekanntlich sowohl auf der betrieblichen wie auf der volkswirtschaftlichen Ebene außerordentlich vielfältig.[20] Die Auswirkung der einzelnen Maßnahmen, die selbstverständlich nicht in ihrer Totalität in allen Entwicklungsländern angewendet werden, ist doppelter Art: Einmal können die Monopole angesichts dieser Lage in den Entwicklungsländern nicht mehr generell höhere Profite, günstigere Verwertungsbedingungen für ihr Kapital als im Inland erwarten, zum anderen - und das ist das Entscheidende - müssen sie befürchten, ihr in die Entwicklungsländer exportiertes Kapital überhaupt zu verlieren, ist das "Risiko" ihres neokolonialistischen Kapitalexports, wie sie es selbst nennen, beträchtlich gestiegen.

Die genannten Faktoren bewirken meines Erachtens eine Tendenz zur überdurchschnittlichen Senkung der Profitrate des in den Entwicklungsländern fungierenden Kapitals der einzelnen Monopole, überdurchschnittlich in dem Sinne, daß die hier vor sich gehende Senkung den "normalen" Fall der Profitrate, der eine allgemeine Gesetzmäßigkeit der kapitalistischen Entwicklung ist, noch übersteigt. Aber das schließt natürlich einmal nicht aus, daß eine Reihe von Monopolen, insbesondere auf dem Erdölsektor, wachsende Profitraten zu realisieren vermögen, obwohl sich auch hier starke Gegentendenzen bemerkbar machen. Zum anderen darf diese These selbstverständlich nicht mit Aussagen über den Gesamtumfang der neokolonialistischen Ausplünderung der Entwicklungsländer durch den Imperialismus verwechselt werden. Die <u>Masse</u> der aus der Ausbeutung der Entwicklungsländer insgesamt erzielten Profite hat sich im Zuge der neokolonialistischen Expansion des Imperialismus beträchtlich erhöht, einmal auf Grund der Erweiterung der Masse des dort fungierenden Kapitals, zum anderen auf Grund der Verstärkung des nichtäquivalenten Warenaustausches, der die Hauptquelle der neokolonialistischen Bereicherung darstellt. Beides ist möglich, selbst bei sinkender Tendenz der Profitrate des vom einzelnen Monopol in den Entwicklungsländern investierten Kapitals, und ist tatsächlich auch der Fall.

Wenn wir feststellen, daß die Verwertungsbedingungen für das in den Entwicklungsländern angelegte Kaöital der Monopole sich verschlechtert haben und weiter verschlechtern, daß also attraktive Verschiedenheit der Profitrate gegenüber der Inlandsanlage bzw. der Kapitalanlage in anderen Industrieländern nicht mehr unbedingt gegeben ist, so bedeutet das, daß sich auch von dieser Seite her der ökonomische Anreiz zum privaten neokolonialistischen Kapitalexport stark vermindert hat. Das Ergebnis sind, zusammengefaßt, die Deformation des bisherigen "klassischen" Funktionsmechanismus und die Tatsache, daß der private Kapitalexport in die Entwicklungsländer in der zweiten und dritten Etappe der allgemeinen Krise des Kapitalismus beträchtlich an Bedeutung verloren hat und auch quantitativ in verschiedener Hinsicht das Vorkriegsniveau nicht erreichte.[21] Die letzten Jahre zeigen außerdem einen tendenziellen Rückgang des absoluten Umfangs der privaten Kapitalexporte der führenden imperialistischen Staaten in die Entwicklungsländer. Angesichts der Deformation des "klassischen" Funktionsmechanismus des privaten Kapitalexports in die Entwicklungsländer kann diese Entwicklung nicht überraschen; sie ist gesetzmäßig und wird sich - bei Fortdauer der gegebenen Bedingungen - durchsetzen.

III.

Der Imperialismus versucht, dieser Gesetzmäßigkeit entgegenzuwirken und den Prozeß der Abschwächung, Stagnation und Verminderung des neokolonialistischen Kapitalexports der Monopole durch staatsmonopolistische Stützungs- und Förderungsmaßnahmen aufzuhalten. Von der westdeutschen Regierung wurde zum Beispiel ein ganzes System solcher Maßnahmen (staatliche Garantien und Bürgschaften für Exportkredite und Investitionen, Kapitalschutzabkommen sowie verschiedene steuerliche Vergünstigungen) entwickelt. Es stellt in seiner Gesamtheit eine erste Stufe der wachsenden staatlichen Aktivität in der neokolonialistischen Expansion, des wachsenden staatsmonopolistischen Charakters des Neokolonialismus dar. Auf dieser Ebene der staatlichen Aktivität, mit Stützungs- und Förderungsmaßnahmen, wirkt der Staat gewissermaßen von außen, exogen auf die neokolonialistische Wirtschaftsexpansion der Monopole ein, ohne sie in ihrem Inhalt zu verändern; es handelt sich also - im Vergleich zu dem später noch darzustellenden - um einen niedrigeren, weniger qualitätsverändernden Komplex von Erscheinungsformen der wachsenden Rolle des Staates in der neokolonialistischen Expansion, der auch zeitlich, im historischen

Verlauf, der Entwicklung der neokolonialistischen Aktivität des Staates auf einer zweiten Ebene vorausgeht.

Im einzelnen zielen die staatsmonopolistischen Förderungsmaßnahmen für die neokolonialistische Wirtschaftsexpansion der Monopole auf die Ausschaltung oder Paralysierung der Faktoren, die den "klassischen" Funktionsmechanismus des Kapitalexports in die Entwicklungsländer deformieren, das heißt, sie sind einmal auf die Verminderung des "Risikos" und die Erhöhung der "Sicherheit" der Kapitalanlagen gerichtet, zum anderen auf die ökonomische Stimulierung, auf die Vergrößerung des materiellen Anreizes zum Kapitalexport. Sie verändern, wie bereits erwähnt, den Charakter des Kapitalexports der Monopole nicht. Weder Steuervergünstigungen noch Bürgschaften berühren die Eigentumsnatur der Kredite und Kapitalanlagen. Die im Rahmen des Staatshaushalts bereitgestellten enormen "Bürgschaftsplafonds" sind im Grunde genommen fiktiv, denn sie treten - mit geringen Ausnahmen - praktisch erst dann materiell in Erscheinung, wenn tatsächlich ein Verlust, ein Garantiefall,eintritt.

Die Maßnahmen zeigen andererseits, daß der private Kapitalexport in die Entwicklungsländer völlig in ein staatsmonopolistisches System integriert wurde, sich nur noch auf den Krücken der staatlichen Förderung und Unterstützung bewegen kann. Aber selbst das konnte die Deformation des "klassischen" Funktionsmechanismus des Kapitalexports nicht aufhalten, sondern bestenfalls verzögern und abschwächen. Die bisherigen exogenen staatsmonopolistischen Förderungsmaßnahmen erwiesen sich im Grunde genommen als wenig wirksam; ihre Resultate blieben beträchtlich hinter den Erwartungen zurück, die in sie gesetzt worden waren. Darauf wird von den westlichen Experten immer wieder hingewiesen.[22] Selbst das mit viel Hoffnung bedachte "Entwicklungshilfe-Steuergesetz" des westdeutschen Staates zeitigte enttäuschende Resultate.[23] Auch neuerliche Anstrengungen in Richtung auf weitere Steuervergünstigungen und bevorzugte Abschreibungen dürften den Trend des privaten neokolonialistischen Kapitalexports kaum korrigieren.

Gesetzmäßig wird vielmehr die Aktivität des imperialistischen Staatsapparates in der neokolonialistischen Expansion auf einer neuen, qualitativ höheren Ebene wirksam, zeigt sich der staatsmonopolistische Charakter der neokolonialistischen Expansion in einer zweiten Gruppe von Erscheinungsformen, die qualitativ von der ersten unterschieden ist:Der Staat stützt nicht mehr nur den Kapitalexport der Monopole, sondern wird selbst unmittelbar in den Prozeß der ökonomischen Expansion des Neokolonialismus einbezogen, wirkt als selbständige ökonomische Potenz in dieser Expansion. Gesetzmäßig tritt unter den ökonomischen Instrumenten des Neokolonialismus der direkte staatliche Kapitalexport, genauer gesagt die staatliche Finanzierung der neokolonialistischen Expansion, in den Vordergrund

und füllt die Lücke, die die Deformation des "klassischen" Funktionsmechanismus des privaten Kapitalexports in den kolonialen Unterdrückungs- und Ausbeutungsmitteln des Imperialismus geöffnet hat.[24]

Es geht damit auf dem Gebiet der Beziehungen zwischen dem Imperialismus und den Entwicklungsländern derselbe Prozeß vor sich, der die neue Entwicklungsetappe des monopolistischen Kapitalismus überhaupt charakterisiert.[25]

IV.

Die Schwäche des privaten Kapitalexports ist nicht die einzige und nicht die ausschlaggebende Ursache für die wachsende Rolle des staatlichen Kapitalexports im System der ökonomischen Beziehungen zwischen Imperialismus und Entwicklungsländern. Der tiefere Grund für diese Erscheinung ist das Wirksamwerden neuer Triebkräfte für den neokolonialistischen Kapitalexport.

Erstens: Der Zerfall des imperialistischen Kolonialsystems und die Ausdehnung des Einflusses des sozialistischen Weltsystems haben die Positionen des Imperialismus in den Entwicklungsländern erschüttert. Die Entwicklung der antiimperialistischen, nationalen Befreiungsbewegung, die Herausbildung selbständiger nationaler Staaten auf dem Boden der ehemaligen Kolonien, ihre weltpolitische Aktivität, ihr Kampf für die wirtschaftliche Unabhängigkeit und für tiefgreifende soziale Umgestaltungen - alles das ist zu einer großen Gefahr für den Imperialismus als Ganzes und für sein System der Ausbeutung und Unterdrückung der afroasiatischen und lateinamerikanischen Völker geworden. Gleichzeitig sind in diesen Ländern das Prestige und der Einfluß des Weltsozialismus gewachsen, haben sich die politischen, wirtschaftlichen und kulturellen Beziehungen zwischen ihnen und den sozialistischen Ländern gefestigt und sozialistische Ideen in diesen Ländern ausgebreitet. Vor allem aber hat die Tatsache, daß eine Reihe afrikanischer und asiatischer Länder definitiv den Übergang zu einer national-demokratischen Entwicklung vollzogen und Kurs auf die Errichtung der sozialistischen Gesellschaftsordnung genommen haben, die Grundlagen des imperialistischen Systems empfindlich getroffen. Denn wenn die Völker die nationaldemokratische, nichtkapitalistische Entwicklung konsequent zu Ende führen, bedeutet das nicht schlechthin die Zurückdrängung und schließliche Ausschaltung des Einflusses der Auslandsmonopole, sondern ist gleichbedeutend mit dem stufenweisen Ausscheiden dieser Länder aus dem kapitalistischen Weltwirtschaftssystem, dem sie heute - trotz ihrer Sonderstellung - noch angehören.

Daraus ergibt sich das wesensbestimmende strategische Hauptziel des Neokolonialismus: das stufenweise Ausscheiden der Entwicklungsländer aus dem kapitalistischen Weltsystem zu verhindern und auf lange Sicht zu sichern, daß sie überhaupt als Objekt der imperialistischen Ausbeutung erhalten bleiben. Dieses Ziel ist ein primär politisches Ziel, und wir sprechen deshalb zu Recht von einem Primat der Politik im Neokolonialismus. Es läßt sich nicht ohne bestimmte Zugeständnisse und nicht ohne teilweisen und zeitweiligen Verzicht auf die unmittelbare Profiterzielung erreichen. Das Profitmotiv wird hierbei als Triebkraft des ökonomischen Handelns nur vermittelt, erst in letzter Instanz wirksam. Insofern und in diesem Sinne tritt die Systemsicherung (in ihrer neuen Qualität im Gefolge der Verschärfung der allgemeinen Krise des Kapitalismus) zwar nicht an die Stelle der Profitmaximierung, aber die Motivation der ökonomischen Aktivität des Kapitalismus wird nichtsdestoweniger um sie erweitert.

In bezug auf das ökonomische Instrumentarium des Neokolonialismus bedeutet das, daß die politischen Bestrebungen des Imperialismus, das kardinale politische und ökonomische Interesse an der Erhaltung der Grundlagen des Ausbeutungssystems in den Entwicklungsländern und an der Zurückdrängung des sozialistischen Einflusses zu einer wichtigen Triebkraft des neokolonialistischen Kapitalexports werden.

Diese Triebkraft kann sich aber in den verschiedenen Formen des privaten Kapitalexports nicht oder nur sehr unvollkommen realisieren. Das Interesse des einzelnen Monopols ist voll und ganz auf die unmittelbare und maximale Erzielung von Profit gerichtet. Es ist in der Regel nicht in der Lage, die zur Erreichung der politischen Ziele des Neokolonialismus notwendigen Konzessionen zu machen, auf Profit zu verzichten, mit den Konditionen der sozialistischen Wirtschaftshilfe zu konkurrieren. Diesen Widerspruch zwischen dem strategischen Hauptziel des Neokolonialismus und den begrenzten Möglichkeiten der Monopole, diesem Ziel entsprechend zu handeln, versucht der imperialistische Staatsapparat zu lösen, indem er das politische Gesamtinteresse der Monopolbourgeoisie in seiner eigenen ökonomischen Aktivität zentralisiert und immer mehr selbst zum Träger der neokolonialistischen Expansion wird.

Das Resultat ist das gesetzmäßige Anwachsen der staatlichen Aufwendungen zur Finanzierung der neokolonialistischen Expansion. Dieser Prozeß kennzeichnet auch nach außen hin, in welchem Maße sich der Kapitalexport in die Entwicklungsländer in der Gegenwart von der rein ökonomisch motivierten, spontanen Beziehung zwischen relativem Kapitalüberschuß und günstigeren Verwertungsbedingungen gelöst hat und von der veränderten Motivation her auch die Gestalt und der Mechanismus der Kapitalbeziehungen zwischen imperialistischen und Entwicklungsländern beeinflußt werden.

Zweitens: Der private Kapitalexport der Monopole stößt heute in wachsendem Maße auf die Schranke der fehlenden elementaren Bedingungen der industriellen Entwicklung, der fehlenden wirtschaftlichen und sozialen Infrastruktur in den Entwicklungsländern. Gleichzeitig erhöht sich aufgrund der Industrialisierungsbestrebungen in den Entwicklungsländern und ihrer Versuche, am Prozeß der wissenschaftlich-technischen Revolution teilzunehmen, die organische Zusammensetzung des Kapitals, das die Auslandsmonopole dort investieren. Die Folge davon ist ebenfalls die tendenzielle Senkung der Profitrate für die Monopole. Sie versuchen deshalb, dieser Entwicklung entgegenzuwirken, indem sie den für die Investition notwendigen Kapitalvorschuß aufspalten, dem Staat die Finanzierung des infrastrukturellen Teils ihrer Projekte übertragen, ihren eigenen Anteil am vorgeschossenen Kapital niedrig halten und auf diese Weise eine höhere Profitrate aus dem Gesamtprojekt ziehen. Auch dieses Bestreben bewirkt schließlich ein Anwachsen der staatlichen Aufwendungen für die neokolonialistische Expansion, zumal die Schaffung der Infrastruktur relativ viel Mittel erfordert, die sich nur sehr langsam amortisieren und wenig oder überhaupt nicht profitabel sind.

Aus all dem ergibt sich, daß der staatliche Kapitalexport in die Entwicklungsländer nicht nur schlechthin an Bedeutung und Umfang gewonnen hat, sondern daß er - qualitativ und quantitativ - zum ökonomischen Hauptinstrument des Neokolonialismus geworden ist.

V.

Die Tatsache, daß die staatliche Finanzierung der neokolonialistischen Expansion, das heißt die sogenannte "Entwicklungshilfe", primär an politischen Zielen, an der Erhaltung des neokolonialen Profitsystems und seiner gesellschaftlichen Grundlagen, aber nicht unbedingt am unmittelbaren Profitinteresse, an der sofortigen Maximierung des Profits orientiert ist, bedeutet natürlich weder, daß sich über sie keine Ausbeutung der Entwicklungsländer vollzieht, noch daß sie den ökonomischen Erfordernissen des modernen Kapitalismus nicht Rechnung trägt. Sie ist neben einer grundlegenden politischen - und über sie hinaus - zu einer ökonomischen Bedingung der Expansion, zu einer Bedingung des Reproduktionsprozesses des Kapitals geworden. Beide Momente, sowohl das politische (und darin einbegriffen natürlich auch der ideologische Aspekt) als auch das ökonomische, kommen in den Funktionen zum Ausdruck, die die staatlichen Aufwendungen verschiedenster Art im Rahmen der neokolonialistischen Expansion des Imperialismus erfüllen.[26]

Es steht außer Zweifel, daß über die staatlichen Kapitalexporte, die eine Form der Ausfuhr von Leihkapital darstellen, in beträchtlichem Maße eine sichtbare Ausbeutung der

Entwicklungsländer erfolgt. Das wirft Profit in Gestalt des Zinses ab, und zwar in nicht unerheblichem Umfang.[27] Das schließt natürlich politische Manipulationen und den Versuch des Imperialismus, über seine staatlichen Kredite, zum Beispiel mit Hilfe des "gespaltenen Zinses", mit den Konditionen der sozialistischen Wirtschaftshilfe für die Entwicklungsländer zu konkurrieren, nicht aus.

Sowohl in Gestalt von Krediten als auch in ihren nichtrückzahlbaren und unverzinslichen Formen dient die staatliche Finanzierung der neokolonialistischen Expansion ferner der Mehrwertrealisierung und der Erhöhung des Profits der Monopole. Die Betonung der selbständigen ökonomischen Rolle des Staates in der neokolonialistischen Expansion schließt selbstverständlich a priori ein, daß die "Entwicklungshilfe" nicht losgelöst von den ökonomischen Interessen der Monopole eingesetzt wird, sondern weitgehend der Realisierung der Monopolinteressen auch auf ökonomischem Gebiet dient.

Das zeigt sich deutlich in der marktschaffenden und markterweiternden Funktion der staatlichen Zahlungen, die es den privaten Konzernen über Kaufkrafterhöhung, Lieferbindung, Zwang zum "maintenance support", Demonstrations- und Werbeeffekt, Normenübertragung usw. ermöglicht, ihren Warenexport in die Entwicklungsländer auszudehnen.[28] Nicht zu Unrecht betrachten deshalb zum Beispiel die westdeutschen Neokolonialisten die "Entwicklungshilfe" als eines der wichtigsten staatsmonopolistischen Instrumente zur Beeinflussung und Steuerung der Konjunktur im Inland.[29] Das wird durch die Tatsache unterstrichen, daß trotz des großen Defizits des Bonner Staatshaushalts 1966 und 1967 keine wesentlichen Kürzungen an den Mitteln für die neokolonialistische Expansion vorgenommen wurden.

Die wachsende staatliche Finanzierung der neokolonialistischen Expansion erfolgt aber nicht nur nicht losgelöst von den Interessen der Monopole und des Finanzkapitals, sondern sie ist vielmehr bereits weitgehend zur Voraussetzung, zur Bedingung der erweiterten Reproduktion des in die Entwicklungsländer exportierten Privatkapitals geworden. Wir haben darauf schon im Zusammenhang mit der profitratenerhöhenden "Pre-Investment"-Funktion der staatlichen Kapitalexporte im Infrastrukturbereich, die auch bei der sogenannten "Technischen Hilfe" augenfällig ist, hingewiesen. In Gestalt der sogenannten "Mischfinanzierung" ist dieser funktionelle Zusammenhang zwischen (staatlich finanziertem) Infrastrukturteil und (privat, das heißt von den Monopolen oder Exportunternehmen direkt finanziertem) profitablem Produktionsteil ein und desselben Projekts in letzter Zeit sogar als System verselbständigt worden.[30] Als idale Lösung wird das "Verbundprojekt" angesehen, das außer der "Mischfinanzierung" noch Maßnahmen struktureller und ideologischer Art einschließt und so ein Maximum politischer und ökonomischer Effektivität im Sinne des Neokolonialismus gewährleisten soll.[31] Als Reproduktionsbedingung des exportierten Privatkapitals fungiert die staatliche Finanzierung der neokolonialistischen Expansion darüber hinaus vor allem in Form sogenannter "Umschuldungs-" bzw. "Konsolidierungs-" Kredite. Dabei werden Kredite von privaten Konzernen und Unternehmungen an Entwicklungsländer - besonders in politisch relevanten Fällen - durch staatliche Kredite abgelöst, wenn der Schuldner seinen Tilgungs- und Zinsverpflichtungen nicht termingemäß oder überhaupt nicht nachkommen kann. Die privaten Monopole können sich auf diese Art und Weise an dem staatlichen Kredit schadlos halten. Ihre Forderungen bezüglich Kapitalsubstanz und Profit (in den meisten Fällen in Gestalt von Zins) werden voll gedeckt.

In einem größeren Zusammenhang betrachtet, bezogen auf die Gesamtheit der Kapitalbeziehungen zwischen Entwicklungsländern mit strukturellen und chronischen Zahlungsbilanzdefiziten und den imperialistischen Staaten, läßt sich generell feststellen, daß der Profittransfer für die Monopole überhaupt nur noch möglich ist aufgrund der staatlichen Zahlungen zu "nichtkommerziellen" Bedingungen an diese Länder.[32] Das bedeutet, daß dieser "Umschuldungs-"Mechanismus zur Grundlage der imperialistischen Kapitalbeziehungen im Rahmen der neokolonialistischen Expansion geworden ist, auch wenn er in den meisten Fällen im einzelnen nicht als ausdrückliche "Umschuldung" in Erscheinung tritt. Wir halten dies für ein außerordentlich wichtiges Moment des inneren ökonomischen Funktionsmechanismus der modernen kapitalistischen Gesellschaftsordnung: Die Entwicklungshilfe (identifiziert mit den staatlichen Zahlungen zu "nichtkommerziellen" Bedingungen an die Entwicklungsländer) wird zur Voraussetzung und Bedingung der Kapitalverwertung und der faktischen Aneignung des Profits durch die Monopole der imperialistischen Länder, in der Mehrzahl (und zudem einer stets steigenden Zahl) von Ländern der dritten Welt. Ohne diese "globale Umschuldung", die der imperialistische Staat mit seinen Zahlungen an die Entwicklungsländer in großen Dimensionen vornimmt, wäre das System der neokolonialen Profiterzielung durch die Monopole bereits unweigerlich zusammengebrochen. Unter diesem Gesichtspunkt muß man die Entwicklungshilfe heute zu den ökonomischen Kategorien zählen, die einen integralen Bestandteil des Mechanismus der kapitalistischen Ausbeutung darstellen.

Die Rolle der staatlichen Aufwendungen für die neokolonialistische Expansion zum Beispiel des westdeutschen Imperialismus im Reproduktionsprozeß des exportierten Privatkapitals äußert sich ferner in der Form, daß in bestimmten Fällen mit Hilfe staatlicher Kredite die Rohstoffversorgung und Maschinenausstattung westdeutscher Privatunternehmen in Entwicklungsländern finanziert und gewährleistet werden. In ähnlicher Weise stellt die westdeutsche Regierung privaten Gesellschaften "in entwicklungspolitisch bedeutsamen und förderungswürdigen" Fällen auch staatliches Kapital aus dem sogenannten "ERP-Sondervermögen" zur Errichtung von Auslandsniederlassungen und zum Erwerb von Beteiligungen in Entwicklungsländern zur Verfügung.

Die Tiefgründigkeit der Wandlungen im staatsmonopolistischen System der neokolonialistischen Expansion und die neue Qualität in der ökonomischen Rolle des imperialistischen Staatsapparates im Expansionsprozeß zeigen sich aber noch deutlicher im umgekehrten Fall: wenn nicht - wie bei den ERP-Darlehen - der Staat Mittel zur Verfügung stellt, die in Verantwortung, Regie und auf das Risiko des Privatunternehmers in die Entwicklungsländer exportiert werden, sondern wenn die Monopole Mittel aufbringen, die - in staatliches Kapital transformiert - in Haftung und Regie des Staates zur Finanzierung der neokolonialistischen Expansion eingesetzt werden. Dabei läßt sich vor allem die Dialektik in der neuen Stufe der neokolonialistischen Aktivität des Staates erkennen, die darin besteht, daß er einerseits als selbständige ökonomische Potenz und Verkörperung der systemerhaltenden Bestrebungen der Monopolbourgeoisie im Expansionsprozeß auftritt, andererseits unmittelbar und eng mit den Monopolen zusammenwirkt und häufig auch offenkundig und im Detail die ökonomischen Interessen des Einzelmonopols (und nicht nur die der aggressiven Teile der Monopolbourgeoisie insgesamt) verfolgt.

Das unmittelbar ökonomische Zusammenwirken des Staates mit den Monopolen im Prozeß der neokolonialistischen Expansion ist im Falle Westdeutschlands eng mit der Tätigkeit der Kreditanstalt für Wiederaufbau (KfW), der westdeutschen neokolonialistischen Zentralbank, verbunden. Die staatlichen Kapitalexporte in die Entwicklungsländer, die sie vornimmt, finanziert sie einmal aus eigenen Mitteln (das heißt aus ihrem staatlichen Grundkapital) und zum anderen aus Mitteln des westdeutschen Staatshaushalts, die ihr jeweils zur Verfügung gestellt werden. Darüber hinaus aber - und das ist in diesem Zusammenhang relevant - finanziert sie ihre Operationen aus privaten Mitteln, das heißt aus Mitteln des Leihkapitalmarktes sowie aus Mitteln, die die Monopole speziell und gezielt für bestimmte Projekte, an denen sie interessiert sind, zur Verfügung stellen. Im Geschäftsbericht der KfW für 1960 heißt es direkt:

"Dabei spielen neben den eigenen und den von uns bei Kapitalsammelstellen sowie über Geld- und Kapitalmarktoperationen beschafften Geldern vor allem auch solche Mittel eine Rolle, die von den an den jeweiligen Auslandskrediten interessierten (west-)deutschen Unternehmen bzw. deren Hausbanken zur Verfügung gestellt werden."[33]

Das bedeutet, daß die KfW die zum Kapitalexport vornehmlich nach Asien und Afrika bestimmten Mittel der westdeutschen Monopole aufnimmt und sie in Auslandskredite einer staatlichen Bank, in staatlichen Kapitalexport verwandelt. Im Falle eines Verlustes dieser Mittel haftet die Bank, hinter der der Bonner Staat mit seinem Milliarden-Haushalt steht. Die "privat" aufgenommenen Mittel werden verzinst. Dieser Vorgang gewährleistet den Monopolen einerseits hochgradige Sicherheit und den Profit des exportierten Kapitals, andererseits die Durchsetzung ihrer ökonomischen Interessen.

Daraus läßt sich schlußfolgern, daß der Widerspruch zwischen dem aggressiven Drang der Monopole nach hohen Kapitalanlagen in Asien und Afrika und der zunehmenden Verschlechterung der Verwertungsbedingungen, vor allem der wachsenden Unsicherheit dieser Kapitalanlagen, in der dritten Etappe der allgemeinen Krise des Kapitalismus ein solches Phänomen erzeugt, daß im staatsmonopolistischen Mechanismus der westdeutschen neokolonialistischen Expansion privates Kapital in staatliches Kapital transformiert und erst dann den Interessen der Monopolverbände entsprechend in den Entwicklungsländern eingesetzt wird.

Außer in zahlreichen Einzelfällen wurde dieser Transformationsvorgang bei der sogenannten "Entwicklungshilfe-Anleihe der deutschen Wirtschaft" in den Jahren 1960/61 in größerem Maßstab praktiziert. Mit der Besonderheit, daß das transformierende Organ eine kollektiv-kolonialistische staatsmonopolistische Institution ist, vollzieht sich dieser Prozeß ferner bei den Anleihen, die die westdeutschen (und anderen) Monopole der IBRD, der Weltbank, gewähren. Diese Erscheinungen charakterisieren in hohem Maße das Wesen und den inneren Mechanismus des staatsmonopolistischen Systems der neokolonialistischen Expansion. Sie deuten darauf hin, welche Gestalt und welche Natur die Systembestandteile haben, deren Zusammenwirken in der gegenwärtigen Entwicklungsetappe des Kapitalismus zum großen Teil Ausbeutung und Profiterzielung in den Entwicklungsländern ermöglichen. Sie lassen das "Wie" erkennen, mit dem die systemimmanenten Ziele des Kapitalismus unter den heutigen Bedingungen in den Kapitalbeziehungen mit den Entwicklungsländern realisiert werden. Unter diesem Aspekt stellt ihre Erkenntnis einen nicht unwichtigen Schritt dar, um auch auf diesem Teilgebiet der kapitalistischen Ökonomik den modernen Mechanismus der Ausbeutung, der Prozeßsteuerung des Wirtschaftswachstums im Kapitalismus zu enthüllen.

FUSSNOTEN

1 Vgl. W. I. Lenin, Werke, Bd. 22, Berlin 1960, S. 244 und 271

2 Vgl. zum Beispiel: S. Wygodsky, Neue Tendenzen in der Kapitalausfuhr, in: Weltwirtschaft und internationale Beziehungen, Moskau, Nr. 2/1966, S. 56/57

3 Vgl. K. Marx/F. Engels, Werke, Bd. 25, Berlin 1964, S. 205/206

4 Vgl. ebenda, S. 262
Marx hebt an dieser Stelle Verschiedenheit der Profitrate ausdrücklich als das entscheidende Moment hervor, wenn er formuliert: "Wird Kapital ins Ausland ge-

schickt, so geschieht es nicht, weil es absolut nicht im Inland beschäftigt werden könnte. Es geschieht, weil es zu höherer Profitrate im Ausland beschäftigt werden kann."

5 Vgl. W. I. Lenin, Werke, Bd. 22, a.a.O., S. 245

6 Vgl. dazu beispielsweise: K. Marx/F. Engels, Werke, Bd. 25, a.a.O., S. 279, 282/283; R. Hilferding, Das Finanzkapital, Berlin 1955, S. 78/84; K. Nehls, Voraussetzungen, Formen und Bedeutung der westdeutschen Kapitalexporte 1952 - 1958, Berlin 1963, S. 21

7 Vgl. W. I. Lenin, Werke, Bd. 22, a.a.O., S. 245

8 Vgl. K. Marx/F. Engels, Werke, Bd. 25, a.a.O., S. 265

9 Ebenda, S. 262

10 Das Profitmotiv als Triebkraft des Kapitalexports tritt konkret in einer Vielfalt einzelner Bestrebungen auf, die von der Kostenminimierung und der stofflichen Verfügbarkeit von Rohstoffen über die Exportmarkterschließung und langfristige Marktsicherung bis zur Umgehung von Importrestriktionen und Zollbarrieren reichen. Vgl. H. G. Meißner, Betriebswirtschaftliche Probleme von Auslandsinvestitionen. In: Zeitschrift für Betriebswirtschaft, Wiesbaden, Heft 11/1965, S. 716 ff.
F. Peters, Betriebswirtschaftliche Kriterien für Auslandsinvestitionen. In: Mitteilungen des Instituts für Handelsforschung, Köln, Nr. 9/1964, S. 111 ff.

11 Wir haben bei dieser Feststellung den neokolonialistischen Kapitalexport der Monopole in seiner Gesamtheit im Auge. Dem widerspricht durchaus nicht, daß in bestimmten Zweigen, zum Beispiel in der Erdölwirtschaft, der Kapitalexport auch heute noch überwiegend den Gesetzmäßigkeiten des "klassischen" Funktionsmechanismus folgt

12 Der exakte quantitative Nachweis, die Messung des relativen Kapitalüberschusses ist praktisch nicht möglich. Das mitunter zur Quantifizierung benutzte Verfahren, vom Umfang des Kapitalexports auf den Umfang des Kapitalüberschusses zu schließen, erscheint ebenfalls als nicht tauglich, da es das, was bewiesen werden soll, bereits als Beweismittel benutzt. So bleibt nur übrig, Anhaltspunkte für die Dimensionen des relativen Kapitalüberschusses aus der Gewichtung der seine Bildung fördernden und der ihr entgegenwirkenden Faktoren zu gewinnen. Dadurch wird das Ganze zu einer Frage der theoretischen Deduktion und in hohem Grade ein Ermessensproblem mit allen sich daraus ergebenden Konsequenzen

13 Vgl. Maurice Dobb, Einige Züge des europäischen Kapitalismus von heute, in: Probleme des Friedens und des Sozialismus, Heft 11/1965, S. 893

14 Das schließt nicht aus, daß die Entwicklung einzelner Zweige nicht solche Überschußerscheinungen hervorbrachte, die zur Wanderung des Kapitals in andere Zweige führte,

was sich aber im Zuge des allgemeinen konjunkturellen Aufschwungs durchaus innerhalb des Landes vollziehen konnte

15 W. Guth, Der Kapitalexport in unterentwickelte Länder, Basel-Tübingen 1957, S. 146. Vgl. auch G. Fritz, Wirtschaft und Entwicklungshilfe, Bonn 1964, S. 11

16 Vgl. dazu auch W. Rymalow, Neue Erscheinungen im Kapitalexport der imperialistischen Länder, in: Konjunktur und Krise, Heft 4/1965, S. 316

17 Siehe im einzelnen: H. Schilling, Einige Aspekte des staatsmonopolistischen Charakters des Neokolonialismus und seines ökonomischen Funktionsmechanismus, in: Konjunktur und Krise, Berlin, Heft 1/1967, S. 33/34

18 "Selbst dort, wo die Regierungen den ausländischen Besitz nicht nationalisieren, erheben sie immer höhere Steuern und fordern für die Konzessionen immer höhere Summen. Während sie früher von den amerikanischen Erdölmonopolen 50 % des Gewinns haben wollten, verlangen sie jetzt 75 Prozent und mehr. Die Schlußfolgerung ist klar: Das Klima für die privaten Investitionen in den Entwicklungsländern ist ungünstig." (S. Menschikow, in: Probleme des Friedens und des Sozialismus, Heft 11-12/1964, S. 2021)

19 Von der bürgerlichen Ökonomie ist dieser Umstand sehr wohl als Tatsache registriert und in seinen Konsequenzen als gravierend bewertet worden. Vgl. zum Beispiel H. Giesecke, Industrieinvestitionen in Entwicklungsländern, Hamburg 1963, S. 44, 46 und 58; K. C. Thalheim hebt hervor: "Die kolonial bestimmte Weltwirtschaft der Vergangenheit bot der Kapitalanlage aus dem Mutterlande in den Kolonien die Chance einer besonders großen Sicherheit, denn die Gebiete waren politisch abhängig, sie wurden wirtschaftspolitisch vom Mutterland aus bestimmt. Die Kapitalanlage war also besonders gesichert ... Dieser Zusammenhang existiert heute nicht mehr, diese besondere Sicherheit fällt weg. Es fällt also auch der besondere Anreiz für private Investoren weg, in solchen Gebieten, die Kolonien waren, ihr Kapital anzulegen." (Wirtschaft und Entwicklungshilfe, herausgegeben von der Friedrich-Ebert-Stiftung, Hannover, 1961, S. 21)

20 Vgl. dazu im einzelnen: H. Schilling, Einige Aspekte des staatsmonopolistischen Charakters des Neokolonialismus und seines ökonomischen Funktionsmechanismus, a.a.O., S. 37/38

21 Vgl. dazu und zum folgenden: H. Schilling, Einige Aspekte des staatsmonopolistischen Charakters des Neokolonialismus und seines ökonomischen Funktionsmechanismus. In: Konjunktur und Krise, Berlin, H. 3/1967, S. 151-167

22 G. Fritz betont, daß die staatlichen Förderungsmaßnahmen "sich weitgehend als unzureichend erwiesen haben ..." (G. Fritz, op. cit., S. 7). "Wieweit man auch über die

einzelnen Förderungsmaßnahmen unterschiedliche Beurteilungen antrifft, in einem gibt es eine einhellige Auffassung: Der bisherige Anreiz hat nicht genügt, einen verstärksten Fluß von Privatinvestitionen in die Entwicklungsländer auszulösen." (H. Giesecke, a.a.O., S. 57)

23 Vgl. Frankfurter Rundschau, v. 18. 1. 1967

24 "Es war in den zurückliegenden Jahren vielmehr so, daß der Staat in die Bresche gesprungen ist und den ausbleibenden privaten Kapitalexport ersetzt hat. Die Fragestellung lautete im Grunde also gar nicht: staatlicher oder privater Kapitalexport, sondern vielmehr: staatlicher Kapitalexport oder kein Kapitalexport." (W. Guth, op. cit., S. 23). "Trotz der verschiedensten Bemühungen für einen verstärkten Fluß der Privatinvestitionen in diese Länder waren die Ergebnisse, abgesehen von einigen Ländern, deren Rohstoffindustrien große Gewinne versprachen, sehr mager. Bis zu einem gewissen Grade wurde das Versagen der Privatinvestitionen jedoch von den speziell für Entwicklungshilfe geschaffenen nationalen und internationalen Finanzinstitutionen ausgeglichen." (L. H. Huehne, Trends in der Entwicklungshilfe, Zeitschrift für die gesamte Staatswissenschaft, Tübingen, 120. Bd., H. 3, 1964, S. 530). "Es gibt genügend Grund zu der Annahme, daß mit der Vertiefung der allgemeinen Krise des Kapitalismus der Anteil des staatlichen Kapitals an der gesamten Ausfuhr finanzieller Mittel aus den wichtigsten kapitalistischen Ländern wachsen und der Anteil des Privatkapitals zurückgehen wird." (W. Rymalow, Neue Erscheinungen im Kapitalexport der imperialistischen Länder, a.a.O., S. 313)

25 "Wenn früher jene ökonomischen Maßnahmen des Staates überwogen, die den Charakter einer Einmischung in die Wirtschaft von außen, das heißt eines mehr außerökonomischen administrativen Zwanges trugen, so besteht das Wesentliche der heutigen Lage darin, daß die staatliche Tätigkeit auf längere Sicht berechnet in die ökonomischen Prozesse unmittelbar eingebaut und organisch aufs engste mit ihnen verbunden ist ... Die wirtschaftliche Tätigkeit des westdeutschen Staates ist zu einem immanenten Faktor des Reproduktionsprozesses und damit zu einer im unmittelbaren Sinne ökonomischen Potenz geworden, ohne die der kapitalistische Reproduktionsprozeß nicht mehr vonstatten gehen kann." (Autorenkollektiv, Imperialismus heute, Berlin 1965, S. 138)

26 Wir sehen davon ab, hier die verschiedenen politischen Funktionen der staatlichen Finanzierung des neokolonialistischen Expansion darzustellen, die sich selbstredend aus der o. a. Definition des strategischen Hauptziels des Neokolonialismus ergeben

27 Siehe im einzelnen: Autorenkollektiv, Der Neokolonialismus der westdeutschen Bundesrepublik, Dokumentation, Dresden 1965, S. 146

28 "Unsere Entwicklungshilfe ist - wie die anderer Staaten - nicht zuletzt eine stille Exportförderung auf lange Sicht." (Frankfurter Rundschau, 19. 10. 1966)

29 Der damalige Bonner "Entwicklungshilfe"-Minister, W. Scheel, erklärte: "Sollten sich bei uns einmal Anzeichen einer gewissen Konjunkturermüdung bemerkbar machen, dann hat die Bundesregierung mit der Entwicklungshilfe ein ausgezeichnetes Instrument zur Hand, einem solchen Trend entgegenzuwirken ... In einem solchen Falle könnte durch eine kurzfristige Erhöhung unserer Zusagen an die Entwicklungsländer, soweit diese Zusagen liefergebunden gegeben werden, eine verstärkte Nachfrage nach Investitionsgütern die Auftragsbücher unserer Industrie beleben." (Bulletin des Presse- und Informationsamtes der Bundesregierung, Bonn, 15. 6. 1963)

30 Vgl. K. Engler, Richtlinien für die staatliche Kapitalhilfe an Entwicklungsländer, Köln-Opladen, 1965, S. 58-60

31 Vgl. F.-K. Vialon, Entwicklungspolitik durch Verbundprojekte, in: Handelsblatt, Düsseldorf, 7./8. 10. 1966; W. Scheel, Neue Wege deutscher Entwicklungspolitik, Bulletin des Presse- und Informationsamtes der Bundesregierung, Bonn, 14. 6. 1966; Frankfurter Allgemeine Zeitung, 21. 6. 1966

32 Bezogen auf die Entwicklungsländer mit permanenten Zahlungsbilanzdefiziten, stellt F. Baade fest: "In allen solchen Fällen - und Indien ist einer der wichtigsten - ist die Zahlung der vereinbarten Zinsen und Amortisationsraten für erhaltene Kredite nur eine Fiktion. In Wirklichkeit werden diese Zins- und Amortisationsraten zu Lasten des Steuerzahlers derjenigen Länder transferiert, die dem betreffenden Lande auch weiterhin Geschenke, "weiche" Kredite oder Lebensmittelhilfe bzw. Handelsdüngerhilfe gewähren, die letzten Endes praktisch den Charakter von Geschenken haben. Das gilt übrigens nicht nur von "kommerziellen" Krediten, die mit der Lieferung von Industrieanlagen verbunden sind, es gilt sogar von privaten Investitionen, bei denen ein Transfer von Gewinnen und schließlich eine Rückzahlung der Investitionen vorgesehen ist. Auch dieser Transfer, der auf den ersten Blick streng privatwirtschaftlich erscheint, wird nur dadurch ermöglicht, daß dem Lande auf Kosten der Steuerzahler der helfenden Länder immer wieder Geschenke gemacht werden." (F. Baade, ... denn sie sollen satt werden, Oldenburg - Hamburg, 1964, S. 292-293)

33 Kreditanstalt für Wiederaufbau, XII. Jahresbericht, Frankfurt a.M., 1961, S. 45

ALFRED BÖNISCH

Die westdeutsche "Globalsteuerung" als Form staatsmonopolistischer Planung und ihr Einfluß auf den gesamtwirtschaftlichen Reproduktionsprozeß

I. Einleitung

Im Kapitalismus der freien Konkurrenz gab es in dem Sinne eine "Planung", als der einzelne Unternehmer das Ergebnis seiner Tätigkeit geistig vorwegnahm und am Ende des Produktionsprozesses ein Resultat herauskam, das zu Beginn desselben bereits in seiner Vorstellung vorhanden war. Diese Planung wurde zwar mit dem Übergang zum Monopolkapitalismus in gewissem Umfang von den Großunternehmen intensiviert, aber erst mit der Herausbildung des staatsmonopolistischen Kapitalismus erreichte sie auf Unternehmens- und staatlicher Ebene infolge der ungeheuren Vergesellschaftung und Verflechtung der Produktivkräfte eine Stufe, die auch diese Bezeichnung verdient. Der moderne Kapitalismus braucht die permanente Staatsintervention oder staatliche Regulierungstätigkeit, um bestimmte innere Störungen beseitigen, systemeigene Widersprüche abschwächen oder lösen zu können, wenn das System funktionsfähig bleiben soll. Die Aufrechterhaltung der Funktions- und Anpassungsfähigkeit der kapitalistischen Wirtschaft ist eine unerläßliche Bedingung für ihr Fortbestehen.

Die Weltwirtschaftskrise hat eindeutig gezeigt, daß die kapitalistische Wirtschaft zu jener Zeit die Beschäftigung nicht mehr automatisch in einer sozial ungefährlichen Weise zu regulieren vermochte. Da kein Mechanismus existierte, der nach Erreichen einer bestimmten Arbeitslosenquote diese auf eine "normale" Größenordnung zurückführte, bestand die Gefahr eines auf revolutionärem Wege herbeigeführten Zusammenbruchs des kapitalistischen Systems.

Seither haben die Bereiche, in denen die kapitalistische Wirtschaft als Marktsystem nicht funktioniert, zugenommen, so daß der Staat in immer größerem Umfang eingreifen und z. B. Prioritäten bei der Verteilung materieller und finanzieller Mittel festlegen muß, um existenz- und wettbewerbsfähig zu sein. Das gilt für Forschung, Bildung, Verkehr usw.

In den beiden ersten Entwicklungsperioden des Kapitalismus blieb die Planung insofern eindeutig auf den Bereich des Einzelkapitals beschränkt, als die Zielfixierung ausschließlich durch den Unternehmer erfolgte und auf die Erzielung eines hohen Profites gerichtet war. Die Produktion von Waren war das Mittel zur Erreichung dieses Zieles. Die Verbindung zwischen den Unternehmen konnte nur über den Markt, auf dem die Waren realisiert werden mußten, wenn das Planziel erreicht werden sollte, hergestellt werden. Die Regelung der Produktion erfolgte durch das Wertgesetz bzw. den Produktionspreis. Da jeder Kapitalist als Produzent und Warenbesitzer seine Ware so teuer wie möglich verkaufen wollte, "setzte sich das innere Gesetz nur durch vermittelst ihrer Konkurrenz, ihres wechselseitigen Drucks aufeinander, wodurch sich die Abweichungen gegenseitig aufheben. Nur als inneres Gesetz, den einzelnen Agenten gegenüber als blindes Naturgesetz, wirkt hier das Gesetz des Werts und setzt sich das gesellschaftliche Gleichgewicht inmitten seiner zufälligen Fluktuation durch."[1] (Hervorhebung: A.B.)

Im Kapitalismus der freien Konkurrenz waren die Arbeiter ebenso wie in den folgenden Entwicklungsetappen des Kapitalismus gänzlich von der Planung des Produktionsprozesses im Rahmen eines Unternehmens ausgeschlossen, und außerdem erstreckte sich diese Planung im allgemeinen noch nicht auf den betrieblichen Produktionsprozeß in seiner Gesamtheit, sondern auf Teilfunktionen, und selbst diese - zumeist auf den Profit bezogene - Teilplanung war außerordentlich unzuverlässig, da der Einzelkapitalist der Wirkungsweise ökonomischer Gesetze ausgesetzt war, die er bestenfalls ausnutzen, aber nicht beherrschen konnte. Das Produkt beherrschte den Produzenten, und die Wirkung der ökonomischen Gesetze konnte nur nachträglich festgestellt werden, wenn sich auf dem Markt herausstellte, ob das Planziel erreicht wurde oder nicht. Der Einzelkapitalist war nicht in der Lage, den Markt in seine Planung einzubeziehen oder die Entwicklungstendenzen des Marktes und anderer Einflußfaktoren rationell zu bewältigen.

Mit dem Übergang zum Monopolkapitalismus änderten sich allerdings die objektiven Bedingungen für die Teilsystemplanung, als durch die Entstehung von Aktiengesellschaften das Kapital direkt die Form von "Gesellschaftskapital" annahm, der Planungsbereich sich durch den hohen Vergesellschaftungsgrad beträchtlich erweiterte und in einzelnen Fällen einen ganzen Industriezweig umfaßte. Durch die Konzerne und Trusts wurde der "Gegensatz zwischen der Organisation der Produktion in der einzelnen Fabrik und der Anarchie in der ganzen Gesellschaft" ausgeschaltet. Engels schrieb darüber:

"In den Trusts schlägt die freie Konkurrenz um ins Monopol, kapituliert die planlose Produktion der kapitalistischen Gesellschaft vor der planmäßigen Produktion der hereinbrechenden sozialistischen Gesellschaft. Allerdings zu Nutz und Frommen der Kapitalisten."[2] (Hervorhebung: A.B.)

Obwohl sich infolge der ungeheuren Vergesellschaftung der Produktion der Planungsbereich im Rahmen eines Teilsystems beträchtlich ausgeweitet hat, blieb das Planungsziel der Profit des Einzelkapitals. Die Beziehungen zwischen den Produzenten wurden weiter durch den Markt vermittelt, einen Markt allerdings, der in wachsendem Maße von wenigen großen Unternehmen beherrscht wurde, während die übrigen Betriebe die Möglichkeit zu "freier" ökonomischer Willensbildung weitgehend verloren. Die Konzernunternehmer und -manager zeigten sich um eine geistige Vorwegnahme der makroökonomischen Prozesse und deren Beeinflussung durch monopolistische Machtmittel bemüht, aber das geschah nicht im Interesse der Gesellschaft, sondern zur eigenen Machtausdehnung. Sie zwangen den Staat zu einer Intensivierung der Regulierungstätigkeit und zur Entwicklung eines Systems der Umverteilung der staatlichen Mittel, das ihnen günstigere Möglichkeiten der Kapitalverwertung bot und in gewissen Fällen finanzielle Mittel sicherte, die sie allein nicht aufzubringen vermochten.

Das rasche Wachstum der Produktivkräfte und die fortschreitende Vergesellschaftung der Produktion haben in den letzten Jahrzehnten zu qualitativen Veränderungen in den ökonomischen Beziehungen sowie im Regulierungsmechanismus des Kapitalismus geführt. Die kapitalistischen Eigentums- und Verteilungsverhältnisse wurden durch die Herstellung staatlicher Monopolbedingungen im Rahmen des Kapitalismus dem Entwicklungsniveau der hochvergesellschafteten Produktivkräfte angepaßt, um die Funktionsfähigkeit des kapitalistischen Systems zu sichern. Unter den gegenwärtigen sozialökonomischen Bedingungen ist allein der Staat in der Lage, Akkumulations- und Verwertungsmöglichkeiten zu schaffen, die für das Funktionieren des gesamtwirtschaftlichen Reproduktionsprozesses und die weitere Entwicklung der Produktivkräfte auf kapitalistischer Grundlage notwendig sind.[3] Der Staat bedient sich dabei in wachsendem Maße eines Systems gesamtwirtschaftlicher Pläne und Prognosen.

Die partielle Anerkennung des gesellschaftlichen Charakters der Produktivkräfte und eine kapitalistische Anpassung der Produktionsverhältnisse an die Produktivkräfte beseitigt nicht den grundlegenden Widerspruch zwischen den gesellschaftlichen Produktivkräften und den monopolkapitalistischen Eigentumsbeziehungen, sondern verschärft ihn. Im Vordergrund steht, obwohl der Staat nicht schlechthin als Organ der Monopole auftreten kann, sondern im Interesse der Systemerhaltung bestimmte gesellschaftliche Erfordernisse berücksichtigen muß, die Sicherung des Monopolprofits. Zur Lösung dieser Aufgabe wird auch die staatsmonopolistische Planung eingesetzt.

Heute drängen die durch den technischen Fortschritt entwickelten Produktivkräfte auf eine gesamtwirtschaftliche Planung. "Damit wird aber die Überwindung der Widersprüche zwischen der Form gesamtgesellschaftlicher Planung, die der organisierte Kapitalismus zugelassen hat, und ihren Schranken, der Begrenzung der Planungsträger auf Angehörige der Leitungsschichten ... und der Begrenzung des Planungsinhalts auf die Sicherung der Profitmöglichkeiten für seine Wirtschaftsgroßgebilde, zum unmittelbaren Erfordernis der geschichtlichen Periode, in der wir leben..."[4]

Die Planung ermöglicht eine rationale Organisation der Produktion im Rahmen der Großunternehmen, aber diese Organisation ist weiterhin beschränkt, da sie weder gesellschaftlichen Charakter trägt, noch im Interesse der Gesellschaft erfolgt. Sie zeigt aber deutlich die Notwendigkeit des Übergangs zu einer Gesellschaft, in der ein planmäßiges Zusammenwirken der Produktivkräfte möglich ist, in der die "gesellschaftliche Natur der modernen Produktivkräfte tatsächlich anerkannt" wird, die Produktionsmittel ihrer privatrechtlichen Natur entkleidet werden, da sie ihrem gesellschaftlichen Wesen widerspricht, und "an die Stelle der gesellschaftlichen Produktionsanarchie eine gesellschaftlich-planmäßige Regelung der Produktion nach den Bedürfnissen der Gesamtheit wie jedes einzelnen" gesetzt wird.[5] (Hervorhebung: A.B.) Auf diese Weise wird auch die private Aneignung, die infolge des hohen Vergesellschaftungsgrades der Produktion ein ökonomisches und politisches Hindernis für die weitere Entwicklung geworden ist (Engels), durch die gesellschaftliche ersetzt, um die Produktion zu erweitern und die Lebensbedürfnisse zu befriedigen.

Mit der Besitzergreifung der Produktionsmittel durch die Gesellschaft wird die Regulierung der Produktion durch die nicht vorausschaubaren Marktgesetze beseitigt und durch eine planmäßige und bewußte Organisation des gesamtwirtschaftlichen Reproduktionsprozesses ersetzt. Die Regelung der Produktion erfolgt nicht mehr, um mit Marx zu sprechen, durch gegenüber dem Willen des Produzenten verselbständigte und entfremdete Gesetze des Marktes, "sondern durch die rationalen, bewußten Entschlüsse der vergesellschafteten Menschen".

II. Notwendigkeit, Formen und Elemente der staatsmonopolistischen Planung

Die Notwendigkeit einer gesamtwirtschaftlichen Planung folgt im modernen Kapitalismus vor allem aus der hochgradigen Vergesellschaftung und Verflechtung der Produktivkräfte, der daraus resultierenden Verschärfung des Grundwiderspruchs, der zunehmenden Funktionsunfähigkeit des Marktes und dem Einfluß des sozialistischen Weltsystems.

Neben endogenen Faktoren sind also auch exogene Einflüsse auf die Bewegung der Widersprüche des kapitalistischen Systems zu beachten.[6]

Die Monopolbourgeoisie ist heute gezwungen, durch Planungsmaßnahmen der verschiedensten Art dem gesellschaftlichen Charakter der Produktivkräfte in gewissem Umfang gerecht zu werden. Sie tut es, indem sie z. B. vom Staat Orientierungs- und Entscheidungshilfen verlangt und ihn auf andere Weise für ihre Interessen ausnutzt. Auch der Staat selbst muß als Unternehmer und Gestalter der Wirtschaftspolitik seine Unternehmen so profitabel wie möglich leiten und die wirtschaftspolitischen Maßnahmen mit dem größtmöglichen Effekt durchzuführen. So erfordert z. B. die Vorausberechnung der staatlichen Sozialleistungen ein auf mehrere Jahre berechnetes Sozialbudget, das mit einer ebenfalls mittelfristigen Vorausberechnung der Entwicklung der gesamten Volkswirtschaft koordiniert ist, um sinnvolle Entscheidungen über den Einsatz der Mittel für soziale Zwecke zu treffen. Dadurch kann festgestellt werden, welche Ansprüche an die Sozialversicherung, die Investitionen und Gemeinschaftsaufgaben möglich sind und welche Dringlichkeitsskala festzulegen ist.

Im modernen Kapitalismus gibt es verschiedene Formen der staatlichen Planung und demgemäß eine Reihe von Begriffen und Definitionen, mit denen von bürgerlicher Seite das Wesen dieser Planung charakterisiert wird.

Die Formen der staatlichen Planung werden vor allem durch folgende Kriterien bestimmt:

1. Umfang des staatlichen Sektors
2. Verbindlichkeitsgrad der Planung (Verhältnis Prognose und Plan)
3. Einfluß der Planung auf den Reproduktionsprozeß
4. Einfluß der verschiedenen Klassen auf die Planung

Entsprechend dem Einfluß der Planung auf den Reproduktionsprozeß kann man zwischen einer informativen, indikativen oder orientierenden und einer normativen Planung unterscheiden, wobei hauptsächlich der Verbindlichkeitsgrad der Planung als Unterscheidungskriterium gilt.

Besser als durch die Begriffe indikativ, informativ usw. wird das Wesen der staatsmonopolistischen Planung durch die Termini Rahmen- und Prozeßplanung erfaßt. Dabei wird von bürgerlicher Seite nur die Rahmenplanung als mit dem kapitalistischen Wirtschaftssystem vereinbar angesehen und zwischen folgenden ineinander übergehenden Typen der Rahmenplanung unterschieden:

1. reinen Vorausschätzungen der möglichen gesamtwirtschaftlichen Entwicklung und ihrer einzelnen Komponenten ohne Verbindlichkeit für einen Bereich

2. gesamtwirtschaftlichen Vorausschätzungen mit Verbindlichkeit für den staatlichen Sektor sowie als unverbindliche prognostische Orientierung der privatkapitalistischen Unternehmen

3. Aufstellung von Zielen für die gesamte (auch die private) Wirtschaft. Diese Ziele gelten zwar als indikativ, werden aber durch steuer-, kredit- und andere staatliche Maßnahmen zu erreichen versucht.

Die wesentlichen Elemente der staatsmonopolistischen Planung sind die Planziele, die Prognosen, die zur Realisierung der Ziele eingesetzten ökonomischen Hebel und die auf den verschiedenen Ebenen durchzuführende Abstimmung oder Koordinierung der Maßnahmen.[7] Die Aufstellung und Abstimmung der Planziele erfolgt z. B. in einem Prozeß der sukzessiven Approximation auf der Basis von Prognosen.

Während in einigen imperialistischen Ländern, z. B. in Frankreich, die staatsmonopolistische Planung mehr oder minder die gesamte Wirtschaft umfaßt und im Rahmen der Modernisierungskommissionen auch die führenden Unternehmer jeder Branche an der Planaufstellung mitwirken, stellt in anderen Ländern, so in Schweden, den Niederlanden und Westdeutschland die staatsmonopolistische Planung im wesentlichen eine Planung der Wirtschaftspolitik dar. Diese Form der staatsmonopolistischen Planung unterscheidet sich von der französischen Planifikation, da letztere mehr mit indirekten und "marktkonformen" Mitteln arbeitet und den privatkapitalistischen Sektor weniger mit direkten oder Zwangsmaßnahmen beeinflußt.

Im folgenden sollen vor allem die Effektivität der staatsmonopolistischen Planung in Westdeutschland und, soweit möglich, einige damit eng verbundene Probleme untersucht werden, so z. B. das Rationalitätsproblem und der Zielkonflikt. Daher geht es um die Frage, ob diese staatsmonopolistische Planung zu einer rationelleren Verteilung der gesellschaftlichen Gesamtarbeit und einer Beschränkung des anarchischen Charakters der kapitalistischen Produktionsweise beiträgt.

Die Beantwortung der Frage, in welcher Weise und in welchem Umfang die staatsmonopolistische Planung und ihre einzelnen Elemente den gesamtwirtschaftlichen Reproduktionsprozeß oder einzelne Teilbereiche beeinflussen, das Wachstum stimulieren, Inflationstendenzen abschwächen, die zyklische Bewegung sowie den Preis- und Profitmechanismus verändern, ist für die Beurteilung der staatsmonopolistischen Planung von erstrangiger Bedeutung. Dabei geht es u. a. darum, ob mehrere wirtschaftspolitische Ziele gleichzeitig, und wenn ja, bis zu welchem Grade erreicht werden können; welche Widersprüche zwischen einzelnen Zielen bestehen; welche Auswirkung wirtschaftspolitische Maßnahmen und Instrumente im einzelnen oder in Verbindung mit anderen haben; inwiefern unterschiedliche oder gegensätzliche Klasseninteressen die Zielfestlegung und die Durchführung einer Mittelkombination beeinflussen; inwieweit die Auswirkungen dieser Maßnahmen bekannt oder voraussehbar sind und in welcher Weise sie auf den anarchischen Charakter der kapitalistischen Produktion einwirken.

Obwohl die angeführten Fragen nicht umfassend beantwortet werden können, steht außer Zweifel, daß die staatsmonopolistischen Maßnahmen die Entwicklung der Produktivkräfte und die Verteilung der gesellschaftlichen Gesamtarbeit wesentlich beeinflussen und die Anarchie in der kapitalistischen Wirtschaft trotz einer Verschärfung des Grundwiderspruchs beschränken. Natürlich sind die verschiedenen Formen der staatsmonopolistischen Planung unmittelbar mit dem auf dem kapitalistischen Eigentum beruhenden Konkurrenzsystem verbunden und müssen spontane, unkontrollierte Aktionen und Reaktionen der Unternehmer einkalkulieren. Derartige Aktionen erschweren naturgemäß eine zeitliche und sachliche Abstimmung der wirtschaftspolitischen Ziele, der zu ihrer Realisierung vorgesehenen Maßnahmen sowie der Ausarbeitung von Voraussagen. Die staatsmonopolistische Planung knüpft aber zum großen Teil an den unmittelbaren Profitinteressen - vor allem der Großunternehmen - an, nutzt somit das Gesetz vom Monopolprofit als Triebkraft bewußt aus und lenkt auf diese Weise die Unternehmertätigkeit in eine Richtung, die dem Gesamtsystem dient. Dabei ist allerdings zu analysieren, in welchem Ausmaß die Unternehmen auf ökonomische Stimuli reagieren.

III. Das System der planmäßigen Wirtschaftspolitik oder "Globalsteuerung" und seine Ziele

Die westdeutsche Regierung will die kritische ökonomische Situation und den Zielkonflikt zwischen Wachstum und Geldwertstabilität vor allem durch eine Ausweitung und Neugestaltung des staatsmonopolistischen Regulierungsinstrumentariums lösen oder abschwächen. Die juristische Grundlage dafür bildet das "Gesetz zur Förderung der Stabilität und des Wachstums der Wirtschaft", das seinem Inhalt und den Zielsetzungen nach ein wirtschaftliches Ermächtigungsgesetz für die stärksten Gruppen des westdeutschen Finanzkapitals darstellt und sich in seinen Auswirkungen unmittelbar gegen die sozialen Interessen der Mehrheit des Volkes richtet. Vor allem unter dem Eindruck der objektiven Entwicklung und dem Einfluß von Schiller wurde dieses zunächst als "Stabilitätsgesetz" konzipierte Gesetz in ein Gesetz zur Förderung von Stabilität und Wachstum umgeformt, um nach offizieller Darstellung die Voraussetzungen dafür zu schaffen, daß kumulative inflatorische und deflatorische Prozesse verhindert werden.

Ein wichtiger Gedanke des Stabilitäts- und Wachstumsgesetzes besteht darin, die neuen und alten Instrumente der gesamtwirtschaftlichen Steuerung sachgerecht miteinander zu verbinden, um eine flexiblere, den objektiven Erfordernissen mehr entsprechende Wirtschaftspolitik durchführen zu können, als es unter Erhard der Fall war. Strauß hat vor einiger Zeit darauf hingewiesen, daß es darum geht, ein höchstmögliches Maß wirtschaftlicher Effizienz bei geringstem Einsatz an Produktivkräften zu erreichen und eine größere Mobilität der Produktionselemente herbeizuführen.[8] Schiller vertritt im Prinzip die gleiche Ansicht. Ihm kommt es in erster Linie darauf an, die kapitalistische "Marktwirtschaft" durch ein gut funktionierendes System der "Globalsteuerung" funktions- und leistungsfähiger zu machen.

Da der imperialistische Staat heute beachtliche finanzielle Mittel in seiner Hand konzentriert und durch seine steuer-, abschreibungs- und sozialpolitischen Maßnahmen den gesamtwirtschaftlichen Reproduktionsprozeß nachhaltig beeinflußt, hält es die westdeutsche

Regierung für notwendig, die staatliche Regulierungstätigkeit zu koordinieren und so effektiv wie möglich zu gestalten, um die Funktionsfähigkeit des kapitalistischen Gesamtsystems zu verbessern. Die meisten kapitalistischen Staaten haben aus diesem Grunde die staatsmonopolistische Regulierungstätigkeit auf eine qualitativ höhere Stufe gehoben, zu deren Charakterisierung die Begriffe "Planung", "Programmierung" und "Globalsteuerung" Verwendung finden. Das Wesen dieser höheren Regulierungstätigkeit besteht darin, daß der Staat nicht mehr je nach Bedarf und völlig zusammenhanglos Prognosen und Pläne aufstellt und wirtschaftspolitische Maßnahmen durchführt, sondern ein System von kurz- und langfristigen Prognosen aufstellt, mittelfristige Pläne miteinander koordiniert und die verschiedenen ökonomischen Stimuli, d. h. die geld-, kredit- und steuerpolitischen Maßnahmen zeitlich und sachlich besser abstimmt, um die sozialökonomischen Widersprüche abzuschwächen, Wachstumshemmnisse abzubauen und durch den gezielten Einsatz bestimmter Hebel, z. B. durch entsprechende Formen der Forschungsfinanzierung, das Wachstum zu stimulieren.

Im wesentlichen geht es also darum, im Rahmen des Kapitalismus ein dem Entwicklungsniveau der Produktivkräfte entsprechendes System der staatlichen Regulierung zu schaffen, in dem sich ein Gegen- oder Nebeneinander der wirtschaftspolitischen Organe vermeiden läßt und die Neben- und Fernwirkungen staatlicher Maßnahmen erkannt und prognostiziert werden können.

Ohne Zweifel kann durch die Aufstellung von Teil- und Gesamtsystemprognosen mit einem vertretbaren Zuverlässigkeitsgrad und durch die Koordinierung der Regulierungsmaßnahmen die Effektivität der staatsmonopolistischen Wirtschaftspolitik tendenziell erhöht werden; die Erfahrungen in den industriell entwickelten kapitalistischen Ländern lassen jedoch erkennen, daß ein auffälliger Widerspruch zwischen den theoretischen Konzeptionen und der Wirklichkeit besteht, denn bisher ist es nicht gelungen, ein wirtschaftspolitisches Konzept der eben charakterisierten Art in seiner Gesamtheit zu realisieren, und gegenwärtig mehren sich auch in Westdeutschland die Anzeichen dafür, daß trotz aller "Einsichten" und "guten Vorsätze" nicht einmal eine Interessenkoordination zwischen Regierung und Bundesbank auf längere Sicht möglich ist, geschweige denn eine Überbrückung der systemeigenen antagonistischen Widersprüche. Die Bundesbank ist gesetzlich verpflichtet, "die Währung zu sichern" und bei Wahrung dieser Aufgabe die "allgemeine Wirtschaftspolitik der Bundesregierung zu unterstützen". Nicht nur in den vergangenen Jahren, sondern auch in der Gegenwart bestehen gegensätzliche Ansichten und Interessen über den Einsatz bestimmter Instrumente, so daß von einem gemeinsamen Vorgehen von Regierung und Bundesbank und einer Rationalisierung der Wirtschaftspolitik nur unter großen Vorbehalten gesprochen werden kann.[9] Das beweisen auch die einzelnen Bestandteile der "Globalsteuerung"

Die "planmäßige Wirtschaftspolitik" oder Globalsteuèrung" vermag auch nicht in ausreichendem Maße den unterschiedlichen Entwicklungstendenzen innerhalb der Wirtschaft Rechnung zu tragen. Im modernen Kapitalismus geht es aber vielfach darum, durch gezielte Eingriffe und nicht durch global wirkende Instrumente Veränderungen zu veranlassen. Soll also ein höherer Grad an Rationalität in der Wirtschaftspolitik mit der staatsmonopolistischen Planung erreicht werden, so müssen nicht nur die kurz- und langfristigen Auswirkungen und die gegenseitigen Beziehungen von wirtschaftspolitischen Maßnahmen vorher abgeschätzt werden, sondern diese Maßnahmen sind dort anzusetzen, wo es die objektive Situation erfordert.

IV. Effektivität und Rationalität der mittelfristigen Finanzplanung und des Eventualhaushalts

Die westdeutsche Regierung hat seit Beginn des Jahres 1967 die Grundsätze der planmäßigen Wirtschaftspolitik vor allem im Bereich der Staatsfinanzen zu verwirklichen versucht, da in diesem Bereich die Krisenerscheinungen der Wirtschaft einen besonders auffälligen Niederschlag gefunden haben, die bisher übliche einjährige Haushaltsplanung nicht mehr den objektiven ökonomischen und finanzpolitischen Erfordernissen entspricht und die finanzpolitischen Aktionen des Staates das gesamte ökonomische Gesehehen mehr oder minder nachhaltig beeinflussen. Größe und Komplexität der Staatsfinanzen erfordern heute in allen industriell entwickelten kapitalistischen Ländern eine mehrjährige Betrachtungsweise und Planung, wenn eine größere Rationalität der staatlichen Finanzpolitik erreicht und diese zu einer zweckmäßigen Allokation der materiellen und finanziellen Ressourcen beitragen soll. Ohne eine mittelfristige Finanzplanung können zum Beispiel Aufwand und Ertrag bestimmter Projekte nicht mit ausreichender Genauigkeit bestimmt und mit alternativen Projekten verglichen werden.

In welchem Umfang können nun durch die mittelfristige Finanzplanung die staatsmonopolistische Regulierungstätigkeit verbessert bzw. rationalisiert, das Wachstum stimuliert und Preissteigerungen verhindert werden?

Die mittelfristige Finanzplanung als Form der staatlichen Teilplanung ermöglicht eine bessere Koordinierung kurz- und mittelfristiger Erfordernisse und kann zu einer gewissen Abstimmung der verschiedenen finanz- und wirtschaftspolitischen Ziele und Maßnahmen führen und in diesem Sinne die staatsmonopolistische Planung effektiver gestalten. Sie kann aber nicht den offenkundigen Widerspruch zwischen den politischen und den ökonomischen Möglichkeiten aufheben und die ökonomischen Potenzen und Aktionsmöglichkeiten des staatsmonopolistischen Systems erweitern. Solange die westdeutsche Regierung ihre maßlosen politischen Ziele aufrechterhält und diese Ziele mit den ökonomischen Möglichkeiten kollidieren, muß die Finanzplanung - das beweisen bereits die Auseinandersetzungen im ersten Halbjahr 1967 sehr deutlich - scheitern.

Offizielle westdeutsche Angaben lassen erkennen, daß die Finanzplanung kaum dazu dient, bestehende Disproportionen zu überwinden, ein gleichmäßiges Wachstum zu erreichen und die Preise stabil zu halten. Sie fungiert vornehmlich als ein Instrument zur Durchsetzung der politischen und militärischen Ziele des Monopolkapitals und zeigt, daß sich der kapitalistische Staat trotz gegenteiliger Beteuerungen vielfach ganz bewußt über die durch die staatlichen Prognosen gewonnenen Erkenntnisse hinwegsetzt.

Der mittelfristige Finanzplan ist von der Ausgabenseite her aufgestellt und basiert auf einer gesamtwirtschaftlichen Zielprojektion bis zum Jahre 1971.[10] Die Regierung rechnet mit einem Wachstum des nominalen Bruttosozialprodukts von durchschnittlich etwa 5 bis 5 1/2 Prozent und Preisstabilität bis zum Jahre 1971. Das bedeutet, daß der Finanzplan mit dem volkswirtschaftlichen Wachstum steht und fällt. Wird im kommenden Jahr kein reales Wachstum von vier Prozent erreicht, dann ist die ganze mittelfristige Finanzplanung hinfällig. Augenblicklich kann dazu noch nichts Verbindliches geäußert werden, wenngleich zu beachten ist, daß bekannte westdeutsche Wirtschaftstheoretiker auch für das Jahr 1968 mit keinem Aufschwung rechnen. Eines aber dürfte relativ sicher sein: Da die staatlichen Ausgaben weiterhin stärker zunehmen als das Bruttosozialprodukt und z. B. die Rüstungsausgaben keine Beschränkung erfahren, sondern in der Vierjahresperiode weiter steigen werden, ist langfristig mit keiner Preisstabilität zu rechnen. War schon in den vergangenen Jahren der Staat mit seinen preispolitischen Maßnahmen ein wichtiger Urheber der inflationären Tendenzen, so wird er es, wie die Dinge heute abzusehen sind, auch in Zukunft sein. Das aber bedeutet, daß der Zielkonflikt fortbesteht und temporär sogar mit einer Stagnation ohne Stabilität gerechnet werden muß.

Kapitalistische Gesamtsystem- und wichtige Teilsystemprognosen zeigen als wichtige Bestandteile der staatsmonopolistischen Planung noch weitere systembedingte Beschränktheiten und Besonderheiten gegenüber ähnlichen Prognosen im Sozialismus. Wegen der zyklischen Schwankungen ist es kaum möglich, die ökonomische Entwicklung auf kurze und mittlere Sicht zuverlässig zu prognostizieren. Das aber bedeutet, daß eine gesamtwirtschaftliche Zielprojektion, auf der die mittelfristige Finanzplanung basiert, bestenfalls im langfristigen Durchschnitt, aber kaum von Jahr zu Jahr realisiert werden kann. Auf die gegenwärtige Situation in Westdeutschland bezogen, bedeutet das, daß die ökonomische Entwicklung auf kurze Sicht ziemlich ungewiß ist, daß die projizierten Wachstumsziele für 1967 nicht erreicht und die angenommene Ausgabenzunahme jedoch erheblich überschritten werden dürfen. Der Sachverständigenrat, der bereits seine ursprüngliche Projektion für 1967 entscheidend revidieren mußte, schreibt unter dem Eindruck der gegenwärtigen ökonomischen Krisen- und Stagnationserscheinungen in seinem Sondergutachten vom März 1967, daß die Konjunkturlage durch eine besonders große Labilität im Verhalten der Investoren und Konsumenten gekennzeichnet sei, und fährt fort:

"Deshalb erscheint uns eine einigermaßen verläßliche Projektion über ein halbes Jahr hinaus nicht möglich. Selbst für das erste Halbjahr 1967 ist der Unsicherheitsbereich noch sehr groß."[11]

Diese Aussage über die erkenntnismäßigen Grenzen kapitalistischer Gesamtsystemprognosen sind ziemlich eindeutig und lassen kaum den Schluß zu, daß mit den eben genannten Prognosen die Rationalität der staatlichen Wirtschaftspolitik oder der staatsmonopolistischen Planung wesentlich erhöht werden kann.

In diesem Zusammenhang gilt es allerdings zu beachten, daß kurzfristige gesamtwirtschaftliche Prognosen im Kapitalismus nicht nur die Aufgabe haben, Erkenntnisse und Informationen über künftige ökonomische Abläufe zu vermitteln, sondern außerdem auch das Verhalten der Einzelkapitalisten und gegebenenfalls auch der staatlichen Organe beeinflussen und einen Rückkopplungseffekt auslösen sollen. Wir haben es hier also mit den Problemen der Selbstaufhebung, Selbsterfüllung und Manipulierung von Prognosen zu tun.

Für den Kapitalismus ist typisch, daß bestimmte konjunkturpolitische Maßnahmen nur dann wirkungsvoll eingesetzt werden können, wenn ihr Einsatz schlagartig und ohne vorherige Ankündigung erfolgt. Andernfalls würden sich die Unternehmer darauf einstellen und sie, wenn das in ihrem Interesse ist, durch Gegenmaßnahmen unwirksam machen oder die ungünstige Wirkung abschwächen.

Bei Prognosen ist die Sachlage häufig ähnlich. Von staatlichen Organen ausgearbeitete und veröffentlichte Voraussagen sind von vornherein vielfach manipuliert. In einer Krisenperiode wird die Prognose optimistischer formuliert, als es gerechtfertigt ist, um einen stimulierenden Effekt zu erzielen, wogegen in einer Hochkonjunktur die künftige ökonomische Entwicklung pessimistischer beurteilt wird, um die Unternehmer zu einer gewissen Zurückhaltung zu veranlassen.

Besondere Probleme wirft natürlich die Eingliederung der verschiedenen Partialpläne für Verkehr, Forschung usw. in den Finanzplan auf. Der mittelfristige Finanzplan gewinnt als Instrument "rationaler" Finanzpolitik u. a. erst dann eine gewisse Bedeutung, wenn die Ergebnisse der Einzelplanung der eben genannten Art, die bis zum Jahre 1967 in Westdeutschland nicht miteinander abgestimmt worden waren, unter dem Aspekt der finanziellen Bewältigung und bei Beachtung der allgemeinen wirtschaftspolitischen Ziele auf ihre Konsistenz hin miteinander verglichen und nach entsprechender Abstimmung in den Gesamtfinanzplan übernommen werden.

Schon die bisherigen Diskussionen um die mittelfristige Finanzplanung beweisen, daß die angestrebte Konsistenz nur über eine grobe Annäherung erreicht werden kann. Der gegenwärtig geltende Plan ist zwar bilanziert, erfordert aber eine kontinuierliche Korrektur, um nicht zu offen mit der Realität in Konflikt zu geraten.

Die moderne bürgerliche Ökonomie beschränkt sich nicht mehr auf die Wiederholung der These, daß die kapitalistische Wirtschaft an tiefgreifenden Störungen leidet, die nur durch eine zielbewußte Wachstums-, Investitions- und Beschäftigungspolitik des Staates abgeschwächt werden können, sondern bemüht sich - in den Grenzen ihrer klassenmäßig bestimmten Möglichkeiten - um eine Erklärung der funktionalen - und teilweise kausalen - Abhängigkeiten zwischen staatlichen Maßnahmen und ökonomischem Wachstum sowie um eine Messung der hauptsächlichen Wirkungen der Staatstätigkeit. Bisher ist es allerdings noch nicht gelungen, den Zusammenhang zwischen staatlicher Aktivität und Wachstum in zufriedenstellender Weise zu erfassen und die wichtigsten Effekte zu quantifizieren, obwohl zu dieser Problematik bereits bestimmte Forschungsergebnisse vorliegen. Immerhin werden aber vielfältige Berechnungen über den Einkommens- und Kapazitätseffekt der Investitionen angestellt und die unterschiedlichen Wirkungen von privatkapitalistischen Investitionen und staatlichen Infrastrukturinvestitionen, die schwach kapazitätswirksam sind, beachtet. In einer Krisenphase ist diese Unterscheidung besonders wichtig, da es darauf ankommt, beschäftigungs- und einkommenspolitische Effekte zu erzielen, wogegen - kurzfristig betrachtet - der Kapazitätseffekt von untergeordneter Bedeutung ist, da eine Ausweitung der Kapazitäten und damit eine Verschärfung des Widerspruches zwischen Produktion und Markt vermieden werden sollen. Der Einkommenseffekt ergibt sich aus der direkt einkommenswirksamen Investitionssumme und der Multiplikatorwirkung.

Die Berechnung der staatlichen Wachstumseffekte stößt im Kapitalismus insofern auf größere Schwierigkeiten als im Sozialismus, vor allem, wenn sie prognostiziert werden sollen, als sich der Einfluß des Staates auf den Wachstumsprozeß größtenteils nicht unmittelbar, sondern gewissermaßen mittelbar, über die kapitalistischen Unternehmen, vollzieht. Da der Staat zum großen Teil durch Datensetzung seine Ziele durchsetzen muß, kann vielfach nicht mit ausreichender Sicherheit vorausgesagt werden, ob und in welchem Umfang die Unternehmer auf bestimmte Ausgaben, steuer- oder abschreibungspolitische Maßnahmen reagieren. Das wird u. a. am Eventualhaushalt deutlich, der zu den wichtigsten Mitteln gehört, mit denen die Bonner Regierung die ökonomischen Stagnations- und Krisenerscheinungen überwinden und ihre wachstumspolitischen Ziele verwirklichen will. Mit dem Eventualhaushalt sollen die Investitionsbereitschaft der Unternehmer stimuliert, die gesamtwirtschaftliche Nachfragelücke verringert und in gewissem Umfang notwendige Strukturveränderungen in der Wirtschaft durchgeführt werden.

Der Eventualhaushalt hat mehrere Effekte: Er schafft bzw. erhält Arbeitsplätze und weist damit eine antizyklische Wirkung auf, er stärkt aber vor allem, da die finanziellen Mittel hauptsächlich den großen Konzernen zufließen, die Position des Monopolkapitals. Die antizyklische Wirkung soll dabei nicht auf die Krisenphase beschränkt bleiben, sondern sich auch auf den erwarteten Aufschwung erstrecken. Da die Kredite, aus denen der Eventualhaushalt gespeist wird, nach drei oder vier Jahren zurückgezahlt werden sollen, verspricht sich die westdeutsche Regierung durch die liquiditätsentziehende Wirkung eine Abschwächung der möglichen boomartigen Entwicklung mit den damit verbundenen Preissteigerungen. Betrachtet man also den Eventualhaushalt vom Gesichtspunkt der Zielproblematik, so zeigt sich, daß mit ihm ein Dualeffekt erzielt werden soll: In der Krisenperiode soll er den Aufschwung auslösen und im Aufschwung zur Erhaltung des Geldwertes beitragen.

Hier geht es nicht darum, eine mittelfristige Prognose über die Auswirkungen des Eventualhaushaltes in drei bis vier Jahren zu wagen, sondern es gilt, den bisherigen Einfluß dieses Instruments auf die westdeutsche Wirtschaft zu analysieren.

Bei der Realisierung des Eventualhaushalts kommt es nach offizieller Darstellung darauf an, die Investitionstätigkeit der Unternehmer zu stimulieren - darin besteht seine Hauptaufgabe -, rasch durchführbare Invesitionsprojekte zu finanzieren, die Infrastruktur zu verbessern, regional- und arbeitsmarktmäßige Erfordernisse zu beachten und vor allem jene Zweige finanziell zu unterstützen und zur Produktion anzuregen, in denen die Auslastung der Kapazitäten sehr mangelhaft ist. Die Unternehmer haben jedoch von diesem Instrument nur sehr geringen Gebrauch gemacht. "Der Volkswirt" sah sich deshalb zu der Bemerkung veranlaßt:

"Die Erfahrungen mit dem ersten Eventualhaushalt des Bundes von 2,5 Milliarden sind schlecht. Am 23. Februar wurde er verabschiedet, bis heute sind jedoch erst 200 Millionen DM abgeflossen..."[12]

Auch wenn man in Rechnung stellt, daß derartige investitionspolitische Maßnahmen eine gewisse Anlaufzeit brauchen und erst mit erheblichen zeitlichen Verzögerungen wirksam werden, zeigt der Eventualhaushalt, daß die Wirkung bestimmter staatsmonopolistischer Regulierungsmaßnahmen minimal ist und - zumindest zeitweilig - kaum etwas zur Überwindung zyklischer Krisenerscheinungen beizutragen vermögen. Die Ursachen dafür sind nicht etwa subjektiver Art,[13] sondern ergeben sich zwangsläufig aus den ungünstigen Auftrags- und Absatzverhältnissen, d. h. aus dem Widerspruch zwischen Produktion und Markt. Die Unternehmer würden sicher ihre Investitionstätigkeit verstärken, aber die Abschwächung der Nachfrage und die dadurch bedingte Verringerung der Kapazitätsauslastung veranlassen sie zum Abwarten.

Da also die westdeutsche Regierung mit dem ersten Eventualhaushalt keinen Erfolg hatte, wurde ein zweites "Konjunkturprogramm" beschlossen, mit dem kurzfristig ein staatliches Investitionsvolumen bei Bund, Ländern und Gemeinden von 5,3 Mrd. DM mobilisiert werden soll. Da die Wirksamkeit dieser expansiven Maßnahmen nicht durch kontraktive Maßnahmen bei Ländern und Gemeinden beeinträchtigt werden darf, sollen die Kommunen, die gerade in jüngster Zeit zum Sparen veranlaßt worden waren, ihre Ausgabetätigkeit erneut verstärken und den großen Nachholebedarf im Infrastruktursektor vermindern.

Es trifft zu, daß die Länder und Gemeinden zahlreiche infrastrukturpolitische Aufgaben lösen müssen, aber wenn sie sie bisher vernachlässigt haben, so liegt das nicht am schlechten Willen, sondern an den unzureichenden Finanzierungsmöglichkeiten. Nach Berechnungen des westdeutschen Städtetages beläuft sich der kommunale Investitionsbedarf von 1966 bis 1975 auf etwa 218 Mrd. DM. Die Städte und Gemeinden sind jedoch nicht in der Lage, diese Investitionen aus eigenen Mitteln zu finanzieren. Sie können gegenwärtig nicht einmal den bisherigen Investitionsaufwand aufrechterhalten, sondern sind zu weitgehenden Einschränkungen gezwungen, da die meisten von ihnen die Verschuldungsfähigkeit überschritten haben und die Rechtsaufsicht ihnen eine weitere Verschuldung verbietet. Der bayerische Städteverband erklärte z. B. in einer Stellungnahme zum Jahreswechsel 1966/67:

"Nach zwanzigjährigem Aufbau befinden sich unsere Städte und Gemeinden in der schwersten finanziellen Bedrängnis seit Kriegsende. Der Schleier, der bislang die kommunale Armut verdeckte, ist zerrissen."[14]

Mit dem neuen Konjunkturprogramm setzt sich die Bonner Regierung faktisch über diese Sachlage hinweg. Sie woll die Länder und Gemeinden veranlassen, durch eine weitere Verschuldung in Höhe von insgesamt 2,5 Mrd. DM zu einer Ankurbelung der Konjunktur beizutragen. Ein derartiges Vorgehen muß die finanzielle Situation der Kommunen weiter verschlechtern, ganz abgesehen davon, daß es fraglich ist, ob der erwartete Wachstumseffekt auch tatsächlich eintritt.

Wir können somit feststellen, daß die staatsmonopolistischen Maßnahmen zur Förderung des Wachstums zu einer wesentlichen Verschlechterung der finanziellen Situation der Kommunen führen und die Labilität der kapitalistischen Wirtschaft verschärfen.

Betrachtet man nun den Eventualhaushalt als ein Element der "Globalsteuerung" in Verbindung mit anderen wirtschaftspolitischen Maßnahmen, so zeigt sich, daß Schillers wirtschaftspolitische Konzeption weder in sich geschlossen und rational ist, noch die Bewegung der kapitalistischen Widersprüche und den Zielkonflikt in der von ihm gewünschten Weise zu beeinflussen vermag. Während zum Beispiel auf der einen Seite durch den Eventualhaushalt Staatsaufträge erteilt werden, um die Nachfrage auszuweiten, wird auf der anderen Seite eine Politik der Konsumbeschränkung und Nachfragedrosselung durchgeführt und damit die Überwindung der Krisenerscheinungen hinausgezögert.

Die Ausdehnung des Staatshaushaltes verursacht außerdem eine Zunahme der umlaufenden Geldmenge, wodurch tendenziell die Wachstumsschwierigkeiten auf die inflationäre Entwicklung verlagert werden und die Geldentwertung das Wachstum letztlich wieder negativ beeinflußt. Es zeigt sich somit, daß auch durch eine staatsmonopolistische Planung der Widerspruch zwischen Preisstabilität und Wachstum nicht gelöst werden kann. Ganz gleich, ob die kapitalistischen Widersprüche in einer Verlangsamung des Wachstums oder einer Verstärkung der inflationären Tendenzen auftreten, sie untergraben entweder die Sicherheit des Arbeitsplatzes oder beschränken auf Grund von Preissteigerungen die Reallöhne. Auch wenn der Kredit eingeschränkt wird, um die Preise zu stabilisieren, bleibt der Zielkonflikt bestehen, da auf diese Weise die Investitionstätigkeit und damit das Wachstum behindert werden.

Schon diese wenigen Bemerkungen lassen erkennen, daß in der kapitalistischen Wirtschaft unüberbrückbare Gegensätze bestehen, die auch durch eine noch so gut konzipierte Wirtschaftspolitik nicht überwunden werden können. Dennoch wird man feststellen müssen, daß man durch die Aufstellung von Prognosen und Plänen, den zeitlich zweckmäßigeren Einsatz bestimmter Hebel dem Entwicklungsstand und den objektiven Erfordernissen der Produktivkräfte mehr gerecht wird als z. B. mit dem von Erhard praktizierten Ad-hoc-Interventionismus, mit der starren, auf ein Jahr beschränkten und ohne Beachtung konjunktureller Gegebenheiten durchgeführten einjährigen Haushaltsplanung.

V. Effektivität und Rationalität der Ex-ante-Koordinierung

Die westdeutsche "Globalsteuerung" als Form staatsmonopolistischer Planung enthält zwar weniger Einwirkungsmöglichkeiten auf den gesamtwirtschaftlichen Reproduktionsprozeß als z. B. die französische Planifikation, sie läßt aber erkennen, daß es sich auch bei ihr um ein Lenkungselement handelt, das den anarchischen Charakter der kapitalistischen Produktionsweise partiell beschränkt und teilweise den Monopolprofit als Regler der Produktion ersetzt, obwohl zu beachten ist, daß der <u>kapitalistische</u> Staat es ist, der im staatsmonopolistischen Kapitalismus als Regler zahlreicher Prozesse auftritt, d. h., das Profitmotiv der Großunternehmen Charakter und Ziel der meisten staatsmonopolistischen Regulierungsmaßnahmen bestimmt.

Bei einer Beurteilung der staatsmonopolistischen Planung in Westdeutschland muß man natürlich berücksichtigen, daß nicht allein durch sie der monopolistische Konkurrenz- und Marktmechanismus durchbrochen, ergänzt oder funktionsfähig gehalten wird, sondern daß die Ex-post-Koordination über den Markt durch vielfältige andere Formen der Ex-ante-

Koordination ergänzt oder ersetzt wird. Innerhalb der Monopole und zwischen ihnen sind in den letzten Jahrzehnten zahlreiche Formen der Organisation und Kooperation entstanden, die den Produktivkräften bestimmte Entwicklungsmöglichkeiten verschaffen, die ökonomischen Beziehungen zwischen den Produzenten stabiler gestalten und damit den Lenkungsmechanismus wesentlich beeinflussen. Die großen Unternehmen stimmen die eigenen Pläne auf der Basis detaillierter Marktforschungen und Prognosen miteinander in gewissem Umfang ab und ersetzen partiell die Ex-post-Koordination über den Markt, die Plankorrekturen auf Unternehmensebene erst dann auslöst, wenn Engpässe oder Überkapazitäten und damit entsprechende Verluste schon entstanden sind, durch eine Ex-ante-Koordination. Sie rationalisieren damit das ökonomische Lenkungssystem, denn sie verringern die Gefahr von Fehlinvestitionen und vermeiden in manchen Fällen Entwicklungen, die sich im nachhinein nur mit hohen Kosten oder überhaupt nicht korrigieren lassen.

Die zunehmende Ergänzung oder Ersetzung der Ex-post-Koordination durch die Ex-ante-Koordination basiert zwar auf einer stark ausgebauten Marktforschung und auf Vorausschätzungen von Angebot und Nachfrage auf Unternehmensebene, und in vielen Fällen versuchen mehrere Unternehmen durch gemeinsame Analysen den künftigen Bedarf für ihre Produkte festzustellen, um ihre Investitions- und Produktionspläne darauf einzustellen. (Kein größeres Investitionsprojekt wird heute ohne ein genaues Studium der Liefer-, Komplementär- und Absatzbeziehungen durchgeführt.) Dennoch reichen Ex-ante-Koordinationen zwischen Unternehmen nicht aus, sondern bedürfen der staatlichen Unterstützung. In der Ex-ante-Koordination finden somit das Zusammenwirken von Monopolen und Staat und deren Verschmelzung zu einem einheitlichen Mechanismus seinen Ausdruck.[15]

Neben und in dieser Koordination zwischen Unternehmern und Staat und der damit verbundenen Durchbrechung der kapitalistischen Eigentumsbeziehungen existiert die Konkurrenz fort. In vielen Fällen gibt es keine Abstimmung zwischen Unternehmen, sondern harten Konkurrenzkampf und große Verluste durch Fehlinvestitionen und Überproduktion. Die Ex-ante-Koordination ist zwar ein Versuch, im Rahmen und zugunsten des Kapitalismus bestimmte Mängel im ökonomischen Lenkungssystem zu überwinden, aber das gelingt nur in beschränktem Umfang und ermöglicht insgesamt keine proportionale und stetige ökonomische Entwicklung. Die Konkurrenz zwischen den Unternehmen gestattet z. B. keinen normalen Informationsaustausch. Jeder Unternehmer will zwar selbst so viel wie möglich über die Absichten der Konkurrenten erfahren, ist aber seinerseits bemüht, die eigenen Pläne soweit wie möglich geheimzuhalten und den am Koordinationsgespräch teilnehmenden "Partner" zu hintergehen. Andererseits verhindern auch noch so detaillierte Voraussagen keineswegs Fehlinvestitionen. Trotz einer zunehmenden Verfeinerung der Prognosen bleibt ein Rest an Ungewißheit bestehen, dessen mögliche Konsequenzen ex post bewältigt werden müssen. Die Ursachen dafür liegen teilweise in den Beschränkungen, die sich im Kapitalismus aus dem Verhältnis von Teil- und Gesamtsystem ergeben.

In der sozialistischen Wirtschaft besteht eine enge und unmittelbare Wechselwirkung der zentralen staatlichen Planung einerseits und der eigenverantwortlichen Planung der Betriebe andererseits, deren Grundlage und bestimmenden Faktor die sozialistischen Eigentumsbeziehungen bilden. Eine derartige Wechselwirkung gibt es in der modernen kapitalistischen Wirtschaft trotz einer teilweise weitgehenden Unternehmens- und gesamtwirtschaftlichen Planung nicht. Die Unternehmen sind auf Grund der kapitalistischen Eigentumsstruktur planungsmäßig als Teilsystem viel oberflächlicher in das Gesamtsystem integriert und müssen deshalb in ihren Planungen weit größere Unsicherheitselemente aufweisen als sozialistische Betriebe. Innerhalb des Betriebes, zwischen Betrieben und zwischen Betrieben und Staat besteht unter sozialistischen Bedingungen kein antagonistischer Gegensatz, sondern, trotz möglicher oder tatsächlicher Interessenkonflikte, ein sich aus dem gesellschaftlichen Eigentum ergebendes einheitliches Interesse.[16]

Die westdeutsche Regierung hat mehrfach erklärt, daß sie ihre wirtschafts- und wachstumspolitischen Absichten nur dann realisieren kann, wenn es ihr gelingt, alle Klassen und Gruppen zu einem zielkonformen Verhalten zu veranlassen, wobei das Ziel in einer günstigen Verwertung des Kapitals und in der Sicherung des Systems besteht. Sie versucht deshalb, im Rahmen der sogenannten konzertierten Aktion die Gewerkschaften zu bewegen, ihre Lohnforderungen in den vom Staat und von den Monopolverbänden für notwendig erachteten Grenzen zu halten und gegebenenfalls mit einem Lohnstop einverstanden zu sein. Die "konzentrierte Aktion" ist somit zum großen Teil eine Neuauflage der Erhardschen Maßhaltepolitik, allerdings praktisch anwendbar gemacht durch quantitative Angaben darüber, was unter Maßhalten zu verstehen ist. Sie läßt gleichzeitig erkennen, daß nach Ansicht ihrer Befürworter nur durch ein koordiniertes Vorgehen von Staat, Unternehmen und Gewerkschaften die Ziele der "Globalsteuerung" erreichbar sind.

Die "konzertierte Aktion" ist ihrem Wesen nach eine Ex-ante-Koordination auf höchster Ebene, durch die vor allem das staatsmonopolistische Lenkungssystem verstärkt und spontane Reaktionen oder Aktionen bestimmter Gruppen oder Klassen verhindert werden sollen. Sie dokumentiert insofern die neue Stufe der staatsmonopolistischen Regulierung, als sie erkennen läßt, daß die wirtschaftspolitischen Ziele - wenn überhaupt - nicht allein durch wirtschaftspolitische Maßnahmen verwirklicht werden können, sondern nur im Zusammenwirken von Staat, Gewerkschaften und Unternehmerverbänden. Sie spiegelt die Tatsache wider, daß der Staat allein durch die Beeinflussung der makroökonomischen Größen nicht die gegensätzlichen Klassen- und Gruppeninteressen zu überwinden und die verschiedenen Seiten zu einem zielkonformen Verhalten zu veranlassen vermag. Die bürgerlichen

Ideologen betonen den freiwilligen Charakter der "konzertierten Aktion", tatsächlich gilt aber diese Freiheit nur für die Großunternehmen.

Die "konzertierte Aktion" gehört somit zu den Elementen, mit denen der Staat einerseits die Verwertungsmöglichkeiten des Kapitals verbessern, andererseits - und das ist ein neuer Aspekt - den staatsmonopolistischen Lenkungsmechanismus stabilisieren will. Die bisherigen Erfahrungen, die in Frankreich und Schweden mit diesem Instrument gemacht wurden, zeigen jedoch, daß ein Zusammenwirken von Staat, Gewerkschaften und Unternehmerverbänden bestenfalls zeitweilig, aber nicht auf die Dauer möglich ist. Die westdeutschen Gewerkschaften haben zwar die Wachstumsprojektionen von Schiller anerkannt, sich aber zu keiner Lohnpause verpflichtet, und einige ihrer maßgeblichen Vertreter haben erklärt, daß es keine Interessenharmonie zwischen Monopolkapital und Arbeiterklasse gibt.

Charakteristisch für die "konzertierte Aktion" ist, daß sie für die Zunahme der Bruttolöhne und -gehälter Orientierungsdaten enthält, um angeblich die entscheidende Ursache für die Preissteigerungen zu beseitigen, wogegen für die Profite keine Begrenzungen angegeber werden, obwohl die Preis- und Profitpolitik der Konzerne neben der staatlichen Wirtschafts- und Finanzpolitik die entscheidende Ursache für die ständigen Preiserhöhungen ist.[17] In den letzten Jahren betrug die jährliche Zuwachsrate der Profite durchschnittlich 12 Prozent, und trotz aller Krisenerscheinungen zahlen die Großunternehmen auch heute hohe Dividende. In der heutigen Situation geht es also nicht darum, die Profitentwicklung durch Sonderabschreibungen und Investitionsprogramme zu begünstigen, sondern für die Profite Orientierungsdaten festzulegen und diese zu beschränken. Profitleitlinien aber werden von der westdeutschen Regierung und den Unternehmerverbänden abgelehnt, da sie die "unternehmerische Entscheidungsfreiheit" beschränken.

In der gegenwärtigen Phase des antimonopolistischen Kampfes geht es darum, den westdeutschen Arbeitern das Wesen der konzertierten Aktion zu erklären und dieses Instrument für die Durchsetzung der Gewerkschaftsziele einzusetzen. Einige Gewerkschaftstheoretiker fordern daher mit Recht, die konzertierte Aktion dazu auszunutzen, die wirtschaftlichen Verhältnisse besser zu durchleuchten, alle Probleme der Wirtschafts- und Sozialpolitik zu diskutieren und die Realisierung der Ziele des Monopolkapitals wirkungsvoller als bisher zu verhindern.

VI. Zusammenfassung

Wir können also abschließend zu diesem Problemkreis feststellen, daß die Effektivität der staatsmonopolistischen Maßnahmen unterschiedlich ist und daß sie vielfach auf Grund objektiver Ursachen nicht den von den staatlichen Organen gewünschten Erfolg aufweisen. Das Rationalitätsprinzip oder Gesetz der Ökonomie der Zeit realisiert sich im staatsmonopolistischen Kapitalismus anders als in der Periode des Kapitalismus der freien Konkurrenz oder im Sozialismus. Es setzt sich unter staatsmonopolistischen Bedingungen nicht einfach über die Konkurrenz durch. Mit Hilfe der staatsmonopolistischen Planung wird in gewissem Umfang eine Vergeudung von Produktivkräften vermieden und tendenziell der Unterschied zwischen tatsächlicher und optimaler Organisation der gesellschaftlichen Arbeit verringert, ohne dabei die für den Sozialismus charakteristische höhere Form der Organisation der gesellschaftlichen Arbeit zu erreichen.

Erst die sozialistischen Produktionsverhältnisse schaffen die Grundlage für eine umfassendere Realisierung des Rationalitätsprinzips. In der sozialistischen Warenproduktion wird das Wertgesetz planmäßig und bewußt angewendet und die Arbeit bei Beachtung kurz- und langfristiger, regionaler und gesamtwirtschaftlicher Bedürfnisse verteilt. Auch im modernen Kapitalismus - und darin zeigt sich der Übergangscharakter dieses Systems - wird das versucht. Die Ergebnisse dieser Bemühungen sind jedoch infolge des antagonistischen Charakters dieser Produktionsweise begrenzt, obwohl sie - im Rahmen des Systems - gewisse Entfaltungsmöglichkeiten für die Produktivkräfte schaffen und das System partiell anpassungsfähiger gestalten.

Um den Interessen der Arbeiterklasse im Rahmen des staatsmonopolistischen Kapitalismus einen größeren Geltungsbereich zu verschaffen, muß die Mitbestimmung der Werktätigen in allen Bereichen des gesellschaftlichen Lebens erweitert und auf die unternehmens- und vor allem wirtschaftspolitischen Entscheidungen des Staates durch die demokratischen Organisationen mehr Einfluß gewonnen werden.

Obwohl in den kapitalistischen Ländern die Werktätigen den materiellen Reichtum schaffen, sind sie als stärkste Klasse im entscheidenden Bereich gesellschaftlicher Tätigkeit von einer echten Mitbestimmung und Mitverantwortung ausgeschlossen, und die Unternehmer tun alles, diesen Zustand aufrechtzuerhalten.

Die Arbeiterklasse kann es jedoch nicht hinnehmen, daß wenige Großaktionäre über ihr Schicksal innerhalb und außerhalb des Betriebes entscheiden und eine faktisch unkontrollierte Machtstellung einnehmen. Ihre Vertreter fordern deshalb eine Ausweitung des Mitbestimmungsrechtes, um die Entscheidungsbefugnisse der Konzernherren einzuschränken und die Werktätigen an der wirtschaftspolitischen Willensbildung zu beteiligen. Nur auf diesem Wege kann dem Verlangen der Werktätigen nach sozialer Sicherheit, Wohlstand und Gerechtigkeit entsprochen, eine Demokratisierung der Planung durchgesetzt und der Zielkonflikt abgeschwächt werden. Ob Wirtschaftswachstum auch mit sozialer Sicherheit und Preisstabilität verbunden ist, hängt davon ab, wer die Wirtschaft leitet. Gerade unter den gegenwärtigen Bedingungen ist in der Bundesrepublik die Ausweitung der Mitbestimmung besonders wichtig, um den sozialreaktionären Kurs wirksamer bekämpfen zu können. Sie wäre die entscheidende Voraussetzung dafür, daß notwendige strukturelle Veränderungen nicht auf Kosten der arbeitenden Menschen durchgeführt werden, die großen Vermögensunterschiede in gewissem Umfang eingeschränkt, die Verstaatlichung gefördert, strukturelle Arbeitslosigkeit und plötzliche Entwertung der beruflichen Kenntnisse vermieden werden. Dieser vor allem in den Betrieben geführte Kampf muß gekoppelt sein mit dem Kampf um die Ausweitung der demokratischen Rechte auf zweig- und gesamtwirtschaftlicher Ebene.

FUSSNOTEN

1 K. Marx/F. Engels, Werke, Bd. 25, Berlin 1964, S. 887

2 K. Marx/F. Engels, Werke, Bd. 20, Berlin 1962, S. 617

3 Diese Probleme werden in einigen grundlegenden Arbeiten über den staatsmonopolistischen Kapitalismus behandelt. Vgl. u. a. R. Gündel /H. Heininger /P. Heß / K. Zieschang, Zur Theorie des staatsmonopolistischen Kapitalismus, Berlin 1967

4 Vgl. W. Abendroth, Planung und klassenlose Gesellschaft - Planung in Richtung auf klassenlose Gesellschaft? in: Der Griff nach der Zukunft, München - Wien - Basel, 1964, S. 249

5 K. Marx/F. Engels, Werke, Bd. 20, a.a.O., S. 261

6 Diese Einflüsse können in diesem Zusammenhang ebensowenig näher analysiert werden wie die verschiedenen endogenen, die gesamtwirtschaftliche Planung verursachenden Faktoren. Es soll lediglich an Hand eines Zitates gezeigt werden, daß selbst bürgerliche Ökonomen den Einfluß der sozialistischen Planung auf die Gestaltung des Lenkungssystems der kapitalistischen Wirtschaft konstatieren. E. Boettcher erklärte im September 1966 auf der Tagung des "Vereins für Socialpolitik", daß in den sozialistischen Ländern Wachstumsrate, Höhe der Investitionen und Verteilung der Ressourcen auf die einzelnen Sektoren zentral und über eine längere Planperiode hinweg projektiert werden. "Diese Planungen erfolgen zentral und können der besseren Übersicht der leitenden Organe wohl auch besser zentral erfolgen. Dieses Recht der Zentrale ist unbestritten. Wie man ja auch im Westen zunehmend der Meinung zuneigt, daß bestimmte Pläne besser zentral zu entwickeln sind. Einfach nur deshalb, weil bestimmte Informationen an zentraler Stelle diese instand setzen, über einige wichtige globale Größen im Interesse z. B. eines gesamtwirtschaftlichen gleichgewichtigen Wachstums besser zu entscheiden, als es durch das Zusammenspiel kleinerer Wirtschaftseinheiten

möglich ist. Auch in einigen westlichen Ländern zieht man ja hieraus bereits angenäherte Konsequenzen, um mich vorsichtig auszudrücken." (Noch nicht veröffentlichtes Manuskript, Hervorhebung - A.B.)

7 Koordination bedeutet sachliche, zeitliche und räumliche Abstimmung von Entscheidungen. Sie ist sowohl im Verhältnis zwischen mehreren autonomen Organisationen erforderlich als auch für die einzelne Organisation selbst, und zwar immer dann, wenn die Aktions- und Wirkungsfelder der einzelnen Institutionen sich überschneiden.

8 Vgl. "Der Volkswirt", Nr. 51/52, 1966, S. 25

9 Ähnlich schwierig gestaltet sich die Koordination der finanzpolitischen Maßnahmen des Bundes, der Länder und Gemeinden. Die Kommunen wehren sich gegen den Versuch der Regierung, ihre Rechte zu beschneiden und sie noch stärker als bisher zur Finanzierung der Rüstung heranzuziehen. Es geht also keinesfalls allein um eine Abstimmung der bisher oft isoliert voneinander realisierten Maßnahmen und um einen Gleichschritt in der Wirtschaftspolitik zur Erreichung einer größeren Effektivität, sondern um Interessengegensätze

10 Vgl. Bulletin des Presse- und Informationsamtes der Bundesregierung, 8. 7. 1967, S. 625 ff.

11 Sondergutachten zur Konjunkturlage im Frühjahr 1967, Stuttgart - Mainz 1967, S. 5

12 "Der Volkswirt", Nr. 28, 14. 7. 1967, S. 1417

13 Vor allem in sozialdemokratischen Publikationsorganen wird immer wieder das Problem so dargestellt, als habe die westdeutsche Regierung alle notwendigen Maßnahmen ergriffen, die Lage zu meistern. Es liege deshalb dann in der Hand der Unternehmer, ob ein Aufschwung herbeigeführt werden könne oder nicht

14 "Vorwärts" vom 5. 1. 1967, S. 6

15 Auch auf regionaler Ebene kann eine Ex-ante-Koordinierung der privatkapitalistischen Unternehmensplanung notwendig sein. Wenn z. B. eine bestehende regionale Wirtschaftsstruktur einen grundlegenden Wandel erfahren soll, damit eine höhere Produktivität der Produktionselemente erreicht wird, dann muß die neu zu schaffende Struktur derart sein, daß sie für die Gesamtheit der privaten und öffentlichen Investitionen ein Maximum an internen und externen Produktivitätsgewinnen ermöglicht und zugleich die im interregionalen Vergleich günstigste ist. Diese Struktur kann sich im Verlauf eines langdauernden Anpassungsprozesses von selbst herausbilden. Der Marktmechanismus löst jedoch die Aufgabe eines großen Strukturwandels nur unzureichend

16 Zum Problem der Interessen vgl. den Beitrag von A. Tomm in diesem Band

17 Der "Sachverständigenrat" mußte in seinem letzten Jahresgutachten (Absatz 213) zugeben, daß selbst bei Absatzschwierigkeiten die Preise nicht sinken, sondern steigen,und erklärt das aus dem Mangel an Preiskonkurrenz. "Bei sinkender Kapazitätsauslastung ist die erste Reaktion vieler Unternehmen offensichtlich der Versuch, den damit verbundenen Anstieg der Stückkosten über höhere Preise auszugleichen."
Das ist ein Hinweis darauf, daß die Monopole die Preise autonom festlegen,und zeigt, wie notwendig eine Offenlegung der Bilanzen zur Stabilisierung der Preise ist

PAUL DANEK

Die Grenzen staatsmonopolistischer Konjunkturpolitik bei der Lösung struktureller Probleme

Aktueller Anlaß zur Behandlung dieser Frage ist der gegenwärtig erreichte Höhepunkt der konjunkturpolitischen Praxis in Westdeutschland. Welche Chancen sind ihr einzuräumen, bzw. in welchem Verhältnis steht sie zu den tatsächlichen Anforderungen des volkswirtschaftlichen Reproduktionsprozesses? Hierzu möchte ich, ausgehend von der Konzeption der gesamten Anlage der Konjunkturpolitik, einige Bemerkungen machen.

Bekanntlich bestehen zwischen dem Auf- und Abschwung eines Wachstumszyklus ursächliche Zusammenhänge. So sind Wachstumsverluste und die Vernichtung von Produktivkräften zwar unmittelbarer Ausdruck und Erscheinungsform einer Krise oder eines Abschwungs, sie haben aber ihren Ursprung in der disproportionalen Entwicklung des Aufschwungs.

Zumindest seit dem zweiten Weltkrieg verzeichnen wir eine Modifizierung des "klassischen" Krisenzyklus, wobei die Periodizität des Wirtschaftswachstums aber weiterhin zu beobachten ist. Es scheint erwiesen zu sein, daß trotz aller erkennbaren Modifizierungen die konjunkturelle Schwankung (hierbei geht es nicht nur schlechthin um Unstetigkeiten des Wachstums, sondern um zeitlich recht genau fixierbare Erscheinungen) die spezifische Form der kapitalistischen Wirtschaftsentwicklung bis in die Gegenwart geblieben ist und bleiben muß! Mit anderen Worten: Das Wachstum im Kapitalismus kann sich nur in der Form der zyklischen konjunkturellen Bewegung durchsetzen. Wachstum und Zyklus sind im Kapitalismus untrennbar verbunden, zwischen ihnen besteht ein Kausalzusammenhang.

Die Modifizierung der klassischen Gestalt des Krisenzyklus bezieht sich weniger auf die zyklischen Schwankungen des Wirtschaftswachstums als vielmehr auf die Form, in der die eigentliche Krisenfunktion in Erscheinung tritt. Wenn sich in Westdeutschland bis in die erste Hälfte des Jahres 1966 die globalen Indikatoren der wirtschaftlichen Entwicklung auch vornehmlich in positiven Werten bewegten, so war doch gut erkennbar, daß die periodischen und nach Wirtschaftszweigen bzw. -bereichen stark differenzierten Kontraktionen die Funktion struktureller Bereinigungen auszuüben hatten. In dieser Funktion verdeutlicht sich überhaupt ein Wesensbestandteil der konjunkturellen Schwankung, gleichgültig, ob sich der Abschwung zu einer Krise ausweitet oder nicht.

Seit geraumer Zeit reicht der Kontraktionsprozeß der westdeutschen Wirtschaft - unmittelbar in die bisherige zyklische Bewegung sich einfügend - in die Minuswerte hinein. Alle Merkmale einer typischen kapitalistischen Überproduktionskrise sind gegeben, es treten jedoch zusätzliche Widersprüche auf, die aus den gleichzeitig vor sich gehenden Veränderungen der volkswirtschaftlichen Struktur und im politischen Bereich resultieren. Hier liegt der Anlaß einer erhöhten konjunkturpolitischen Aktivität. Aber welche Konzeption liegt ihr zugrunde?

Die Konjunkturpolitik verfolgt ausschließlich das Ziel, durch globale Steuerung makroökonomischer Größen die Konjunkturschwankungen wenn schon nicht auszuschalten, so doch zu glätten, um einen stetigeren Wirtschaftsablauf, eine Annäherung der Schwankungen an den säkularen Wachstumstrend zu erreichen.

In diesem Zusammenhang tauchen verschiedene Fragen auf:
Was wurde bisher durch die Konjunkturpolitik erreicht? Ist die genannte Zielstellung der Konjunkturpolitik überhaupt rationell? Welchen Einfluß haben konjunkturpolitische Eingriffe auf die kapitalistischen Widersprüche, das wirtschaftliche Wachstum, die sozialen Gegensätze u.a.m.?

Was die erste Frage angeht, kann man feststellen, daß die Konjunkturpolitik bisher noch keinen Beweis ihrer effektiven Wirksamkeit erbracht hat. Das bestätigen auch kritische Analysen namhafter bürgerlicher Wirtschaftswissenschaftler. Die bürgerlichen Ökonomen sind in diesen Fragen trotz allem optimistisch und glauben, daß noch nicht intensiv genug, nicht entsprechend koordiniert und auch nicht immer zum richtigen Zeitpunkt konjunkturpolitisch eingegriffen wurde.

An dieser Stelle muß jedoch auch darauf hingewiesen werden, daß mit der Feststellung über die bisherige Wirksamkeit einer antizyklischen Konjunkturpolitik in keiner Weise das enorme Ausmaß und die wirtschaftlichen Wirkungen der staatsmonopolistischen Regulierung in Westdeutschland seit der Währungsreform bagatellisiert werden sollen. Solche akkumulationsfördernden Maßnahmen wie das D-Mark-Bilanzgesetz, die Steuerneuordnungsgesetze, das Investitionshilfegesetz, die steuerliche Anerkennung der degressiven Abschreibung, mehrmalige Steuerreformen und vieles mehr, was hier nicht alles aufgezählt werden kann, waren von außerordentlicher Bedeutung für die Restauration und die zunehmende Stärkung der ökonomischen und politischen Positionen des westdeutschen Monopolkapitals und nicht minder wirksam für eine zeitweilige Erreichung hoher Wachstumsraten. Es ist aber hier wichtig hervorzuheben, daß diese staatsmonopolistische Regulierung und eine antizyklische Konjunkturpolitik nicht gleichzusetzen sind. Die praktizierte staatsmonopolistische Regulierung war ihrem Wesen nach eine auf der ökonomischen und politischen Macht des Monopolkapitals basierende Umverteilung des Nationaleinkommens und in ihrer konkreten Gestaltung abhängig von der Stärke der jeweiligen Interessengruppen, abhängig also von Machtpositionen und nicht von konjunkturpolitischen Konzeptionen. Sie erfolgte mit dem Ziel der permanenten und im Prinzip globalen Förderung der Kapitalakkumulation - global vom Standpunkt der Volkswirtschaftsstruktur und differenziert vom Standpunkt der Kapitalgrößenklassen. Sie entsprang dem allgemeinen Widerspruch zwischen der begrenzten Akkumulationskraft des Kapitals und den wachsenden Kapitalanforderungen des technischen Fortschritts. Sie war vor allem politisch motiviert und ergab sich notwendig aus der nachkriegsbedingten Stellung des deutschen Monopolkapitals im imperialistischen Weltsystem und aus seinen spezifischen Aufgaben in der Auseinandersetzung mit dem Sozialismus. Ihr charakteristisches Merkmal bestand darin, daß sie auf den unmittelbaren Effekt der Kapitalverwertung, den Profit orientiert war. Auch in Zeiten der konjunkturellen Überhitzung blieb dieses System der Umverteilung des Nationaleinkommens im Prinzip erhalten und ließ somit keine konjunkturpolitische Konzeption erkennen.

Natürlich kann der bisher praktizierten staatsmonopolistischen Regulierung eine objektive konjunkturfördernde Wirkung nicht abgesprochen werden, zumal sie über die Förderung der Kapitalexpansion und damit auch der technischen Revolution global wachstumsorientiert war und so zu einem Faktor des länger dauernden Wirtschaftswachstums wurde. Sie konnte aber weder die zyklischen Schwankungen des Wachstums noch die gegenwärtige Krise verhindern. Mehr noch: Sie verursachte durch eine Verfälschung des Leistungsbildes seit 1950 Fehlinvestitionen in Höhe von rd. 40 Mrd. DM und führte zusammen mit der Rüstungsfinanzierung zu einem Aderlaß der Staatsfinanzen, der die Versuche eines antizyklischen Verhaltens der öffentlichen Hand außerordentlich erschwert. Die erwähnte staatsmonopolistische Regulierung hat offensichtlich zur gegenwärtigen wirtschaftlichen Situation mit ihren umfangreichen sozialen Auswirkungen beigetragen - sie hat letztlich die konjunkturellen Schwankungen verschärft.

Mit dem Stabilitätsgesetz soll das Instrumentarium einer antizyklischen Konjunkturpolitik komplettiert werden, ohne jedoch das System der auf der Macht der Monopole und des Staates beruhenden Umverteilung des Nationaleinkommens zu beeinträchtigen. Es wäre weit gefehlt, in diesem Gesetz etwa ausschließlich oder vorrangig konjunkturpolitische Zielstellungen zu vermuten. Es dient vielmehr dem Prozeß der sogenannten inneren Staatsreform zur Stärkung der staatlichen Zentralgewalt, um die Realisierung der politischen Prioritäten zu garantieren. In diesem Rahmen ist es natürlich auch für eine zentrale Konzipierung und Durchführung der Wirtschaftspolitik bedeutsam.

Die Ergebnisse der auf dieser Grundlage bereits eingesetzten konjunkturpolitischen Instrumente entsprechen bisher jedoch keineswegs den Erwartungen und können es auch nicht. Woran scheitern eigentlich die konjunkturpolitischen Eingriffe, und warum ist ihre Zielstellung nicht realisierbar?

Die konjunkturpolitischen Bemühungen gehen offenbar am Kern der Problematik vorbei. Diese Feststellung gilt nicht nur für die gegenwärtigen Bemühungen im Rahmen des Stabilitätsgesetzes, sondern für die konjunkturpolitische Konzeption überhaupt. Die Konjunkturpolitik versucht, durch eine "Glättung" der Schwankungen mit Hilfe der "globalen Steuerung" am Symptom zu kurieren. Das wird um so deutlicher, wenn wir uns die Rolle der konjunkturellen Schwankung im kapitalistischen Wachstumsprozeß vor Augen halten. Diese konjunkturellen Schwankungen sind keineswegs nur eine negative Begleiterscheinung des Wachstums im Kapitalismus, sie üben vielmehr eine objektiv notwendige Funktion aus. Während der konjunkturelle Aufschwung die Wachstumskräfte in der kapitalistischen Wirtschaft auf spezifische Art freilegt, obliegt der differenzierten Kontraktion, die als Wachstumsrückgang oder Krise in Erscheinung treten kann, die notwendige strukturelle Bereinigung als Grundlage eines erneuten Aufschwungs. Die Konjunkturpolitik richtet sich faktisch gegen Grundbedingungen der kapitalistischen Wirtschaftsentwicklung! Will jedoch eine Wirtschaftspolitik die konjunkturellen Schwankungen mit ihren negativen Folgeerscheinungen überwinden, müßte sie die objektiv notwendige Funktion des Auf- und Abschwungs in ihrer Einheit übernehmen: die strukturgerechte und proportionierte Freilegung der Wachstumsbedingungen.

Diese konjunkturpolitische "Globalsteuerung" ist jedoch keineswegs ein Ersatz für diese Funktion. Sie kann z. B. die Krise bei der Ausübung ihrer Funktion behindern, die Strukturbereinigung verzögern oder die bestehenden Disproportionen zeitweilig verdecken. Der Zeitpunkt eines erneuten Aufschwungs kann dadurch hinausgeschoben werden, was gegenwärtig durchaus in Westdeutschland der Fall sein könnte.

Die Reaktionen auf die Ergebnislosigkeit der konjunkturpolitischen Bemühungen von Schiller und Strauß sind verschieden. Es mangelt nicht an Empfehlungen, schneller, konsequenter und umfangreicher wirksam zu werden. Es gibt aber auch bemerkenswerte andere Stimmen. Der bayrische Finanzminister Pöhner stellte z. B. fest:

"Die gegenwärtigen Stagnationserscheinungen haben von allen Wirtschaftszweigen die schützende Decke teilweise inflationären Wachstums weggezogen. Die offengelegten Strukturschwächen dürfen nicht der Anlaß dazu sein, möglichst rasch wieder eine entsprechende Decke inflationären Wachstums und kostspieligen Subventionsgewebes darüberzubreiten. Mit einer Subventionslast von insgesamt 36,2 Mrd. DM im Jahre 1966 haben wir in der Bundesrepublik offensichtlich das Maß des Vertretbaren weit überschritten."[1]

Diese Feststellung beinhaltet eine deutliche Kritik an der konjunkturpolitischen "Globalsteuerung", die der differenzierten Realität der Volkswirtschaft nicht gerecht werden kann. Im Gegensatz zu dieser indirekten Aufforderung, die strukturellen Probleme in Angriff zu nehmen, drückt sich Prof. Müller-Armack in der gleichen Richtung wesentlich deutlicher aus, wenn er schreibt:

"Die Bereinigung der strukturellen Probleme ist erforderlich, um die konjunkturpolitischen Maßnahmen wirksam werden zu lassen. Sie erfordern realistische, auf einzelne Bereiche gezielte wirtschaftspolitische Maßnahmen. Das Denken in Globalgrößen hat die Bereitschaft, Wirtschaftspolitik von den konkreten Einzelbereichen her zu führen, beinahe erstickt."[2]

Auf die Frage nach der Rationalität und dem konstruktiven Charakter der Konjunkturpolitik gibt es offensichtlich nur eine Antwort: Die konjunkturpolitische Konzeption war nie rationell und zu keiner Zeit konstruktiv. Sie kann die objektiven Tendenzen der wirtschaftlichen Entwicklung zwar fördern oder hemmen, aber niemals wirksam gestalten. Aber gerade diese Gestaltung der Wirtschaft wird mit dem Fortschreiten der technischen Revolution immer dringlicher.

Allerdings muß anerkannt werden, daß die so negativ charakterisierte Konjunkturpolitik nicht völlig ohne wirtschaftspolitische Effekte bleibt. Mit Hilfe des konjunkturpolitischen Instrumentariums besteht durchaus die Möglichkeit, ausreifende Widersprüche z. B. konjunktureller Natur aus dem Bereich der materiellen Produktion in andere Phasen des Reproduktionsprozesses zu verlagern. Mit dem Ziel ihrer dosierten Verlagerung können sie auch zwischenzeitlich in konjunkturellen Instrumenten - u. a. im Staatshaushalt - konserviert werden. Es besteht also die Möglichkeit, den Widersprüchen andere Bewegungsformen zu geben und deren negativen Einfluß auf die Kapitalverwertung vorerst fernzuhalten oder zumindest zu verringern. Die Widersprüche selbst werden aber weder aufgehoben, noch wird ihre Quelle beseitigt - sie werden ständig neu erzeugt und bedürfen daher einer ständigen Kompensation bzw. Verlagerung. Konkrete Analysen dieser Verlagerungsprozesse führen zu dem Ergebnis, daß diese systemimmanenten Widersprüche - gleichgültig, welchen Weg sie nehmen - letztlich immer im Bereich der individuellen Konsumtion landen. Der Konjunkturpolitik obliegt hierbei die Aufgabe, diesen Weg zu steuern und zu kontrollieren, aber auf jeden Fall an der Kapitalverwertung vorbeizuführen. Im Bereich der individuellen Konsumtion erfolgt natürlich keine endgültige Liquidation dieser Widersprüche, womit sie aus der Welt geschafft und gewissermaßen "gelöst" wären. Sie erscheinen letztlich und zwangsläufig umgewandelt als politische Widersprüche, als Verstärkung der ökonomischen und politischen Klassenkämpfe der Werktätigen und nehmen dort einen neuen Ausgang.

Hierin besteht das Wesen der Konjunkturpolitik, ihre Brauchbarkeit für die herrschenden Monopolgruppen, d. h. ihr Klassencharakter, aber gleichzeitig auch ihre Auswegslosigkeit bezüglich der Existenz und Bewegung der systemimmanten Widersprüche. Sie ist zur bisherigen, nicht konjunkturorientierten Regulierung höchstens eine staatsmonopolistische Alternative ohne progressive Charakterzüge. Nur eine dem Stand der Produktivkräfte entsprechende konstruktive Strukturpolitik, die zumindest neben der vornehmlich staatlich finanzierten Infrastruktur auch die Sozialstruktur und den großen Komplex der Volkswirtschaftsstruktur regional und sektoral zum Gegenstand haben müßte, wäre eine echte progressive Alternative, die jedoch von den herrschenden Monopolgruppen als systemfremd und unmittelbare Beeinträchtigung der Profitinteressen abgelehnt wird.

Eine umfassende Strukturpolitik und die Prinzipien der Profitproduktion sind offensichtlich unvereinbare Gegensätze. Daß jedoch eine solche Strukturpolitik zu einem objektiven Erfordernis wird, zeigt der Umstand, daß in Westdeutschland gegenwärtig auf einem Höhepunkt der konjunkturpolitischen Praxis die Strukturdiskussion zunehmend in den Vordergrund tritt. Sie beschränkt sich allerdings noch vornehmlich auf die regionalen Strukturprobleme. Darüber hinaus wird aber bereits nach Möglichkeiten gesucht, mit sogenannten systemgerechten Mitteln auch die sektorale Wirtschaftsstruktur zu beeinflussen. So forderte z. B. Generaldirektor Söhngen der Rheinstahl AG. eine verstärkte staatliche Förderung der Konzentration und Erleichterung der Kartellbildung, um im Schutze der verstärkten Monopolstellung eine allmähliche Bereinigung der Produktionsprogramme vornehmen zu können.

Ein solcher auf Struktureffekte abzielender verstärkter staatlicher Protektionismus dürfte nicht nur die notwendigen Strukturbereinigungen verzögern, er stößt auch unmittelbar auf den Widerstand jener Monopolgruppen, zu deren Gunsten sich die objektiven Strukturwandlungen vollziehen und die keine Bereitschaft zeigen, wachsende Subventionslasten für schrumpfende Bereiche in Kauf zu nehmen. Unter den gegebenen Machtverhältnissen gibt es offensichtlich keine Möglichkeiten einer gestaltenden Strukturpolitik. Diese bedarf eines anderen politischen Trägers.

Eine Strukturpolitik beinhaltet keineswegs nur ökonomische Sachfragen. Strukturpolitische Entscheidungen berühren hochgradig politische Fragen, berühren unmittelbar den Ausbau oder die Einschränkung der Macht der in den verschiedenen volkswirtschaftlichen Bereichen herrschenden Monopolgruppen, berühren damit die Existenz von Monopolen überhaupt.

Die Forderung nach einer aktiven Strukturpolitik wird damit zu einem Bestandteil einer antimonopolistisch-demokratischen Alternative auf dem Gebiet der Ökonomie. Sie wird zum Bestandteil des politischen Kampfes aller demokratischen Kräfte um soziale Sicherheit und neue Machtverhältnisse.

FUSSNOTEN

1 Industriekurier, v. 27. Juni 1967, Sonderausgabe, S. 1

2 Ebenda

HANNELORE RIEDEL

Zur staatsmonopolistischen Regulierung. Ökonomische und politische Aspekte im Kompetenzstreit zwischen staatlicher Zentralgewalt und untergeordneten Gebietskörperschaften

Eines der Probleme bei der Steuerung und Regulierung ökonomischer Prozesse, das es sowohl im Kapitalismus als auch im Sozialismus zu lösen gilt, ist die Abgrenzung der Aufgaben der staatlichen Zentrale von denen der nachgeordneten Gebietskörperschaften. Die wissenschaftlich-technische Revolution, die mit ihr verbundenen Veränderungen in der Volkswirtschaftsstruktur und die Wirkungen der Integration verschiedener Wirtschaftsbereiche im nationalen und internationalen Maßstab erfordern eine neue Qualität der staatlichen Regulierung und eine dementsprechende Funktionsbestimmung der staatlichen Organe auf ihren verschiedenen Ebenen. Technisch-ökonomische Erfordernisse erzwingen in den Industriestaaten der kapitalistischen Welt Veränderungen, die in den sozialistischen Ländern bereits vonstatten gingen oder sich noch vollziehen. Es wird immer offensichtlicher, daß die tiefgreifenden strukturellen Umwälzungen in den imperialistischen Ländern eine langfristige Steuerung verlangen.

Die sozialistischen Länder entwickelten Systeme der Planung und Leitung, die den Anforderungen der wissenschaftlich-technischen Revolution entsprechen. Dabei mußte berücksichtigt werden, daß einerseits das sozialistische Eigentum und die weitreichende Verflechtung der ökonomischen Prozesse in ihrer Bedeutung für die gesamte Volkswirtschaft eine zentrale Planung verlangen und andererseits die rationelle Entwicklung der Produktion unter Berücksichtigung der in den territorialen Einheiten vorhandenen Ressourchen vonstatten gehen muß. Der Aufbau der Leitungs- und Planungspyramide ist derart gestaltet, daß die ökonomischen Prozesse von dort gelenkt werden, wo die Nutzung der ökonomischen Potenzen bei Anwendung eines Systems ökonomischer Hebel durch die aktive Mitwirkung der Bevölkerung den größten Zuwachs zum Nationaleinkommen bringt. Es soll hier nicht näher auf die Verbindungslinien zwischen der Anwendung des Produktions- und Territorialprinzips eingegangen werden, denn die Skizzierung einiger technisch-ökonomischer Aspekte in der wissenschaftlich-technischen Revolution und im Prozeß der Internationalisierung des Wirtschaftslebens ist in diesem Beitrag nur der Ansatzpunkt zum Erkennen der Probleme, die es in der Funktion des staatsmonopolistischen Herrschaftssystems auf seinen verschiedenen Ebenen gibt.

Grundsätzlich anderer Art als in den sozialistischen Ländern sind die Rolle und die Eingriffe des Staates in den gesellschaftlichen Reproduktionsprozeß der imperialistischen Länder; denn dort erfolgen sie auf der Grundlage des kapitalistischen Eigentums an den Produktionsmitteln und zur Sicherung der Herrschaft des Monopolkapitals. Daher sind Inhalt und Abgrenzung der Funktionen der staatlichen Organe auf den verschiedenen Ebenen nicht vorrangig ökonomisch, sondern politisch bestimmt. Das bedeutet, am konkreten Beispiel der Bundesrepublik erläutert, daß die Entscheidung über die Kompetenzen des Bundes, der Länder und Kommunen bei der versuchten Lenkung bestimmter Bereiche des Reproduktionsprozesses nicht primär aus ökonomischen Erwägungen erfolgt. Die Stärkung der zentralen staatlichen Exekutivgewalt ist darauf gerichtet, das Expansionsstreben der aggressiven Kräfte des Monopolkapitals durchzusetzen. Dementsprechend suchen diese, Veränderungen am Grundgesetz, wie es beispielsweise das Finanzreformprogramm zeigt, vorzunehmen. Da wesentliche ökonomische Prozesse auf Grund ihrer gesamtvolkswirtschaftlichen Bedeutung tatsächlich eine zentrale Steuerung verlangen, wird die politische Zielstellung der Machtkonzentration beim Bund der Öffentlichkeit nicht genügend bewußt. Sie muß aber als ein wichtiger Faktor bei der Formierung der Kräfte im Klassenkampf Berücksichtigung finden. Die Neufestsetzung der Kompetenzen zwischen Bund und Ländern ist daher nicht nur eine Angelegenheit der Organe des Staates, die durch eine Verwaltungsvereinbarung oder die Bestimmung des Anteils bei der Durchführung von Gemeinschaftsaufgaben erledigt wird. Den antimonopolistischen Kräften werden dadurch bisher noch bestehende Möglichkeiten der politischen Willensbildung genommen, weil die staatliche Zentralgewalt gestärkt wird und deren Machtzuwachs die nach außen und innen gerichtete Aggressivität vergrößert.

Der Verschmelzungsprozeß zwischen den Machtorganen der Monopole und denen des Staates hat die größte Intensität auf der Ebene des Bundes erreicht, und daher trachtet die zentrale staatliche Exekutive danach, eine Globalsteuerung unter Ausschaltung wesentlicher Kompetenzen der Länder und Kommunen durchzusetzen. Gleichzeitig intensiviert das Monopolkapital seine Einflußnahme auf die Gebietskörperschaften, um deren Funktionen auf die bestmögliche Verwertung des in diesem Territorium angelegten Kapitals auszurichten.
Die bisher in den Kommunen und in geringerem Maße in den Ländern noch mögliche Wahrnehmung der Belange breiterer antimonopolistischer Bevölkerungskreise wird damit entscheidend eingeschränkt oder gänzlich ausgeschaltet. Eine im Interesse der Mehrheit der Bevölkerung stehende Lenkung ökonomischer Prozesse durch staatliche Institutionen verschiedener Ebenen entsprechend ihrem zweckmäßigsten Wirkungsgrad und vor allem durch demokratische Mitbestimmung der davon hauptsächlich Betroffenen ist in Westdeutschland ausgeschlossen.

Wohin diese Praxis des staatsmonopolistischen Herrschaftssystems führt, beweist die Entwicklung im größten Land der Bundesrepublik, in Nordrhein-Westfalen. Die Zuspitzung der strukturellen Disproportionen in diesem Land und speziell im Ruhrgebiet ist keineswegs allein der wissenschaftlich-technischen Revolution geschuldet. Durch eine Koordinierung der gesamtterritorialen und regional orientierten Wirtschaftspolitik könnte der Verschärfung von Disproportionen in der Entwicklung bestimmter Industriezweige, die sich in Ballungszentren der Grundstoffindustrie konzentriert, entgegengewirkt werden.

Wirtschaftsforschungsinstitute der Bundesrepublik weisen bereits seit mehreren Jahren darauf hin, daß die Strukturveränderungen in Industrie und Bergbau die unterschiedliche Entwicklung in den einzelnen Wirtschaftsregionen noch steigerten. Ihre Vorschläge zur Einschränkung der strukturellen Disproportionen innerhalb der Industrie, zwischen ihr und der Landwirtschaft und im Verhältnis der Regionalbereiche fanden bisher nur dann Berücksichtigung, wenn davon kurzfristig die Sicherung hoher Profite der betroffenen Monopolgruppen abhängig war. In der Regel gelang es diesen jedoch, unter Inanspruchnahme staatlicher Subventionen die Wirkungen der Disproportionen auf die nicht an der Machtausübung beteiligten Bevölkerungsschichten abzuwälzen. An der Fortentwicklung der strukturellen Widersprüche wurde dadurch nichts geändert. Daher trug deren konzentrierter Ausbruch in den Jahren 1966/67 wesentlich dazu bei, daß sich das Tief im Konjunkturzyklus Westdeutschlands erstmals zu einer ausgesprochenen Überproduktionskrise ausweitete. Aber auch nun verhinderte das auf Expansion gerichtete staatsmonopolistische System die wirksame Inangriffnahme von Programmen zur Überwindung dieser Disproportionen. Das seit Mitte der fünfziger Jahre zu verzeichnende schnelle Wachstum des Rüstungshaushaltes und der sonstigen Staatsausgaben für den kalten Krieg wird fortgesetzt.

Obwohl Länder und Kommunen mehr denn je Finanzmittel zur Überbrückung akuter Schwierigkeiten benötigen, die aus strukturellen Disproportionen und der Vernachlässigung von Infrastrukturvorhaben resultieren, verlangt der Bund einen immer größeren Anteil an der insgesamt von den Organen des Staates beanspruchten Finanzmasse. Das beweisen die Festlegungen im "Stabilisierungsgesetz", nach denen Länder und Kommunen zu außerordentlichen Steuerabführungen verpflichtet werden können und darüber hinaus in ihrer Kreditnahme einem System der Reglementierung durch die staatliche Zentrale unterliegen. Den Ländern und Kommunen werden dadurch Wege versperrt, die sie bisher noch zur Lösung spezifischer Aufgaben in ihrem Regionalbereich gehen konnten. Die Unterwerfung der Länder und Kommunen unter die staatliche Zentralgewalt erfolgt selbstverständlich nicht erst neuerdings und geschieht außerdem nicht nur über die Finanzpolitik. Erinnert sei in diesem Zusammenhang an das Bundesraumordnungsgesetz aus dem Jahre 1965 und die damit u. a. beabsichtigte bestimmende Einflußnahme auf die in Planungsgemeinschaften zusammengeschlossenen Kommunen.

In keiner Phase seiner Entwicklung war das staatsmonopolistische Herrschaftssystem in Westdeutschland so auf die Vertiefung seiner Wirksamkeit in den Ländern und Kommunen gerichtet wie gegenwärtig. Am deutlichsten wird das an den Projekten der mittelfristigen Finanzplanung und dem Finanzreformprogramm. Vergeblich sucht man jedoch in diesen Vorhaben nach neuen Elementen, die auf die Überwindung der strukturellen Disproportionen gerichtet sind. Mit der Einschränkung der Rechte von Ländern und Kommunen und der Verfügung der staatlichen Zentralgewalt über Finanzmittel, die bisher diesen zustanden, verfolgt die Bundesregierung nicht die Lösung der Probleme in den Gebietskörperschaften. Ließen die Haushalte der Länder bisher schon eine langfristige Steuerung der Strukturveränderungen durch ihre Einnahme- und Ausgabepolitik vermissen, so kommt auch die Haushaltspolitik des Bundes diesem Erfordernis nicht nach.

Schiller erklärte bei seiner Darstellung des 2. Konjunkturprogramms vor dem Bundestag im September 1967:

"In einem Gesamtprogramm der Konjunktur- und Strukturpolitik wie diesem liegen Branchen- und Sektorenplanung en detail jenseits des Rubikon, der die Marktwirtschaft von einer unfreien Wirtschaft trennt. Globalsteuerung heißt klar und deutlich Absage an den partikularen Interventionismus..."[1]

Wohin diese in ihrer grundsätzlichen Orientierung - trotz der Ergänzung der sogenannten Marktwirtschaft durch die Globalsteuerung - unveränderte Wirtschaftspolitik des westdeutschen Monopolkapitals führt, läßt sich von der gegenwärtigen Situation für die Zukunft ableiten.

Bezeichnend ist das Verhalten zu den Strukturkrisen in Nordrhein-Westfalen. Sie haben ihren Ausgangspunkt in der chronischen Krise des Steinkohlenbergbaus, kennzeichnen aber inzwischen die Situation in vielen Industriezweigen und wirken sich auf die Entwicklung des Sozialprodukts negativ aus. Trotzdem sind die von Bund und Ländern eingeleiteten Maßnahmen nur auf die finanzielle Begünstigung der im Steinkohlenbergbau engagierten Monopolgruppen und die Verlagerung eines Teils ihres Kapitals in andere Produktionszweige gerichtet. Dadurch ergibt sich zugleich eine gewisse Stimulierung der Energiepolitik. Aber das Gesamtproblem der strukturellen Umwälzung wird dadurch nicht aufgegriffen und in seiner Entwicklung gesteuert. Zwischen Bund und Land Nordrhein-Westfalen gab es nur monatelange Auseinandersetzungen darüber, wie die Lasten der Preissubventionen beim Verbrauch von Kokskohle in Stahlwerken und beim Einsatz von Kohle in Kraftwerken verteilt werden. Typisch für die Vorstellungen zur "Strukturanpassung" ist folgende Stellungnahme des ehemaligen Wirtschaftsministers von Nordrhein-Westfalen, Gleitze, zu dieser Problematik in einer Sonderausgabe des "Industriekurier" vom Juni 1967:

"Im Gegensatz zu anderen Bundesländern wurden die für eine Verbesserung der Industriestruktur und zur Überwindung der Konjunkturkrise notwendigen staatlichen Investitionsmittel im laufenden Haushalt nicht gekürzt. Die Landesregierung hat vielmehr schwerpunktmäßig den diesjährigen Landesetat bewußt auf die Förderung der nordrhein-westfälischen Wirtschaft verstärkt."[2]

Mit dem Verzicht auf eine Kürzung staatlicher Investitionsmittel ist keine Steuerung der Strukturveränderungen zu erreichen. Die öffentlichen Finanzmittel müßten gezielt für eine langfristige Sicherung der Arbeits- und Lebensbedingungen der schaffenden Menschen in diesem größten Land der Bundesrepublik eingesetzt werden. Im Haushalt des Landes Nordrhein-Westfalen wurden 1967 zwar zugunsten des Steinkohlenbergbaus - d. h. vorwiegend der Kapitaleigentümer in diesem Produktionszweig - die Subventionen auf 328 Mill. DM aufgestockt. Auf die anderen Disproportionen in der Wirtschaftsstruktur Nordrhein-Westfalens gab es jedoch keine Reaktion in der Finanzpolitik des Landes. Die Entwicklung der Infrastruktur, an die mit der Strukturveränderung die größten, von den staatlichen Organen zu tragenden Anforderungen gestellt werden, fand nicht die notwendige Beachtung. Im Gegenteil, die auf die Lebenslage der Werktätigen unmittelbar einflußnehmenden Ausgaben für Einrichtungen im Bildungs- und Gesundheitswesen wurden noch um 68 Mill. DM gekürzt.

Nachdem sich die SP-Regierung des Landes Nordrhein-Westfalen als eine der ersten mit der Forderung von Strauß auf die Heraufsetzung des Bundesanteils an der Einkommen- und Körperschaftsteuer von 35 auf 37 Prozent einverstanden erklärte, versprach Schiller, eine Summe von etwa 1 Mrd. DM aus dem 2. Konjunkturprogramm in Höhe von insgesamt 5,3 Mrd. DM in Nordrhein-Westfalen einzusetzen. An der Aufbringung dieser Summe sind das Land und die Kommunen in Nordrhein-Westfalen selbst wieder beteiligt. Ihre Verausgabung dient u. a. zur Finanzierung von Vorhaben der Bundesbahn und des Baues militärischer Anlagen, also nicht vorrangig im Interesse struktureller Veränderungen im Lande. Auf keinen Fall wird durch die aus Angst vor der Vertiefung der Krisenerscheinungen ergriffenen Maßnahmen langfristig der Prozeß struktureller Umwälzungen gesteuert. Welches Ausmaß diese Veränderungen in der Wirtschaft Nordrhein-Westfalens angenommen haben, geht aus dem stark veränderten Anteil vieler Wirtschaftszweige des Landes am Sozialprodukt hervor.

Strukturänderungen in der Wirtschaft von Nordrhein-Westfalen

Wirtschaftszweige	Anteile am Sozialprodukt von Nordrhein-Westfalen in v.H.	
	1958	1964
Baugewerbe	6,3	7,8
Chemische Industrie	4,9	5,5
Fahrzeugbau	1,0	1,6
Maschinenbau	4,9	5,2
Kunststoffverarbeitende Industrie	0,4	0,7
Elektrotechnische Industrie	2,3	2,5
Nahrungs- und Genußmittel-Industrie	3,1	2,7
Großhandel	7,8	7,3
Textil-Industrie	3,3	2,6
Land- und Forstwirtschaft	3,7	2,5
Eisenschaffende Industrie	5,5	4,2
Steinkohlenbergbau	7,2	4,6

Quelle: "Der Volkswirt", Frankfurt (Main), Beiheft zu Nr. 23 vom 10. 6. 1966

Im "Volkswirt" wird hierzu ergänzend festgestellt, daß zwei Drittel der industriellen Arbeitskräfte Nordrhein-Westfalens in Zweigen mit unterdurchschnittlicher Produktivität beschäftigt sind. Das bedeutet für sie akute Gefahr, den Arbeitsplatz zu verlieren, und rigoroses Vorgehen der Unternehmer im Lohn- und Sozialabbau bei gleichzeitiger Forderung nach Leistungssteigerung. Schätzt man unter Berücksichtigung dieser Entwicklung das Versprechen der Landesregierung ein, sich an der Schaffung eines Arbeitsplatzes für einen aus dem Steinkohlenbergbau Entlassenen mit 5000 DM zu beteiligen, so ist hierzu kritisch festzustellen: Erstens wird dadurch nicht auf den Einsatz der Mittel in bestimmten förderungswürdigen Wirtschaftsbereichen Einfluß genommen, zweitens begünstigt diese Art der Mittelbereitstellung die Verwertungsbedingungen vorrangig des Monopolkapitals, und drittens müßte den Arbeitern und Angestellten für die Gewährung dieser Subvention aus öffentlichen Geldern eine qualifizierte Mitbestimmung in den Unternehmen eingeräumt werden. Bei der Berücksichtigung dieser Forderung wäre sogar eine stärkere finanzielle Beteiligung an der Schaffung von Arbeitsplätzen mit hohem Produktivitätsgrad zu erwägen.

Konfrontiert man die von Bund und Land in der Regel nicht im Zusammenwirken, sondern bei Abhängigkeit des Landes eingeleiteten staatsmonopolistischen Steuerungsmaßnahmen, meist finanzpolitischer Art, mit den Investitionsaufgaben in Nordrhein-Westfalen, so wird die Unzulänglichkeit des Vorgehens in qualitativer und quantitativer Hinsicht offenbar.

"Um das Wachstum der nordrhein-westfälischen Wirtschaft auch in den nächsten zehn Jahren im bisherigen Tempo und im bisherigen Umfang aufrechtzuerhalten, müßten sich die Bruttoanlageinvestitionen in diesem Zeitraum auf schätzungsweise 350 Mrd. DM belaufen, und zwar in Preisen von 1961. Legt man dagegen die höhere Investitionsquote des übrigen Bundesgebietes zugrunde, so beliefe sich die Summe auf 400 bis 420 Mrd. DM."[3]

Nach diesen Angaben würde sich aus der Differenz in der Investitionsquote ein Fehlbetrag von 50 bis 70 Mrd. DM an Investitionsmitteln ergeben. Wenn auch zu berücksichtigen ist, daß die Ermittlungen für den Beitrag im "Volkswirt" bewußt darauf gerichtet waren, die staatlichen Subventionen für die Investitionen zu erhöhen, so ist sicherlich trotz dieser einschränkenden Bemerkung die abschließende Feststellung in der Analyse berechtigt: "Zur Behebung der negativen Faktoren in Nordrhein-Westfalen wären noch weit höhere Beträge erforderlich."[4]

Sie müssen zu einem bedeutenden Teil über die staatliche Umverteilung von Nationaleinkommen zur Verfügung gestellt werden, wenn durch den Einsatz der Investitionsmittel zugleich den strukturellen Disproportionen im Interesse der Mehrheit der Bevölkerung entgegengewirkt werden soll. Die schaffenden Menschen haben dafür als Schöpfer dieses Nationaleinkommens aber auch den Anspruch auf entscheidende Mitbestimmung über die Verwendung dieser Finanzmittel. Die antimonopolistischen Kräfte sollten sich für eine Lenkung der Strukturveränderungen durch die Vertretungskörperschaften der Länder und Kommunen einsetzen. Auch hier können sie nur dann auf eine Sicherung ihrer Arbeits- und Lebensbedingungen hinwirken, wenn sie gegen die immer stärker dominierende Einflußnahme des Monopolkapitals auf diese staatlichen Organe vorgehen. Ihre auf der Ebene der Länder und Kommunen zum Ausdruck kommende demokratische Willensbildung zur Gesundung der Volkswirtschaftsstruktur wäre eine wichtige Vorentscheidung, die früher oder später auf die staatliche Zentralgewalt übertragen werden muß.

FUSSNOTEN

1 Bulletin des Presse- und Informationsamtes der Bundesregierung, Nr. 96 vom 8. September 1967, S. 826

2 Industriekurier vom 27. Juni 1967, Sonderausgabe

3 Ebenda

4 Ebenda

HERMANN LEHMANN

Zur Rationalität des Wirtschaftens

Die Entwicklung des ökonomischen Systems des Sozialismus bedingt, daß die Vorzüge und Triebkräfte der sozialistischen Produktionsweise in allen Bereichen der gesellschaftlichen Reproduktion voll ausgeschöpft werden. "Auf dieser Grundlage", stellte Walter Ulbricht auf dem VII. Parteitag der Sozialistischen Einheitspartei Deutschlands fest, "bilden sich eine Denkweise und ein Führungsstil heraus, die vom höchsten gesellschaftlichen Nutzen geleitet und durch klare perspektivische Zielsetzung sowie strengste Rationalität in der Durchführung der Aufgaben geprägt sind."[1]

In dieser Feststellung werden Effektivität, Zielsetzung und Rationalität als Merkmale des wirtschaftlichen Handels genannt. Darauf wird später zurückzukommen sein, denn in dem vorliegenden Beitrag wird versucht, den Begriff der Rationalität in seiner Beziehung zu den Begriffen der Effektivität und der Zielsetzung und seine Verankerung in der politischen Ökonomie zu untersuchen. Zunächst sei auf die große Bedeutung hingewiesen, die einer Analyse des wirtschaftlichen Handelns zukommt. Die jüngsten Bemühungen der Partei- und Staatsführung um die Durchsetzung der Operationsforschung unterstreichen diese Bedeutung.

Wenn man die Geschichte der politischen Ökonomie betrachtet, so fällt auf, daß diese Hervorhebung des wirtschaftlichen Handelns relativ neu ist. Schon immer lagen dem wirtschaftlichen Handeln bestimmte Regeln und Strategien zugrunde. Aber diese Seite des Handelns interessierte die politische Ökonomie in früherer Zeit in weit geringerem Maße als heute. K. Marx untersuchte die diesem Handeln und seinen Resultaten zugrunde liegenden und sie bestimmenden objektiven ökonomischen Gesetze. Er analysierte nicht die bewußte Wahl der Ziele und Strategien durch den Handelnden, sondern die gesetzmäßigen Resultate des spontanen Zusammenwirkens der Handelnden. Der heutige hohe Vergesellschaftungsgrad der Produktion im allgemeinen und die Entwicklung des ökonomischen Systems des Sozialismus im besonderen erzwingen die Notwendigkeit, auch das wirtschaftliche Handeln in seiner Bewußtheit einer wissenschaftlichen Analyse zu unterwerfen. Daraus ergeben sich wissenschaftsmethodologische Folgerungen für die politische Ökonomie, auf die im weiteren noch eingegangen wird.

Wenn neben die Analyse der objektiven ökonomischen Gesetze jetzt die Analyse des bewußten wirtschaftlichen Handelns tritt, so muß diese Gegenstandserweiterung der politischen Ökonomie als eine neue Erscheinung in der ökonomischen Wissenschaft besonders untersucht werden. Zu diesem neuen Bereich des bewußten wirtschaftlichen Handelns gehört auch der Begriff der Rationalität. Er muß aus dieser Problematik heraus erklärt werden.

Der Begriff der Rationalität hat zwar in unsere ökonomische Fachdiskussion Eingang gefunden; aber über seinen Inhalt gibt es verschiedene, nicht immer klar umrissene Vorstellungen. Es ist nicht zu übersehen, daß die wirtschaftliche Rationalität einen Aspekt des Wirtschaftens betrifft, der selbstverständlich, wie alles Wirtschaften, mit dem Gesetz der Ökonomie der Zeit zusammenhängt. Daraus schlußfolgert z. B. H. Maier, daß "Rationalitätsprinzip" und "Gesetz der Ökonomie der Zeit" Synonyme seien. Die beiden Seiten des rationalen Handelns (oder des Gesetzes der Ökonomie der Zeit) seien die Maximierung eines bestimmten Ziels bei einem gegebenen Mitteleinsatz und die Minimierung des Mittelaufwands bei einem gegebenen Ziel.[2] Dieser inhaltlichen Festlegung muß aus mehreren Gründen mißtraut werden, denn erstens wird hier der Begriff eines Handlungsprinzips zum Begriff eines objektiven ökonomischen Gesetzes ausgeweitet; zweitens wird unter diesem Handlungsprinzip nur ein Bereich des Handelns (Zielmaximierung bzw. Aufwandsminimierung) verstanden. Wenngleich sinnvolles wirtschaftliches Handeln unter Optimalitätsbedingungen immer eine Form ist, in der sich das Gesetz der Ökonomie der Zeit durchsetzt, ist durch die Gleichsetzung der Begriffe "Gesetz der Ökonomie der Zeit" und "Rationalitätsprinzip" nichts gewonnen. Damit werden jener Problematik, die bisher unter dem Gesetz der Ökonomie der Zeit verstanden wurde, keine neuen Akzente hinzugefügt. Unter diesen Umständen ist es nicht zwingend, den Begriff der Rationalität einzuführen.

Diese Einwände unterstreichen, wie notwendig zunächst die Begriffsanalyse bei der Betrachtung des Problems der Rationalität ist. Sie schränkt die Möglichkeit von Mißdeutungen und Fehlorientierungen von vornherein beträchtlich ein. Unter semiotischem Aspekt wird sofort offensichtlich: Die Ersetzung des allgemein akzeptierten Begriffs "Gesetz der Ökonomie der Zeit" von Karl Marx bliebe nur dann gerechtfertigt, wenn dieser Begriff unpräzis und daher mißverständlich, unzureichend oder wenig bekannt wäre. Das trifft aber nicht zu. Der Begriff würde von Marx eindeutig beschrieben; er ist allgemein angenommen und bislang von marxistischer Seite nicht als unzureichend empfunden worden. Dagegen besitzt der Begriff der Rationalität bis heute weder in der bürgerlichen noch in der marxistischen Literatur eine allgemein gebräuchliche Definition. Jeder Autor, der diesen Begriff verwendet, muß den damit gemeinten Sachverhalt erst axiomatisieren. Es ergibt sich also nicht die Frage, ob Marx Begriff "Gesetz der Ökonomie der Zeit" zu ersetzen sei, sondern ob der Begriff

"Rationalität" in die politische Ökonomie des Sozialismus eingeführt werden muß. Denn seine Einführung setzt Eindeutigkeit und begriffliche Exaktheit voraus.

Obwohl auf keine allgemein gebräuchliche Definition zurückgegriffen werden kann, wird der Begriff in der politischen Ökonomie des Sozialismus eine bedeutende Rolle spielen. Das ergibt sich aus der Notwendigkeit, das ökonomische System des Sozialismus als ein Gesamtsystem zu entwickeln, in dem die Entscheidungen und Handlungen durch strengste Rationalität gekennzeichnet sein müssen, wenn die Vorteile und Triebkräfte der sozialistischen Produktionsweise voll genutzt werden sollen.

Der Begriff der Rationalität kann unter zwei Gesichtspunkten betrachtet werden: erstens unter dem Gesichtspunkt der Praxeologie und zweitens unter dem Gesichtspunkt der politischen Ökonomie. Unter dem ersten Gesichtspunkt fällt es nicht schwer, den Begriff zu definieren. Unter Praxeologie sei eine formale Wissenschaft verstanden, die die Logik des Handelns, d. h. die Handlungen und ihre Zusammenhänge unter Optimalitätsbedingungen, untersucht. Überall, nicht nur in der Wirtschaft, wo gehandelt wird, kann den auszuführenden Handlungen ein optimaler Plan zugrunde gelegt werden, dessen sinnvolle Verwirklichung zur höchstmöglichen Effektivität der Handlungen in ihrem Gesamtzusammenhang führt. Die Praxeologie stellt Methoden zur Verfügung, jeden beliebigen Handlungsplan auf seine Optimalität hin zu überprüfen. Ein Beispiel möge dies verdeutlichen.

Die Entscheidungssituationen in der Führung eines modernen Großbetriebs sind so kompliziert, daß der Leiter Instrumente braucht, die ihm das Erkennen und Treffen der besten Entscheidungen ermöglichen. Diese Instrumente liefert ihm die Operationsforschung. Die Operationsforschung beschäftigt sich mit Mengen mehrerer voneinander abhängiger Handlungen, die zu einem bestimmten Ziel führen und von komplizierten, aus Menschen und Maschinen bestehenden Systemen ausgeführt werden. Für ein solches System entwickelt die Operationsforschung eine Strategie der Leitung und Steuerung, bei der die Konstruktion eines mathematischen Modells eines Systems in einer gegebenen Situation eine hervorragende Rolle spielt. (Teilgebiete der Operationsforschung sind z. B. Linearprogrammierung und PERT.)

Die Operationsforschung untersucht, so kann formuliert werden, das System der Handlungen auf seine Rationalität. Bei gegebenem Ziel oder System konkurrierender Ziele besteht dann Rationalität, wenn das Ziel oder das System der Ziele mit der erforderlichen Wahrscheinlichkeit bei minimalem Aufwand erreicht wird. Bei gegebenen Mitteln besteht dann Rationalität, wenn die Mittel mit der erforderlichen Wahrscheinlichkeit zu einer maximalen Verwirklichung des Ziels oder der Ziele führen. Rationalität ist also eine Eigenschaft der Strategie des Leitens und Steuerns, die Zielmaximierung bzw. Aufwandsminimierung zur Folge hat. Handeln ist dann rationales Handeln, wenn es nach einer rationalen Strategie verläuft.

Eine rationale Strategie kann zu effektivem Handeln führen; sie muß es aber nicht. Wenn z. B. die Ausgangsinformationen unzureichend sind oder die Zielstellung willkürlich vorgenommen wurde, kann mit Hilfe einer rationalen Strategie ein System von Handlungen ausgeführt werden, das vom volkswirtschaftlichen Standpunkt nicht effektiv ist. Rationalität bezeichnet also das optimale Verhältnis der Handlungen zueinander in diesem System der Handlungen; Effektivität bezeichnet die Ergiebigkeit der Mittel-Ziel-Relation im übergeordneten (volkswirtschaftlichen) System.

Damit ist grob der Rationalitätsbegriff unter praxeologischem Gesichtspunkt umrissen. Aus der Praxeologie bzw. Operationsforschung wird er notwendig in solche wirtschaftswissenschaftlichen Disziplinen übernommen, die sich mit der Planung der Betriebswirtschaft und der Volkswirtschaft beschäftigen. Bleibt er damit ein Begriff der Planungstheorie, oder geht er auch in die politische Ökonomie ein? Folgender Gedankengang möge zur Beantwortung dieser Frage hinführen.

Die Anwendung der Operationsforschung bedeutet eine Formalisierung jener Disziplinen, die dem wirtschaftlichen Handeln Instrumente zur richtigen Entscheidungsfindung liefern. Die Lehre von der sozialistischen Planung umfaßt heute nicht mehr nur eine verbale Beschreibung des Planens unter sozialistischen Produktionsverhältnissen usw. In dem Maße, wie sie ökonomisch-mathematische Methoden ausarbeitet, wird sie formalisiert.

In der politischen Ökonomie spielt dagegen die Formalisierung noch keine große Rolle, es liegt darüber auch noch keine marxistische Arbeit vor. Die allgemein verbreiteten Vorstellungen sind daher auch noch etwas vage. Die wachsende Bedeutung der Modelle und modelltheoretischen Untersuchungen zwingt aber nachgerade dazu, dem Problem der Formalisierung größere Aufmerksamkeit zu widmen. Jede Wissenschaft schafft sich im Laufe ihrer Entwicklung eine normierte Sprache, die ihre Ausdrücke nach bestimmten Regeln einheitlich festlegt.[3] Darüber hinaus führt die Verwendung von Symbolen zur Symbolisierung der Fachsprache. In der modernen Wissenschaft zeigt sich immer stärker die Tendenz, von intensionalen zu extensionalen Bestimmungen überzugehen.

"In den naturwissenschaftlichen Disziplinen setzt sich diese Tendenz vor allem in der ständigen Ausweitung des Herrschaftsbereiches der sogenannten metrischen Begriffe durch. Den Dingen und Erscheinungen, die wir abbilden wollen, ordnen wir Zustandsgrößen zu. Solche Zustandsgrößen sind etwa elektrische und magnetische Feldstärke, Temperatur, Masse, räumliche Größen usw. Die Konstitutierung dieser Begriffe beginnt zwar auch mit der Erfassung ihres eidetischen Sinns, bleibt aber nicht dabei stehen, sondern läßt den operativen Sinn immer mehr in den Vordergrund treten."[4]

Wir sagen von einem Zeichen, es besitze einen eidetischen Sinn, wenn es eine Abbildfunktion ausübt. Unter dem operativen Sinn eines Zeichens versteht man die Art und Weise, wie man mit diesem Zeichen zu operieren hat. Abstrakte Kalküle sind zwar geschichtlich aus wissenschaftlichen Systemen hervorgegangen, deren Zeichen eideitschen Sinn besitzen; einmal entstanden, gewinnen sie gewissermaßen Eigenleben, so daß von ihnen nur operativer Sinn ausgesagt werden kann. Wird zwischen Zeichen und ihren Beziehungen eine Zuordnung hergestellt, so läßt sich zum operativen Sinn bestimmter Zeichen der entsprechende eidetische Sinn erschließen.[5]

Damit ist die Entwicklung zur formalisierten Sprache angedeutet, die in zunehmendem Maße eine Kunstsprache sein wird. Das Prinzip der Denkökonomie erfordert, daß der Bereich der Begriffe mit operativem Sinn gewaltig ausgeweitet wird.

"Das Wesen einer formalisierten Sprache besteht darin, daß man mit ihren Zeichen nach bestimmten Regeln operieren kann, ohne die Bedeutung, den (eidetischen) Sinn dieser Zeichen berücksichtigen zu müssen. Man kann also nach diesen Regeln aus gegebenen Formeln neue Formeln gewinnen - und damit neue Erkenntnisse -, ohne inhaltliche Überlegungen anstellen zu müssen."[6]

Diese für viele Wissenschaften unumgängliche Entwicklung zur Formalisierung hat bisher in der Mathematik ihren Höhepunkt erlangt. Daher wird mitunter für den allgemeineren Begriff der "Formalisierung" jener der "Mathematisierung" gebraucht. Mathematisierung der Wissenschaften heißt nicht nur Bearbeitung des im jeweiligen Bereich anfallenden Zahlenmaterials, sondern vor allem Umsetzung der Begriffe und begrifflichen Relationen der betreffenden Einzelwissenschaften in mathematische Begriffe.[7] Diesen Sachverhalt erfaßt auch der allgemeinere Begriff der "Formalisierung", der exakter ist und zu keinen Mißdeutungen Anlaß gibt.

Die politische Ökonomie wird auf zweifache Art auf die Formalisierung der wirtschaftswissenschaftlichen Disziplinen reagieren müssen: Einmal muß sie den formalisierten Disziplinen, deren politökonomische Konzeption liefern und die richtige Eingliederung in den großen Bereich der Wirtschaftswissenschaften ermöglichen. Zum anderen muß sie die Ergebnisse dieser Disziplinen politökonomisch verallgemeinern. Auf die wachsende Bedeutung der Operationsforschung wird die politische Ökonomie mit der Ausarbeitung einer Theorie des rationalen wirtschaftlichen Handelns antworten. Diese politökonomische Theorie des rationalen Wirtschaftens verallgemeinert die formalwissenschaftlichen Erkenntnisse der Operationsforschung und gibt dieser Wissenschaft zugleich die richtige politökonomische Grundlage. Die Theorie des rationalen Wirtschaftens wird methodologisch von der Praxeologie befruchtet. Damit wird zweifellos der Formalisierungsprozeß auch in die politische Ökonomie Eingang finden. Die Theorie des rationalen Wirtschaftens ist ein Teilbereich der politökonomischen Theorie des wirtschaftlichen Handelns, die neben der Rationalität noch andere Merkmale des wirtschaftlichen Handelns untersucht.

Die Theorie des wirtschaftlichen Handelns wird als Bestandteil der umfassenderen politischen Ökonomie, die auch die objektiven, gesetzmäßigen Bedingungen für dieses Handeln erforscht, im wesentlichen eine formalisierte Theorie sein. Der Begriff der Rationalität gehört in dieses Bezugssystem einer formalisierten Theorie des (rationalen) wirtschaftlichen Handelns. Der Begriff ist nötig, weil diese Theorie als wesentlicher Bestandteil der politischen Ökonomie des Sozialismus nötig ist. Die Einführung des Rationalitätsbegriffs bedeutet also nicht, daß lediglich die bisherigen Vorstellungen über das ökonomische System und das Gesetz der Ökonomie der Zeit präzisiert zu werden brauchten; sie bedeutet ein umfangreiches wissenschaftsmethodologisches Programm für die Weiterentwicklung der politischen Ökonomie des Sozialismus.

Der Einführung dieses Begriffes stehen einige Hindernisse entgegen. Er wurde in der bürgerlichen Ökonomie entwickelt und als eine Bestimmung des Homo-oeconomicus-Typus verstanden.[8] Der in der bürgerlichen Literatur entwickelte Begriffsinhalt ist daher mit der typologischen Methodologie und mit einer praxeologisch-idealistischen Grundkonzeption verbunden, die für die marxistische politische Ökonomie nicht akzeptabel sind. In einem Rationalitätsbegriff der marxistischen Ökonomie müssen die Vorteile der bisherigen begrifflichen Entwicklung aufgenommen werden, ohne daß die idealistische Verzerrung übernommen wird. Im folgenden soll deshalb die wirtschaftliche Rationalität als eine Erscheinung skizziert werden, die sich mit der objektiven Entwicklung der Wirtschaft herausgebildet hat. Damit erhält der Begriff der Rationalität eine historisch-materialistische Begründung. Sie ermöglicht dem marxistischen Ökonomen, den Begriff widerspruchsfrei in das bisherige Aussagensystem einzubeziehen und den Übergang vom Ausdruck der Rationalität mit eidetischem Sinn zu Ausdrücken der Rationalität mit vorwiegend operativem Sinn zu finden.

In der Naturalwirtschaft herrscht, wie in jeder Wirtschaftsordnung, das Gesetz der Ökonomie der Zeit; denn: "Ökonomie der Zeit, darin löst sich schließlich alle Ökonomie auf."[9] Die Naturalform der Arbeit, ihre Besonderheit, ist hier ihre unmittelbare gesellschaftliche Form. In der ländlichen Wirtschaft einer Bauernfamilie erscheint die durch die Zeitdauer gemessene Verausgabung individueller Arbeitskräfte "von Haus aus als gesellschaftliche Bestimmung der Arbeiten selbst, weil die individuellen Arbeitskräfte von Haus aus nur als Organe der gemeinsamen Arbeitskraft der Familie wirken."[10]

In den naturalwirtschaftlichen Produktionsweisen spielt die Tradition eine "übermächtige Rolle".[11] Das wirtschaftliche Handeln in diesen Produktionsweisen gehört zu den traditionalen Tätigkeitsformen, "bei denen die Übertragung der gesellschaftlichen Erfahrung von einer Generation oder Gruppe usw. auf die andere nach einem festgelegten ('überlieferten') Muster erfolgt, wobei sich diese Übertragung besonderer sozialer Institutionen bedient. In diesem Fall ist die soziale Information nicht gegliedert in Information über

Gegenstand, Methode, Motive, Ziele usw. der Tätigkeit. Das Programm wird vielmehr als ganzheitlicher Prozeß übertragen, in dem Subjekt, Objekt, Prozeß sowie Art und Weise der Tätigkeit nicht voneinander abhoben sind (d. h., sie werden nicht gesondert wahrgenommen, nicht in verschiedenen Modellen reproduziert)."[12]

Der Traditionalismus negiert das Wirtschaftlichkeitsprinzip nicht, versteht man in diesem besonderen Sinn darunter, daß der unmittelbare Produzent mit seiner Arbeitszeit haushält und um Einsparung an Mitteln und Zeit bemüht ist. Der Traditionalismus negiert auch nicht die Entwicklung der Produktivkräfte. "Die wirkliche Ökonomie - Ersparung - besteht in Ersparung von Arbeitszeit; (Minimum [und Reduktion zum Minimum] der Produktionskosten); diese Ersparung (ist) aber identisch mit Entwicklung der Produktivkraft", stellt Karl Marx fest.[13] Um die Beziehungen zwischen Traditionalismus, Ökonomie der Zeit und Entwicklung der Produktivkräfte richtig einzuschätzen, muß man berücksichtigen, daß in der Naturalwirtschaft keine Waren, sondern Güter mit Gebrauchswert produziert werden.

"Der Gebrauchswert an sich hat nicht die Maßlosigkeit des Werts als solchen. Nur bis zu einem gewissen Grade können gewisse Gegenstände konsumiert werden und sind sie Gegenstände des Bedürfnissen."[14]

Das traditionale wirtschaftliche Handeln verwirklicht ein tradiertes Muster an Zielen, seine Motive bezieht es aus einem tradierten Muster an Bedürfnisarten. Die Ökonomie der Zeit wird in diesem Rahmen durchgesetzt. Sie führt wohl nach und nach zu neuen Formen der Bedürfnisbefriedigung, bleibt aber grundsätzlich in den Schranken, die ihr der Gebrauchswert als solcher setzt. Das Wirtschaftlichkeitsprinzip in diesem Rahmen ist also ein Handlungsprinzip, das die Ökonomie der Zeit unter den Bedingungen der Gebrauchswertproduktion durchsetzt.

Die Warenproduktion schafft nun grundsätzlich neue Bedingungen für das wirtschaftliche Handeln. O. Lange schreibt in seiner "Ekonomia polityczna":

"Die Warenproduktion und der Ware-Geld-Austausch führen zu einer Trennung des direkten Zusammenhangs der Wirtschaftstätigkeit mit dem Prozeß der Bedürfnisbefriedigung. Die Wirtschaftstätigkeit der Menschen zerfällt in zwei verschiedene Tätigkeitsarten: die Erwerbstätigkeit und die Tätigkeit in der Hauswirtschaft."[15]

Die Erwerbstätigkeit beruht auf Warenproduktion und -verkauf mit dem Ziel, Geldeinkommen zu gewinnen. Das Geldeinkommen wird für Wareneinkäufe ausgegeben, die der Bedürfnisbefriedigung in der Hauswirtschaft dienen. Die Teilung des wirtschaftlichen Handelns in zwei Tätigkeitsarten führt zu einem neuen System wirtschaftlicher Ziele. In der Hauswirtschaft werden die verschiedenartigen Ziele weiterhin unmittelbar durch die vielfältigen Bedürfnisse bestimmt. Die Erwerbswirtschaft hat dagegen nur ein Ziel: Erwerb von

Geldeinkommen. Dieses Ziel ist immer und überall das gleiche, unabhängig von der konkreten Art der Erwerbstätigkeit, So entsteht ein Hauptziel, dessen Verwirklichung die Bedingung für die Verwirklichung aller anderen Ziele des wirtschaftlichen Handelns ist. Das Ziel der Erwerbswirtschaft wird zum Schlüsselziel des wirtschaftlichen Handelns; es entsteht eine spezifische Struktur der Ziele.[16] O. Lange schreibt:

"Da also bei der Erwerbstätigkeit nur ein Ziel auftritt, und nicht - wie bei der Naturalwirtschaft - eine Vielfältigkeit der Ziele, bleiben alle Mittel und Handlungen dieser Tätigkeit, ihre ganze Technik, dem gemeinsamen Ziel untergeordnet. Wir drücken dies mit den Worten aus, daß eine Integration der Mittel durch ein gemeinsames Ziel erfolgt. Eine solche Integration verbindet die Mittel zu einem zweckmäßigen System ihrer Anwendung. Dies schafft, im Vergleich zur Naturalwirtschaft, völlig neue Bedingungen der Wirtschaftstätigkeit."[17]

Das wirtschaftliche Handeln kann daher rationales Handeln sein. Das Hauptmerkmal der rationalen Tätigkeit besteht nach Lewada darin, "daß die Tätigkeit im gesellschaftlichen Bewußtsein nicht ganzheitlich fixiert, sondern zergliedert wird. Die Art und Weise und der Gegenstand der Handlung werden abgesondert vom Prozeß und vom Subjekt der Handlung. Deshalb wird das Programm nicht einfach durch Wiederholung bestimmter Muster realisiert, sondern durch Befolgung bestimmter Prinzipien und Methoden. Viele Besonderheiten der rationalen Tätigkeit erklären die Spezifik ihrer Programmierung.

Vor allem orientiert sich die rationale Tätigkeit am Objekt, die traditionale Tätigkeit dagegen am überlieferten Verhaltensmuster. Während bei der traditionalen Tätigkeit die Beziehung Norm - Ausführender im Vordergrund steht, ist beim rationalen Handeln die Beziehung Subjekt - Objekt maßgebend."[18]

Um das Wesen der wirtschaftlichen Rationalität klar herauszuarbeiten, sei zunächst eine reine Ware-Geld-Wirtschaft unterstellt, die sich noch nicht zur kapitalistischen Produktionsweise entwickelt hat. Der Mensch erwirbt als Produzent Geldeinkommen und gibt als Konsument Geld für den Erwerb bestimmter Konsumgüter aus. In der Erwerbs- und in der Hauswirtschaft ist ein Preis-Nutzen-Vergleich möglich. Als Produzent geht er sparsam mit Material, Werkzeugen und eigener Arbeitskraft um und sucht die günstigste Absatzlage, um sein Einkommen zu maximieren. Als Konsument paßt er seine Prioritätsskala der Ziele den Preisverhältnissen an und gibt sein Geld so aus, daß er eine ausgeglichene Bedürfnissättigung erreicht. Die Rationalität unterscheidet sich von der Wirtschaftlichkeit des Naturalproduzenten dadurch, daß der Warenproduzent mit Hilfe des Preises sowohl Mittel und Ziele untereinander als auch Mittel und Ziele miteinander vergleichen kann. Er wählt auf Grund einer Nutzeffektsberechnung ein bestimmtes Verhalten aus der Gesamtheit der zur Erreichung eines Zieles oder mehrerer Ziele möglichen Verhaltensweisen aus.

Obwohl auch der Naturalproduktion individuelle Ziele und Pläne und zweckmäßiges Handeln[19] zugrunde liegen, fehlen ihr doch die in Preisen numerisch ausgedrückten Ausgangsinformationen, die erst eine individuelle Entscheidungsoptimierung ermöglichen.

O. Lange begeht einen logischen Fehler, wenn er die historisch aus der Trennung von Haus- und Erwerbswirtschaft hervorgehende Rationalität des wirtschaftlichen Handelns in der weiteren Darlegung nur auf die erwerbswirtschaftliche Rationalität bezieht:

"Der ganze Produktions- und Distributionsprozeß wird rationale Wirtschaftstätigkeit; der Traditionalismus der Wirtschaftstätigkeit wird in den Bereich der Hauswirtschaft verdrängt, obwohl später die Reklame und sonstige Methoden kapitalistischen Unternehmungsgeistes auch hier Breschen zu schlagen beginnen."[20]

Durch die Geldwirtschaft wird die "Wirtschaftsrechnung" eine grundlegende Voraussetzung sowohl für die erwerbswirtschaftliche als auch für die hauswirtschaftliche Entscheidung. Die Unterschiede zwischen beiden Bereichen sind inhaltlicher Natur: einmal handelt es sich um Produktion oder Dienstleistung, das andere Mal um Konsumtion. Aber im formalen Handlungsablauf gibt es keinen grundsätzlichen Unterschied zwischen beiden Bereichen.

O. Lange konstatiert diesen Unterschied, weil er von der Rationalität unter den Bedingungen des Kapitalismus der freien Konkurrenz ausgeht. Er beschreibt ausführlich, wie diese Rationalität die unternehmerische Tätigkeit bestimmt:

"Die Kalkulation ist ein Ausdruck der vollentwickelten Rationalität in der Unternehmenstätigkeit, denn sie besteht im quantitativen Ausweis und Vergleich aller Einkommens- und Kostenbestandteile sowie der Änderungen im Vermögenswert (Kapital), sie bedient sich also der logischen und mathematischen Folgerung. Die Kalkulation präzisiert zugleich diese Rationalität und integriert völlig im Bereich des Unternehmens die Mittel durch den Zweck. Durch die Kalkulation werden die vom Unternehmen angewendeten Mittel vom Standpunkt ihrer Tauglichkeit für das Unternehmen gewertet. Die materielle Technik der Produktion und Distribution und alle anderen Verrichtungen werden durch die Kalkulation dem einzigen Zweck des Unternehmens, der Profiterzielung, strikt untergeordnet."[21]

Im entwickelten Kapitalismus der freien Konkurrenz verbindet sich die Rationalität für den Unternehmer mit dem Prinzip der Profitmaximierung. Der Definitionsbereich der Zielfunktion für die betriebliche Rationalität erfaßt Merkmale konkreter Betriebsprozesse, wie Produktionsumfang, -dauer, -geschwindigkeit und -kapazität, Marktmacht, Kapitalkraft, Wachstum, Bekanntheit der Produkte, also Größen, deren Intensitäten in der Unternehmerpraxis so weitgehend wie möglich gemessen werden.[22.] Die Ersetzung beliebiger Merkmalsintensitäten durch eine Maßzahl ist von großer Bedeutung für die Bildung und die Auswertung des entscheidungsrelevanten Wissens. Die Bedingungen betrieblicher Rationalität erlauben also im allgemeinen die Aufstellung einer numerischen Nutzenfunktion.

In der Hauswirtschaft geht es dagegen in der Regel um keine absolute Nutzengröße, sondern um den relativen Stellenwert, den der Handelnde den Gütern bestimmter Menge und zu einem bestimmten Preis nach der Rangskala seiner Präferenzen beimißt. Untersucht man diesen Sachverhalt weiter, so verschwindet jedoch ein prinzipieller Unterschied zwischen erwerbswirtschaftlicher und hauswirtschaftlicher Rationalität. Schon Jules Dupuit führte vor über hundert Jahren eine numerisch faßbare Konsumentenrente ein, die er als Differenz zwischen einem für ein Individuum annehmbaren Preis und dem Marktpreis versteht. Die individuelle Nutzenmaximierung kann sich daher wie die Profitmaximierung ebenfalls auf den Preisausdruck des Nutzens oder Vorteils stützen. Allerdings ist die Preisdifferenz nur Ausdruck der individuellen Präferenzskala. Daher sah sich Vilfredo Pareto zur Einführung der Indifferenzkurven gezwungen. Die Spieltheorie vermeidet diesen Weg, der zu keiner Lösung führt, und nimmt die Meßbarkeit des wirtschaftlichen Nutzens an. Das Problem liegt darin, den Übergang vom individuellen Preis-Nutzen-Ausdruck zur kollektiven Entscheidung über einen Vorteil zu finden. Die Grenznutzentheorie scheiterte bekanntlich an diesem Problem. O. Lange folgt in seinem Buch "Optimale Entscheidungen" der spieltheoretischen Methode und wendet das "Minimax-Prinzip der Folgen falscher Entscheidungen" von Leonard J. Savage an.[23] Die individuellen zahlenmäßigen Bewertungen der Mitglieder eines Kollektivs werden in die einzelnen Spalten der Spieltabelle eingetragen. Die anhand dieser Tabelle getroffene Entscheidung muß so ausfallen, daß die Divergenzen zwischen den einzelnen individuellen Bewertungen und der Bewertung der Kollektiventscheidung minimal werden, d. h., daß die größte mögliche Abweichung kleinstmöglich wird. Somit wird mit Hilfe des Minimax-Prinzips ein maximaler Grad der Übereinstimmung der getroffenen Entscheidung bei Berücksichtigung der Divergenzen zwischen den einzelnen Meinungen gewährleistet. Mit dieser Lösung, so kann man mit Recht annehmen, hat Lange seine Einschätzung über fehlende Rationalität in der Hauswirtschaft berichtigt.

Vollends wird im monopolistischen und staatsmonopolistischen Kapitalismus sichtbar, daß das Prinzip der Proftmaximierung die Rationalität nur begrenzt widerspiegelt. Die durch das Maximumproblem gekennzeichnete Entscheidungssituation erfaßt nur einen Spezialfall betrieblicher Rationalität. Die betriebliche Mitbestimmung der Arbeiter im Kapitalismus kennzeichnet eine andere Entscheidungssituation, die durch den Interessengegensatz zwischen Kapitalisten und Arbeitern bestimmt ist. Unberücksichtigt im bisherigen Prinzip der Profitmaximierung bleibt auch das Problem mehrerer Zielgrößen im Rahmen nur einer Entscheidungsaufgabe; wenn z. B. Marktanteile, Automatisierungsgrad, Kapitalrentabilität und Gewinnausschüttungen als konkurrierende Zielgrößen die Planüberlegungen beherrschen.[24] Sodann denke man an solche Situationen, in denen die Beteiligten zwischen mehreren Alternativhandlungen wählen sollen und gleichzeitig nicht mit Bestimmtheit sagen können, wie die jeweiligen Gegenparteien darauf reagieren werden. Die Spieltheorie versucht solche Begriffe wie Konflikt, Kooperation, Drohung, Schlichtung, Macht usw. präziser zu definieren. Diese Andeutungen mögen verständlich machen, daß das Prinzip der Profitmaximierung die Entscheidungssituation des Mengenanpassers im Kapitalismus freier Konkurrenz charakterisiert, aber dem modernen monopolistischen Wirtschaften nicht gerecht wird.

Zum anderen muß darauf verwiesen werden, daß das Problem hauswirtschaftlicher Rationalität des vorigen Jahrhunderts gar nicht auf unsere Zeit übertragen werden kann. Der Begriff der "hauswirtschaftlichen" Rationalität ist vom heutigen Standpunkt antiquiert. Wenn der sozialistische Staat Riesensummen für kulturelle Zwecke, für Volksbildung usw. ausgibt, wenn die Verteidigung im Vergleich zum vorigen Jahrhundert um ein Vielfaches kostspieliger geworden ist, so sind das keine "hauswirtschaftlichen" Ausgaben mehr. Aber es geht gar nicht in erster Linie um die Dimensionen. Auch der Definitionsbereich der Zielfunktion für die staatliche Entscheidung ist weitaus umfassender als jener für ein konsumierendes Individuum. Neue Disziplinen wie Bildungsökonomie und Militärökonomie deuten an, wie dringend eine exakte Nutzeffektsberechnung in diesen Bereichen geworden ist. Der gesamte Bereich der Konsumtion wird heute zum legitimen Gegenstandsbereich der Ökonomie. Dieser angedeutete wirtschaftsgeschichtliche Prozeß führt dazu, daß es keine strukturellen Unterschiede zwischen beiden Handlungsarten (in der Erwerbswirtschaft und in der "Verbrauchswirtschaft") gibt. Die Trennung zwischen Hauswirtschaft und Erwerbswirtschaft, auf die schon W. Sombart hinwies, erklärt wohl die historische Entwicklung der wirtschaftlichen Rationalität, sie gehört aber nicht notwendig zu deren Definition.

Wenn die Entwicklung der Rationalität seit dem Bestehen der Ware-Geld-Wirtschaft so dargestellt wird, entsteht eine gewisse Vorstellung vom Begriff der Rationalität, wie er in der politischen Ökonomie verwendet worden ist. O. Lange bescheibt in seiner "Ekonomia polityczna", er gibt aber keine Definition; sein Begriff ist ungenau. Er verbindet die Rationalität zu eng mit dem Prinzip der Profitmaximierung. Hier beginnt die begriffliche Kalamität. Diese Koppelung entnimmt er der Geschichte der bürgerlichen politischen Ökonomie, in der vom wirtschaftenden Robinson Crusoe ausgegangen wird, der alle Variablen kontrolliert, von denen das Ergebnis seines Verhaltens abhängt. Aber wenn mehrere Individuen zueinander in Beziehung stehen, hängt der Ausgang von Handlungen des einzelnen sowohl von den von ihm kontrollierten als auch von jenen Variablen ab, die von den anderen Individuen kontrolliert werden.

"Diese Lage kann in keiner Weise als ein Maximumproblem gekennzeichnet werden, gleichgültig, an welche Beschränkungen und Nebenbedingungen eines Maximums man auch denken mag. Man hat es hier mit einer logisch-mathematischen Situation zu tun, für die es in der Mathematik bisher keine Beschreibung gegeben hat, geschweige denn in der

theoretischen Ökonomie. Die Lage hat auch nichts mit Variationsrechnung, Funktionentheorie usw. gemein, sondern ist ein Novum von wirklich begrifflicher Natur."[25]
Das Maximumproblem, das angeblich dem Begriff der Rationalität entspricht, führt Morgenstern aus, wurde nicht in eindeutiger Weise formuliert.

Wenn dem menschlichen Handeln Rationalität zukommt, so kann sie sowohl dem Handeln eines Betriebsleiters als auch dem Handeln eines Leiters einer Betriebsvereinigung oder eines zentralen Planungsorgans zugesprochen werden. Die Kooperation der betrieblichen Tätigkeiten und die Integration ihrer Ziele in ein gemeinsames volkswirtschaftliches Ziel unter den Bedingungen einer sozialistischen Planung nennt Lange "sozialwirtschaftliche Rationalität", die den engen Rahmen der kapitalistischen "privatwirtschaftlichen Rationalität" überschreite.

Aber diese begriffliche Ausweitung macht die Definitionskalamität erst deutlich sichtbar. Denn der Rationalitätsbegriff, entstanden aus der Betrachtung der Einzelwirtschaft, unterstellt bestimmte Gegebenheiten, mit denen das Wirtschaftssubjekt zu rechnen hat: So sind z. B. die zur Verfügung stehenden Mittel auf Grund gegebener Preisverhältnisse in einem bestimmten Knappheitsverhältnis vorhanden. Aber volkswirtschaftlich betrachtet kann keine gegebene Knappheit angenommen werden, weil bestimmte Wirtschaftsmaßnahmen (Importe, Preisänderungen, direkte Eingriffe) die Voraussetzungen für eine Entscheidungsaufgabe in bestimmten Grenzen ändern können. Diese Überlegung zwingt uns, den Begriff der Rationalität nunmehr einzugrenzen. Er kann nicht mehr schlechthin mit dem bestmöglichen Verhalten eines Wirtschaftsubjekts gleichgesetzt werden. Das Verhalten kann nach folgenden Merkmalen unterschieden werden: a. nach der Rationalität (Qualität der Planung, Kalkulationstechnik, Entscheidungsfindung), b. nach der Zielsetzung (Gewinn- oder Nutzenmaximierung, Einkommensstabilisierung usw.), c. nach der Transparenz der Wirtschaftsverhältnisse (Grad der Einsicht, Informiertheit), d. nach der Anpassungsfähigkeit an Datenveränderungen.[26] Jedes Merkmal, in einem bestimmten Grad ausgeprägt, beeinflußt das Gesamtverhalten des Subjekts. In das volkswirtschaftliche Modell können bestimmte Verhaltenstypen je nach Ausprägung der Verhaltensmerkmale so eingesetzt werden, daß das Modell die wesentlichen Verhaltensformen in der Volkswirtschaft wiedergibt.

Der Begriff der Rationalität ist somit eingeschränkt worden und kann präzisiert und formalisiert werden. Die Rationalität ist demnach ein Merkmal der Verhaltensstrategie, also der Gesamtheit der Regeln, nach denen das Wirtschaftssubjekt bei jeder Handlung in Abhängigkeit von der Situation eine eindeutige Entscheidung zu treffen imstande ist. Hierbei muß berücksichtigt werden, daß sich der Begriff "Wirtschaftssubjekt" auf jede Person in ihrem Verhalten als Verbraucher und als Produzent bezieht. Im Modell müssen diese Personen zu Verbrauchergruppen und Produzentengruppen nach bestimmten Verhaltenstypen zusammengefaßt werden. Der Grad der Rationalität, die Art der Zielsetzung, der Grad der Transparenz und der Anpassungsfähigkeit der Produzenten hängen im wesentlichen von der Betriebsgröße und der davon meist abhängigen Qualität der betrieblichen Arbeit in der Planung, Marktforschung, technischen Entwicklung usw. ab. Die abgestuften Grade in der Rationalität der Produzentengruppen müssen von der Rationalität des obersten Planungsorgans unterschieden werden, das nicht selbst produziert. Seine Rationalität wird darin sichtbar, inwieweit seine Entscheidungen nach einer optimalen Strategie getroffen werden, die die Realisierung der von Partei und Staat gesetzten Ziele gewährleistet.

Ein Vergleich mit dem anfangs dargestellten praxeologischen Sachverhalt der Rationalität zeigt, daß die politökonomische Untersuchung des Rationalitätsbegriffs umfassender ist. Der praxeologische Rationalitätsbegriff bezieht sich auf die formale Qualität eines Handlungsmodells. Die politökonomische Untersuchung muß dagegen die Beziehung zu den sozialökonomischen Verhältnissen herstellen und daraus den möglichen Umfang und Grad der wirtschaftlichen Rationalität erklären. Sie muß weiterhin die Beziehung zwischen tatsächlichem wirtschaftlichem Handeln und rationalem Wirtschaften herstellen und die Rolle des Modells und optimalen Plans in der tatsächlichen Wirtschaftstätigkeit erklären. Sie muß die Beziehungen zwischen den einzelnen Merkmalen des wirtschaftlichen Handelns (Rationalität, Zielsetzung, Informiertheit, Anpassungsfähigkeit, Effektivität) herstellen. Der politökonomische Rationalitätsbegriff muß in der marxistischen politischen Ökonomie verankert sein, er muß aber zugleich die Überleitung zum praxeologischen Rationalitätsbegriff ermöglichen. Der praxeologische Rationalitätsbegriff ist unter unserem Aspekt spezieller; der allgemeinere politökonomische Rationalitätsbegriff schließt ihn ein. Diese Überlegungen sollen hervorheben, wie wichtig es ist, im Bereich der politischen Ökonomie eine Theorie des wirtschaftlichen Handelns und eine speziellere Theorie des rationalen Wirtschaftens auszuarbeiten. Auf eine zufriedenstellende politökonomische Definition der Rationalität wird daher noch verzichtet, weil eine Definition in der Regel am Schluß einer Untersuchung steht, deren Notwendigkeit im vorliegenden Beitrag deutlich gemacht werden sollte. Klar ist jedoch, daß die Gleichsetzung der Begriffe "Gesetz der Ökonomie der Zeit" und "Rationalitätsprinzip" auf diesem Wege nicht weiterhilft.

FUSSNOTEN

1 W. Ulbricht, Die gesellschaftliche Entwicklung in der Deutschen Demokratischen Republik bis zur Vollendung des Sozialismus, Schlußansprache, Berlin 1967, S. 121

2 Vgl. H. Maier, Ökonomische Rationalität, Wertgesetz und volkswirtschaftliches Nutzeffektskriterium, in: "Wirtschaftswissenschaft", Heft 2/1967

3 Vgl. G. Klaus, Die Macht des Wortes, Berlin 1964, S. 148 ff.

4 G. Klaus, Spezielle Erkenntnistheorie, Berlin 1965, S. 246 f.

5 Vgl. ebenda, S. 328 f.

6 G. Klaus, Moderne Logik, Berlin 1964, S. 17

7 Vgl. G. Klaus, Semiotik und Erkenntnistheorie, Berlin 1963, S. XII

8 Vgl. W. Bongard, Nationalökonomie, wohin? Realtypen des wirtschaftlichen Verhaltens, Köln und Opladen 1965

9 K. Marx, Grundrisse der Kritik der Politischen Ökonomie (Rohentwurf) 1857 - 1858, Berlin 1953, S. 89

10 K. Marx/F. Engels, Werke, Bd. 23, Berlin 1962, S. 92

11 K. Marx/F. Engels, Werke, Bd. 25, Berlin 1964, S. 801

12 J. A. Lewada, Bewußtsein und Regelung in gesellschaftlichen Prozessen, in: "Sowjetwissenschaft, Gesellschaftswissenschaftliche Beiträge", H. 9, 1966, S. 957

13 K. Marx, Grundrisse ..., a.a.O., S. 599

14 Ebenda, S. 308 f.

15 O. Lange, Ekonomia polityczna, Bd. 1, V. Kapitel, übersetzt in: "Ökonomie und Praxeologie", Wirtschaftswissenschaftliche Informationen, Heft 46, Berlin 1966, S. 16

16 Vgl. ebenda, S. 17

17 Ebenda, S. 18

18 J. A. Lewada, Bewußtsein und Regelung in gesellschaftlichen Prozessen, S. 958

19 Vgl. K. Marx/F. Engels, Werke, Bd. 23, a.a.O., S. 193

20 O. Lange, Ekonomia polityczna, a.a.O., S. 20

21 Ebenda, S. 22 f.

22 Vgl. F. E. Steffens, Praxeologie der Betriebswirtschaft, Inaugural-Dissertation, Wirtschafts- und Sozialwissenschaftliche Fakultät der Universität zu Köln, Köln 1965, S. 57

23 Vgl. L. J. Savage, The Foundations of Statistics, New York 1954

24 Vgl. F. E. Steffens, Praxeologie ..., a.a.O., S. 40

25 O. Morgenstern, Spieltheorie und Wirtschaftswissenschaft, Wien-München 1963, S. 76

26 Vgl. W. Bongard, Nationalökonomie, wohin? a.a.O.

Gesamtverzeichnis der Bände I und III

Band I

Ziele, Faktoren, Rationalität des ökonomischen Wachstums

Gerd Knobloch

Die Ökonomie der vergegenständlichten Arbeit als Wachstumsfaktor in der sozialistischen Produktionsweise

Heinz Seickert

Die Rolle der Wissenschaft als Wachstumsfaktor

Magnus Heydt

Zu einigen politökonomischen Problemen des technischen Fortschritts

Harry Maier/Hans Schilar

Bildung als Ziel und Faktor des ökonomischen Wachstums in der sozialistischen Produktionsweise

Herbert Winkelmann

Die Agrarproduktion und das intensive volkswirtschaftliche Wachstum

Rudi Walther

Statistische Untersuchung über die Dynamik der Struktur der Bevölkerung und der Arbeitskräfte als Wachstumsfaktor in ausgewählten sozialistischen und kapitalistischen Ländern

Katja Nehls

Der relative Kapitalüberschuß als Wachstumsproblem im staatsmonopolistischen Kapitalismus

Parviz Khalatbari

Zum Wachstumsprozeß in der Landwirtschaft der Entwicklungsländer

Josif Anghel/Sorica Sava

Beiträge zur Ausarbeitung eines Planungsmodells für die Beschäftigung der Arbeitskräfte in Entwicklungsländern

Klaus O. W. Müller

Zum Verhältnis moderner bürgerlicher Wachstumstheoretiker zu Karl Marx' Reproduktionsschemata und Profitratentheorie innerhalb der westdeutschen ökonomischen Literatur

ALFRED TOMM

Der Nutzeffekt der gesellschaftlichen Arbeit

(Schriften des Instituts für Wirtschaftswissenschaften bei der Deutschen Akademie der Wissenschaften zu Berlin, Nr. 26)

1968. 260 Seiten – 17 Abbildungen – gr. 8° – 17,– M

Der Verfasser gibt in dieser Arbeit eine geschlossene Darstellung der Bedingungen, der Faktoren und der Wirkungen des Nutzeffekts der gesellschaftlichen Arbeit (lebendige und vergegenständlichte Arbeit). Das Zusammenwirken der Faktoren, ihre gegenseitige Bedingtheit, die durch sie hervorgebrachten Effekte und die Rückwirkungen auf das System der Faktoren auf den verschiedenen Stufen und Ebenen der Wirtschaft werden in Form geschlossener und in sich verbundener Regelkreise (als kybernetische Systeme) dargestellt. Neben diesem System der Faktoren des Nutzeffekts der gesellschaftlichen Arbeit werden ihre Wirkungsweise und ihr Wirkungsgrad sowie die entsprechenden Kennziffern dargestellt und erläutert. Besonders klar hebt der Verfasser den Unterschied zwischen dem Nutzeffekt der gesellschaftlichen Arbeit (mit den entsprechenden Kennziffern) und dem Nutzeffekt der gesellschaftlichen Arbeit in Naturalform (mit der wichtigsten Kennziffer Arbeitsproduktivität) hervor und begründet dies eingehend aus den Bedingungen der sozialistischen Warenproduktion (und dem Doppelcharakter der Ware bzw. der Arbeit). Er erläutert die bestehenden Zusammenhänge, Bedingungen und Rückwirkungen, die zwischen dem Nutzeffekt der produktiven Arbeit und der gesellschaftlichen Arbeit bestehen. Eine ausführliche ökonomische Analyse der Faktoren und Effekte auf der Basis einer eingehenden Untersuchung und Auswertung in- und ausländischer Erfahrungen im sozialistischen und kapitalistischen Ausland auf diesem Gebiet geben der Arbeit einen repräsentativen Charakter. Sie ist ein wichtiger Beitrag dafür, daß die Faktoren des Nutzeffekts der gesellschaftlichen Arbeit nunmehr allseitig erforscht, studiert und die Ergebnisse dem volkswirtschaftlichen Wachstum nutzbar gemacht werden können.

Bestellungen durch eine Buchhandlung erbeten

THEORIA CUM PRAXI

AKADEMIE-VERLAG · BERLIN